Петр Авен
Альфред Кох

РЕВОЛЮЦИЯ ГАЙДАРА

История реформ 90-х из первых рук

3-е издание

альпина паблишер
МОСКВА
2019

УДК 94(47); 338.24.021.8
ББК 63.3(2)64; 65.050.113
А19

Издательство выражает благодарность Фонду Егора Гайдара за предоставленные фотоматериалы, а также Президентскому центру Б. Н. Ельцина и газете «Московские новости» за сканы газет и журналов 1991–1993 гг.

Редактор В. Федорин
Проверка фактов С. Айбусинов

Авен П.

А19 Революция Гайдара: История реформ 90-х из первых рук / Петр Авен, Альфред Кох. — 3-е изд. — М. : Альпина Паблишер, 2019. — 439 с. + 32 с. вкл.

ISBN 978-5-9614-2594-9

С начала 90-х гг., когда за реформу экономики России взялась команда Егора Гайдара, прошло уже немало времени, но до сих пор не утихают споры, насколько своевременными и правильными они были. Спас ли Гайдар Россию от голода и гражданской войны или таких рисков не было? Можно ли было подождать с освобождением цен или это была неизбежность? Были ли альтернативы команде Гайдара и ее либеральному курсу? Что на самом деле разрушило Советский Союз? Почему в стране так и не была построена настоящая либеральная экономика и реформы «застряли» на полпути? Что ждет нас в будущем?

Эти и другие важные события из истории России обсуждают сами участники реформ 90-х. Впервые они со всей откровенностью рассказывают об успехах и неудачах, об экономике и власти, о выборах и Ельцине и — самое главное — о личности Егора Гайдара, который навсегда останется знаменем этих реформ.

УДК 94(47); 338.24.021.8
ББК 63.3(2) 64; 65.050.113

ISBN 978-5-9614-2594-9

Содержание

Предисловие Лешека Бальцеровича

Я прочел эту книгу с огромным интересом, порой испытывая сильные эмоции. В ней идет речь об одном из важнейших достижений современной истории, которое описывается и анализируется не просто наблюдателями решающего процесса, а его непосредственными участниками. Эти люди – реформаторы, команда Гайдара – выступали за свободу личности, особенно экономическую свободу, которая является ключом к процветанию. Будучи представителями светлой стороны истории, они защищали основные права человека. И я считаю крайне несправедливым тот факт, что их по-прежнему часто винят в последствиях мер, которые либо принимались не ими, либо не зависели от их воли.

В книге содержится масса интересной информации, приводятся суждения ключевых участников первых преобразований в России. Беседы реформаторов помогают нам проследить развитие их экономических взглядов и программ в течение 80-х годов.

В книге прослеживается путь к развалу Советского Союза в 1990–1991 годах, когда ключевые политические фигуры не имели ни полной информации о происходящем, ни разрушительных намерений. Это напоминает нам о законе непреднамеренных исторических последствий. Беседы, собранные в книге, демонстрируют разительный контраст между пониманием и поддержкой реформ в СССР, а затем в России со стороны Буша–Бейкера в 80-х и начале 90-х годов и невниманием, пренебрежением к этому вопросу, которое демонстрировали Клинтон и его команда после американских выборов в 1992 году.

С точки зрения исторического процесса, включая такие события, как гражданская война в Югославии, мирный распад Советского Союза кажется просто чудом. Вопрос о том, каким образом это было достигнуто, как удалось избежать катастрофы, является одной из главных тем книги. Это историческое достижение принадлежит ключевым политическим фигурам страны: Горбачеву, Ельцину, Гайдару, Козыреву, Грачеву. В книге также проливается свет на одно трагическое исключение — войну в Чечне — и говорится о том, что ее тоже можно было избежать, если бы не просчеты и упущения со стороны Ельцина и некоторых представителей его окружения.

Авторы не боятся ставить перед собой ряд весьма трудных вопросов. Одним из важнейших является вопрос, мог ли либерально-демократический лагерь («младореформаторы») добиться лучших политических результатов, если бы выбрал другую политическую стратегию, то есть приступил бы к строительству собственной партии значительно ранее и дистанцировался от президента Ельцина, когда его собственный курс стал отчетливо расходиться с программой и позициями реформаторов. Решить эту дилемму по силам скорее инсайдерам, участникам событий. Аутсайдер вроде меня может только привести несколько сравнений.

Во-первых, решение заняться электоральной политикой и время, когда оно принимается, зависят от личных особенностей и предпочтений. Я, как и Егор Гайдар, относил себя к технократам, которые в начале сентября 1989 года были призваны исполнить историческую миссию — стабилизировать экономику Польши, в которой царила гиперинфляция, и трансформировать ее в динамичный капитализм. Я воспринимал эту миссию как довольно масштабную, верил, что ей необходимо посвящать 100% своего времени и энергии. Думаю, что Егор понимал свою миссию таким же образом. У Вацлава Клауса, например, иные взгляды и предпочтения. Мой первый срок в правительстве закончился в декабре 1991 года, и лишь в начале 1995 года я решил принять участие в электоральной политике, став лидером партии свободного рынка — Союза свободы. После выборов, состоявшихся осенью 1997 года, мы создали правительственную коалицию с политическим блоком, сформированным вокруг «Солидарности», и общими усилиями протолкнули ряд важных реформ, в первую очередь все крупные приватизационные проекты, фундаментальную пенсионную реформу и реформы местных органов самоуправления.

Во-вторых, экономическая ситуация, унаследованная, например, странами бывшей Чехословакии, была куда менее драматичной, чем ситуация в Польше в 1989 году, не говоря уже о ситуации в России в конце 1991 года и ранее. Лидер команды экономических реформаторов в Чехословакии просто имел возможность посвящать неэкономическим вопросам больше времени, чем его коллеги в России и Польше.

В-третьих, блок реформаторов, возглавляемый Егором Гайдаром, добился значительного успеха на выборах в конце 1993 года, став крупнейшей фракцией в Думе. То же самое произошло с реформистской партией в Польше в 1991 и 1993 годах. До этого ни в Польше, ни в России партии реформ никогда не получали большинства мест в парламенте. Но особую весомость электоральному успеху «Выбора России» в 1993-м придает то, что население страны к тому времени страдало от экономической дезинтеграции, и не столько из-за реформ, сколько из-за наследия советской экономики. Поэтому причины последующего поражения партии реформаторов на выборах 1996 года следует искать в событиях 1993–1996 годов. Одной из таких причин, вероятно, является то, что народ стал ассоциировать партию с непопулярными программами президента Ельцина, осуществлявшимися в тот период. Но каким мог быть альтернативный сценарий? Победа коммунистов в случае, если бы партия реформ дистанцировалась от Ельцина, и развитие России по «лукашенковскому» пути? Эту опасность тоже не следует сбрасывать со счетов, и ее, конечно, учитывали и российские реформаторы. В Чехии, Польше и других странах Центральной Европы реформаторы не стояли перед столь драматичным выбором.

И наконец, политический успех первых экономических реформаторов далеко не всегда гарантирует абсолютный успех собственно экономических реформ. Здесь опять многое зависит от личных особенностей и предпочтений их инициаторов. Масштаб рыночных реформ в Чешской Республике при Клаусе нисколько не превосходит масштаб реформ в других странах Центральной и Восточной Европы, а темпы роста в этой стране ниже, чем в Словакии. Иногда принципы работают с точностью до наоборот: люди, вовсе не считающиеся реформаторами, осуществляют реформы под давлением обстоятельств или просто потому, что их прежние оппозиционные взгляды вытекали из недостатка информации либо склонности к политическому позерству. Именно так в книге выглядит Черномырдин в бытность свою российским премьер-министром. Словом, следует помнить о том, что политический успех реформаторов и успех реформ — это не одно и то же. Когда в 1998 году я предлагал ввести в Польше единую ставку налогообложения, парламент данное предложение заблокировал, но спустя пару лет оно уже массово вносилось на обсуждение теми партиями, которые раньше выступали против. И я считаю это одной из своих важнейших побед.

***

Еще более подробно в книге рассматривается вопрос об особенностях экономической системы, которая стала складываться в России 90-х, и неоправданных надеждах на экономический рост страны в тот период (да и позднее тоже). Инфляция долгое время сохранялась на очень высоком уровне, и ВВП начал расти только со второй половины 1999 года, после периода значительного снижения. Чем объясняются эти тенденции? В первую очередь я хотел бы отметить, что отрицательную динамику ВВП в России часто необоснованно увязывают со спадом благосостояния, который принято значительно преувеличивать по сравнению с оценкой этого показателя в странах Центральной и Восточной Европы. Все дело в том, что в России доля военной промышленности была гораздо выше, чем в этих странах. Поэтому сокращение военного сектора в России носило куда более выраженный характер, чем в странах ЦВЕ, что вело к существенному снижению ВВП, но не уровня благосостояния в целом. Выпуск танков в меньших количествах не приводит к снижению общего уровня жизни. Однако даже с учетом этой поправки экономические показатели России в то время давали повод для некоторого разочарования.

Данное обстоятельство определенно не может быть списано на недостаток экономических знаний команды Гайдара. Мое личное впечатление, равно как и ряда других авторов*, таково, что по части знаний люди Гайдара не уступали своим польским коллегам. Однако российской команде пришлось работать в значительно более трудных и стесненных условиях. Во-первых, им достались в наследство «бомбы замедленного действия», которых не было у нас. Важнейшей из таких «бомб», вероятно, стало право рублевой эмиссии, которое было предоставлено центральным банкам республик уже в 1991 году. За сохранение рублевой зоны к тому же выступал МВФ! Нескоординированная эмиссия рублей — это фактор, сам по себе достаточный для того, чтобы стабилизация на начальном этапе переходного периода стала невозможной.

Во-вторых, у команды Гайдара было значительно меньше времени на реформы. К тому же в эти сжатые сроки она столкнулась со значительно более мощными политическими препятствиями, чем польская команда. У нас в Польше было в распоряжении более двух лет (с начала

---

* См., например, Марек Дабровски «Всемирный банк и переходный период в России: 1999–2000 гг.» (Marek Dabrowski, “The World Bank and the Russian Transition, 1999–2000”), циркуляр 2001 года.

сентября 1989 года по декабрь 1991 года) на решающий реформистский толчок, да и парламент к нашим начинаниям был настроен сначала дружески, а впоследствии по крайней мере не враждебно. Это позволило запустить масштабную либерализацию, разоружить монополии, реорганизовать некоторые элементы государственного управления, заложить основы решающей макроэкономической стабилизации и начать приватизацию государственных предприятий. (Однако даже в таких относительно благоприятных обстоятельствах приватизация стартовала значительно позже, чем я планировал.) Гайдар и его команда таким запасом времени не располагали и столкнулись с куда более суровыми политическими ограничениями. Гайдару пришлось иметь дело с рядом задач, которые не стояли передо мной, — например, предотвращением конфликтов в некоторых регионах России. Это еще больше сузило пространство для маневров, что, скорее всего, и объясняет более ограниченный характер экономической либерализации в России или менее успешную демонополизацию экономики, чем в Польше, — особенности, которые негативно отразились на дальнейшей эволюции российской политико-экономической системы и, как следствие, на ее качестве. В процессе приватизации российским реформаторам пришлось столкнуться с такими «неудобными» вопросами, которые не стояли в странах Центральной и Восточной Европы, как, например, вопрос о проведении залоговых аукционов. С одной стороны, было невозможно не предвидеть, что эта схема приведет к усилению олигархических групп с отрицательными политическими последствиями, но и угрозу того, что в отсутствие данной программы в России может произойти прокоммунистический переворот, никак нельзя было зачислить в разряд пустых фантазий.

Учитывая унаследованные российскими реформаторами «бомбы замедленного действия», непродолжительность их пребывания в органах власти, политические ограничения, с которыми они вынуждены были считаться, специфические дилеммы, с которыми они столкнулись, было бы грубой интеллектуальной ошибкой (или интеллектуальной недобросовестностью) и огромной несправедливостью возлагать на них вину за то, по какому пути пошло развитие российской политико-экономической системы, и, соответственно, за неутешительные показатели российской экономики. В сложившихся обстоятельствах крайне трудно безапелляционно судить о том, что они могли сделать больше или сделать что-то лучше. Они, скорее, сыграли роль бравых камикадзе (выражаясь в духе авторов книги), ведя неравную борьбу с накопившимися проблемами и выполняя миссию поистине исторических масштабов. Они заслуживают глубокого уважения и глубокой благодарности.

Все это относится в первую очередь к Егору Гайдару. Беседы, собранные в книге, только укрепили меня во мнении, что он был исключительной личностью. В нем сочетались высокие моральные принципы, твердость ума, широта кругозора, решительность и мягкость манер. Какой редкий набор качеств!

Я убежден, что он является героем современной российской истории – да и истории всего мира. Очень важно то, что эта потрясающая книга способствует его реабилитации в глазах общества. И мы должны продолжить работу в этом направлении.

Лешек Бальцерович,
в 1989–1991 годах вице-премьер
и министр финансов Польши.
Варшава, октябрь 2012 года

От авторов

Лежащая перед вами книга — сборник наших бесед с членами первого посткоммунистического правительства России, начавшего свою работу в ноябре 1991 года (а также с Дж. Бейкером — тогдашним госсекретарем США). Обычно это правительство называют по имени лидера его экономического блока — Егора Гайдара. Собственно, о Егоре мы и собирались говорить изначально, желая защитить его память от глупых мифов, удручающе несправедливых обвинений и разнообразной лжи. Однако уже во время самых первых встреч с нашими собеседниками мы вышли за рамки «бесед о Егоре» и начали обсуждать значительно более широкий круг вопросов — ситуацию в СССР накануне реформ Ельцина—Гайдара; возможные варианты действий; ошибки и компромиссы реформаторов; причины успехов и неудач и т. п.

Будучи экономистами, мы понимали, что важный фактор успеха любого дела — сравнительные преимущества его исполнителей. У нас их было два. Первое — наша вовлеченность в обсуждаемые процессы. Второе — близкие, доверительные отношения со всеми нашими собеседниками. Именно благодаря этим преимуществам нам, как кажется, удалось «выжать» из героев книжки много неожиданного, нового и благодаря этому что-то новое понять и узнать для себя и для будущих читателей.

На время работы правительства Гайдара пришелся распад СССР, смена общественно-политического строя во всех республиках бывшего Союза, изменение вектора внешней политики нашей страны и многое другое. Нас поразило, насколько порой по-разному вспоминают одни и те же события их участники. Насколько по-разному интерпретируют факты. Действительно, «правда у каждого своя» (даже у людей из одного политического лагеря, из одной команды). Это, однако, вовсе не означает, что воспоминания бессмысленны и «настоящую правду» невозможно найти. Наоборот, честные свидетельства непосредственных участников событий, особенно если они искренне готовы не только защищать сделанное, но и говорить о своих ошибках или нерешительности, помогают максимально приблизиться к пониманию того, «как это было на самом деле» и сделать необходимые выводы на будущее.

Большинство наших бесед публиковалось на сайте русского *Forbes* в 2010–2012 годах (и в сокращенной версии – в журнале). Мы бы хотели выразить огромную благодарность Владимиру Федорину, курировавшему этот проект в журнале, а позже ставшему редактором этой книги. Особая благодарность автору польских экономических реформ – Лешеку Бальцеровичу, любезно согласившемуся написать предисловие, и Карлу Бильдту, написавшему послесловие. И, конечно, всем нашим собеседникам.

Петр Авен, Альфред Кох

Книга, написанная из-под палки

Не давайте святыни псам и не бросайте
жемчуга вашего перед свиньями, чтобы они
не попрали его ногами своими и, обратившись,
не растерзали вас.
Евангелие от Матфея 7:6

Я не хочу писать этот материал. Он получается корявым, тяжелым, злым... Не хочется в сотый раз талдычить одно и то же. Что вот, мол, Гайдар спас от голода и войны, дал шанс на свободу и прочую всякую дребедень.

Я почитал отзывы на смерть Егора в Интернете. Там было в том числе (мне показалось, что в подавляющем числе) и такое милое, родное наше российское паскудство, которое ни мне, ни одному из моих товарищей не пришло бы в голову, умри кто-нибудь из наших бравых критиков.

Вот умер сразу за Егором доктор рабочих наук Василий Шандыбин, и что, кто-нибудь из нас вылез с глубокомысленными изречениями типа «собаке – собачья смерть» или «таскать – не перетаскать»? Нет. А ведь Василий Иванович нас не жаловал. И напраслину возводил, и, будем откровенны, клеветал.

А по Егору – вылезли. Поизгалялись от души. Ничего не скажешь, христианнейшие люди. Не чета каким-нибудь зачуханным чехам или португальцам. А тут еще Попов с Лужковым вылезли со своим креативом*. Вонь стоит – хоть топор вешай. А им хоть бы хны. Мы, говорят, правду

* Лужков Ю., Попов Г. Еще одно слово о Гайдаре // МК. 2010. 22 января.

сказали. Вранье — откровенное, осознанное и циничное — называется у них правдой...

Ни пост, ни молитва не могут остановить во мне животной брезгливости и ненависти к этим «добрым людям». Нет во мне христианского смирения. Вот и получаются мои слова корявыми и тяжелыми. Злоба душит меня, и обида кипит в моей груди. Если бы речь шла обо мне — мне было бы все равно. Честно! Клал я на этих дорогих россиян с прибором. Как, впрочем, и они на меня. В этом смысле мы квиты. Но Егор... Он их любил. Это я знаю твердо. Он стоически переносил все поносные слова в свой адрес. Я думал, что хоть после его смерти эти уроды успокоятся. И что им не радоваться — они пережили его! Но нет! Пинают и мертвого, пляшут на гробу, ухмыляются, думают — как бы так позабористее поддеть... И врут, врут, врут...

Вот такие мысли обуревали меня, и тут мне позвонил Петя Авен:

— Слушай, мне кажется, вокруг Егора и вообще нашего тогдашнего правительства накручено столько всякой белиберды, что молчать уже неправильно. Причем я не выношу как апологетики, которой грешат некоторые наши товарищи, так и такой дешевой чернухи, какой нас порадовали Лужок с Гаврилой. Поэтому, если ты готов к спокойному и максимально объективному диалогу, мне бы хотелось сделать с тобой материал о Егоре, о нашем правительстве и вообще о том времени...

— Готов ли я к объективному и беспристрастному диалогу? Господи, да говно вопрос! Я вообще — идеал беспристрастности и пофигизма. Давай, Петенька. Делаем материал. Сам давно хочу. В лучших традициях объективности и беспристрастности. Самое время с моим нынешним элегическим и благостным настроением. Тихая, лиричная грусть и умиротворение. Разве это не то настроение, в котором нужно делать объективный и беспристрастный материал, а?

— Ну вот и отлично! Я к тебе завтра приеду, и мы спокойно поговорим.

Назавтра Петя был пунктуален, элегантен, ироничен и эрудирован. Говорил он четко и кратко. Рублеными фразами. Чувствовалось, что он хорошо все продумал.

Альфред Кох, февраль 2010 года

Петр Авен (П. А.): Я думаю, мы должны говорить о Гайдаре. Последняя статья Попова—Лужкова очень показательна. Даже больше реакция на нее. Мне кажется, очень важно говорить правду. Она, безусловно, у всех своя, но если каждый попытается быть объективным, то мы получим более или менее истинное представление о нем и его роли в истории нашей страны.

Альфред Кох (А. К.): Вообще-то, я очень рад, что у тебя возникла такая идея. У меня у самого язык чешется с тобой поговорить про Егора, потому что не так много у нас людей, с которыми можно говорить о нем, не впадая в пафос и не пытаясь изъясняться лозунгами, окрашенными либо в либеральные цвета, либо в идиотско-державные.

П. А.: Очень важно избегать самых крайних оценок. С одной стороны, мы слышим, что Гайдар виновен во всем том, что произошло с Россией, в развале Советского Союза, в уничтожении военно-промышленного комплекса, в экономической разрухе, и много чего еще. С другой — меня, честно говоря, не меньше раздражают пафосные речи о том, что Гайдар и его команда, к которой я имею честь принадлежать, спасли Россию, что, если бы не мы, был бы голод и холод...

А. К.: Петя, давай последовательно разберем основные мифы, которые возникли вокруг Егора и вообще того правительства.

П. А.: Согласен. И первый миф, который я предлагаю проанализировать, — это миф о том, что никто не хотел идти в правительство в конце 1991 года.

Тезис о том, что никто не хотел идти в правительство в 1991 году, повторяется очень часто. Будто бы только команда Гайдара решилась, а больше никто не хотел. Мне кажется, это неправда. К власти в то время рвалась масса людей помимо Гайдара, и взять на себя руководство правительством хотели очень многие. Особенно часто произносили фамилию Скокова Юрия Владимировича. Накануне известного решения все только и гадали, кого Борис Николаевич предпочтет — Гайдара или Скокова?

А. К.: Мне трудно судить о том, какие альтернативы были у Бориса Николаевича в тот период. Я, в то время еще работал в Питере. Но тем не менее Ельцин остановился на Гайдаре. Чем это было вызвано? Кто сыграл решающую роль? Головков[1]? Бурбулис? Сам Гайдар?

П. А.: Я думаю, что мы к этой теме еще вернемся. А теперь я хотел бы поговорить еще об одном (ставшем в последнее время дискуссионным) тезисе, что команда Гайдара спасла Россию от голода, холода и гражданской войны. Я как либеральный экономист, считаю, что, если правительство народу не мешает жить, ни голод, ни холод не возникают. И хотя в 1991 году магазины были пусты и купить, не выстояв длинную очередь, ничего было нельзя, я не видел в Москве ни одной павшей лошади, так чтобы ее на куски резали на Тверской, как в 1918 году в Петрограде.

Более того, я помню, что в Москве в 1991 году работали рестораны и в квартирах тоже никто особенно с голоду не умирал, да и о холоде были панические разговоры, но реально особого холода не было. На мой взгляд, крайности хвалебные провоцируют крайности ругательные.

А. К.: Относительно того, как в то время в Москве, да, впрочем, и в Питере, работали рестораны, ничего не могу сказать. Сие мне неизвестно, поскольку у меня в тот момент не было денег, чтобы ходить по ресторанам. Я работал председателем райисполкома в Сестрорецке. И могу сказать, что сейчас нам кажется, что все это было хиханьки да хаханьки, но в то время жизнь мне не казалась такой уж благостной. Я, например, помню, как однажды подвезли фуру с курой в магазин. Магазин уже закрывался, так люди выбрали себе организационный комитет, который должен был всю ночь сторожить эту куру, чтобы ее «торгаши по своим не рассовали». И я вынужден был милиционера на ночь к этой фуре приставить. Иначе они не расходились.

Потом эти бесконечные депутатские комиссии, которые мы в райсовете создавали по распределению гуманитарной помощи. Эти пайки бундесвера, эти кроссовки, это шмотье драное. Тушенка китайская, какие-то субпродукты заграничные, ужасно унизительно — это же были подачки, милостыня. Все это на ура расходилось. Запад банально спасал нас от голода. Поэтому говорить, что все было здорово, потому что работали рестораны и не ели сдохших кошек, собак, крыс, — это довольно наивно.

Но и про «36 случаев смерти от голода» в Зеленограде — это явный перебор. Тут Лужкову или Попову в их вранье изменило чувство меры. Я не исключаю, что, может, и были какие-то случаи голодных смертей. Так они и сейчас происходят.

Вон давеча (04.02.10) в Интернете была информация: «О двойной трагедии на Зеленоградской улице сообщает РИА "Новости": умерли отец и дочь, первый — от сердечного приступа, а вторая, оставшись без присмотра, — от истощения. Правоохранительные органы Москвы устанавливают обстоятельства смерти 40-летнего мужчины и его трехлетней дочери. По предварительным данным экспертизы, смерть мужчины и девочки наступила около 30 суток назад. Судмедэксперты полагают, что отец и дочь умерли в новогодние праздники. По данным *LifeNews*, мужчина скончался от сердечной недостаточности, а его трехлетняя дочь-инвалид, которую он воспитывал в одиночку, — от истощения. Тела погибших направлены в морг. Решается вопрос о возбуждении уголовного дела. Напомним: похожий случай произошел в октябре 2009 года. В квартире жилого дома в Хорошевском районе Москвы были обнаружены тела мужчины и его сына. Мужчине было 32 года, а его ребенку полтора года».

И что? Трагедия, конечно, но никому же не приходит в голову вешать эти смерти на Лужкова... И еще одна мысль: допустим, что это действительно имело место. Тогда очень характерно, что Лужков с Поповым, рассказывая об этих трагедиях, нисколько не чувствуют своей вины. А ведь они тогда были руководителями Москвы (а значит — и Зеленограда). Совершенно очевидно, что если эти смерти не вымысел, то тогда они в них виноваты даже больше, чем Гайдар! Эти геронтократы совершенно утратили способность посмотреть на себя критически...

П. А.: По поводу голодных смертей в Зеленограде я с тобой совершенно согласен. И также я не являюсь апологетом советской власти, как ты понимаешь. Моя жена тратила по четыре часа на покупку продуктов, обегая все окрестные магазины...

А. К.: Это когда вы из Вены приехали? На контрасте это особенно хорошо работает.

П. А.: И до того, как в Вену уехали, и тогда, когда из нее приезжали. Кстати, о Вене: когда ко мне туда приезжали в гости коллеги и друзья, я возил их смотреть мясные отделы магазинов. Для них это был шок.

А. К.: Ну да, я тоже в тот период фотографировался в Хельсинки на фоне мясной лавки...

П. А.: В Москве, да и вообще в стране, действительно была очень плохая ситуация. Нельзя было ничего купить. И когда сейчас говорят, что Советский Союз был рай на земле, — это ложь. Но тем не менее надо понимать, что голодомора тоже не было. Кур-то ведь как-то покупали... Хотя если бы еще потянули с освобождением цен, то до голода, может быть, и дошло бы.

А. К.: Вот именно! По моим тогдашним ощущениям, мы к нему шли семимильными шагами. И я, кстати, Егору как-то уже сказал — жалко (грех, конечно, так говорить), что мы все-таки не дождались этого голода. Не дай Бог, я, естественно, утрирую, но вот если бы мы его дождались, на собственной шкуре его испытали, тогда бы то, что ты сделал, было бы оценено по достоинству. А поскольку ты своими действиями, за пять минут до его прихода, голод предотвратил, то теперь можно рассказывать все, что угодно...

П. А.: С другой стороны, если бы Гайдар пришел на год раньше, может быть, можно было бы делать реформы, а не спешно спасать страну. Это большая проблема реформаторов: они приходят делать реформы как раз тогда, когда надо уже не реформы делать, а что-то такое спасительное, что зачастую противоречит реформам.

А.К.: Абсолютно верно. Я с Егором на эту тему много разговаривал. И он был согласен: он делал не рыночные реформы, и не либеральные реформы, и не шоковую терапию. Первые несколько месяцев он делал то, что было однозначно необходимо без всяких вариантов, и свободы выбора для него было ровно ноль. Он делал ровно то, что делало бы любое ответственное правительство на его месте.

П.А.: Не совсем так, но почти так. Это как раз то, о чем я говорю: всегда в таких ситуациях получается смешение реформистского начала и начала спасения...

А.К.: «Спасение» как-то уж очень пафосно звучит. Можно ведь и по-другому посмотреть. Помнишь, как нас учили в школе: принцип разумного эгоизма? Если ты хочешь усидеть в своем кресле, ты должен это делать. Иначе тебя сметут просто. И опять же, это было задано условиями, нужно было либо делать все быстро, либо не делать никак.

П.А.: Из того, что говоришь ты, получается, что любой на месте Гайдара делал бы то же самое.

А.К.: Да. Если он ответственный человек, который хочет хорошо выполнить свою работу. А не наворовать денег.

П.А.: Это верно.

А.К.: И тут возникает вопрос: а что, предыдущее, силаевское правительство было безответственным, что ли? Притом что Силаев[2], видимо, был очень ответственный человек. Но оно занималось всем, чем угодно, кроме того, чтобы заниматься действительно нужными вещами и тем самым предотвратить нарастание тех проблем, из-за которых дальнейшие действия правительства Гайдара были такими вынужденно болезненными.

Чеки «Урожай-90»* — чистой воды афера, договор с Noga**, лишающий Россию суверенного иммунитета, — кто все это делал? Силаев,

* «Урожай-90» — схема по выкупу у крестьянских хозяйств продовольствия по государственным (низким) ценам с правом для продавцов приобрести в дальнейшем дефицитные товары — автомобили, бытовую технику и т.п.

** Весной 1991 года Совет министров РСФСР заключил соглашение со швейцарской фирмой Noga о кредите на сумму около 420 миллионов для за-

Кулик[3]? Да! Ущерб, как материальный, так и репутационный, оценить невозможно. Но он огромен. Как любит говорить наш национальный лидер: где посадки? Писанина каких-то несбыточных реформ, программа «500 дней». Маниловщина сплошная. Силаевское правительство, находившееся у руля полтора года, было абсолютно неадекватно ситуации!

П. А.: Но ты не забывай, что почти все время, пока премьером был Силаев, существовал Советский Союз и, соответственно, союзное правительство. И суверенитет России, хоть и провозглашенный 12 июня 1990 года, был во многом формальным, неработающим. Полномочиями, необходимыми для реализации полномасштабных реформ, то правительство не обладало.

А. К.: Пожалуй. Здесь, может быть, я и перегибаю палку, но это топтание на месте в течение двух-трех лет и сделало очевидные и простые шаги Гайдара, типа освобождения цен, такими брутальными и шокирующими, такими болезненными и политически окрашенными.

В освобождении цен нет никакой политики, как ее нет в операции по удалению аппендицита. Если не удалишь, человек умрет — и все, точка. К чему дискуссии? Когда делать, в каком объеме, в какой последовательности — все это словоблудие говна не стоит. Делать надо было еще вчера, сразу и радикально. По частям — только болезненнее, а результат в итоге будет тот же.

П. А.: Это очевидно: если бы все началось тогда же, когда в Польше, Чехословакии, Венгрии, то есть в 1989 году, многие вещи дались бы проще и обошлись бы меньшими издержками — как денежными, так и политическими.

А. К.: 1991 год, если ты помнишь, он же не с приходом Гайдара начался! Гайдар пришел под 7 ноября (кстати — очень характерно). А собственно правительство заработало только в январе. Вы же два месяца фактически потратили на то, чтобы подготовить всю нормативную базу для реформ. То есть реально оперативное управление экономикой началось с 1 января.

купки продовольствия. По этому соглашению Россия отказалась от государственного иммунитета. Долг должен был погашаться поставками нефтепродуктов. В 1993 году правительство России расторгло договор. Noga несколько раз арестовывала российское имущество за рубежом, пока в 2007 году Верховный суд Швейцарии не вынес решение в пользу России.

П. А.: Не совсем так. И до Нового года надо было доставать и делить валюту, надо было закупать медикаменты, надо было распределять рубли, командовать промышленностью... Оперативное управление было с первого дня.

А. К.: Но по-настоящему правительство заработало с 1 января.

П. А.: Правильнее сказать: на своей нормативной базе правительство заработало с 1 января.

А. К.: Совершенно верно. И собственно, первым актом, с которого мы почувствовали, что вот появилась новая власть, было освобождение цен. Это считалось самым главным.

П. А.: Это и было самое главное.

А. К.: Но до этого предыдущий, 1991 год состоял из многих событий. Он, например, состоял из январской денежной реформы, проведенной союзным правительством Валентина Павлова[4]. Я поражаюсь, почему об этом вообще не говорят у нас. Ведь это павловская реформа уничтожила вклады граждан, а никак не Гайдар! И я, как председатель райисполкома, эту реформу прекрасно помню. Это же я был тот «чиновник на местах», который проводил эту реформу в жизнь! И я помню, что со вкладов в Сбербанке разрешили снимать не более 500 рублей в месяц.

П. А.: Этого не помнит вообще никто.

А. К.: И к тому моменту, когда Гайдар со своей командой пришел в правительство, этих вкладов уже не было в Сберегательном банке СССР. Все вклады были изъяты из него союзным правительством и направлены на финансирование дефицита союзного бюджета. Таким образом, Гайдар никак не мог уничтожить вклады населения (или, как говорят некоторые, — украсть). За неимением объекта уничтожения. Помнишь, как в «Операции "Ы"» один из персонажей говорил — красть ничего не надо, все уже украдено до нас...

П. А.: Абсолютно. Никаких денег не было вообще. Уже полгода как. Это вот первая большая ложь о Гайдаре — что Гайдар уничтожил сбережения населения. Сбережений уже не было, были записи на счетах, за которыми ничего не стояло. Гайдар сделал лишь то, что признал этот факт. Не бегая и не придумывая объяснений.

А. К.: По логике обвинителей Гайдар раскрутил инфляцию и тем самым обесценил вклады.

П. А.: Вкладов уже не было никаких, поэтому с точки зрения инфляции это все полная чушь. Ноль рублей не подвержен инфляции. Что, я думаю, действительно можно обсуждать, — что вся тематика социальной поддержки была на обочине. Прежде всего я говорю о пенсионерах. Какие-то специальные формы поддержки пенсионеров в 1992 году можно было придумать. Пусть даже символические. Может быть, непропорционально больше ваучеров давать пожилым людям, земли под огороды, под садовые участки, под индивидуальное строительство.

А. К.: Но это не очень-то помогло бы людям в тот момент...

П. А.: Скорее всего, это фундаментально ничего бы не изменило. Но какие-то хотя бы попытки облегчить положение пенсионеров за счет того, что у государства было в руках, — да та же земля, можно было сделать. На эту тему нужно было больше думать, и то, что об этом не думали, на мой взгляд, это одно из упущений. Люди бы увидели, что правительство хотя бы пытается что-то для них сделать...

А. К.: Это скорее были бы пиар-акции, чем реальная помощь.

П. А.: Не вполне. Но, кстати, и пиар-акции — одна из главных вещей, которые не были сделаны. Никаких коммуникаций с народом, безусловно, не было вообще. Это тоже фундаментальная вещь. То, что павловская реформа уничтожила сбережения, а не Гайдар, — этого сейчас никто не помнит. И во многом не помнят из-за того, что мы сами об этом не говорили и не говорим. Отсутствие коммуникации — это важное, большое упущение.

А. К.: У меня какая-то странная получается роль: я должен оправдывать правительство, в котором ты работал, а ты на него нападаешь. Впрочем, меня это устраивает!

У меня есть еще много вопросов, которые я задавал еще Егору. Вот смотри — все время говорят: правительство Гайдара, правительство Гайдара, Гайдар пришел к власти... А я думаю, что Гайдар ни хера не имел никакой власти!

П. А.: Это еще один мой упрек нашему правительству. И самый главный.

А. К.: Во-первых, он не влиял никак на денежную политику по-настоящему, потому что не контролировал Центральный банк.

П. А.: Это еще полбеды. Центральный банк все-таки более или менее он контролировал. Во всяком случае ЦБ хоть как-то координировал свою политику с нами. Это было, конечно, не то, что хотелось, но хоть что-то.

А.К.: А силовики? А пропагандистский аппарат? А МИД?

П.А.: Абсолютно верно. Пропагандистский аппарат находился в руках Михаила Полторанина[5], который, мягко говоря, не был нашим союзником. Мягко говоря. На самом деле, безусловно, он был противником. Силовики — это вообще отдельная тема. Вот как сейчас Лужков с Поповым обвиняют Гайдара в том, что он, по сути, американский агент, точно так же в наше время силовики вменяли нам, что мы шпионы всех разведок. Еженедельно писали Ельцину бредовые доносы.

Одним словом, мой главный упрек нашей собственной команде — это то, что мы, безусловно, не были властью. Мы были около власти. А все эти реформы, если вы их делаете, не будучи властью, всегда кончаются тем, чем они у нас и кончились. И для страны в целом, и для реформаторов в частности. И, конечно, для Егора.

А.К.: Мы вскользь коснулись того, что помимо Гайдара на место руководителя реформ смотрелся Скоков. Но, видимо, кроме него еще много кандидатов смотрелось?

П.А.: Мы говорили, что не отказалось бы много людей. Я думаю, что не отказался бы и Лужков, и Явлинский[6] бы не отказался, и Лобов[7] бы не отказался. Поэтому то, что Гайдар оказался единственным, а все остальные свалили, — это ложь. Но Ельцин выбрал Гайдара. Почему он его выбрал? Ведь действительно мы считали, что главный кандидат — Скоков.

А.К.: А Явлинский?

П.А.: Гриша Явлинский тоже не отказался бы, наверное. Ну, может быть, поторговался бы, как обычно, какие-то полномочия особые попросил, что-то еще, но в принципе он бы тоже пошел бы. Почему же Ельцин взял Гайдара? Я вижу причин две. Самая главная, и в этом было величие (именно величие — я не побоюсь этого слова) Бориса Николаевича, что он понял в какой-то момент: надо радикально все менять. Все эти люди из старых обойм — Лобов, Попов, Лужков, Скоков, кто угодно, — они все предлагали какие-то стандартные госплановские меры, а эти меры — не работали.

А.К.: Какой-нибудь местечковый вариант венгерского социализма?

П.А.: Да. Какой-то социализм с элементами рынка. А надо было радикально, радикально все менять. Все старое, все эти мертвые социалистические рецепты не работали. Я сейчас читал мемуары Черняева, это вроде бы самый умный советник был у Горбачева. И я вспомнил, что

Гайдар в 80-х годах рассказывал мне о предыдущем поколении горбачевских еще реформаторов: о Черняеве[8], Шахназарове[9], Бовине[10]... Мы же, когда были мальчишками, считали, что это такие крупные мыслители. Именно Гайдар первым без всякого пиетета их описывал, у него не было никаких иллюзий. Егор очень хорошо знал себе цену и легко мог дать понять собеседнику свой истинный масштаб. Он при этом очень хорошо понимал масштаб других людей. И он сказал, что эта горбачевская команда — ужасно слабая, что они неспособные совсем, причем надутые такие еще... Надутые, не очень умные, не очень образованные. Марксисты-реформаторы, одним словом. Гайдар им дал очень трезвую оценку и очень рано. Я вот сейчас, читая эти мемуары, убеждаюсь, насколько он был прав.

И, возвращаясь к теме Ельцина и его выбора, могу сказать, что и Лобов, и Скоков, и все остальные — они интеллектуально, конечно, были из тех же, из совка, и это было совсем не то, что нужно. И Ельцин это понял. Он понял, что нужно что-то совершенно новое. И Гайдар был этим новым.

Вот это первое, и я думаю, что главное. Второе — это то, что от личного общения с Гайдаром у Ельцина был культурный шок. Гайдар, безусловно, его покорил своей образованностью, специальными экономическими знаниями. И что еще важно было — решительностью. В реальности Гайдар, конечно, был менее решительным, чем мог казаться (если хотел). И я думаю, у Ельцина было твердое ощущение, что это те ребята, которые ничего не боятся. Он, наверное, подумал, что они будут землю рыть, они не связаны ни с какими советскими властными группировками, у них нет сентиментальности в отношении кого бы то ни было из высших эшелонов и они будут брать в свои руки рычаги власти. И вот это, мне кажется, тоже повлияло на решение Ельцина.

Я уверен, что Ельцин почувствовал, что Гайдар очень хотел. Понимаешь, когда ты человека принимаешь на работу и человек очень хочет, эта его энергия и упорство влияют на твое решение. Когда человек очень хочет, он будет больше стараться. Гайдар очень хотел! И Ельцин, я думаю, хотя и понимал, что многие согласились бы, выбрал Гайдара...

Вот Явлинский согласился бы. А Гайдар ужасно хотел. Это большая разница. Я думаю, что Борис Николаевич это тоже почувствовал.

А. К.: Но то, что ты сейчас рассказал, противоречит тому, что ты раньше говорил: что в результате Гайдар проиграл, потому что не боролся за власть. Сними это противоречие.

П. А.: И то и другое верно. Гайдар очень хотел власти, потому что он был реформатором. Но к ведению политической борьбы был не готов. Он, скажем так, в какой-то степени был реформатором «идеальным».

А. К.: В таком случае у него и представления о политической борьбе были достаточно идеалистические. Он не предполагал, что у политической борьбы просто нет правил.

П. А.: Совершенно верно. Он очень хотел, с одной стороны. Но не умел. Но то, что он хотел, — это точно. И третья вещь, про которую я все время забываю, — я думаю, что фамилия Гайдар сыграла роль.

А. К.: Может быть. В мой образ Ельцина это как раз укладывается. А что касается Егора, я убежден, что он просто прошел некоторую трансформацию, потому что на последнем этапе своей жизни он уже не хотел никакой власти. Мне кажется история такой: сначала он хотел власти. Потом он узнал, что нужно сделать для того, чтобы ее добиться. И с этого момента он ее расхотел. Потому что то, что нужно было делать, чтобы ее добиться, он делать не хотел.

П. А.: Он, конечно, был не борец, в том смысле, в каком у нас принято считать людей политическими борцами. Он не умел нагло и агрессивно тянуть одеяло на себя. Но я думаю, что тогда, когда он говорил с Ельциным осенью 1991-го, он ужасно хотел власти.

А. К.: Ему показалось, что поляна чистая, можно небольшим количеством неизбежной мерзости добиться большого позитивного результата.

П. А.: Да. А все дерьмо полезло, когда начавшиеся реформы выявили первые сложности. Сразу выявились сложности не только подковерной, но и публичной политической борьбы. Сложности, гадости... Я думаю, что Гайдар, как человек достаточно опытный, поначалу справлялся. Но постепенно накал страстей становился сильнее, чем на излете застоя, а у Гайдара если и были адекватные представления о политической борьбе, то представления 80-х, а не 90-х.

А. К.: Я сейчас не собираюсь сводить политические счеты, я просто хочу напомнить, что 1991 год начался не в ноябре 1991 года. И до момента, когда пришел Гайдар, что-то ведь происходило в стране. Может быть, ты более информирован, чем я: что же все-таки случилось, почему Явлинский не стал реализовывать свою программу? Ведь российский съезд народных депутатов дал ему карт-бланш, и единственное, чего он не добился, — это согласия союзного парламента. Но после августа оно не очень и нужно было*...

П. А.: Это странная история... Я в последнее время читаю про 1991 год, такое ощущение, что власти вообще не было ни у кого. До этого власть всегда была у кого-то. А тут вообще ситуация полного безвластия. Стало невозможно ни принять решение, ни отменить...

А. К.: Но какие-то решения все-таки принимались?

П. А.: Приниматься-то они принимались. Но в этом не было никакого проку. Мелкая лоббистская суета. Вроде программы «Урожай-90». Или прекраснодушие союзного центра, типа «ребята, давайте жить дружно!» Нет. В принципе реальной власти не было ни у кого. А все эти реформы нужно было делать достаточно авторитарно.

А. К.: И что, у Ельцина власть вдруг появилась как в сказке в ноябре 1991 года?

П. А.: Похоже, что так. К этому моменту у Ельцина в силу огромного количества причин сконцентрировался достаточный властный ресурс, и стало можно принимать необходимые решения. У него был достаточный уровень легитимности, поддержка народа, российского парламента, а союзный центр, напротив, власть постепенно утрачивал и из-за сепаратизма республик, из-за того, что многие переходили на сторону Ельцина, и, самое главное, союзный центр лишился поддержки народа после августа, после ГКЧП.

А. К.: Был же межреспубликанский комитет, возглавляемый Силаевым, и Явлинский у него был первым замом...

П. А.: Вот, кстати, и ответ на твой вопрос про Гришу. Явлинский, видимо, сделал ставку на союзное правительство — и проиграл. Может, именно этого он никогда не смог простить Ельцину, а Ельцин — ему.

А. К.: Насчет безвластия ты, наверное, прав. И здесь моя либеральная жилка дает о себе знать. Смотри: мы практически с августа, а может, давай будем откровенными, с января 1991-го прожили без правительства. И ничего. Из этого я делаю вывод, что вообще правительство-то не нужно!

---

* С поста заместителя председателя Совмина РСФСР Григорий Явлинский ушел в октябре 1990 года. В ноябре 1991 года он был зампредседателя Комитета по оперативному управлению народным хозяйством СССР, ответственным за экономическую реформу.

И еще одна мысль мне нравится. Что говорят оппоненты ельцинского периода, того, который мы прожили в пресловутые «лихие девяностые»? Они постоянно говорят о том, что Ельцин развалил армию, флот, экономику, мы были слабые и т. д. А зато теперь будто бы Путин все это укрепил, укрепил суверенитет, и теперь на нас никто не нападет, нас не ограбят. Вопрос: если угроза нападения, ограбления и захвата наших сокровищ — это перманентная угроза в течение всего существования России, то почему в течение этих 10 лет, когда мы были слабы и у нас было все развалено, на нас никто не напал и нас никто не захватил?

П. А.: Потому что мы не нужны никому...

А. К.: Да, но из этого вытекает совершенно очевидный тезис: если мы никому не нужны, никто на нас не нападает и нападать не собирается, то зачем мы тогда укрепляем нашу армию и флот? И тратим на это деньги?

П. А.: Помнишь, как в «Собачьем сердце» профессор Преображенский говорит — виноват, вы не сию минуту хотите открыть дискуссию? То есть если ты хочешь обсуждать армию и флот, то это совсем другая тема...

А. К.: Хорошо-хорошо. Давай тогда про внешний долг. Это ведь еще одна претензия к Гайдару и к вашему правительству. И к тебе персонально как к человеку, отвечавшему за этот вопрос. Зачем вы весь союзный долг взяли на себя?

П. А.: Какая ситуация была с внешним долгом. Во-первых, Запад долго не мог для себя решить, с кем разговаривать: с нами или с союзными властями, которых уже к тому моменту де-факто не существовало. Но западные бюрократы этого не хотели понимать и принимать.

А. К.: Запад был против развала Советского Союза?

П. А.: Бюрократия Запада — это точнее. Запад и западная бюрократия — это две разные вещи. Западная бюрократия, отвечавшая, в частности, за получение внешнего долга, конечно, была против. У них все было на мази: есть налаженный и отработанный годами процесс получения долга, есть с кого получать, все ясно и понятно. И неожиданно эта страна исчезает. Как-то нехорошо.

А. К.: Здесь у меня сразу вопрос. Западная бюрократия, она все-таки в большей степени подчиняется политической логике и политическим властям, чем российская?

П. А.: Логика там такая, какая бывает у любой бюрократии, – безопасность собственных позиций и незыблемость установившегося порядка. Когда мы пришли, а я с самого начала отвечал за внешний долг, первой их реакцией был ужас. С кем говорить, как получать внешний долг, как и с кем обговаривать его получение? Всем было непонятно. Они долго вообще отказывались с нами разговаривать и признавать очевидное – СССР больше нет и, соответственно, нет привычных для них правил и визави на переговорах. Поначалу мы решили разделить долг пропорционально между всеми республиками бывшего СССР, но западные бюрократы не хотели этого слушать в принципе, потому что им хотелось вести переговоры с кем-то одним, а не с группой маловменяемых суверенных республик. По-своему они были правы.

Мы понимали, что если не урегулируем отношения с Западом по поводу долгов, то не получим от МВФ, от правительств, от компаний никаких кредитов, инвестиций, займов. То есть не сможем выйти на мировой рынок капитала. А для нас это было критично.

Поэтому под влиянием наших западных коллег была выработана позиция о солидарной ответственности. Они говорили: вы там разбежались, но вы все вместе отвечаете за внешний долг. Как вы там между собой будете делить его, нам неважно, но отвечать будете все вместе.

Очень скоро выяснилось, что эта схема тоже не работает. Потому что ряд республик в принципе не могли платить ни цента. Например, Таджикистан. Или Молдавия. Грузия, наконец. А как ты понимаешь, принцип солидарной ответственности предполагает, что если хотя бы одна страна не платит, то отвечают все равно все.

Потом, даже в рамках солидарной ответственности долг нужно было поделить между бывшими республиками. Запад это очень пугало, поскольку ясно было, что вопрос о том, как делить, затянется на годы и десятилетия. У каждого же свои аргументы. Например, прибалты отказывались даже начинать переговоры на эту тему. И это была еще не самая тяжелая позиция. И в этой ситуации мы посчитали, что нам, безусловно, разумнее взять все на себя.

А. К.: Почему?

П. А.: Во-первых, необходим был доступ к рынку капитала. Без этого разрушительный спад преодолеть было невозможно. Необходимы были прямые инвестиции, для финансовой стабилизации – кредиты МВФ и т.д. Транши МВФ мы получили во многом (если не исключительно) благодаря тому, что урегулировали вопрос долга.

Потом, на нас так и так приходилось больше 61% долга. Если бы мы его поделили, российский кусок был бы все равно большой, хоть по ВВП, хоть по населению, хоть по чему-то еще. Поэтому то, что мы дополнительно брали на себя, было относительно немного.

Во-вторых, мы считали, что СССР, конечно, много денег был должен, но и ему должны были никак не меньше. Обязательств перед Советским Союзом было примерно на $150 млрд. Плюс, если мы становимся единственным правопреемником СССР, то все его имущество за рубежом становится российским, а это еще миллиарды долларов.

Еще мы рассчитывали, что нам долг выгодно реструктурируют. К тому же это решение в целом укладывалось в логику правопреемства СССР, согласно которому Россия получила место в Совете Безопасности ООН и статус ядерной державы.

И благодаря такой нашей позиции мы уже в январе, когда все это начали, добились от МВФ согласия на финансовую помощь. Вот откуда фраза Лужкова и Попова, что Гайдар получил миллиарды долларов финансовой помощи. И летом 1992 года мы ее получили — $1 млрд. Это было, безусловно, очень мало. Но это была критически важная помощь. В 1993–1994 годах Черномырдину[11] дали еще 3 млрд.

А. К.: Да, я помню, что за все 90-е были получены какие-то смешные деньги. Итак, логика была такая: мы получаем не только долги, но и активы в виде долгов нам, имущество за рубежом, плюс политическое решение в виде членства в Совете Безопасности и т. д. Но правильно ли я понимаю, что из перечня тобой перечисленных аргументов один оказался неверным: мы рассчитывали на хорошую реструктуризацию, а этого не случилось…

П. А.: Неправда. Это случилось. Соглашение с Парижским клубом было замечательным. Оно было написано на условиях не хуже, чем у поляков, чем у остальных стран Восточной Европы. Реально. Условия, которые мы согласовали в 1992 году и подписали в 1993-м, были очень выгодными. И Россия стала признанной страной, отношения с Западом нормализовались.

А. К.: А что выяснилось по поводу долгов нам?

П. А.: Тут были и удачи, и поражения. Например, платежи от Индии были значительны. Только Индия была должна 10 млрд.

А. К.: И она их платила?

П. А.: Платила. В основном, правда, с 1994 года. Общая же картина с валютным долгом была такая. СССР был должен в 1991-м, когда я пришел в правительство, $97 млрд. Их них Парижскому клубу — $48 млрд, и остальное — компаниям и собственным гражданам. А нам были должны $150 млрд. Из них $70 млрд — это страны СЭВ. Эти суммы плохо взыскивались. Были, конечно, и безнадежные долги, львиную их долю мы, как и все остальные страны-кредиторы, вынуждены были простить. Это была «Черная Африка» и тому подобные страны.

А. К.: Все правильно. Реальной экспертизы долга вам никто все равно дать не мог, потому что все эти выдающиеся специалисты-практики из советского правительства, я думаю, в терминах взыскания его и не рассматривали.

П. А.: В СССР руководствовались идеологией. Как говорится, чисто политические решения.

А. К.: А что ты скажешь о помощи Запада?

П. А.: Она оказалась очень слабенькая. Мы запросили у МВФ в 1992 году $6 млрд, а получили $1 млрд. А Лужков и Попов говорят о каких-то мифических миллиардах западных денег, которые получил Гайдар…

И вот тут я хотел бы опровергнуть еще один из устоявшихся мифов. Гайдар не действовал по указке Запада, и Запад не помогал ему проводить реформы. А даже в некоторых случаях, как, например, в случае с урегулированием советского долга, Запад занял деструктивную позицию. Особенно вначале. То же можно сказать и о финансовой помощи при проведении реформ. Она была ничтожной.

А. К.: Можно ли сказать, что из-за такой позиции Запада, когда, например, выплатить ему в счет долга СССР в 1992 году нужно было около 6 млрд, а финансовой помощи было всего на миллиард, случилась та самая гиперинфляция, которая и сформировала враждебный реформам социальный фон?

П. А.: И да и нет. Я бы сказал, что это была одна из причин, но не единственная. Во-первых, инфляция была предопределена колоссальным денежным навесом, который сформировался на руках у населения в конце 80-х и начале 90-х в результате абсолютно безответственной денежной политики союзных властей. Безоглядное повышение зарплат всем категориям рабочих и служащих, сохранение пенсий работающим пенсионерам и многие другие вещи, с одной стороны, и упрямое следование сталинско-брежневским нормам по регулированию цен, с другой, делали всплеск инфляции при переходе к свободным ценам неизбежным. Что, собственно, и произошло. Цены действительно выросли. Оптовые цены выросли в 3–4 раза, а зарплата – только в 2–3 раза. А вот вопрос, кто виноват дальше в этой большой инфляции, действительно интересный...

А.К.: Ты имеешь в виду эмиссию на покрытие дефицита бюджета? Или эмиссию, которую делал ЦБ по собственной инициативе и направлял непосредственно предприятиям, как это тогда называлось, «на пополнение оборотных средств»?

П.А.: Все вместе. В том-то и дело, что если брать эмиссию, которая была сделана, то 40% эмиссии шло на покрытие дефицита, а 60% шло предприятиям. Вопрос о том, кто виноват, что Центральный банк вел эмиссионную политику, не вполне согласованную с правительством, я считаю открытым.

У нас было три вида бюджетной политики в 1992 году. Первые несколько месяцев после нашего прихода была достаточно жесткая политика. Потом, ближе к лету, Гайдар во многом уступил как хозяйственникам, так и политикам и сильно смягчил бюджетную политику. Однако осенью мы снова начали сдвигать все в нужное русло. В результате бюджетный дефицит в 1992 году был вдвое меньше дефицита 1991 года. В 1991 году он составил 20%, а в 1992-м – только 10% от ВВП.

Это большой дефицит, безусловно, почти смертельный. Но за год сокращение бюджетного дефицита вдвое... Я не скажу, что это подвиг, но что-то героическое в этом есть! Наверное, можно было вести себя еще жестче, но тогда получается логическая нестыковка у наших оппонентов. С одной стороны, они критикуют «шоковую терапию», а с другой – выступают против инфляции. В то время как «шоковая терапия» и есть единственное, пожалуй, средство борьбы с инфляцией. Особенно в тот момент.

А.К.: Дело в том, что оппоненты обладают тем достоинством по сравнению с нами, что они не ограничены логикой.

П.А.: Это точно. Теперь подробнее. Вот это абсолютно безответственное финансирование предприятий непосредственно ЦБ. Насколько это было согласовано с Гайдаром, я не знаю. Но 60% эмиссии шло из ЦБ напрямую на предприятия. Сейчас любой вам скажет, что это – безумие. А тогда такие действия нашими депутатами считались очень даже разумными.

А. К.: Помню совещание в мэрии Санкт-Петербурга, когда руководитель петербургского отделения Центрального банка собрал предприятия в большом актовом зале и объяснял им подробно, как открывать счета в ЦБ. И как на эти счета будут перечисляться деньги.

П. А.: Тем не менее я не считаю, что на 60% инфляция была обусловлена политикой Центрального банка. Я думаю, что Гайдар принимал или должен был принимать участие в решениях ЦБ, потому что Центральному банку быть полностью независимым от правительства в наших условиях всегда невозможно, поэтому какая-то мера ответственности за это на правительстве тоже лежит.

В конечном итоге в условиях такой трансформации экономики и общества в целом сокращение дефицита бюджета в два раза за один год говорит о разумной бюджетной политике. Вот Андрей Илларионов[12] до сих пор пишет, что Гайдар был не жесткий финансист, а политик-популист, но это несправедливо.

А. К.: Все-таки ты слишком требователен к Гайдару и вашему правительству в целом. Ты не забывай, что в то время руководителя ЦБ назначал хасбулатовский Верховный Совет, уже находившийся к тому моменту в жесткой оппозиции к Ельцину и его политике. Да и внутри президентской вертикали тоже не было единодушия. Вспомни хотя бы вице-президента Руцкого[13] с его «чемоданами компромата». В этих условиях политика ЦБ вполне могла быть не только не согласованной с правительством, но и прямо противоположной его политике. И вины Гайдара в этом нет.

Другой разговор, что Гайдар недостаточно боролся за то, чтобы его поддерживало большинство депутатов и чиновников. Он, видимо, должен был интриговать, обманывать, подкупать, предавать, налаживать отношения с последними мерзавцами и подонками. А он этого не делал. Но, насколько я его знаю, он этого делать и не умел. Нет среди моих знакомых человека, хуже Егора подходящего для такого рода деятельности.

Ты можешь сказать, что это означает профнепригодность Гайдара как политика (а значит — и как премьера), потому что настоящий российский политик должен все эти низости уметь делать блестяще. И на это мне нечего будет возразить, потому что даже сам Егор считал, что он политик так себе, на троечку.

П. А.: Хорошо, что ты начал об этом. Мы должны более подробно остановиться на Гайдаре как личности. Есть одна вещь, о которой я уже говорил. Гайдар был человек очень смелый. Вот ты как-то сказал мне, что Гайдар — очень русский человек. Мне так не кажется. К сожалению, по моим представлениям, русский человек сегодня — это человек, очень компромиссный с самим собой. Жесткие принципы? Это не характерная черта русского человека. Мне кажется, что в России и революция 1917-го, и разрушение церквей вчерашними верующими, и подчинение сталинизму в течение десятилетий имели место потому, что был огромный слой людей, крестьянства прежде всего, которые не имели жестких нравственных принципов.

Но буквально в двух шагах от них было русское офицерство, которое имело очень жесткие принципы. И Гайдар для меня остается именно русским офицером. Он же вырос в военной семье. Это был, возможно, самый «правильный» человек из тех, что я знаю. Чрезвычайно принципиальный. С чрезвычайно жесткими понятиями о чести и достоинстве. Например, Гайдар вообще не мог хамить. Он совершенно не был хамом. Егор мне рассказывал, как в детском саду полез драться, потому что обижали девочку. Девочку нельзя бить ни при каких условиях — так он считал до конца своей жизни. Можно совершенно не сомневаться, что, если при Гайдаре кто-то нахамил бы любой женщине, он полез бы драться. Сразу. Хотя делать этого не умел вообще. Тем не менее Егор, безусловно, стал бы ее защищать. В этом он был абсолютно и жестко принципиален.

При этом он был абсолютно не «ботан». Очень «от мира сего». Хорошо понимал устройство власти. Отлично чувствовал иерархию.

Очень смелый. Его можно было легко представить командующим тонущим кораблем. Он бы, безусловно, не боялся, не пугался, не паниковал, вел бы себя очень достойно. Он был в высоком смысле человеком чести. Это замечательное качество. И очень твердых нравственных принципов. Вот у нас все время обсуждается тема богатства и бедности. Но с ним обсуждать темы взяток, коррупции…

А. К.: Притом что он всегда был человеком очень скромного достатка…

П. А.: Именно. Для него эта тема была абсолютно неприемлема. Он был вне дискуссий на эту тему. Есть рассказ Немцова[14], как он икру ему принес, а Егор его выставил. Это все очень точно. Он был человеком чести, и это — редчайшее качество.

С другой стороны, и это тоже надо сказать прямо, он был интровертом. Общение с незнакомыми людьми давалось ему с трудом. Он, например, реально сломался, попросту не смог разговор вести, когда к нему пришли шахтеры требовать повышения зарплаты. Сопротивляться давлению людей, живых людей, ему было трудно. Трудно.

И эта сторона проявилась в его отношениях с Ельциным. Ему не всегда хватало силы, глядя глаза в глаза, сказать то, что Б. Н. не хотел слышать. Ельцин был человек очень сильный. Особенно в начале 90-х.

Вообще Гайдар был сложный человек. Но, на мой взгляд, принципиальность была, конечно, самой характерной его чертой. Надо сказать, что никто в команде, ни один человек, в этом смысле, в смысле принципиальности и таких высоких моральных качеств, рядом не стоял. Никто. Ну, многие старались. Но все это было пустое... Он во многом поэтому и был нашим лидером.

А. К.: Может быть, поэтому некоторые наши товарищи до сих пор и держатся на плаву? В силу адаптивности собственной морали?

П. А.: Конечно. А вот очень интересно, что Гайдар на тему морали не любил говорить.

А. К.: Мне кажется, Егор считал, что это пошло — с серьезной мордой рассуждать о морали. Однако вопросы морали, если их широко трактовать, — это, скажем так, неизбежная часть любой политической полемики. Если ты в ней участвуешь, то ты неизбежно должен уметь говорить на эти темы. С той или иной степенью талантливости. А Егор старался не участвовать в политической полемике!

П. А.: Да. Вот у меня такая аналогия: Зинаида Шаховская, которая всю жизнь любила Набокова и поэтому много о нем думала, писала, что Набоков постоянно рассказывал о прошлом богатстве своей семьи. Ну ты помнишь — «роллс-ройс» и т. д. И именно по частоте этих воспоминаний было понятно, что по-настоящему богатым он никогда не был. Например, когда Феликс Юсупов, разорившись, жил во Франции, он заказывал обед, не думая о том, что у него в кармане нет ни одного франка. Потом, когда уже поел, он говорил: «Ну, я думал, найдется откуда-нибудь». Просто он всегда до этого жил в ситуации, когда деньги были, они не были дефицитом, их было настолько много, что можно было о них не думать. Для Юсупова деньги не существовали как субстанция, как предмет размышлений. А для Набокова существовали. Так же и Гайдар: он не рассуждал о принципах, потому что они у него были незыблемы и необсуждаемы и на эту тему не надо было думать.

А. К.: Есть еще один нюанс. Если, допустим, взять биографию среднестатистического советского человека и биографию Гайдара, то можно сказать, что Гайдар в общем-то вырос в золотой клетке. И как человек, который вырос в такой среде, он, конечно же, исходил из достаточно идеалистического представления о народе-богоносце. И в связи с этим то, что он стал узнавать (после того как он возглавил правительство, а потом и позже), для него, я думаю, было серьезным откровением.

П. А.: Знаешь, да. И еще важный штрих. Я считаю, что и он, и Чубайс излишне благоговели по отношению к Борису Николаевичу.

А. К.: Это правда. Хотя в конце жизни Гайдар стал смотреть на Ельцина значительно трезвее.

П. А.: Но когда мы только пришли, это благоговение сильно мешало вести свою политическую линию, а не быть придатком Ельцина. Надо было всегда понимать, что Ельцин рядом, но он — не мы. А этого не было.

А. К.: Говоря о Егоре, каким он был в конце, в последние годы жизни, могу сказать, что он на меня производил очень сильное впечатление стоицизмом и мужеством, с каким он нес свой крест.

Вообще поражений в жизни существенно больше, чем побед. Это нормально. И напрасно люди боятся поражений. Без них они никогда не станут мужчинами.

Если смотреть на бизнес как на некую модель жизни, то там если один из десяти начатых проектов выстреливает, то это хорошая статистика. А девять — это все шлак. И я все время думал: есть ли в этом какой-то дарвинизм, универсальный закон природы, или это просто человеческое устройство? А потом я однажды смотрел передачу по Animal Planet про хищников — оказывается, у них гормон радости вырабатывается очень редко. Потому что на десять охот у них только одна удачная. Поэтому они все время ходят злые и в очень хреновом настроении. Но при этом на хищника всегда смотришь как на очень серьезного пассажира. С ним шутки плохи. Хищник всегда производит такое брутальное впечатление, в отличие от антилопы или даже жирафа. Поэтому битый, отпизженный Гайдар производил на меня впечатление очень серьезное.

П. А.: Да, я думаю, что он действительно сильно вырос.

А. К.: И есть еще одна черта Егора, которую нужно отметить. Он никак не мог порвать паутину связей с властью до конца. Его все-таки тянуло к власти. Он был державен.

П. А.: Он был абсолютно державен. Он был, безусловно, патриот, во всех смыслах этого слова. И он совершенно не был демократом-диссидентом. Как и все мы.

Мы, команда Гайдара, были вполне готовы делать карьеру в СССР. Нормальную карьеру экономистов — ученых и советников. Во времена нашей юности Егор видел себя руководителем группы консультантов ЦК КПСС… Реформы в рамках возможного… По сути, мы были где-то посередине между советской партийной номенклатурой и «демократической общественностью» — демшизой, как, впрочем, и большая часть научной и творческой интеллигенции... Но на первом этапе в 1992-м именно демшиза нас поддерживала.

А. К.: Ну да. Но демшиза потом быстро переметнулась к Григорию Алексеевичу. Вы же не устроили ей изящную жизнь? Не устроили...

П. А.: Ну да, потому что мы были совсем не они. Мы были совсем не диссиденты.

А. К.: Когда сегодня спрашивают, почему Егор продолжал до конца жизни консультировать и сотрудничать с нынешним антидемократическим режимом полковников КГБ, ответом является как раз эта его державность. Без этого элемента его поведение необъяснимо.

Пару лет назад мне Егор честно признался, что начало путинского правления было самыми счастливыми годами его пребывания у власти. Он был одним из руководителей фракции Союза правых сил в Думе и членом комитета по бюджету и налогам. Он разработал закон о плоской шкале подоходного налога, работал над бюджетными законами, законами о земле и т. д. И он говорил, что практически все его инициативы принимались на ура, быстро визировались, «меня везде принимали, везде выслушивали, это было ровно то, чем я хотел всю жизнь заниматься». То есть он говорил, что работа советника больше соответствовала его темпераменту и мироощущению, чем работа проводника реформ и публичного политика.

П. А.: Ну, тут сложно. Я думаю, что, если бы ему предложили место премьера, он бы всегда согласился, даже сегодня. Я же говорю: он был государственник и хотел служить государству... Я хорошо помню 1993 год и его второе назначение в правительство. Я собрался было его отговаривать, так как делать ничего не дадут, а для репутации — плохо. Но, приехав к нему и его увидев, понял, что он очень хочет вернуться. И ждет моего одобрения. Что я, увы, малодушно и сделал, уступая его желанию.

А. К.: Может быть. Но вероятность возвращения после 1994 года была равна нулю. Именно из-за этих его личных качеств, я думаю. Даже куда более компромиссный Касьянов[15] все равно в конечном итоге не нашел себя в нынешней власти.

П. А.: Да, интеллект, принципиальность и интровертность — это, пожалуй, были его самые характерные качества. У него были личностные качества, которые способствовали тому, чтобы он стал лидером, но интровертность, конечно, этому мешала. Он, в общем, понимал людей, разбирался в человеческих отношениях, мог их строить. Умел зажечь своими идеями близких. Но этого недостаточно. Лидер должен уметь работать с большим количеством людей, а серьезная проблема Гайдара была в том, что ему очень некомфортно было среди незнакомых людей. Он не мог быть публичным политиком.

А.К.: Любой человек чувствует себя не в своей тарелке среди незнакомых людей.

П.А.: Не скажи. Вот Борис Николаевич, я думаю, чувствовал себя комфортно в любой толпе. Настоящий лидер, мне кажется, очень быстро становится другом всем, он себе сам друзей формирует. Этого качества Егор не имел. Ему это доставалось очень тяжело. Для того чтобы Егор кого-то перетащил на свою сторону, ему нужно было, чтобы этот человек его заинтересовал лично. А заинтересовать его мог только человек с интеллектом выше определенного уровня. А без такой заинтересованности он не мог загореться, не мог увлечь человека, не мог и не хотел нравиться...

И в значительной степени из-за этого нас было мало. Широкой базы поддержки у нас не было. Ни в одной социальной группе. Это было слабой стороной нашего правительства.

А.К.: Я не знаю тогда, что в твоем представлении хороший руководитель. Приведи мне пример хорошего руководителя. Я не очень чувствую менеджмент-стиль Бориса Николаевича, поэтому...

П.А.: Я не о менеджмент-стиле, я о стиле политика. Я считаю, что, например, Путин — прирожденный политик. Глубоко понимающий народ, не обольщающийся на его счет, умеющий массу людей сделать своими союзниками... Вопрос только в том, какие цели он ставит, что он считает хорошим для страны, но по личностным качествам он, безусловно, блестящий публичный политик. Его идеалы далеки от идеалов команды Гайдара, но Путин — настоящий лидер. Человек, умеющий, если нужно, слукавить, умеющий выступать не только перед интеллектуалами, умеющий говорить с народом, умеющий обаять... Это элементарные качества лидера. Политического лидера. Вот таких качеств у Егора не было.

А.К.: Есть много чего еще рассказать о Егоре. Может, продолжим через некоторое время?

П.А.: С удовольствием. Но тогда давай приглашать еще кого-нибудь из нашего тогдашнего правительства и разговаривать уже на троих.

А.К.: Отлично. Я готов.

П.А.: Ну, пока.

А.К.: Пока...

Геннадий Бурбулис: *«Ельцин служил нам!»*

Геннадий Бурбулис — отец-основатель гайдаровского правительства. Он был тем связующим звеном между Ельциным и Гайдаром, без которого не случилось бы то, что случилось.

Гена — человек неэмоциональный, сдержанный, рассудительный, очень трезвый (во всех смыслах). Это, как вы понимаете, большая редкость и настоящая находка для сладкой парочки Гайдар—Ельцин. Но в нем есть скрытая страсть. Это видно по тому, как он играет в футбол. Я играл с ним много раз и могу сказать, что его манера игры — мощная, силовая, скоростная — выдает в нем человека с недюжинным темпераментом.

Однако он так хорошо управляет своими эмоциями (как-никак йог), что интервью у него брать просто пытка. Уж мы с Петей его и так и сяк, и подначиваем, и провоцируем, а он гнет свое своим противным скрипучим голосом (за который его и возненавидели дорогие россияне), и для него все наши наезды и подколки — комариные укусы.

Мы с Петром здесь как бы два следователя. Я — злой, агрессивный и слегка туповатый, а Петя — рассудительный, толерантный, более уравновешенный. То есть в этом тексте мы — это не вполне мы. («А может, и вполне?» — подумает, например, мой недоброжелатель.) Но иначе Гену нам было никак не раскачать. Итак...

Альфред Кох

Альфред Кох (А. К.): Я тебе уже рассказывал, что мы делаем книжку о Егоре. И мы хотим побеседовать с членами его правительства. Начинать нужно, конечно, с тебя, так как ты отец-основатель этого правительства.

Петр Авен (П. А.): Ты был как-то посередине между Ельциным и командой Гайдара. Очень часто являлся организатором наших творческих посиделок. Я в то время не очень понимал ни отношение Ельцина к нам, ни как себя позиционировать по отношению к нему. Ты же был намного взрослее и намного лучше знал Бориса Николаевича, который всех нас так или иначе убрал (мне казалось тогда, что достаточно неожиданно), и тебя, между прочим, даже первым... По времени давай начнем с августа 1991 года — наше появление во власти обусловил путч.

А. К.: Ну, давай, Эдуардыч, расскажи, как ты проснулся ранним утром 19 августа 1991 года, а тебе сообщили приятную новость: танки в городе.

Геннадий Бурбулис (Г. Б.): Да... У вас, я чувствую, такой творческий энтузиазм!

Люди и идеи

А. К.: Ген, мы просто хотим попробовать восстановить историческую правду. Вот ты проснулся 19 августа...

Г. Б.: При чем здесь 19 августа? Я вообще-то хотел бы, если у вас такой серьезный замысел, попробовать понять то, что вы как сверхзадачу сформулировали. Вы хотели бы получить ту правду, историческую, человеческую, которую никто еще до сих пор не выразил, не сформулировал, не обобщил. Но если вы считаете, что такая правда содержится в воспоминаниях участников и очевидцев, то это легкий самообман. Я всегда придерживался того, что события могут быть поняты содержательно и максимально объективно, если мы стараемся в их связи увидеть историю идей, историю людей и тех событий, которые их объединили в каком-то пространстве.

Произошло фундаментальное историческое событие. Обрушилась, может быть, одна из самых зловещих империй в истории человечества — Советская империя. В кульминационных, принципиальных моментах этого события совместными поступками, совместными переживаниями, совместными действиями оказались связаны люди принципиально разных поколений, принципиально разного мировоззрения, принципиально разного образования, принципиально разной культуры...

П. А.: И принципиально разных целей.

Г. Б.: Вот сейчас я говорю про идеи, про историю идей, и я знаю, что Алик будет нервничать, поскольку его будет интересовать только фактура...

А. К.: Послушай! Ты же не для философского сборника интервью даешь!

Г. Б.: Но я же – это я! То, что я сейчас говорю, – это самая реальная жизнь! Потому что до сих пор еще не освоена та методология, которая позволяет то, что с нами происходило, что происходило с нашим личным участием (и его можно без каких-либо колебаний назвать историческим), опредметить...

История идей имеет самостоятельное, сущностное значение. Вот вы перед началом интервью говорили о том, что надо было нам свое лицо в работе с Ельциным более четко определить. Тогда, может быть, его колебания вовремя были бы как-то уточнены, и мы не попали бы в ту яму непоследовательных решений и нашей беспомощности, потому что он просто вернулся бы к самому себе. И в этом отношении мы можем только гордиться какой-то работой с фундаментом, а вот само здание полноценное создать нам не удалось. Поэтому я бы предложил еще раз подумать вместе о том, что такое был Борис Ельцин как явление. И все вот эти конкретики – сдал одного, не сдал другого, почему выставил на избиение Гайдара на съезде, увильнул, на что рассчитывал – они будут более понятны.

Если же вы делаете работу, где Егор выступает некоторым событийным стержнем, тогда тоже придется делать небанальную, нестандартную диагностику: что такое Егор, как он врастал в эту реальность из своего юношества, из своего научно-публицистического периода, из жизни до этой власти. Понимаете, о чем я говорю? Потому что я хоть и с уважением и даже с какой-то здесь огромной симпатией отношусь к вашему замыслу, но очень боюсь, что он не до конца сформулирован как задача.

А. К.: А ты не бойся! Если мы напишем плохую книжку, то ведь это мы напишем плохую книжку. Ты же нам дай хорошее интервью – вот это и будет твоя работа.

Г. Б.: Написать книжку, чтоб ее читали, – это другая задача. Ты же мне сказал, что хочешь написать правду...

П. А.: Кончайте препираться. Гена! Давай начнем с Ельцина и Гайдара. У нас абсолютно нет задачи кого-то приподнять, кого-то опустить, кого-то приукрасить. Мы, в отличие от многих наших товарищей, пытаемся действительно написать правду.

Ельцин: вместе и рядом

А. К.: Ответь мне, у тебя были какие-то иллюзии или ты всегда был трезвым в отношении Ельцина?

Г. Б.: Я вспоминаю выборы в Думу в декабре 1993 года. Вообще, это реальная кульминация наших отношений. Нужно было убедить Бориса Николаевича без каких-либо двусмысленностей поддержать «Выбор России». Но поскольку я возможностей для доверительного контакта и какого-то воздействия на Бориса Николаевича уже не имел, то убедить его в необходимости оказания такой поддержки должен был Егор. Мы очень долго и серьезно обсуждали и пришли к выводу, что в этой ситуации не может быть никакого тумана. Президент должен нас поддержать — и точка.

А. К.: Тогда у ельцинских идеологов появился тезис, что президент — это президент всех россиян, а не одной партии. Этот тезис создавал у Ельцина иллюзию, что он может быть над схваткой. Вы, считая это ошибкой, пытались убедить его вас поддержать?

Г. Б.: Да. Я говорил, что ситуация настолько важная для того, что мы делали, что мы не можем идти на выборы в двусмысленном положении. С одной стороны, мы президента поддерживаем, а с другой — президент к нам повернулся то ли боком, то ли спиной. Короче, Егор ходил к Ельцину, но ничего не добился.

А. К.: Но он хотя бы рассказывал, как это происходило?

Г. Б.: Егор сказал банальность: мол, у меня нет другого президента, он такой, какой он есть, и по-другому нельзя. Что-то в этом роде... Моя же идея была такая: если мы идем на риск выступать за идеи, за Ельцина, который сам этого не принимает, по крайней мере, публично это не поддерживает, то надо другой выбор делать. Надо идти на выборы, но уже не отождествлять себя с этой двусмысленной и, в общем-то, действительно рискованной позицией. Чем все это кончилось — вы знаете. Ну а 1994 год — это, я убежден, был уже крах исторической личности Ельцина.

А. К.: Гена, а когда ты начал с Ельциным работать?

Г. Б.: Я познакомился с ним в связи с выборами народных депутатов СССР в 1989 году. Мы организовали движение за демократические выборы в Свердловске и выдвинули Ельцина одним из кандидатов по нашим округам. Поехали в Москву согласовывать этот вопрос, а там уже была группа, которая и определила точную цель: национально-территориальный округ № 1, то есть вся Москва. Где он в конце концов и победил.

Тем не менее мы начали общение, печатали ему листовки, привозили их из Свердловска. Технологически и организационно избирательную кампанию вели мы. А реально мы с Борисом Николаевичем начали встречаться накануне съезда в марте-апреле, так я с ним лично и познакомился. Когда на самом съезде мы начали группироваться в то образование, которое вскоре будет называться Межрегиональной депутатской группой, то Ельцина, в принципе, многие не знали. На бурных заседаниях МДГ в очень сложных и острых спорах, когда необходимо было определить коллективную позицию, выйти на какой-то внятный текст обращения или проект закона, Борис Николаевич был всегда достаточно сдержан, никогда особо не выступал. Это, как я понимаю, был такой период вдумчивой, сосредоточенной учебы Ельцина в абсолютно новых условиях, в новой среде, период радикального обновления его миропонимания.

П. А.: А ты что-нибудь особенное про Ельцина начал понимать в тот момент?

Г. Б.: Не торопись. Вы же ставите задачу понять Егора в контексте времени. И распознать Ельцина...

П. А.: Я понял. То, что ты говоришь, — это больше про Гайдара, чем про Ельцина.

Г. Б.: Конечно. Я считаю, важно отметить, что у Егора до конца 1993 года сохранялось некое восторженное восприятие Ельцина. Когда оно закончилось, он ушел. В январе 1994-го...

П. А.: Странно... Он же не знал Ельцина в 1989 году или в 1990-м.

А. К.: Но из того, что говорит Гена про то, как Ельцин себя вел в 1989 году, причин для апологетики не возникает. Человек сидел, отмалчивался, был сдержан и т. д. Как, в какой момент апологетика-то началась?

Г. Б.: Вообще-то я никогда специально не анализировал причины этой восторженности Егора, просто сейчас вот вы меня натолкнули на мысль, и я высказал первое, что пришло в голову... Мне кажется, у Егора очень долго к Борису Николаевичу это было... Может, это нормальная такая человеческая деликатность душевная? Вот вам мой ответ: у Егора к Борису Николаевичу было такое предельно уважительное отношение за доверие. Благодарность за саму возможность сделать ту работу, которую он разрешил сделать команде Гайдара и правительству реформ. То есть он всегда понимал, что Ельцин для него сделал...

П. А.: Конечно! Он, да и все мы ему благодарны были за то, что он нам дал шанс реализоваться, делать то, во что мы верили.

Г. Б.: Да. Да! И это особое уважительное отношение к Ельцину было намного сильнее даже той мощной рациональной структуры сознания, которая у Егора была по каким-то другим вопросам. В общем случае его разум был беспощаден. Для него истина была дороже всего. И только в отношении к Ельцину все это как-то причудливо переплелось... Кстати, Егор достаточно последовательно подпитывал свою собственную самооценку, то, что потом нередко в нем звучало. Он, безусловно, знал себе цену. И она объективно высока. Он был уникален: это сочетание хорошего глубокого знания некоторой системы идей и удивительное для человека мыслительной деятельности и интеллектуального труда бесстрашие практического поступка. Собственно, это и есть мужество.

А. К.: А у тебя было такое же очарование Ельциным, ты был так же им подавлен, как и Гайдар?

П. А.: Ты просто скажи, как было на самом деле. Нас интересует только правда. Вот ты сейчас рассказываешь, что Гайдар, несмотря на то что действительно, наверное, было политически правильным на выборы в Госдуму в декабре 1993-го идти самостоятельно, тем не менее держался за Ельцина. А тот отказывался поддерживать «Выбор России». У тебя было другое отношение к Ельцину?

Г. Б.: У Ельцина была звериная интуиция на властный институт... Но я убежден, что он постоянно нуждался в нравственно-интеллектуальной подпитке, которую ему в тот момент мог дать только Егор. И когда он ее лишился, все остальное уже было делом обреченным. В то же время считать, что, дескать, вот Борис Николаевич только нас использовал в каждый конкретный момент, что он опирался только на тех, кто был нужнее и сильнее, мне кажется, тут тоже некоторое преувеличение. Потому что в лице Ельцина мы имели человека, у которого тоже была масса достоинств, и одно из них — феноменальная, специфическая память и базирующиеся на ней особенности мышления и сознания.

П. А.: Гена! А когда он тебя снял, тебе это было удивительно или нет?

Г. Б.: Нет. Мы работали с начала 1991-го в таком режиме: в любой момент может оказаться, что в интересах дела придется кем-то жертвовать...

П. А.: Ты с Ельциным это обсуждал?

Г. Б.: Конечно. Мы это называли «политические решения».

П. А.: И как это формулировалось?

Г. Б.: Ну, у меня же с Ельциным в тот момент были «специальные отношения». Это особая статья...

П. А.: Я поэтому и спрашиваю.

Г. Б.: Когда мы шли на выборы президента – это 1991 год, весна, – была безусловная договоренность о том, что Ельцин идет президентом, а я, Бурбулис, иду вице-президентом. Все, кто хоть немножечко был в теме, это знали. И вот наступил последний день, когда кандидат в президенты должен в избирательную комиссию представить фамилию своего вице, и вечером Борис Николаевич мне позвонил. Я захожу, он говорит: «Геннадий Эдуардович, вот такая ситуация. Я рассчитал, я долго думал. Есть риск. Поскольку вы хороший человек...»

П. А.: Какой риск? У него же был 90%-ный рейтинг у населения! С ума сойти!

Г. Б.: Не-не. «Есть риск, потому что у меня есть опасения...»

П. А.: Он же набрал 57% с лишним. Какой риск? Ну, набрал бы он меньше, 52%, например. Какая разница? Да и вряд ли Руцкой добавил бы ему 5%...

Г. Б.: Я тогда говорю: «Ну, Борис Николаевич, это, может быть, и правильно, но кто тогда будет вместо меня?» Ельцин отвечает: «Вот я хочу, чтобы это был Руцкой». Для меня это, конечно, было ужасное состояние. Я ему сказал: «Борис Николаевич, выборы мы постараемся выиграть, я сделаю все. Но это грубейшая ваша ошибка, и, конечно, нам ее придется долго и трудно исправлять». Угроза проигрыша? Да не было никакой угрозы...

А. К.: Ельцин – тонкий политик! Я отдаю ему должное: «Зачем я его буду делать вице-президентом, если он все равно на меня будет работать?» Вот если бы ты сказал, что тогда ты свободен в своих действиях и на него работать больше не будешь, то он сделал бы тебя вице-президентом. Он всех нас просчитал. И Гайдара тоже...

П. А.: Секунду. Вот давай здесь помедленнее. У тебя был шок... Ты был намного старше нас, тебе было уже 46 лет. Ты был взрослый мальчик.

Для тебя это было удивительно и неожиданно? Ведь в той среде, в которой ты общался до этого, люди так себя не ведут!

Г. Б.: Ну да. После того как много чего было пережито, сделано... Вы исходите из того, что для Егора, для меня, для многих из нас первичной была не некая система взглядов, убеждений и идей, а главным было то, как позиционироваться по отношению к Борису Николаевичу. А я считаю наоборот: это не мы у него, а это у нас Ельцин в некотором смысле был таким незаменимым одухотворенным инструментом. Это не было служение Ельцину. Он служил нам! По большому счету...

П. А.: Я бы сказал, что в итоге все-таки оказалось, что это мы служили ему.

Г. Б.: Нет!

П. А.: Да. И нас он всех сдал. А тебя, Гена, даже дважды. Он же тебя потом еще раз кинул! Был момент. После швырка с вице-президентом ты еще года не проработал, и он тебя опять выкинул, теперь уже с должности госсекретаря. Ну признайся, это ж так!

Г. Б.: Когда идет глубинная, из многовековых недр российской истории сложнейшая борьба дремучей стороны и стороны современной, как можно это все позиционировать в отношениях на персональном уровне? Не было возможности что-то предпринимать без такого Ельцина. Но рассматривать Ельцина как последнюю инстанцию при принятии решения «работать — не работать»...

А. К.: Гена, да мы же тебя намеренно провоцируем. Это только кажется, что у нас к Б. Н. такое негативное отношение. Мы его ценим и любим. Он ведь тоже нам дал возможность реализоваться. Но интересна твоя мотивация. Ты говоришь, что вы реализовывали некую концепцию спасения и освобождения России, ее модернизации. Идею...

Г. Б.: Жить нормально.

А. К.: Да, да! Я — за. И Ельцин казался вам единственным инструментом для достижения этой цели. Почему же вы не видели таким инструментом построение политической партии, завоевание большинства на выборах и выдвижение своего президента? Своего! А вы все поставили на человека 1931 года рождения из села Бутка, который имел успешную номенклатурную карьеру и для которого Руцкой был комфортнее, чем ты. Вы с ним не были своими. Он не говорил с вами на одном языке! Да, вы думали, что вы друг друга используете. Но по факту оказалось, что это Ельцин вас использовал, а не вы его.

Г. Б.: Я думаю, что нет. Нам удалось сделать очень много. Другой вопрос, что все могло бы пойти по-другому... Что же касается твоего справедливого укора, то, действительно, отсутствие у нас понимания и воли создать новую политическую структуру я считаю самой серьезной ошибкой периода 1991–1993 годов. Самой серьезной ошибкой. И я тоже многократно с Борисом Николаевичем на эту тему разговаривал... Теперь мне ясно, что в 1993 году надо было идти уже без него, коль скоро он от нас дистанцировался, а в 1991 году, когда наше правительство начало работать, можно было еще и с ним...

П. А.: Как бы в 1993 году вы пошли без Ельцина, если в его правительстве еще работают Чубайс, Гайдар, Шохин, Борис Федоров[16]? Вам тогда надо было бы идти без Чубайса и Гайдара. Вот в чем дело.

А. К.: А это было невозможно. Получается, что возвращение Гайдара в правительство осенью 1993-го гарантировало Ельцину, что Гайдар не пойдет самостоятельно на выборы в декабре этого же 1993 года. А потом, после выборов, когда эта опасность миновала, он его в январе спокойно бюрократически выдавил из правительства.

П. А.: У меня, так же как у Алика, есть ощущение, что Ельцин очень цинично и расчетливо относился ко всем. Что, впрочем, для истинного политического лидера очень естественно. И вообще, то, что ты, Гена, нам нарисовал, это типичная модель отношений слабого интеллигента, с его думами об отношениях, о приличиях, о Родине, и совершенно циничного борца за власть, который до этого всю жизнь только этим и занимался.

Г. Б.: Нет, Ельцин сложнее. Его фигура, его натура, его поведение, выбор конкретных поступков...

П. А.: Он выбирал всегда ту сторону, которая была выгодна персонально ему или, как он это понимал, нужна делу. Как описано в «мемуарах» Юмашева[17] якобы от имени Ельцина: «Я мучился, переживал...» Да он снимал любого, как только это было целесообразно! Переживал он!

А. К.: Это называется: «е... и плачу».

П. А.: Вот именно! Ты был его правой рукой. Главным помощником в самые трудные моменты прихода к власти. Он тебя сначала швырнул, не сделав вице-президентом, хотя у тебя с ним были договоренности, формальные, не раз обсужденные, а потом, весной 1992-го, он вообще выкинул тебя из реальной власти. Там что-то еще было неясно?

А. К.: Теперь Гена говорит, что после 1993 года это был другой Ельцин. А пока выкидывал — неясно было...

П. А.: Вот я что-то понимать стал весной 1992 года, когда началась эта история с обсуждением — кого сдавать, а кого не сдавать. Гайдар притащил от Ельцина какие-то списки... Он сам нам ничего не говорил, это Головков рассказал, кого президент хочет убрать. Для меня это был шок. Я считал, что мы одна команда, мы и Ельцин. Оказалось, что мы и Ельцин — два совершенно разных мира. Ты вот это раньше, чем я, начал понимать? Ты же был старше. И раньше нас его узнал. И он тебя к тому моменту, когда ты ему помогал формировать наше правительство, уже один раз вышвырнул. Буквально за несколько месяцев до этого.

Г. Б.: Зря вы так, ребята. У него была способность к нормальным человеческим чувствам...

А. К.: У нас нет фактов, которые доказывали бы наличие этих чувств.

Г. Б.: Все равно, не будьте такими циничными.

А. К.: А надо же как-то тебя завести! Или вот Горбачева вышвырнул как собаку. Даже без достойной пенсии. Это способность к человеческим чувствам? А ведь Горбачев вытащил его из Свердловска, фактически сделал хозяином Москвы. И потом не уничтожил до конца, направил на работу в Госстрой.

П. А.: Я Бориса Николаевича, кстати, вовсе не осуждаю. Снова замечу, что настоящий лидер и не может быть сентиментальным. О стране надо думать, а не о чувствах своих сотрудников... Меня удивляет и расстраивает, что мы в то время это так отчетливо не понимали... Но у Гайдара к Ельцину откуда такая сентиментальность?

А. К.: А как он дважды Чубайса выкидывал! А у Чубайса любви только прибавлялось. Он просто светился, когда его обратно звали. А когда его выгоняли, он долго и запутанно объяснял, что это очень правильно.

Г. Б.: Я вам сейчас расскажу две истории. Вы не считайте, что я такой слюнтяй, но для меня они много значат для понимания Ельцина. Эти истории уникальные с точки зрения фактуры. Одна вообще без свидетелей была, а в другой свидетелем был Михаил Сергеевич Горбачев. Первая случилась летом 1990 года, накануне его выступления на XXVIII (последнем) съезде КПСС, где Ельцин должен был объявить о том, что он выходит из партии. Он уже был председателем Верховного Совета РСФСР. Около 12 ночи, мы вдвоем. Одинокий Борис Николаевич. И ему нужно было как бы еще раз осознать и решить, что он скажет и как он это все сделает. Это был человек, который не просто мучился предстоящим выступлением. Он самым глубоким образом переживал то, что предстоит ему сделать. То есть он был растерян, потерян. И он, не скрывая, говорил: «Но это же то, что меня вырастило!» То есть партия. Он как бы молоком ее вскормлен был, как ребенок материнской грудью. И невероятно тяжело было смотреть, как он реально мучается.

А. К.: А вот другая трактовка. Может, он и переживал, но при этом хорошо понимал, что дальнейшая политическая карьера возможна лишь вне партии. Более того, партии конец, поэтому из нее надо выйти. Он переживал, ему было тяжело, партия его выкормила, но он об нее вытер ноги, как потом вытирал ноги о других людей и другие партии. Плакал... Знаешь, говорят, когда крокодилы едят свою жертву, у них слезы текут...

Вот если бы он, прекрасно понимая, что партии приходит конец, тем не менее принял бы вредное для себя решение из нее не выходить, поскольку она его вырастила, и помог бы ей возродиться как демократической организации, то это было бы решение действительно страдающего человека. А ты привел пример очень прагматичного поведения.

Или наоборот. Осознавая, сколько горя принесла КПСС народу, он с легким сердцем вышел из нее и почувствовал себя свободным. Но тогда к чему переживания? Они здесь неуместны.

Г. Б.: Вы не должны в этом рассказе ничего комментировать. Нужно смиренно слушать и дорожить тем, что узнаете сейчас. Я договорю про ситуацию в том ощущении, которое я пережил вместе с ним. Я видел человека, способного к очень глубоким переживаниям, предельно искреннего в этой ситуации. Причем никакой необходимости передо мной что-то разыгрывать не было, но степень и масштаб того, что ему предстояло сделать, были на его лице. Он страдал не внешне, не публично. Хотя на публике он играл прекрасно любую роль, и трагическую, и лирическую. А вот внутри в нем что происходило — вот это невозможно обойти молчанием в Ельцине, если видеть его в такие редкие моменты.

А. К.: Послушай! Несомненно, я верю, что он искренне переживал. Просто он поступил так, как подсказывает практический резон, а не искреннее чувство. Значит, грош цена этим переживаниям, если их побеждает банальная выгода.

Г. Б.: Циник ты, Алик. Слушай дальше. Второй сюжет. Закончился ГКЧП, привезли Горбачева, повели на митинг, а на следующий день — на заседание Верховного Совета РСФСР. Может быть, вы помните, Михаил Сергеевич пришел на Верховный Совет, и Борис Николаевич, унижая его на все мировые экраны, подписал указ о приостановлении деятельности компартии РСФСР. Сцена жестокая, злонамеренная, безнравственная. Ельцинская хищническая личность такая, вся в этой начинке волкодава... Закрывается заседание Верховного Совета...

П. А.: А это не обговаривалось заранее, такое его поведение?

Г. Б.: Что КПСС нужно распускать — это обговаривалось, но форма, в которой это было сделано, нет. У меня, кстати, несколько было подобных схваток с ним, когда он такое вытворял. Приходим после этого в кабинет Бориса Николаевича. Ельцин, Горбачев и я. Заскочил Хасбулатов[18], что-то сказал вроде «я пойду к депутатам». Мы остались втроем. Я, потрясенный, наблюдаю такую картину. Ельцин начал издалека: «Михаил Сергеевич! Мы столько пережили, такие события, такие потрясения! И вы в Форосе намучились, и мы все не знали, чем этот путч ГКЧП закончится, и домашние наши, и Раиса Максимовна...» И вдруг он говорит: «А что, давайте соберемся семьями!» Ельцин — Горбачеву! «Наина Иосифовна, Раиса Максимовна...» То есть Ельцин предлагает Горбачеву какую-то семейную встречу. Вот в этом состоянии совместного и невероятного испытания, которое им пришлось пройти.

П. А.: Что Горбачев ответил?

Г. Б.: Горбачев так на него посмотрел... И я понял, что это вообще немыслимое предложение. Только что Ельцин его унижал, и вдруг такая открытость, такая беззащитность, такая толерантность и что-то еще. Горбачев говорит: «Да нет, сейчас это не стоит. Не надо этого делать». И Ельцин мгновенно стал как остуженный, а у него такой прилив был! Причем он, видимо, забыл, что несколько минут назад он проделывал с ним публично. И вдруг такая открывается струя тонкой душевности и даже смирения какого-то...

«Нет, не будем этого делать, не надо». Горбачев, наверное, понимал, что Раиса Максимовна никогда не согласится, потому что там свои были жестокие нравы. В данной ситуации вот вам Ельцин — бесконечно внутренне мягкий, теплый... Здесь я увидел такой порыв — почти детский, почти наивный...

А. К.: А может, он хотел довести пытку до конца и еще дома за рюмкой чая над ним поиздеваться? А может, вовсе ничего не переживал, а ломал комедию и перед депутатами, и перед телекамерами, и потом перед тобой и Горбачевым?

Меня в этом отношении всегда Немцов умилял. Я с ним несколько раз был на прямых эфирах, и мы там очень жестко сталкивались с нашими противниками, например с Рогозиным. Мы друг друга чуть ли не по матушке крыли, а Рогозин вообще призывал всех нас пересажать и расстрелять. Я заводился очень сильно и долго потом успокаивался, мне хотелось им в морду дать. Немцов же с Рогозиным после эфира, в гримерке, сразу начинали щебетать, кофе пить, «Дима — Боря, ля-ля-ля...».

Меня в них это всегда поражало. То есть это все был театр. И непонятно, где театр: когда он с тобой кофе пьет или когда он призывает тебя убить. Вот и Ельцин только что в говно человека макнул и тут же: «А давай поедем ко мне домой, посидим, огурчики там, грибочки, водочки выпьем...»

П. А.: «А завтра мы тебя расстреляем. Но будет все спокойно, не больно. По-товарищески, да? Как это принято среди нас, коммунистов...»

Г. Б.: Я думаю, что вам не надо никаких специальных усилий, чтобы меня заводить... Еще раз объясняю. Я работал не у Ельцина. Я работал по своей жизненной программе, по своей стратегии, со своим собственным взглядом на жизнь. И я не имел права реагировать на то, что между нами происходило, только по принципу, обидел он меня или не обидел.

П. А.: Не согласен. Если бы все было так, как ты сейчас говоришь, а ты говоришь очень разумно, очень правильные и мужественные вещи, то вы бы создали самостоятельную политическую партию. А вы работали у Ельцина. А теперь задним числом придумываете себе другую историю.

Г. Б.: Я же вам сказал, что никакую правду вы не найдете, если будете держаться за события и за факты, и не поймете ту ткань человеческой жизни, человеческих отношений, в том числе и внутри каждого человека: Гайдара, Ельцина, Бурбулиса...

Появление Гайдара

П. А.: Давай наконец внесем ясность в то, с чего мы начинали. Как появился Гайдар? Почему Ельцин именно его выбрал? У нас есть свои версии. Я могу даже их озвучить, чтобы мы вместе решили, держаться за них или нет.

Первое. Я считаю, что Ельцину нужно было что-то совершенно новое. Ему не нужны были старые госплановские, традиционные реформаторы:

Скоков, Попов, Абалкин[19]... Он был человек недюжинный и понимал, что это все ушло. Новыми были две фигуры: Явлинский и Гайдар. Вот я считаю, что он выбрал Гайдара потому, что... Нет, не скажу, спрошу тебя. Почему он Гайдара выбрал?

Г. Б.: Что-то новое? Это по факту так произошло, что было выбрано нечто новое. А по процессу выбора Ельцина, по процессу постижения им ситуации, ее оценки — конечно же, выбор был не между стариками и молодыми, а между сутью и внешними проявлениями.

П. А.: Ну правильно. Новым же не в смысле возраста! Речь идет о новизне идей, а не о возрасте их носителя. Если бы носителями этих новых идей был шестидесятилетний академик, он бы его выбрал, какие проблемы. Это правильно?

Г. Б.: Наверное. Послушайте. Ситуация такая. Вот есть такой сто раз повторившийся укор Ельцину (да и мне), что Ельцин в сентябре 1991-го, после ГКЧП, уехал в Сочи. А нужно было остаться в Москве, нужно было разгонять съезд народных депутатов РСФСР, ликвидировать советы на местах и создавать новую политическую систему с опорой на тогда еще сильную поддержку народа.

На самом деле ситуация была предельная в том смысле, что наследство, которое мы получили, было чудовищным. И Борис Николаевич это очень хорошо понимал. Ведь он, несмотря на все свои сибаритские привычки, имел особый навык партийца-хозяйственника. Он точнее и дотошнее всех нас знал, сколько надоев в одной области, какая цена булки хлеба в другой, какая средняя зарплата в третьей и какова обеспеченность жильем в четвертой. Причем в динамике. Это для него была материя естественная и доступная ему в деталях. В таких деталях, что он с удовольствием демонстрировал эту свою специальную эрудицию перед профессионалами.

Страна катилась к коллапсу. То есть получается, что мы имеем власть, а ресурсов решать житейские проблемы — чем кормить, чем топить и как страну спасать — нет. Союзное правительство развалилось, а российское частично преобразовалось в некое квазисоюзное правительство под названием Межреспубликанский экономический комитет во главе с Силаевым и Явлинским. Но и этот комитет был недееспособен, что бы вам ни рассказывал Григорий Алексеевич теперь, задним числом. По факту — и об этом нужно сказать со всей определенностью — в стране не было никакого правительства. Ни республиканского, ни союзного.

Ситуация осложнялась еще и тем, что в Российской Федерации фактически никогда не было правительства! Россия была одна-единственная республика в Союзе, в которой не было своей экономической власти. Лишь 7% хозяйственных отношений хоть какую-то имели связь с полномочиями правительства РСФСР. Все остальное было в Союзе. И эта ситуация власти без власти, ответственности без ресурсов не могла длиться бесконечно. Нужно было быстро создавать дееспособное правительство. А Ельцин укатил в Сочи. Правда, перед отъездом мы с ним договорились, что будем искать какие-то радикальные предложения. И вот тогда начинает работать Гайдар.

А. К.: А почему не Явлинский?

Г. Б.: Гриша был вице-премьером у Силаева в 1990 году. Тогда мы и продавливали через союзные структуры его программу «500 дней», подписывали соглашение «Горбачев–Ельцин», еще до нашего — то есть ельцинского — президентства. Я тогда по этому поводу бесконечные переговоры проводил с Николаем Ивановичем Рыжковым[20], еще до Павлова. Но к сентябрю 1991-го Явлинский перебрался в горбачевские структуры, поэтому все его действия были уже неактуальны.

Значит, начинаем... Да, в августе первый раз мы с Егором встретились, Илюшин[21] мне перед этим несколько раз говорил, что есть группа, которая может быть интересна... Начинаем вот эти все задачи формулировать. Когда появился документ более-менее внятный с 15-й дачи, где сидела группа Гайдара, мы его рассмотрели на Госсовете, и я поехал с этим документом в Сочи к Борису Николаевичу.

П. А.: А никаких альтернативных документов не было?

Г. Б.: Нет, не было. Но в Сочи я столкнулся с Женей Сабуровым[22], его привозил кто-то из депутатов; и где-то мелькал, хотя мне сейчас доказывают, что этого не было, Явлинский. Тогда говорили, что его сам Борис Николаевич предлагал. Но это было не так. Я прекрасно знаю тогдашнее отношение Ельцина к Грише. Он бы его даже рассматривать не стал.

П. А.: Постой! Явлинского же ты сам предлагал?

Г. Б.: Нет. Как я мог его предлагать, если там совершенно другая была конструкция. Я же хотел предложить Гайдара! С этим и приехал.

П. А.: А Явлинский в интервью *Forbes* говорит, что ты просто напрямую ему предлагал, еще до Гайдара. А ты не помнишь, как же так? Он тебя спросил две вещи. «Это будет Россия или Союз?» Ты сказал, что не будет

Союза, Россия будет одна. И там какая-то вторая была мысль, она его тоже не устроила.

Г. Б.: Я не мог предлагать Явлинскому эту работу, потому что работа была другая. Та, на которую Явлинский был неспособен. Про которую я заранее знал, что он с ней не справится... Но вернемся к Гайдару. Итак, я приезжаю в Сочи. Добираюсь до Бориса Николаевича со всеми наработками с 15-й дачи. Все ждали, что называется, не по дням, а по часам, что там произойдет. Горбачев даже опубликовал что-то вроде меморандума: «Бурбулис поехал, повез документы о том, как развалить Советский Союз», вроде как Советский Союз еще был. А его не было уже после августовских событий, после ГКЧП. И не надо сейчас, через 20 лет, выдумывать истории про развал страны, которой уже к тому моменту не существовало де-факто...

П. А.: С этим я согласен.

Г. Б.: Поэтому поиск шел так: не «быть или не быть Советскому Союзу», а как быть, чего нельзя не делать в той ситуации, в которой мы оказались. Дальше начинается то, чего тоже никто не видел и не слышал. Мы были втроем. Был еще Коржаков[23], который приносил нам еду на берег и время от времени какие-то предлагал развлечения...

П. А.: Какие развлечения, интересно?

Г. Б.: Ну, теннис, баню... И вот там был еще один Ельцин, которого тоже в таком состоянии никто в принципе не видел. «Что предлагается?» — «Вот предлагается»...

У нас нет другого выхода, кроме как брать всю ответственность за территорию Российской Федерации на себя, но эта ответственность предполагает концентрацию всех усилий на Российской Федерации. Что делать с республиками? Мягко будем сотрудничать, но кормить и поить их нам нечем. Конструкция совершенно другая.

Что хорошо было: в гайдаровских бумагах идея тут же сопровождалась шагами, инструментом. Закон — указ, указ — закон, постановление. И понятно было, что предлагается и как это сделать. Проходим раз — Борис Николаевич: «Не могу. Как же так? Что, только так и не иначе?» — «Только так». — «А есть другая возможность?» — «Нет». И каждый день, пока мы теряем время на обсуждение, эти другие возможности безвозвратно тают, тают... Но финал такой: Ельцин говорит: если ничего другого нет, значит, будем делать так. Точка.

П. А.: А это ты сначала для себя решил, что это безальтернативно?

Г.Б.: У меня есть такой образ, я его считаю точным и таким содержательным. Есть ситуации, когда выбор заключается не между спектрами возможностей, а когда он настолько ограничен, что действия сводятся к тому, что нельзя не делать. То есть делать или не делать — у нас уже не было этого набора. Нельзя уже было это не делать!

П.А.: Это то, о чем мы с тобой говорили, Алик. Что на первом этапе любой реформатор делает вещи, которые заранее жестко детерминированы, они не являются частью концепции.

Г.Б.: Этого, кстати, совершенно не понимал тот же Явлинский, потому что у него всегда была такая позиция: буду делать только то, что хочу, а то, что надо, но не хочу, я делать не буду. А в данном случае эта предельная ситуация была четко командой Егора прописана, и она совпала с рациональным типом мышления Ельцина. Точная, понятная, динамичная задача и решение. Но вот персонально по Гайдару еще не было определено. Дальше, когда Егор с ним встретился...

П.А.: То есть из Сочи ты уезжал без решения по Гайдару?

Г.Б.: Без, конечно. Я сказал Борису Николаевичу: «Приедете в Москву — будете с ним встречаться».

П.А.: А кто, помимо Егора, фигурировал в качестве возможного кандидата на должность руководителя реформ — Сабуров?

Г.Б.: Не-не, Женя уже не фигурировал.

П.А.: А кто? Явлинский? Или вы вообще не обсуждали персоналии?

Г.Б.: Мы с Борисом Николаевичем... Вот сейчас разные крутятся истории. Где-то Скоков, где-то Лобов, где-то Явлинский. Для меня не было и нет этой проблемы. Я не исключаю, что Ельцин где-то с кем-то кого-то обсуждал. Но со мной он этого не обсуждал. Потому что я отстаивал одну позицию — Гайдара, и она исключала какие-то другие имена. Я же привез его план реформ и говорил Ельцину, что надо встречаться с Гайдаром, надо разговаривать и с командой, и с ее лидером. Не было никаких сомнений, что лидером этой группы является Гайдар.

П.А.: А вот Шохин говорит, что ты предлагал ему возглавить экономический блок. Нет?

Г.Б.: Ну, может, еще в силаевском правительстве, после того как Явлинский ушел? Я сейчас уже не помню...

Теперь вопрос лирический и исторический. Почему Ельцин выбрал Гайдара? Содержательную историю мы сейчас проговорили. Но я считаю, что окончательно для Ельцина стимулом, мотивом для принятия решения явилась личная встреча с Гайдаром. Когда Борис Николаевич, человек не без психологического изящества, не без какой-то внутренней эстетики, встретился с человеком, который ему по этим параметрам отнюдь не уступает, для Ельцина это был сильный удар.

Он видит молодое дарование, которое достаточно спокойно и очень четко излагает свои взгляды, в отличие от разного калибра косноязычных невежд, от которых ему за эти полтора года пришлось наслушаться всякой самоуверенной болтовни. Он получает убедительные ответы на сложнейшие вопросы и при этом еще и перечень мероприятий, как это сделать.

Таким образом, первая предпосылка выбора Гайдара содержательная. Вторая, не менее важная, ее усилившая: у Ельцина мощный слух на то, что называется социальной глубиной. Он смотрит внутрь человека. Они еще немножечко там вспомнили «наши свердловские корни»: дедушка Бажов[24], улица Чапаева, детство Егора, «Малахитовая шкатулка»... Это какое-то редчайшее братание. Вдруг получается: мы из одних земель, из одной вулканической породы, одного корня... Потом, Гайдар — романтик. Вот этот утопизм, мифология большевистской удали, служения идее тоже в этом парне присутствует. И этот код историко-культурный и социально-романтичный — все спрессовалось. И Ельцин наверняка — мы потом немножко это обсуждали — представил, как здорово зазвучит, скажем, в сознании масс и первая, и вторая корневая система и как она может быть воспринята доброжелательно...

Вот эти три фактора: во-первых, ясность программы, во-вторых, четкость личностная, где сочетание хорошего ума с практичной волей, и эти предпосылки, историко-культурные коды: Бажов, Гайдар...

А. К.: А Ельцин часто встречался с такого рода образованными и умными людьми, которые могли бы вот так ясно и четко излагать? Егор ведь имел очень свежий язык, яркий, образный. Так не говорили чиновники. Это было для Бориса Николаевича, который общался в основном с номенклатурой, то, что Петя называет культурным шоком?

Г. Б.: Не знаю насчет шока, но очарование было. И возникшее следом как бы покровительственное доверие. Он в Егоре почувствовал какую-то близость.

Кстати, потом, когда какие-то головоломки возникали и ему надо было быстро принять какое-то решение, он все чаще передоверял это Егору, а сам дистанцировался. Это уже была обратная сторона возникшего доверия. Как только появился Егор, сам Ельцин стал быстро уставать, не мог дотошно вникать в суть проблем. Для меня это было удивительно, но еще больше я удивлялся, когда Егор очень быстро это принял. У него же никакого опыта не было. Мы считали, что мы будем хорошо продумывать задачи, формулировать их инструментарий и с Борисом Николаевичем будем детально все обсуждать и принимать решения. А очень скоро выяснилось, что он нам говорит: «Давайте, и вперед». И даже когда были ситуации, когда очень надо было на него опереться, мы получали в ответ на обращение молчание. И, повторюсь, Егор такое отношение очень быстро принял.

П. А.: Может, Ельцин почувствовал, что лезть со своими решениями — значит мешать. А так, может, даже лучше будет?

А. К.: Просто он быстро понял, что кроме плюсов будут большие минусы, и в плане популярности тоже. И он быстро дистанцировался, чтобы потом легко эту команду сдать, сохранив себя. Все-таки Ельцин — великий политик.

Г. Б.: Надо сказать, что Ельцин, когда вникал в задачи, требующие чрезвычайного мыслительного напряжения, то погружался, работал. Но очень скоро от этого уставал. Это, наверное, навык мобилизационной системы управления, навык четких простых решений. Командная система. Распорядительная. И вот эта усталость от необходимости разбираться в деталях, она потом сказалась очень быстро. И когда мы провели эту черту: «книжник» и «силовик»... Причем «книжник» не в уничижительном плане, а просто интеллектуал, человек, не склонный к упрощенчеству. И силовики не обязательно в погонах, а люди с мобилизационной логикой, с «командирской» оценкой ситуации... Вот он в какой-то момент, изыскивая ответы на вопросы, как эту власть удержать, и как с ней справиться, и как действительно людям помочь, все больше начал опираться на силовиков. И поэтому началась уже опасная для дела синекура. Наслаждение властью без ее обременительных обязанностей. Кстати, твой дружочек Немцов этому очень позорно помог. «Царь Борис», «царь Борис» — это же немцовская лексика, которую он холуйски употреблял, надеясь стать преемником...

Демарши и отставки

П. А.: Давайте вспомним сюжет о нашем демарше с отставкой правительства в апреле 1992 года. Я уже говорил, что, когда мы пришли, мы были ребята молодые, малоопытные и считали Бориса Николаевича своим отцом-попечителем. Так же, впрочем, как и Геннадия Эдуардовича. Я, кстати, думаю, что у Егора к Гене было более сложное отношение.

Сегодня это выглядит странно, но для нас было шоком, когда мы узнали, что началась атака на правительство и Ельцин в принципе согласился под давлением съезда народных депутатов и представителей директорского корпуса уволить часть гайдаровских министров. В этом списке был министр топлива и энергетики Лопухин, министр здравоохранения Воробьев[25], я и министр образования Днепров.

Позицию директоров крупных заводов озвучивал Аркадий Иванович Вольский[26], руководитель созданного им Союза промышленников и предпринимателей. Он был тогда в фаворе у СМИ и считался неким гуру, открыто претендующим на то, что твердо знает, как вывести страну из кризиса.

Шок, впрочем, быстро прошел, но у меня настроение вообще было поганое. Теперь-то я понимаю, что воспринимал Ельцина совершенно неадекватно, считая, что он такой патриарх, который за нас драться будет вплоть до собственной отставки. Мы были совершенно не готовы к тому, что нас вот так хладнокровно разменивают: я этого сниму, а вы мне тогда вот это сделаете, я того сниму, а вы тогда вот тот вопрос не поднимаете…

В этот период я ежедневно видел Гайдара и могу сказать, что Егор очень расстраивался. И потом в какой-то момент, когда мы поняли, что вот так нас сдают, мы неожиданно подали в отставку. У меня есть своя версия, как и когда мы так решили. Но самое главное в этой истории было то, что мы о готовящейся отставке не предупредили Геннадия Эдуардовича, который практически являлся нашим начальником и отцом команды Гайдара. Я думаю, это было серьезной неожиданностью для Бориса Николаевича.

Хотя, мне кажется, этот сюрприз должен был ему понравиться своей лихостью. Мы не чувствовали, что не должны этого делать, так как это может ему не понравиться. В результате так и оказалось: никакого жесткого ответа с его стороны мы не получили, хотя Лопухина он потом достаточно быстро после этого сам и снял.

Это был единственный случай, когда мы подали свой голос так решительно. И вся эта история с тем, что Ельцин был готов снять нас под давлением, — это была первая трещина между нами и Ельциным. Мы поняли, что мы не одно целое. Для меня это был очень важный урок. Гена! Может быть, ты расскажешь свою версию, свое видение этой ситуации?

Г. Б.: Здесь речь идет об апрельском VI съезде народных депутатов России. На нем бурно, шумно обсуждались первые итоги нашей работы. Надо сказать, что Егор в кулуарах съезда достаточно активно и убедительно разъяснял, какие есть проблемы, что делается, какие возможны решения и какие неотложные меры нужно принимать. Поэтому было ясно, что все серьезные вопросы большой дискуссии не вызовут: серьезной альтернативы тому, что мы делали, никто предложить не мог. Были только эмоциональные всплески, крики и увещевания. Нам было понятно, что в этих условиях у Бориса Николаевича большая проблема — с чем идти на съезд: содержательно обсуждать нечего, съезду нужны просто внешние проявления покорности, какие-то демонстративные уступки, сдача позиций.

Но все решилось само собой. Случилась знаменитая сцена, когда Хасбулатов сказал что-то вроде: «Ну, что они тут разошлись? Просто ребятки испугались, что мы будем их ругать, давайте с ними снисходительно...» В общем, классическое оскорбление.

П. А.: Ты встал, и мы следом за тобой.

Г. Б.: Да. И мы ушли со съезда.

А. К.: «Растерялись». Вот как он сказал: «Растерялись».

Г. Б.: Точно. А 13 апреля правительство объявило о своей отставке. Причем мне этот сюжет был крайне симпатичен, но и немного коробил, потому что это решение и само обнародование позиции проходило без меня. Я сейчас считаю, что это было интересно, это было дерзко и в конечном счете это было правильно. В масштабе сделанных ставок.

П. А.: На что это повлияло?

Г. Б.: Это повлияло так, что съезд принял компромиссную позицию. Такую, что было принято решение ввести в правительство так называемых практиков — появились Шумейко[27], Хижа[28] и Черномырдин. И было подтверждено, кстати, Борисом Николаевичем, что мы продолжаем курс реформ и именно Гайдар продолжает проводить его в жизнь, а в июне, перед визитом в Штаты, Ельцин подписал указ о назначении Гайдара исполняющим обязанности премьера.

Но вернемся к так называемой «сдаче правительства». Я даже помню этот сюжет, когда мы торговались с Хасбулатовым, с какими уступками Ельцина у съезда может быть терпимое отношение к нам. Вот тогда было договорено, что хозяйственники приходят, Лопухин уходит, уже тогда у Ельцина фамилия Черномырдина пульсировала в голове. Это уже оттуда, из партийных коридоров ЦК КПСС.

А с моей отставкой было так. В один из вечеров мы с Борисом Николаевичем...

П. А.: А ты чувствовал какое-то охлаждение или это неожиданно — бах, и все?

Г. Б.: Ну какое охлаждение... Они сели, посидели с Хасбулатовым. Где-то, наверное, через час Ельцин вышел. Причем это тоже такая ситуация странная по нашему типу отношений. Он вышел и, форсируя нашу встречу, говорит: «Геннадий Эдуардович, поговорите с Русланом Имрановичем, он вам сейчас кое-что скажет». Я захожу, и мне Хасбулатов говорит: «Ну вот, мы договорились с Борисом Николаевичем, что тебе нужно уйти в отставку. Это поможет дальнейшей правильной работе. По крайней мере у правительства будет больше возможностей».

А. К.: Истинный Ельцин. Хасбулатова подставил для объяснений...

Г. Б.: А когда мы ушли со съезда, мне Ельцин вечером еще выговаривал: «Ну зачем вы это устроили?» Я говорю: «Борис Николаевич, это, во-первых, экспромт, такое трудно придумать. Во-вторых, это была реакция, накопившаяся за многие месяцы стресса...»

П. А.: А почему он так пытался с ними договориться? Я никак не могу понять. Что они могли? У него была всенародная поддержка. Даже через год, когда последствия реформ давили вниз его рейтинг, он легко выиграл у них референдум. Он мог совершенно спокойно их распустить. Только начались реформы, еще все его любили. Почему он так реагировал? Почему он спокойно смотрел, как мы уходим? Почему он сдал ближайшего советника — тебя? И при этом вел бесконечные разговоры с Хасбулатовым?

А. К.: Это очень странно, но и очень характерно для Ельцина. Помнишь, как он долго боролся за Хасбулатова как за председателя Верховного Совета?

Г. Б.: Во-первых, насчет меня. У меня не было никогда проблем с Ельциным. Мы многократно обсуждали возможность моей отставки. Что если для дела будет нужно...

П. А.: Это все демагогия! «Если, то...» Нам только не рассказывай! Что тут обсуждать? Надо будет — конечно, уйдешь. Это и без обсуждений ясно. Итак, прямо во время съезда Ельцин тебя уволил с поста вице-премьера. Что все-таки послужило последним поводом к отставке?

Г. Б.: То, что Бурбулис... олицетворяет... радикальный антикоммунизм.

А. К.: Олицетворяет собой освобожденную женщину гор...

Г. Б.: Алик! Прекрати! Итак, 13 апреля, через два дня после нашего демонстративного ухода со съезда, Гайдар объявил о том, что правительство уходит в отставку. И депутаты оказались к этому не готовы. Они понимали, что по-крупному то, что делает правительство, не имеет альтернативы. Им лишь не нравились персоналии. Они не соответствовали номенклатурным представлениям о правительстве. Однако у них не было адекватной задачам номенклатурной замены этим «завлабам». Но депутаты не хотели выглядеть перед населением сторонниками «грабительских реформ». Ведь все они хотели избираться и дальше, а для этого, по их мнению, нужно было быть противниками «антинародного» правительства.

П. А.: Кстати, Егор не хотел уходить. Он говорил: надо держаться до тех пор, пока съезд нас не выгонит. И за это время успеть сделать реформы необратимыми. Егор не хотел этой отставки, не он это придумал.

А. К.: А кто?

П. А.: Ну, насколько я помню, ее придумали я и Шохин. Потом я поговорил с Чубайсом, а уже Чубайс поехал к Гайдару и убедил его. А дальше Гайдар собрал всех, кроме Гены, и объявил, что есть такая идея.

Г. Б.: Ельцин, конечно, на это все нервно очень реагировал. Не понимал, как ему поступить...

П. А.: В конечном итоге на тот момент компромисс с депутатами был достигнут, Гайдар ослабил денежную политику, что было очень вредно, но это было то, чего хотели директора и депутаты, а у правительства появилась небольшая отсрочка, передышка. Ельцин этого не ожидал, но мы все остались работать. Кроме Лопухина и Бурбулиса.

Я думаю, что увольнению Геннадия из правительства способствовал наш демарш с отставкой. Ельцин тогда окончательно понял, что при всем влиянии и той важной роли, которую играл Гена, естественным лидером команды является не он, а Гайдар. И эта отставка привела к тому, что Гайдар стал сильнее.

А. К.: Но тогда почему, став сильнее, он ослабил денежную политику?

П. А.: Это же все параллельно. Кстати, идя на компромиссы, Егор, как ни странно, закалился. Он фундаментально ничего не сдал — ни конвертируемости рубля, ни свободных цен, ни частной собственности, ни курса на «большую» приватизацию, а давление ведь было сильное. И он действительно за лето очень повзрослел. Очень. Хотя, конечно, ослабление денежной политики в тот момент было гнилым компромиссом. Он дорого обошелся стране.

Но вернемся к отставке Гены. Повторюсь: я уверен, что результатом этой отставки стало укрепление Гайдара. Гена, я правильно говорю?

Г. Б.: Правильно, правильно. Более того, Борис Николаевич, как мне казалось, наладил непосредственный человеческий диалог с Егором и тут же понял, что мое увольнение не будет фатально для команды. Да и для меня это было только облегчение, поскольку моя роль в тот момент заключалась в том, чтобы обеспечивать политическое и идейное взаимодействие Ельцина с правительством. И в большей мере лично брать на себя ответственность за какие-то действия и поступки, уберегая министров-профессионалов от каждодневной нервотрепки, с которой приходилось сталкиваться...

П. А.: Ну вот вам и объяснение, почему была ослаблена денежная политика: Гена был как заплатка, защищавшая в какой-то степени от атак. И вдруг он исчез.

А. К.: То есть Гайдар переоценил свои возможности сопротивления давлению Ельцина и Верховного Совета? Гена в этом отношении был тверже?

П. А.: Ну конечно.

А. К.: Оказавшись один против этого давления, Егор не устоял. Правда, к осени он опять закрутил гайки. Может, давление ослабло?

П. А.: Нет, просто всем стало ясно, что гиперинфляция все-таки хуже дефицита денег...

Г. Б.: Мне кажется, что эти маневры с ослаблением денежной политики были достаточно оправданны. Нельзя же было допустить полного коллапса съезда и правительства!

А. К.: Может, наоборот, нужно было форсировать конфликт, коль уж он возник, а не оттягивать его всеми силами до октября 1993 года, когда он перешел в стадию вооруженного противостояния. Кстати, Гена, ты же сам говорил, что после ГКЧП надо было съезд распускать и проводить новые выборы!

Г. Б.: Нет, я говорил, что были такие соображения...

А. К.: А ты-то как считаешь, надо было это делать или нет?

Г. Б.: Я тогда думал: как мы можем их распустить, если они нас поддержали во время ГКЧП? Мы же были все вместе! Депутаты, Хасбулатов, Руцкой, Ельцин...

А. К.: И ты был против этой идеи?

Г. Б.: Я ее даже серьезно не обсуждал никогда. Нам потом задним числом часто это ставили в вину...

П. А.: Сейчас мне кажется, что неизбежность лобового столкновения должна была быть ясна уже весной 1992-го. Мы были обязаны осознавать, что это все кончится октябрем 1993-го.

А. К.: Конечно. Нужно было постоянно обострять, так, как это было с демонстративной отставкой, а вместо этого им дали полтора года, чтобы они могли сорганизоваться, сформировать свои структуры, боевые группы, выдвинуть лидеров...

П. А.: Это правда, но ведь и выиграли эти полтора года для реформ, что тоже было важно. Хотя к концу 1992-го состоялась отставка Гайдара. А до этого и сразу после — некоторых других министров, включая меня.

Г. Б.: У Бориса Николаевича есть такое качество: он долго на ситуацию эмоционально не реагирует. А потом взрыв. И он начинает тут же рефлекторно искать какие-то яркие, брутальные решения. Кстати, эти отставки ему помогли в некотором смысле найти те компромиссы, которых он хотел и про которые думал, что они дадут устойчивую ситуацию. Он, мне кажется, думал примерно так: ребята там работают, часть из них мы заменим производственниками, практиками, внесем некоторые поправки в финансовую политику, и все успокоится. Все оказалось не так просто...

А. К.: Благими намерениями вымощена дорога в ад. К сожалению, это банальность. Компромисс компромиссу рознь. Только как один от другого отличить?

Распад СССР

А. К.: Ладно, давайте сменим тему. Гена! Расскажи нам про Беловежскую Пущу и ее всемирно-историческое значение!

П. А.: Да, Гена! Помнишь, накануне вашей поездки в Беловежскую Пущу, буквально за день, были переговоры с Анталлом[29], премьер-министром Венгрии. Мы сидели рядом, и ты рисовал схемы, как можно будет организовать новое содружество. По одной схеме получалось практически единое государство — союз России, Украины и Белоруссии, может быть, Казахстана, — по другой — более мягкая конструкция, включающая всех остальных (кроме, конечно, Прибалтики).

Но потом мы через пару дней увидели, что вообще никакой конструкции нет. Как это так все получилось? Насколько это все было неожиданно? В общественном сознании осталась основная легенда — что Кравчук[30] занял самую жесткую позицию: никаких договоренностей, и кончилось тем, чем кончилось. Так это или не так?

Г. Б.: Это не легенда. Это «человеко-историческая» истина. В принципе необходимость серьезной, содержательной встречи, которая ответила бы на главный вопрос: в какой правовой форме возможна дальнейшая суверенизация республик Советского Союза, — созревала постепенно.

Одна из ключевых точек — это болото новоогаревского процесса. Болото. Иногда мне даже казалось, что договор Горбачева в Ново-Огареве похож на заговор путчистов в августе 1991 года. Я ведь координировал этот процесс со стороны России, и мы очень серьезно относились к тому, что там может быть произведено на свет. Серьезность эта заключалась в том, что начиная с ноября 1990 года мы начали строить предпосылки двустороннего регулирования наших отношений с республиками.

А. К.: То есть за год до прихода Гайдара?

Г. Б.: Да, и к концу 1991 года у нас уже были двусторонние договоры с Украиной, с Казахстаном, с Белоруссией...

А. К.: То есть это были страховочные документы, которые в случае, если Союз распадется, составляли какую-то ткань сотрудничества?

Г. Б.: Даже не так. Они были более, я бы так сказал, технологичны. Мы говорили, в том числе и Горбачеву: «Михаил Сергеевич, это подготовка того договора об обновленном Союзе, который мы сейчас делаем. Относитесь к этому как к полезному и очень важному процессу: республики начинают между собой говорить. Двусторонние обязательства, двусторонние интересы и двусторонняя ответственность. И на это надо опираться!»

П. А.: Это вы так зубы ему заговаривали? Он же, наверное, понимал, что двусторонние отношения между республиками по сути исключают роль федерального центра. Это же очевидно.

Г. Б.: Какие зубы заговаривали? Все было более-менее ясно. Мы в Ново-Огареве отстаивали концепцию «девять — и все». А он добивался «девять плюс один», то есть в его схеме союзный центр оставался как важный фактор нового договора.

П. А.: То есть у вас с самого начала была идея ликвидации союзного центра?

Г. Б.: Да! Да!

А. К.: Значит, тезис о том, что в Беловежскую Пущу вы ехали без плана развала Советского Союза и что идея денонсации союзного договора возникла по ходу переговоров и источником этой идеи была отнюдь не российская делегация, – миф? Из того, что ты говоришь, следует, что задача развала Союза была вами поставлена еще как минимум за год до его фактической ликвидации?

П. А.: И еще пикантный штрих, о котором пишет помощник Горбачева Черняев: Ельцин вплоть до зимы 1991 года все время озвучивал согласие с наличием центра. Он говорил, что центр будет и вопрос только в полномочиях – что этот центр будет делать. А идея полной ликвидации Горбачева и центра как класса – это нигде не озвучивалось. Такой хитрый ход: на словах поддерживать, а по факту разваливать.

А. К.: Мне буквально вчера Горбачев об этом говорил. Он считает, что ему просто морочили голову.

Г. Б.: Минуточку. Я хочу, чтобы мы различали две разные задачи. Первая – это формирование концепции договора об обновленном союзе. То, чем был новоогаревский процесс.

П. А.: Договора же никакого не получилось...

А. К.: Петя, как ты не понимаешь? Это же просто: вот новоогаревский процесс. И он никакого отношения к беловежскому не имеет.

Г. Б.: Неправда! Прямое отношение!

А. К.: Почему тогда в Беловежской Пуще не было Горбачева?

Г. Б.: Я же попросил быть не такими агрессивными...

П. А.: Потому что они понимали Союз как некий союз без центра. Тогда в России говорили «конфедерация».

А. К.: Но это не новоогаревский процесс! В новоогаревском концепте центр был!

Г. Б.: Еще раз объясняю. Мы не должны упускать из виду главный мотив гэкачепистов. Их не устраивал подготовленный к подписанию текст новоогаревского договора. То есть новоогаревский процесс был обречен, его не поддерживал сам центр. За исключением лишь одного Горбачева.

А. К.: Мне Горбачев подробно об этом рассказывал. Он считает, что развал Советского Союза, конечно же, произошел из-за ГКЧП. Потому что если бы не путч, то 20 августа новоогаревский договор был бы подписан. А дальше он подзакрутил бы винтики, и все было бы в порядке.

Но то, что ты говоришь, меняет мою картину мира очень серьезно. Потому что в моем представлении курс на демонтаж Советского Союза был взят после ГКЧП всеми президентами республик, в том числе и Ельциным. А оказывается, вы начали это еще в ноябре 1990-го, когда Советский Союз был еще вполне дееспособен и даже в январе 1991-го успел провести денежную реформу, что невозможно без властного ресурса.

П. А.: Гена! Только без дураков. Почему вы решили, что Горбачев вам не нужен? Вот так, честно. Ты и Шахрай, наверное, решили это раньше, чем Борис Николаевич? Ведь вы были моложе, вам было легче разорвать эту связь. Сейчас-то уже можно честно ответить, это уже история, все случилось 20 лет назад. Пойми, мы не ставим оценок. Может, это и хорошее решение.

Г. Б.: Когда мы в течение года убедились в неадекватности съезда народных депутатов СССР и его несоответствии тем задачам, которые перед ним стоят, и когда в 1990 году стали готовиться к выборам съезда народных депутатов РСФСР, тогда была принята, будем ее называть так, вынужденная новая стратегия. Вынужденная в том плане, что, раз на союзном съезде нет поддержки идей межрегиональной депутатской группы, а Михаил Сергеевич Горбачев продолжает опасное лавирование между желаниями и практическими действиями, раз агрессивно-послушное большинство съезда сохраняет иллюзию своего могущества, а страна уже сползает в тотальный кризис, была принята стратегия: сосредоточиться на Российской Федерации. В мае 1990 года Ельцин избирается главой РСФСР, председателем Верховного Совета. Вот это кульминация новой стратегии, которую мы тогда обсуждали и которую в сложной позиционной борьбе уже внутри России реализовывали.

Я подчеркиваю: в ноябре 1990 года мы констатировали: у Союза серьезных возможностей реагировать своевременно и адекватно на тяжелейшие проблемы каждой республики и страны в целом уже нет. Необходимо было нащупывать и формировать новую правовую и управленческую реальность двусторонними договорами. При этом никто не спешил объявлять Союз приговоренным. Мы понимали, что понадобится новый Союзный договор. Какова будет его форма — федерация, конфедерация, ассоциация, — никто тогда конкретно ничего не предполагал.

Вот важный штрих: на союзном съезде наша группа организовала презентацию проекта конституции Андрея Дмитриевича Сахарова. Это я к тому, чтобы вы не спешили оценивать нас как стратегов, изначально стартовавших с идеей разрушения СССР.

П. А.: Да никто тебя не осуждает. Все понятно. А как бы вы подписывали Союзный договор в редакции Горбачева? Там ведь оставалась союзная власть и пост президента Союза.

Г. Б.: В том договоре этот пост был чисто декоративный. И Михаил Сергеевич это прекрасно понимал.

А. К.: Гена! Понимаешь, в чем дело? Я ни в коем случае никого не осуждаю. Я просто хочу понять хронологию событий. Одно дело, когда Ельцин, Бурбулис, Шахрай и иже с ними приезжают в Беловежскую Пущу, или даже раньше, ведя переговоры в рамках новоогаревского процесса, верят в безальтернативное существование союзного центра. Неважно какого: декоративного, решающего, но он должен быть, должна быть одна страна, один субъект международного права, одни вооруженные силы, одна валюта...

Или когда они приезжают, имея в виду, что какой-то центр как промежуточный этап еще пока нужен, но в кармане у них уже есть сценарий альтернативного поведения, который они разрабатывают аж с осени 1990 года. Это совершенно другое настроение, особенно с учетом психомоторики Бориса Николаевича, которому сильно не нравилось то, что Горбачев у него был и будет начальником. И любой сценарий, в котором Горбачев не начальник, ему изначально, подсознательно казался более симпатичным.

П. А.: А какие команды мы, придя в российское правительство осенью 1991-го, получали от Геннадия Эдуардовича и от Бориса Николаевича? Мы получали команды ни в какой форме не сотрудничать с союзным правительством. Нам говорили: вообще мы политически поддерживаем новоогаревский процесс, но практически мы, безусловно, стоим на позиции абсолютного суверенитета России. Это было с первого дня как я работал в правительстве.

Г. Б.: Петя, а ты помнишь, мы на первом заседании 15 ноября, ты тогда еще был в системе МИДа, обсуждали так называемое экономическое соглашение? Оно как раз предполагало эту мифологию, мистификацию, что есть некое сохраняющееся экономическое поле...

П. А.: А мы его будем засевать...

Г. Б.: Поэтому все ты правильно говоришь: у нас никаких иллюзий в отношении Союза не было.

Вы не были единственными, кто хотел развалить Советский Союз. Его хотели развалить все. Как Воронью слободку, которая была подожжена с четырех концов одновременно. Это совсем другая картина, чем то, что вы приехали в Беловежскую Пущу полные радужных надежд, но, натолкнувшись на обструкционистскую позицию Кравчука, вынуждены были смириться с тем, что ничего невозможно сделать, и денонсировали Союзный договор.

Г. Б.: Вот покушай и послушай. Не было изначально задачи развалить Советский Союз. Задача была разыскать возможности и ресурсы управлять Российской Федерацией по всем правилам дееспособной власти. Другой акцент! Не развалить Советский Союз, а найти те методы, ту методологию, правовые и ресурсные возможности, чтобы отвечать за свою страну, за республику, за 145 млн людей...

П. А.: Это и означает — идти самим.

А. К.: Рулить!

Г. Б.: Да. Но это же разные постановки вопроса! Принципиально разные.

А. К.: Разные. Ты убедил.

Г. Б.: Теперь дослушайте. После августовского путча вторым по важности толчком к тому, что произошло в Беловежье, было, конечно, 1 декабря 1991 года. Референдум и выборы на Украине. На президентских выборах победил Кравчук, а на референдуме украинцы проголосовали за полный суверенитет своей республики.

Мы начали переписываться-перезваниваться со всей этой украинской вольницей и быстро почувствовали, что надо скорее собираться, потому что ключевой вопрос — это как быть с находящейся в эйфории Украиной. И никто в данном случае не лукавит, так оно и было, что в Беловежье мы хотели разобраться, в какой форме мы можем продолжать взаимодействовать с Украиной.

П. А.: То есть ты говоришь так: цели развалить Союз не было, вы ехали не уничтожать, а как-то договариваться между собой. Чего, правда, толком тоже не произошло.

А. К.: В результате гора родила мышь. Появилось СНГ, декоративный такой орган. Лишний повод устроить президентскую пьянку.

Г. Б.: Насчет пьянки – это лишнее. Литературное преувеличение.

А. К.: А я литератор! У меня есть право на художественное преувеличение.

Г. Б.: Первая задача в Беловежье была – понять, в каком формате возможно сохранить страну. И возможно ли вообще. Здесь действительно самым настойчивым, самым упорным в отрицании Союза был Кравчук. Убедить его в необходимости даже минимальной интеграции было очень сложно. Хотя он и разумный человек, но он себя чувствовал связанным результатами референдума. И Кравчук в сотый раз объяснял нам, что для Украины нет проблемы союзного договора – его просто нет, и никакая интеграция невозможна. Это исключено: любой союз, обновленный, с центром, без центра.

Мы ему в ответ говорили: а как же хозяйственные связи, а как технологические цепочки, как ядерное оружие, как жизненное обеспечение, как рубль? Как в принципе управлять даже той территорией, которую вы сегодня объявили суверенным государством? Мы говорили: давайте думать. У вас идеи есть? У нас пока нет.

И поскольку – ты, Петя, прав – не только размышления, но и какие-то серьезные наработки на этот случай у нас уже были, то так получилось, что именно я начал работать с каждым президентом в отдельности – тема была непростая и деликатная. Подчеркну: наша делегация не собиралась реализовывать эти наработки. Мы ехали решать совершенно другие задачи – определиться по практическим вопросам сотрудничества с Украиной. Но в итоге, отнюдь не по нашей инициативе, разговор повернулся в эту сторону.

Поняв позицию Кравчука, мы остановились на том, что никаких даже попыток возвращаться к идее Союза, обновленного, уточненного и т. д., предпринимать нельзя. Кравчук даже попросил запретить это слово. То есть оно должно было быть вычеркнуто из лексики, из сознания, из переживаний. Раз Союза нет, значит, и союзного договора нет. Начали думать, как в этой ситуации двигаться к какому-то результату. Конечно, у нас была заготовка, мы понимали все предпосылки…

Еще один нюанс. Я не знаю, Михаил Сергеевич комментировал тебе его или нет. На самом деле в Минске должны были встретиться четыре делегации. Должен был прилететь еще Назарбаев[31].

А.К.: Горбачев сказал, что это он его посадил в Москве. А так Назарбаев уже летел к вам.

Г.Б.: Более того, вот эти сутки, в течение которых мы искали хоть какую-то возможность сохранения Украины в общем пространстве, почти через каждые два часа была связь с Назарбаевым, с его помощником, а они выражались так: «Дозаправляемся», «Через два часа вылетаем», «Дозаправляемся...». Но мы знали, что он в это время у Михаила Сергеевича в Москве. Ну, первые часы мы в принципе еще доверяли, ждали его, а потом сообразили, что в этом есть свой резон. Для нас, когда мы поняли, что никакого нового Союза не будет, открылась прекрасная историко-правовая возможность. Страны, образовавшие в 1922 году Союз, в 1991 году имели все права с точки зрения международной правовой культуры сделать некоторые исторические выводы и юридически оформить сложившийся фактически статус-кво. Поэтому в преамбуле соглашения это буквально все так и записано, что три республики, которые образовали в 1922 году Союз Советских Социалистических Республик, констатируют, что СССР как субъект международного права и геополитическая реальность прекращает свое существование. И дальше...

А.К.: Кто эту фразу придумал, ты или Шахрай? Вот «геополитическая реальность» — это же твой слог!

Г.Б.: Уж очень много авторов у этого всего, так что мне не пристало лезть...

А.К.: Сейчас все меньше. Раньше это как победа воспринималось, теперь обесценено.

Г.Б.: Я могу рассказать такую историю. Когда через несколько лет мы собрались однажды в Москве, то приехали и Шушкевич[32], и Кравчук. Шушкевич говорит: «Ну вот, тогда там все вот так было...» И он комментировал, что это все придумал Бурбулис. Кравчук его остановил и говорит: «Подожди-ка, Бурбулис — хороший парень, толковый, но это я придумал!» А потом выяснилось что-то еще... То есть это нормальный процесс коллективного творчества, и я ни на что не претендую.

А.К.: Ну хорошо. А Гайдар был в Беловежье?

Г.Б.: Да. У нас в делегации были Шахрай, Козырев, Гайдар и небольшой коллектив экспертов. Мы работали в двух модулях. Была шестерка — три президента и три премьера. Я исполнял как бы премьерскую роль. И когда вечером 7 декабря стало понятно, что мы делаем принципиально новый документ, а не Союзный договор, то, конечно, колоссальная работа проделывалась именно Гайдаром, Шахраем и Козыревым – уже по его текстовке, по его концептуальному, содержательному и постатейному оформлению.

Более того, Егор, когда они приходили к каким-то формулам, писал уже окончательный текст, как человек со вкусом к редакторской работе, с пониманием и осознанием дела, и лично передавал его машинисткам.

А.К.: Характерно, что только шесть человек в тогдашнем Верховном Совете Российской Федерации проголосовали против ратификации этих договоров. Семеро воздержалось. Остальные проголосовали за. Включая огромное количество нынешних обвинителей, которые утверждают, что было совершено величайшее преступление века.

Г.Б.: Алик! Эта ратификация произошла 12 декабря. Буквально через несколько часов после того, как мы передали туда эти соглашения. Это отражает тогдашний мейнстрим, конечно.

П.А.: Потом эти же люди обвинят вас в развале Советского Союза, потому что вы попрали идеалы и т.д.

А.К.: Это та же самая история, что и в Первую мировую войну с Германией. Когда война заканчивалась в 1918 году, в Германии никто не хотел воевать, вся армия разбежалась так же, как в России. Но прошло 10 лет, и оказалось, что все хотели продолжения войны, но какие-то там мифические заговорщики воткнули нож в спину стране, армии, народу и т.д.

Г.Б.: Хорошая аналогия. Я поэтому и боюсь объективных воспоминаний.

А.К.: А как себя вел Ельцин в тот момент? Он с энтузиазмом воспринял позицию Кравчука? Она как бы сняла груз с его плеч? Мне кажется, что Ельцин как бы выдохнул, потому что он ехал, чтобы занять эту позицию, но когда ее занял Кравчук, ему стало легче, потому что не он стал могильщиком СССР...

Горбачев мне рассказывал, что Ельцин ужасно его ненавидел, хотя непонятно за что, ведь это Горбачев вытащил его из Свердловска, в Москву перевел, то есть вывел на общесоюзный уровень. А Ельцин очень тяготился тем, что Горбачев у него начальник. Михаил Сергеевич это объясняет тем, что он был руководителем аграрного крайкома, а Ельцин – руководителем индустриального обкома. А в негласной табели о рангах в ЦК руководители индустриальных обкомов всегда котировались выше, чем аграрных. И поэтому Ельцина ужасно коробило, что он у Горбачева в подчинении. Ему это сильно не нравилось.

Г. Б.: А объясняет ли Михаил Сергеевич, чем он руководствовался, когда дал Ельцину работу в Госстрое?

А. К.: Он говорит, что сделал это из соображений гуманности. После всех этих историй на пленуме в Секретариате ЦК было настроение вообще его за Можай загнать, из партии выгнать и работы не давать. А он его пожалел, говорил: ну как же, все-таки опытный человек, строитель, давайте его в Госстрой направим, пусть поработает, зачем нам людьми разбрасываться. Горбачев говорит, что пошел против большинства в ЦК. Те хотели Ельцина вообще в порошок стереть. Ведь когда он выступил на пленуме, 24 члена ЦК, не сговариваясь, выступили с жесткой критикой Ельцина.

Г. Б.: Это очень важное признание Михаила Сергеевича.

А. К.: В тот момент, когда его увольняли, ведь никто не предполагал, что Ельцин сделает большую карьеру демократа. Потому что в логике тогдашних партийных функционеров то, что с ним случилось, — это была политическая смерть.

Г. Б.: Я хочу попросить нас вместе подумать вот о чем. Персонификация политической истории — это характерная особенность России. Но очевидно же, что, если бы не было конкретной политики товарища Ельцина, его приезда в Москву, падения, вознесения и т. д., были бы другие имена, и эту развилку все равно пришлось бы проходить.

А. К.: Поверь мне, в вопросе распада Советского Союза я на стороне Ельцина. Здесь у меня нет никаких сомнений. Поэтому ты стучишься в открытую дверь. Я абсолютно убежден, что процесс распада Советского Союза, как процесс распада любого такого конгломерата, который сейчас принято называть империей, — процесс закономерный. Конечно же, если бы не Ельцин, был бы кто-то другой, не в этом году, так в следующем. Это все равно бы случилось. Потому что тогда основополагающим мотивом движения всех политиков было то, что нам отдельно будет лучше жить, чем вместе. Так думала Украина, так думали кавказские республики, так думали среднеазиатские республики, так, безусловно, думали прибалтийские республики. Поэтому, конечно же, будь не Ельцин, будь кто угодно, все равно бы этот процесс случился.

Теперь у меня к тебе, Гена, следующий вопрос. Сюжет с атомным оружием. Ты в него как был погружен?

Г. Б.: 21 декабря в Алма-Ате мы подписали четырехстороннее соглашение между Россией, Украиной, Белоруссией и Казахстаном по ядерному оружию. В нем было предусмотрено, что только Россия будет иметь ядерное оружие и все оно должно быть перемещено на ее территорию.

А. К.: Этим кто занимался? Ты, Козырев или Гайдар?

Г. Б.: Этим занимались мы все. Гайдар занимался экономикой вопроса, потому что она была очень сложная. Я могу сказать, что Егор не только нашел схему, но и создал такие одновременно и заманчивые, и обязывающие возможности для наших партнеров, чтобы они не зевали и чтобы у них ни на минуту не появилось соблазна оставить хоть один боезаряд себе.

А. К.: Они легко расстались с ядерным оружием?

Г. Б.: Достаточно легко, потому что они больше волновались, что с ним делать, чем как они будут жить без него. Хотя с Украиной было больше позиционных трудностей, потому что там у нас еще был Черноморский флот, стратегическая авиация. Они были больше других, скажем так, заинтересованы поторговаться.

Вот в этих тонких разговорах — сколько, когда и кому — Егор всегда был силен. Он это делал здорово, он молодец. Мне кажется, что то, как мы смогли корректно и правильно распорядиться ядерным арсеналом, показывает правильность и незаменимость идеи СНГ.

П. А.: Или это просто показывает мудрость Назарбаева, Кравчука и Шушкевича...

Впрочем, Гайдар действительно занимался самыми разными делами и Б. Н. ему очень доверял. Что не мешало ему снимать через голову Егора его министров.

А. К.: А потом снять и самого Гайдара. Кстати, как в этот момент Виктор Степанович Черномырдин оказался под рукой?

Г. Б.: Так сначала сняли Лопухина и Черномырдина назначили вице-премьером по ТЭКу. Место министра было вакантно семь месяцев, пока не пришел Шафраник[33]. Убрать Лопухина было персональное решение Ельцина.

П. А.: Когда в самом конце мая Лопухина снимали, тебя, Гена, уже не было. Тебя с поста госсекретаря сняли вскоре после съезда. Может, Хасбулатов не смог тебе простить этот его позор, когда мы по твоей команде встали и ушли, а он смотрелся очень глупо? Когда Ельцин снял тебя, мы на это как-то вяло прореагировали. Об этом много и заранее говорилось, и для нас это не стало новостью. А вот отставку Лопухина я помню очень хорошо.

Было совещание по нефтянке. Нефтяники очень жаловались, вот и сделали специально совещание по нефтегазовому комплексу, полностью правительство было приглашено и нефтегазовые генералы. Это было не заседание правительства, но было все правительство. Как минимум экономическая часть.

Мы сидели за большим столом, а сбоку сидели представители отрасли. Лопухин должен был делать доклад. И мы вместе сидели: Гайдар, Лопухин, Чубайс, а потом я. Вошел Ельцин, опоздав на три или четыре минуты (что бывало очень редко), папочку открывает и говорит (никаких «здрасьте»): «Подписываю указ о снятии министра». Все замерли: «Какого министра?» Он говорит: «Лопухина. И назначаю на должность вице-премьера по ТЭКу Черномырдина Виктора Степановича». Да, Черномырдин, по-моему, вошел в зал заседаний вслед за Ельциным.

Там сидели какие-то старые аппаратчики, еще из союзного Совмина. Кто-то из них (кажется, Чурилов[34]) даже захлопал. Ельцин сложил папочку, отдал Илюшину. Гайдар стал красный, как помидор, а Лопухин — белый, как стена. Все замерли, было такое ощущение, что он дальше будет разрывать правительство на куски. Лопухин должен был делать доклад. Ельцин что-то тихо сказал ему, а потом говорит Гайдару: «Егор Тимурович, докладывайте». И Егор, не сказав ни слова, взял приготовленный Лопухиным доклад, вышел на трибуну и зачитал его.

Лопухин сидел совершенно ошалевший, я думал, он умрет. Потом выступил Виктор Степанович. Потом мы вышли, поздравили Черномырдина, поговорили, а после разъехались по работе. Вечером все поехали на дачу к Лопухину. Я не уверен, что сказал Егору в тот же вечер, но точно сказал позже: «Сдача близкого соратника даже без возражений — ошибка». Возможно, Володю отстоять бы не удалось, но даже не попытаться обсудить этот вопрос с Ельциным было неправильно. Вообще, снятие твоего подчиненного через твою голову, по сути, объясняет всем, что ты больше не начальник своим подчиненным. Егор ответил прагматично: «Мы к рубежному этапу подошли, и что — нужно в отставку уходить?» Мол, приходится чем-то жертвовать, это, конечно, плохой расклад, но нужно работать, пока есть хоть какая-то возможность. Вот и все.

А. К.: А почему ты считаешь, что это знаковое решение?

П. А.: Потому что Б. Н. снял человека из нашей команды, заранее даже не поставив Гайдара в известность.

А. К.: А почему ты не считаешь, что отставка Гены была более знаковая? Она была первая, сделана в том же духе...

П. А.: Отставка Гены была не через голову Гайдара. Гена был непосредственный подчиненный Ельцина. Но уволить подчиненного Гайдара, не поговорив даже с Гайдаром, — это демонстративный жест, показывающий Егору его истинное место в иерархии. Для Гайдара это было неожиданно. Возможно, Ельцин проговаривал с Егором это решение как возможность, но не как данность.

А. К.: Или Егор оказался хорошим артистом?

П. А.: Уверен, для Егора это была неожиданность. А для нашего правительства этот момент был знаковым, потому что Ельцин понял: сопротивления не будет. Что столь удививший его наш демарш с неожиданной отставкой — исключение, а не правило. Будь это правилом, он бы к нам относился по-другому, серьезнее, даже, может, с опаской. А тут он понял: ребята и не такое проглотят. И больше никогда, никакого, во всяком случае на моей памяти, жесткого кадрового решения с нами не согласовывали...

А. К.: Ты говоришь: больше никогда. А до этого, что ли, было? Ты же сам мне говорил, что вы, к сожалению, никогда ничего у него не оспаривали. Тогда зачем эта театральность? Вот это всегда меня в Ельцине поражало: зачем эта театральность? Этот надсадный, демонстративный правеж?

Г. Б.: Ну, это было иногда где-то и пошло, где-то и грубо, где-то вульгарно, но иногда это было очень уместно...

А. К.: For example? Когда это было уместно?

Г. Б.: Ну, вот небольшой пример. 19 августа 1991 года мы приехали из Архангельского в Белый дом. Где-то около 11 часов дня Коржаков выходит и говорит, что нас танки окружают. Ельцин сразу встрепенулся: а что? Что они делают? «Ну, там некоторые танкисты вылезли и разговаривают с людьми». Он говорит: «Да? Интересно. Я иду туда!» Я говорю: «Борис Николаевич, куда — туда?»

А. К.: Как куда? На танк!

Г. Б.: «Мы понятия не имеем, что там делается, что задумано...» — «Нет, я иду». Я говорю: «Нельзя этого делать, это недопустимо, потому что это может быть диверсия и все прочее». Он в ответ: «Ну ладно, пойдемте, посмотрим с балкона на улицу, что там на самом деле происходит». Выходит на улицу. Видит там какое-то шевеление. «Нет, я туда иду! Давайте мне наше воззвание, я туда иду». Я снова ему говорю: «Смотрите, крыши, окна — в любой момент может быть какая-то провокация, стрелки, снайперы, кто угодно». Все равно идем. Ельцин залезает на танк, читает воззвание. И через десять минут весь мир именно с этими кадрами получил исчерпывающую картину того, что происходит в стране.

А. К.: Я абсолютно согласен, что такие вещи, как чтение декларации с танка, — это абсолютно уместно, всегда правильно, и то, что Ельцин это понимал, значит, что он просто великолепный политик. Я говорю про кадровые решения, которые он иногда принимал спонтанно и публично, — вот это зачем? Вот эти все его «неправильно сидим»... Помнишь, как он Степашина[35] ставил?

О Гайдаре

П. А.: Слушайте, оставьте вы Ельцина в покое. Давайте о Гайдаре. Гена, что такого мы не спросили о Егоре, что ты считаешь важным сказать? Все, что люди не понимают, не знают, не чувствуют. Я не верю, что время само все расставит по своим местам. Я думаю, что нужно уже потихоньку нам начинать все расставлять...

Г. Б.: Да не, ну какие места... Я считаю, что у Егора было несколько потрясающих качеств, которые в своей совокупности действительно свидетельствуют о незаурядном человеке, достойном того, чтобы олицетворять российские реформы начала 90-х годов. Когда Егора не стало, его часто сравнивали и со Сперанским, и с Витте, и со Столыпиным, что, кстати, вполне уместно. Но сегодня для меня совершенно очевидно, что в истории новой России есть собственное имя: Егор Тимурович Гайдар. Что касается качеств личности и деятельности, то здесь для меня важно понимать следующее. Призванием Егора, его страстью была все-таки работа. Работа познавательная. У него был беспощадный, кропотливый, пытливый разум. И истина была его возлюбленной 24 часа в сутки. Но удивительным и странным образом в той биографии, которую он имел до того, как началось наше сотрудничество, копилось какое-то редкое совершенно качество, которое я называю «способность к практической логике». Людей мыслящих мало, но их достаточно. Людей, способных генерировать программы и концепции, еще меньше, но они бывают. А вот тех, которые имеют желание и способности практически это воплощать... В этом плане Егор, по-моему, по крайней мере в то время, оказался человеком исключительным и единственным.

А. К.: В день рождения Егора, 19 марта, по НТВ показывали фильм про Егора, и в нем было очень интересное интервью Хасбулатова. Он говорил, что не ожидал, но Егор оказался такой жестокий... Мне это очень интересно. Получается, что Хасбулатов просто не просчитал Егора. Он был уверен, что это такой «ботан». А Гайдар оказался человеком, умеющим принимать жесткие решения.

П. А.: На самом деле в народе именно Гайдар символизировал насилие и ассоциировался со всеми бедами начала 90-х. А посему собрал на себя всю возможную ненависть. И он, конечно, чрезвычайно мужественно и достойно к этому относился.

Г. Б.: Есть очень близкое мне определение людей, которые реализуют свое призвание. И призванием Егора была, конечно, познавательная деятельность, научная деятельность, исследовательская деятельность. Есть люди, которые достигают уровня предназначения. И вот это предназначение у Егора, на мой взгляд, бесспорно.

Гайдар соответствовал типу мужчины, описанного формулой, которую Грамши в свое время предложил, и она была близка и Швейцеру, и Ганди: «Пессимизм разума, который способен понимать всю трагичность человеческой природы и всю безнадежность усилий жить по правилам, и оптимизм воли».

В самые, может быть, важные времена у Егора оптимизм воли, безусловно, был. И были какие-то у него внутри пространства, которые исключали и компромисс, и откладывание решений, и перекладывание на кого-то другого.

А. К.: Я, особенно наблюдая за Егором в последние годы его жизни, могу сказать, что начал больше понимать истоки вот этой его смелости и мужества. Я понял, что у Егора это, видимо, наследственное. Он наплевательски относился к здоровью. Он был такой релятивист: будь что будет. Он очень любил жизнь во всех ее проявлениях, но не очень ею дорожил. Может быть, кстати, это связанные вещи. В рамках этого мне Егор абсолютно понятен, когда он автоматы раздавал — сначала в Осетии, потом у Моссовета. Может, он с этим автоматом сам под пули легко бы лег.

Г. Б.: Это интересный пример, потому что 3 октября 1993 года днем меня разыскал Филатов[36], и я вскоре приехал в безмолвный, парализованный Кремль — символ могущественной российской власти. И когда Егор появился с призывом вооружить наших сторонников и вывести их на улицу, я считал, что этого нельзя делать. Это нельзя делать по той причине, что мы несем ответственность прежде всего за людей.

А. К.: Ну, в этой рефлексии можно запутаться. Тогда вообще ничего невозможно. В этом смысле Егор, конечно, был человек без комплексов.

Г. Б.: Но люди встали и вышли, и Гайдар оказался абсолютно прав.

А. К.: Я ж тебе говорю, Хасбулатов обалдел! Он не ожидал такого жесткого адекватного ответа. Он уже думал, что победа у них в руках. Но победил Гайдар. Это потом уже была стрельба из танков по Белому дому, но сначала были вооруженные Гайдаром люди у Моссовета.

Анатолий Чубайс: *«Представление о справедливости у народа мы сломали ваучерной приватизацией»*

Упоминаемый далее в этом интервью Григорий Глазков[37] как-то сказал: «Чубайс — это целое учреждение». Действительно, говорить про его работоспособность и способность вести сразу десяток проектов — это уже банальность. Даже уставший и расслабленный, он буквально излучает странную, удивительную энергию. Он заточен на борьбу, как гладиатор. Сантименты ему чужды, он нечувствителен к боли. Пусть кругом все взрывается и рушится, Чубайс, как Терминатор, пробивается к своей цели, невзирая на цену, которую придется заплатить. Иногда мне рядом с ним страшно. Как в анекдоте про Ленина: «...а мог бы и полоснуть». Ужасное чувство: как рядом с тикающей бомбой.

Я, как и Петя, знаю его больше 20 лет. Это такой срок, что человек уже становится частью тебя. Без него уже ты — это не ты. Он меня многому научил... Научил? Неправильное слово. Он сам стал для меня уроком. Это один из главных уроков в моей жизни: никогда не жалуйся. Терпи и не скули. Как дела? Нормально. Нет, нет, правда. Все в порядке. Давай о делах, чего пришел?

Он уже так давно со мной, внутри меня, что я даже не знаю — хорошо или плохо я к нему отношусь? Иногда мне кажется, что я его обожаю.

Со всей его дурью типа «я никогда не меняю однажды принятых решений». Иногда я его готов убить. Особенно когда он, как идиот, не меняет однажды принятых решений.

Толя — один из самых обычных людей, что я встретил в своей жизни. Он, может быть, самый необычный человек в моей жизни. Он один из самых умных и образованных. Он один из самых тупых и невежественных.

Он очень системный, у него в голове все разложено по полочкам. Он — абсолютный хаос. У него в голове — каша. Он — упрямый болван. Он — вдохновенный гений. Он добр и великодушен, как Мать Тереза. Он холоден и безразличен к людям, как гробовщик. Он честен до тошноты. Он врет на каждом шагу...

Остановиться невозможно. Когда-нибудь я напишу о нем большую книгу. Но не сейчас. Сейчас — читайте наше интервью с ним. И сами делайте выводы...

Альфред Кох

Петр Авен (П. А.): Давай, Толя, я начну. Мы хотим сделать книжку воспоминаний о 1992 годе. Может, немного шире — о конце 80-х — начале 90-х. О нашем правительстве, о Гайдаре. Мы не хотим никак трогать менее далекое прошлое — оно более актуально, и поэтому о нем все заведомо будут говорить осторожнее. Ты, кстати, сам мне как-то объяснял, что интервью — это один из элементов политической борьбы. Так что только о довольно далеком прошлом — о 1992-м и вокруг.

Анатолий Чубайс (А. Ч.): Да, в 1992 году было много интересного. Я начал читать ваше интервью с Бурбулисом — очень интересный текст! Я, например, не знал, что Ельцину всерьез и не предлагали Явлинского...

П. А.: У тебя ведь были особые отношения с Борисом Николаевичем, которые...

А. Ч.: В 1992-м у меня не было вообще никаких отношений с Борисом Николаевичем.

Альфред Кох (А. К.): Мне Гайдар говорил, что Ельцин в 1992 году недолюбливал Чубайса и относился к нему настороженно. Егор говорил, что с ним Б. Н. выпивал, разговаривал, что он чувствовал себя с ним в одной тарелке, а к Чубайсу он относился настороженно.

А. Ч.: Да, это известный факт.

П. А.: Но вот та политическая игра, которую вы с Егором вели, в частности в политических дискуссиях с Верховным Советом, ты в ней участвовал на свой страх и риск или по согласованию с Ельциным? Я, например, был далек от всего этого. А ты был в самом центре. В частности, в торгах с Верховным Советом относительно кооптации «матерых товаропроизводителей» в состав правительства. Ты тогда еще притащил из Питера Георгия Хижу...

А. К.: Ну, иногда и у гения бывают ошибки...

П. А.: Во время обоих съездов ты был востребован в политической дискуссии и не только...

А. Ч.: Я был довольно сильно вовлечен в политическую дискуссию. Но чтобы в этом процессе проявился какой-то личный контакт с Борисом Николаевичем? Нет, этого вообще не было.

П. А.: Кажется, ты был в представлении Гайдара более политической фигурой, чем мы все, остальные...

А. Ч.: То, что я был вовлечен на съездах не только в подготовку выступлений, но и в выработку политической стратегии, которая тогда начала появляться, — это правда. Но с Борисом Николаевичем я это не обсуждал... Дайте вспомнить... Апрель — это один съезд, это я помню, потом — декабрьский съезд... На апрельском съезде было две-три довольно крупных политических интриги, которые мы организовали, к которым я имею прямое отношение, даже их сам придумывал...

П. А.: Одну интригу придумал не ты, но ты привел ее в действие. Это когда мы все подали в отставку. Я пытался убедить Гайдара это сделать и не смог. Потом я подговорил тебя, и ты уже убедил Гайдара...

А. Ч.: Я помню... С самого начала наезд на нас нарастал, нарастал, нарастал. Он дней, наверное, шесть-семь шел. С каждым днем все круче, круче, круче.

Я помню списки кандидатов в новое правительство, список требуемых депутатами отставок. Вольский, Руцкой, кто-то там еще, их встречи с Борисом Николаевичем, ультиматумы, списки. И съезд все круче, круче. То есть сначала наша работа артикулируется как ошибки, потом грубые ошибки, потом преступления, потом развал Родины, потом к ответу, потом арестовать прямо в зале. В этот момент мы пытаемся и не можем связаться с Борисом Николаевичем. Совсем напряженный момент, горячий, и тогда я или... не уверен, что я, не помню... предлагаю пойти не в защиту, а в нападение. Раз они хотят нас сносить, но пока до этого не дошли, нужно поставить их перед черно-белой картинкой, когда не мы их будем уговаривать, а они нас. Логика такая, что нужно выйти с опережающим заявлением об отставке, сопроводить это внесенным проектом решения о недоверии. (В чем принципиальный момент был: решение не о доверии, а о недоверии. Фундаментальное различие для тех, кто понимает тонкости голосования! Это уж точно мое иезуитство сработало.) Дальше для этого нужно: первое — согласие Гайдара, второе — проект решения, третье — заявление для прессы, и вот это точно раскручивал все я с Егором, причем Егор, по-моему, так и не смог переговорить с Борисом Николаевичем...

П. А.: И с Геной не говорил...

А. Ч.: А почему, кстати, Гена был сбоку?

П. А.: Мне Гайдар сказал, что считает, что это очень рискованно и неправильно, потом он переговорил с тобой, и ты его уговорил. Он дал тебе карт-бланш, и ты начал действовать.

А. Ч.: Да, мы вышли с заявлением об отставке и недоверии. После этого голосуйте за недоверие. Они голосуют и сдуваются. Съезд сдулся, он де-юре не набрал голосов «за недоверие», а де-факто у нас — доверие. Съезд закрывается. Во время этого действа я сам писал текст заявления, наши требования... Потом пресс-конференция. Стулья и столы мы сами составляли в Кремле, потому что некому и некогда было пресс-конференцию организовывать. Потом выход на Красную площадь, где безумные старушки бросались на нас с криками: «Демократы!»

Московские и питерские

П. А.: У меня есть ощущение, что мы познакомились с Гайдаром и с тобой одновременно. Это было на квартире у Гайдара...

А. Ч.: Я не уверен, что помню правильно, когда произошло событие, которое называется: «Моя первая встреча с Гайдаром». Этой встрече предшествовала засылка специального агента. Григория Глазкова мы заслали в Москву не для того, чтобы он всякими диссертациями и прочими глупостями занимался, а для того, чтобы он попытался найти нормальных людей. Дальше есть канонический рассказ Глазкова о том, как, сидя на одном из московских семинаров, он среди набора — как бы это деликатно сказать? — не очень привлекательных лиц увидел одно приличное лицо, коим был Олег Ананьин[38]. Гриша к нему подсел, поговорил и, познакомившись, задал ему тот вопрос, ради которого он и приехал: «А кто тут у вас вообще есть из приличных людей?» Именно он и назвал Гайдара.

П. А.: Потом Гриша приехал в институт, где работал Гайдар, и там мы познакомились. А уже потом Егор пригласил тебя, Васильева[39], Глазкова и меня с Ананьиным к себе домой... Это была максимум ваша вторая встреча, может, даже первая.

А. Ч.: Маша[40] тогда делала пирожки, это я хорошо помню. Они с Егором тогда только что поженились. Это был, наверное, 1985 год. И там мы очень хорошо познакомились. Мы вообще очень сильно отличались друг от друга. Московские почти все были из элитных семей, а питерские — разночинцы такие, почти народные...

А. К.: Некоторые из здесь присутствующих — например, я — и питерскими-то могут считаться достаточно условно.

А. Ч.: Я же, видишь, не стал на этом заострять внимание, а выразился более деликатно.

П. А.: Толь, как вы тогда ощущали и понимали то, что творится со страной? Я недавно прочитал отличный текст Славы Широнина[41], он человек очень умный, и он там объясняет очень точно, почему именно Гайдар стал лидером всего этого движения. Потому что у Гайдара была заточка именно под это. У всех были разные интересы: наука, личная жизнь, что-то еще. Но лишь Гайдар с юности думал только о том, как реформировать страну.

А. Ч.: Я рискну возразить, но специфическим образом. Первое. Я считаю, что, действительно, он был заточен прежде всего на это, чистая правда. Второе. Я вообще-то тоже был заточен на это, но лидером стал Гайдар, следовательно, дело не только в этом.

А. К.: Но вот остались для обсуждения уже только двое — Чубайс и Гайдар. Почему Гайдар все-таки стал лидером, а не Чубайс?

А. Ч.: А на этот вопрос легко ответить. Очевидно, что у Егора был существенно более мощный культурный слой, несравнимо более мощный научный уровень, более сильный интеллект.

П. А.: Какое у тебя было ощущение, что будет происходить в стране? Гайдар уже жил переменами, он себя к ним готовил. Поэтому он стал лидером. Возможно, у него тогда ощущение времени было острее, чем у всех нас. Он, конечно, к переменам как-то готовился, даже чувствовал, что они могут скоро начаться. У меня, например, в то время такого ощущения не было.

А. Ч.: Сначала я хотел бы рассказать о своих ощущениях от Гайдара и всей вашей команды. Ты даже не представляешь, каким масштабным это было для нас потрясением. Мы жили в этом изолированном питерском мире, который, даже не знаю слова... идеологически был абсолютно стерилен, что ли... А у вас — Аганбегян[42], Шаталин[43], Ясин[44] выступают! Ничего себе!

Гриша с семинара приехал к нам. «Слушай, — говорит, — ты знаешь, в Москве — полный атас! Знаешь, как они к рыночникам относятся?» Я говорю: «Как?» А у нас в Ленинграде само слово «рынок» было запрещено — это же «антисоветчина». А в Москве относились так, как сейчас примерно относятся на Западе к гомосексуалистам. Кто-либо из рыночников выступает, а других спрашивают: это кто? А в ответ: а это, говорят, не наши. И это все! Никаких гонений, никаких персональных дел на парткоме, ничего... Я совершенно охренел от этого. Очень разная атмосфера была в Питере и в Москве.

И мы на этом интеллектуальном и человеческом фоне в 1984 году, имея за спиной пять лет реальной работы, с планом работ, с заблаговременным внесением письменного доклада, с библиографией на 30–50–70 авторов на нескольких языках, работали совершенно в абсолютном вакууме... Как это назвать, когда ты узнаешь, что там, в Москве, тоже обсуждаются абсолютно наши проблемы, у людей наш язык, наше понимание сути ситуации, наше ощущение просто надвигающейся катастрофы? Причем обсуждается все это абсолютно спокойно, как что-то само собой разумеющееся, а не как нечто на последнем градусе крамолы, как нечто, приравненное к вооруженному восстанию против советской власти. Это было одно из самых сильных событий за всю предшествующую 1991 году историю. Эта одна часть ответа на твой вопрос.

Другая часть об ощущениях про страну. Было чувство абсолютного бессилия всей официальной экономической науки перед неотвратимо надвигающимся экономическим крахом. В доме полыхает пожар, а обсуждение идет о смене цвета штукатурки. Строго по Высоцкому: «Не страшны дурные вести, мы в ответ бежим на месте».

Неизбежность перемен

П. А.: А когда вы при обсуждении этой тематики на всех видах ленинградских экономических тусовок перешли к пониманию, что штукатурка не спасает и нужно менять стены и фундамент?

А. Ч.: Я думаю, осознание пришло к концу 70-х годов.

А. К.: Нет.

А. Ч.: Это ты мне про меня объясняешь?

А. К.: Да, тебе. Я же помню, как все было.

А. Ч.: Ты учился в пятом классе, что ты можешь помнить?

А. К.: Во-первых, в конце 70-х я уже был студентом второго курса. А во-вторых, я же помню, что до середины 80-х вы все зачитывались Яношем Корнаи и венгерским социализмом в изложении журнала *Acta Oeconomica* и считали, что «гуляшный» социализм Кадара[45] – предел мечтаний для нас.

П. А.: Нет, нет, Толя, Алик прав, это не конец 70-х!

А. Ч.: Алик, можно я тебе расскажу мою дискуссию с Глазковым Григорием Юрьевичем и Ярмагаевым[46] Юрием Владимировичем в сентябре 1979 года?

А. К.: Ну, пожалуйста...

А. Ч.: Смысл дискуссии был следующий. Постановление ЦК и Совмина №695 1979 года по «совершенствованию хозяйственного механизма» ты же помнишь? Когда нормативно-чистую продукцию вводили?

А. К.: Как не помнить, если мы его на семинарах по экономике промышленности штудировали.

А. Ч.: Так вот в течение шести часов с воплями, криками и почти мордобоем мы обсуждали это постановление. Суть моей позиции: постановление ведет в правильную сторону. Суть позиции Глазкова – оно недееспособно вообще, таким образом двигаться нельзя. Это 1979 год, Алик.

А. К.: Секундочку. Давай разделим эти три сгустка интеллекта. Первое: вполне верю, что ты мог занимать такую позицию; это как раз опровергает твою теорию, будто всем внутри группы к концу 70-х стало ясно, что социализм советского типа исчерпал себя и штукатуркой ничего не изменишь. Второе: вполне верю, что Глазков занимал позицию, что все это полная дичь, по той простой причине, что Глазков такую позицию занимает по любому поводу. А что касается Юры Ярмагаева, то это тоже объяснимо. Он такой яркий, необычный человек и вполне мог такую позицию занимать. Но это не было консенсусом всей группы. Предложи тогда тому же Грише Глазкову как альтернативу рыночную экономику — он и ее объявит несусветной глупостью, а автора идеи — недоумком.

А. Ч.: Алик, ты переводишь вопрос в психологические особенности…

А. К.: Нет, не перевожу. Просто твой рассказ не является доказательством, что вы все уже к концу 70-х считали, что нужно строить реальную рыночную экономику со всеми, так сказать, прибамбасами, как то: свободные цены, частная собственность, фондовый рынок, переток капиталов… Нет, я считаю, что осознание этого пришло позже. Я же смотрел на эволюцию Мишки Дмитриева[47], я смотрел на эволюцию Мишки Маневича[48]. Я тогда с тобой и Глазковым еще не был знаком, но их и еще Сережу Васильева я уже знал. Безусловно, вы были продвинутые ребята, но так, чтобы в конце 70-х вы были уже убеждены, что совок обречен, — нет, не было этого…

А. Ч.: Я с тобой не согласен. И скажу почему. Вопрос осознания необходимости и неизбежности перемен — очень важная тема… Я помню, у нас была первая дискуссия на эту тему. Она касалась темпов преобразований. К 1982 году у нас уже был консенсус, что нужны радикальные преобразования, это на 100% описано мной и Сергеем Васильевым в статье того года. Мы расходились лишь в оценке темпов. Наша статья описывала два варианта преобразований в СССР: один — эволюционный, другой — радикальный, но более систематический, не связанный со сломом общественных институтов и максимально ненасильственный. И в этой статье я доказывал, почему первый не годится, а второй необходим.

А. К.: Какая глубина! Ни за что бы не догадался… Слушай, я же не возражаю, вы были молодцы, кто спорит? Я просто считаю, что в то время в своем радикализме вы еще не ушли дальше так называемого кооперативного социализма…

А. Ч.: Может, у меня действительно осталось от того времени ощущение собственного радикализма лишь потому, что в то время и венгерский, и тем более югославский вариант социализма были для нас за гранью реальности. Да, наверное. Помню, даже у Егора была тема под названием «Самоокупаемость — это правильно, а самофинансирование — это рановато». Это действительно было. Но, с другой стороны, среди нас были и абсолютные рыночники, утверждавшие, что «звериный лик капитализма» — наше светлое завтра. Например, Юра Ярмагаев. Я-то как раз в этом интеллектуальном сообществе, естественно, занимал наиболее умеренные позиции по отношению к преобразованиям. То есть я был представителем наименее революционного, скорее консервативного крыла.

А. К.: Я согласен. Миша Дмитриев меня однажды в начале 80-х привел на семинар, где выступал Ярмагаев. Там говорили об индийской философии джайнизма, о какой-то навороченной математике, об экономике и социальных реформах. У меня осталось от него впечатление какого-то чокнутого профессора, который так углубился в себя, что он уже с трудом контактирует с внешним миром. Он очень яркий парень. Но тогда он мне показался аутистом.

А. Ч.: Он был гений. Человек, который в нашем кругу открыл финансовую стабилизацию, открыл смысл денег. Открыл, собственно, суть макроэкономики. Он ее открыл, не читая ничего (у него с языками было плохо), доморощенным способом, так же как Гриша открыл стоимостные показатели и прибыль. Очень хорошо помню это.

А. К.: Я просто делюсь своими собственными впечатлениями от общения с этими людьми. Мне показалось, что внутри группы были радикалы и консерваторы, но даже самые радикальные из них в конце 70-х дальше венгерского социализма не шли. А это не кардинальная смена системы.

А. Ч.: Неправда. Не самая радикальная, а наименее радикальная! Радикалы шли дальше таких осторожных граждан (типа меня).

А. К.: А Гайдар?

А. Ч.: Гайдар был по взглядам ближе ко мне, чем к Ярмагаеву, например...

П. А.: То есть те, кто говорил, что нужно совершить капиталистическую революцию, были маргиналами и не выражали мнения вашей группы?

А. Ч.: Да нет, просто они были одной из частей группы...

П. А.: Я уже рассказывал, как в примерно в 1984 году Шаталин нам сформулировал задачу: найдите какой-нибудь относительно удачный пример (страну) и пишите программу реформ для Советского Союза, опираясь на этот пример. Мы долго думали и взяли в качестве примера Венгрию и Югославию. Я спросил Егора: «Почему мы пишем с них, давай, может быть, возьмем Швецию?» На что Егор ответил: «Давай говорить о том, что реалистично».

А. Ч.: Егор действительно не хотел уходить в утопии. Он избегал преждевременной дискуссии в духе «капитализм лучше социализма». Я помню, как мы в 1987 году жутко были злы, что Лариса Пияшева[49] написала в «Новом мире» статью «Где пышнее пироги». В публичную общественную дискуссию впервые была введена тема: «существующий строй — явление временное, устойчивое развитие общества на базе социализма советского типа невозможно».

А. К.: А почему вы были за это злы на нее?

А. Ч.: Потому что в нашем понимании она открывает вещи, которые специалисты прекрасно понимают и без нее, но она переводит их в общественно-политическую плоскость, в открытую дискуссию. А на том этапе это работало против нас, поскольку открытая публичная дискуссия на такую тему, заклание «священной коровы» социализма могло привести к ответной реакции властей и было чревато свертыванием гласности и отодвиганием реальных реформ еще на несколько лет. Вот такая тогда у нас была позиция.

П. А.: Вы в этом с Гайдаром действительно были очень похожи — в политическом реализме. И больше всех нацелены на практические реформы. Как дальше ваши отношения развивались?

А. Ч.: Мне казалось, да и сейчас кажется, что они сформировались как-то сразу же. Если же говорить не о фундаментальной, а о хронологической и психологической стороне дела, то все происходило так: в 1985 году мы позвали Егора к нам выступить на семинаре. Это было полное потрясение на семинаре молодых ученых Ленинградского инженерно-экономического института. Сначала мы позвали Ананьина, что было интересно, но потрясением не было, а потом позвали Егора. Короче, Егор был таким шоком для ленинградского сообщества... Оно считало, что есть там Глазковы, Чубайсы, которые что-то там пытаются придумывать, но ясно, что это все полузапрещено, это никому не нужно, к официальной жизни не имеет отношения. А тут из Москвы, не откуда-нибудь, приехал вполне себе легальный, серьезный ученый! И говорит на том же языке, в том же направлении. Это было очень важно.

С Ельциным или сами

А. К.: О политическом реализме — вот можно я перепрыгну через несколько этапов и задам вопрос, который мы просто можем забыть задать, а потом будем жалеть об этом. Гена Бурбулис рассказывал, что, когда после стрельбы по Белому дому в ноябре 1993-го пошла избирательная кампания, Гена, уже изгнанный, как говорится, из рая, тем не менее был серьезным функционером «Выбора России». Так вот, Гена говорил, убеждал Егора, что он должен заставить Ельцина недвусмысленно поддержать «Выбор России». И тогда мы победим на этих выборах. Если же Ельцин начнет по своему обыкновению туда-сюда вилять и говорить, что он президент всех россиян, то нужно идти без него и в том числе критиковать. В общем, становиться самостоятельной политической силой без оглядки на Ельцина или с оглядкой только в собственных интересах. Гайдар с ним согласился, пошел к Ельцину, Ельцин его по обыкновению...

П. А.: Обласкал?

А. К.: Обласкал, но не поддержал, и тем не менее Гайдар не смог в рамках избирательной кампании найти в себе силы отмежеваться от Ельцина, и случилось то, что случилось. Второе место после Жирика и постепенная ползучая деградация демократического движения... Согласен ли ты с тем, о чем говорил Бурбулис, и если да, то почему этого не было сделано?

А. Ч.: Я не очень хорошо помню эту развилку. Но дело в том, что в таких развилках всегда фундаментально важно собственное положение в тот момент. Петя не обидится, если скажу, что в «Выборе России» ни он, ни Бурбулис не были лидерами, а мы с Егором были. И мы еще были членами ельцинского правительства. В этой ситуации, как мне кажется, позиция Геннадия Эдуардовича несколько модифицирована была тогда его положением.

А. К.: То есть он готов был стать радикальным по отношению к Ельцину, а вы — нет?

А. Ч.: Ну конечно, он внутренне и психологически находился в менее ответственном положении. А фактически он был полностью отрезан... И если бы мы пошли по этому пути, то остались бы с Бурбулисом, только без всех остальных. Потому что была политическая миссия организации, которая называлась «Выбор России», доля Бурбулиса в ней была 10%, а доля всех остальных 90%. Это если оценивать ситуацию внутри партии. А если вовне, то сформулирую так: на том историческом этапе развития страны, в конце 1993 года, всего лишь через полтора года после прихода демократов к власти, попытка наезда на Бориса Николаевича повлекла бы за собой больше потерю электората, чем его приобретение. Позиция, что здесь поддерживаем, а здесь не поддерживаем, имела гораздо больше негативных последствий, чем позитивных. Кстати говоря, эта же ситуация противостояния возникала позже в гораздо более острой форме. В 1996 году это была история не Бурбулис—Гайдар, это была история Чубайс—Гайдар.

А. К.: Да-да, я помню. Тогда тоже была дилемма: поддерживать Бориса Николаевича или не поддерживать. Гайдар ходил с идеей «Немцова — в президенты». И в начале 1996 года (или в конце 1995-го?) было принято решение съезда «Демвыбора России» об отказе в поддержке Ельцина на президентских выборах. Из-за войны в Чечне. Решение съезда партии, возглавлявшейся, кстати, Гайдаром...

А. Ч.: И затем у меня был сложный процесс обсуждения этой темы с Егором, и после этого еще один съезд ДВР. И в итоге открытой прямой дискуссии съезд решил поддержать Бориса Николаевича Ельцина.

П. А.: Алик, ты, по сути, все время формулируешь один и тот же вопрос: насколько было возможно и разумно видеть себя вне Ельцина? Когда мы подали в отставку в апреле 1992 года, для Ельцина это был неожиданный шаг. И для Гены тоже. Ельцин понял, что Гена нами не командует. Мы этого не предполагали, но косвенным следствием этого демарша была быстрая отставка Бурбулиса...

А. Ч.: А может быть, дело в том, что Ельцин с исторической неизбежностью уходил от наиболее радикальных решений и от людей, их олицетворяющих...

А. К.: Ну, эти рассуждения... В духе «все равно мы все умрем». Сегодня не расходился, завтра расходился... С тобой Ельцин сколько раз сходился-расходился?

А. Ч.: Один. В январе 1996-го.

А. К.: А в 1998-м кого уволили? Ну-ка напомни...

А. Ч.: Ну-ка напомню тебе, что за полгода до этого я пришел к Борису Николаевичу с моим настоятельным письмом, в котором я просил дать мне возможность уйти из правительства.

А. К.: Чушь! Ты это заявление написал вынужденно, в разгар нашего писательского скандала*. Если человек не хочет работать, его

---

* Осенью 1997 года телеканал НТВ, принадлежавший Владимиру Гусинскому, обвинил пятерых реформаторов, в числе которых были Кох и Чубайс, в получении крупных гонораров от структур Владимира Потанина

никто не может заставить. Он просто уходит в отставку, и все. Для этого не нужно чьего-то согласия. Как это вы сделали в пресловутом апреле 1992-го.

Брось ты, Толя. Если бы даже этого скандала с книгой не было, все равно бы нас всех уволили, потому что этого Березовский требовал. Ты же это прекрасно знаешь. Нашли бы к чему придраться...

А. Ч.: Это совсем поверхностно. При чем тут Березовский? Ты что?

А. К.: Поверхностно? А ты, наоборот, не усложняй... Все я помню прекрасно, как все было.

П. А.: Опять вы за свое! Вернитесь к теме. Толя! Помнишь, к нам приезжал Лешек Бальцерович[50] и говорил, что нам нужно бороться за власть? Я теперь считаю, что это одна из наших фундаментальных ошибок. Он тогда нам сказал: «Если вы, ребята, сами не будете бороться за власть, то вы будете никем». Я его хорошо знал еще по Вене. И Егор его очень уважал. Он еще говорил, что если вы себя не противопоставите Борису Николаевичу, если вы сами не будете политической силой, то у вас ничего не получится. То же самое Вацлав Клаус[51] говорил нам когда-то. Но этого мы не делали почти никогда. Собственно, наш демарш с отставкой в 1992-м был единственным таким шагом. В связи с этим вопрос: мы Ельцину могли противопоставить себя в 1992 году? Могли мы попытаться создать свою политическую силу без него и то же самое в 1996–1998 годах? Прав я или ошибаюсь, что такая привязанность к Ельцину — одна из фундаментальных слабостей всей нашей команды?

А. Ч.: Я, как вы понимаете, придерживаюсь другой точки зрения.

А. К.: Вот-вот, знаменитая чубайсовская «другая оценка». Узнаю брата Колю.

А. Ч.: Во-первых, мне кажется, что на этой позиции точно сказывается личная судьба, совершенно отчетливо...

П. А.: А как это можно разделить?

А. Ч.: Абсолютно необходимо разделять. Обида за увольнение, Петь, у тебя она, конечно же, сидит. Но это же фигня.

П. А.: Хорошо. Может быть, частично. Дальше.

за еще не написанную книгу. В результате скандала Чубайс был смещен с поста министра финансов. Книга «Приватизация по-российски» была выпущена в 1999 году издательством «Вагриус».

А.Ч.: Я считаю, что в этом вопросе имеет право на существование только одна точка зрения. На это все нужно смотреть только с точки зрения страны.

А.К.: Можно без этого пафоса обойтись? Да уж если говорить в терминах страны, то разве можно было в 1998 году оставить больного президента один на один со всей этой сворой березовских, гусинских и далее по тексту — сам знаешь, кого перечислить, — не подперев его Чубайсом, Немцовым и т.д., а не уходить в личные рассуждения — хочу или не хочу работать в правительстве!

А.Ч.: Я оставил его один на один с ними ровно потому, что считал, что с этого момента мой уход не переворачивает ситуацию в правительстве. Что это означает? Это означает, что если я отказываюсь в июле 1996-го прийти в администрацию, то в тот момент вообще нет никаких иных работоспособных кадровых решений. А дальше события будут разворачиваться по негативному, на мой взгляд, сценарию. Если речь идет, извини, о стране. Поэтому я иду работать в администрацию. В 1998-м ситуация была кардинально другая. Такое развитие событий было исключено.

А.К.: Ну да. Я же забыл. Ты же считаешь, что в 1999 году было принято правильное решение.

А.Ч.: Да, я считаю, что в 1999 году было принято правильное решение, хотя тогда я был против него. И, кстати, ты тогда тоже считал, что принято правильное решение. Иначе ты бы не согласился воевать с Гусинским.

А.К.: Я действительно помог тогда Путину разобраться с Гусинским. Я лично ему в этом помог с большим удовольствием. И ни секунды об этом не жалею... Но при этом я отнюдь не считаю, что в 1999 году было принято правильное решение.

П.А.: Опять вы за свое! Давайте все-таки начнем с 1992 года. Толя, ответь на мой вопрос о Бальцеровиче.

А.Ч.: Должен сразу признаться, что по-настоящему я на эту тему не думал последние 12 лет. Мало того, конечно же, на моих оценках, как и на ваших, сказывается моя судьба, притом что я был внутри правительства. Суть моего взгляда в том, что нужно оценить соотношение политических весов. Нашего совокупного и Бориса Николаевича. Моя оценка по состоянию на конец 1991-го — ты, наверное, согласишься — примерно 0 к 100. В максимуме — не знаю, когда уж там был этот максимум, на третий или шестой месяц нашего правительства? — ну, может быть, там 5 к 95. По сравнению с нами Ельцин — это Россия. В этих обстоятельствах следовать совету Бальцеровича было бессмысленно.

Бальцерович был, наверное, прав в польской ситуации, где совершенно другое соотношение народа и власти, где нет такой глубины отличий между интеллигенцией и народом, где масштабы просто совершенно другие. Бальцерович, как ты знаешь, следовал этой своей стратегии. 20 раз проваливался, 20 раз побеждал. Наверное, для него это правильный выбор.

В моем понимании еще важно категорически, просто радикально другое соотношение темы под названием «первое лицо, царь, генсек, президент» и темы под названием «парламент». Я считаю, что, если, предположим, делать то, о чем говорил Бальцерович, для начала нужно иметь ответ на самый простой фундаментальный вопрос: кто наш кандидат в президенты? Гайдар? Вряд ли. Можно, конечно, говорить, что такого кандидата нужно искать, выращивать, но то, что на тот момент не было никого близко подходящего на эту роль, кроме Ельцина, это факт.

А. К.: Не было задачи президента искать. Речь шла о парламентских выборах. Что ты начинаешь обсуждать не тот вопрос?

А. Ч.: Нет, тот! Ведь вопрос о том, почему мы не сформировали собственную политическую силу, отдельную от президента страны.

П. А.: Я спрашивал про политическую партию. Я смотрю более утилитарно. Партия, с которой Ельцин бы считался, мнение которой бы учитывал, а не думал бы, что она у него в кармане при любом раскладе.

А. Ч.: Явлинский, который встал на эту позицию, превратился в профессионального кандидата в президенты. Он всю свою жизнь кандидат в президенты. Потому что он создал самостоятельную, независимую ни от кого политическую партию, которая обладала одним малюсеньким недостатком: она могла выдвинуть кандидата в президенты, но не имела никаких шансов выдвинуть президента.

П. А.: Да, он не смог.

А. Ч.: Гриша никогда в жизни, ни при каких раскладах, ни в какой момент, ни на одних из выборов не мог стать президентом. И я скажу почему: он не мог никого и ничего консолидировать вокруг своей кандидатуры.

П. А.: Но ведь в Чехии президентом стал Гавел, тоже отнюдь не народный тип, потом — Клаус…

А. Ч.: А в Казахстане стал Назарбаев. И он как был, так и есть. Что ты только туда, на Запад смотришь? Поверь, это не политическая позиция. Я считаю, это непонимание того, что такое страна под названием Россия.

П. А.: А кто из нас ее лучше понимает?

А. Ч.: Я думаю, что у нас просто есть разница в понимании. Кто лучше? Не знаю... Не надо обвинять другого в непонимании.

А. К.: Значит, ты считаешь, что Россия между Казахстаном и Чехией? Что недостаток демократии — это ее родовая черта?

А. Ч.: Если ты хочешь в этих терминах, то я считаю, что сегодня в России нет настоящего спроса на демократию. Ты мне скажешь, что этот спрос не может сам по себе родиться, что его нужно стимулировать...

А. К.: В 1993 году был спрос на демократию?

А. Ч.: Да, был. До 3 октября. А после этого спрос на демократию сильно ослабел. Посмотри результаты выборов в декабре 1993-го с триумфом Жириновского.

А. К.: Мне кажется, эти результаты объясняются именно позицией Ельцина, который не поддержал никого. В результате выбрали то, что выбрали...

Когда мы разговаривали с Геной (я могу сказать, что заранее у нас этой мысли не было, но она возникла в результате разговора с Геной), то было высказано предположение, что, может быть, Ельцин потому и взял Гайдара накануне октября в правительство...

П. А.: Чтобы на разгон Верховного Совета идти вместе с Егором, а потом чтобы Гайдар не пошел на выборы один, не связанный никакими обязательствами перед Ельциным. А как только Гайдар перестал быть в этом плане опасным (после выборов), перестал быть нужен, он позволил Черномырдину его аккуратно аппаратными методами выдавить из правительства...

А. К.: И не защитил его. Мне Егор сам рассказывал, как его выдавливали.

А. Ч.: Типичная конструкция в стиле Коха! Ну, на секунду вдумайся, если ты помнишь: Гайдар пришел в правительство в сентябре. Досрочные выборы, если ты помнишь, состоялись в декабре. Ни Егор, ни Ельцин в сентябре даже предполагать не могли, что в декабре будут выборы, в которых нужно будет участвовать, не предполагали, что состоится кровавое побоище 3 октября. По-твоему, Ельцин должен был считать так: «Я Гайдара возьму, потом я из танков обстреляю Белый дом, потом я арестую Хасбулатова и Руцкого, потом я пойду на выборы, а Гайдар захочет пойти на выборы, но я ему не дам этого сделать». Ну, Петя, ты чего, останови художественное воображение...

А. К.: Все он знал и предполагал. Он назначил Егора 18 сентября, а 21 сентября (всего через три дня!) подписал Указ № 1400 о разгоне Верховного Совета. Или ты хочешь сказать, что Ельцин и за три дня не знал (ну, хотя бы в общих чертах), что он будет воевать с Хасбулатовым и Руцким?

Хорошо, я могу по-другому сказать. Ельцин был во многом интуитивный человек. Он чувствовал, что Гайдар ходит один, у него есть какой-то политический вес и, если он долго будет ходить, как говорится, без привязи, он может превратиться в самостоятельную политическую силу. Зачем это ему надо? Безотносительно того, будет эта сила конфликтовать с ним или, напротив, дружить...

А. Ч.: Это вы говорите про человека, у которого все в его личной жизни поставлено на карту, а в судьбе страны не существовало ничего важнее, чем драка с Хасбулатовым?

А. К.: Поэтому он и консолидировал силы, собрал всех своих сторонников.

А. Ч.: Алик говорит, что Ельцин брал Егора в правительство для того, чтобы лишить его возможности маневра на следующем этапе, на выборах в парламент.

А. К.: Ну, ребята, это одно и то же, только другими словами. Консолидировал — и тем самым связал.

А. Ч.: Ну, полный бред.

П. А.: Это одно и то же.

А. Ч.: Ну нет! Первое — правда, а второе — ложь.

П. А.: Давайте уже наконец говорить о результатах: позиция безоговорочной поддержки Ельцина без всякого права на оппонирование ему была ошибкой. Такие «тесные» отношения с Ельциным, когда мы были несвободны в своих действиях, а он — вполне себе волен делать то, что ему заблагорассудится, я считаю фундаментальной ошибкой. Более того, существует точка зрения, что конформизм либералов, постоянное желание их лидеров быть с властью и во власти стало основной причиной дискредитации либеральной идеологии в России. Все прощали: войну в Чечне, отказ от реальных экономических реформ, коррупцию...

А. Ч.: В этом вопросе мы с тобой расходимся принципиально. Что же касается рассматриваемого эпизода, то тогда была предотвращена гражданская война.

П. А.: Не было никакой угрозы.

А. Ч.: Я читал твое интервью, и я с тобой категорически не согласен.

А. К.: Петь, и я не согласен. Угроза была вполне реальной. Я видел этих людей на Смоленской площади и у мэрии. Это было начало войны. Они шли и убивали милиционеров. Они уже перешли Рубикон, для них уже не было пути назад.

П. А.: Я считаю, что причиной того, что мы сегодня в результате имеем, является, безусловно, конформизм. В том числе и наш.

А. К.: Спокойно можно было бы поддерживать Ельцина, будучи самостоятельными.

П. А.: Тоже правильно.

А. Ч.: Ребята, выборы — процесс очень тупой, в котором такие тонкие вещи, как «артикулирую поддержку, но с оговорками» или «я организационно самостоятельный, но при этом против не выступаю», не проходят вообще. Как правило, проходит позиция: это черное, это белое. Как ты, Алик, на всякий случай, знаешь по своему опыту руководства штабом СПС. Эти все «хитрые» конструкции плохо выживают на парламентских выборах.

Желание «просчитать ходы» часто возникает постфактум у аналитиков, но абсолютно неработоспособно в реальной политике.

П. А.: Повторю, я убежден, что постоянный наш конформизм проявился не только в отсутствии политических результатов, но произошла и дискредитация демократического движения. В результате всех этих реверансов в сторону Б. Н. тактически что-то отжимали, но стратегически, безусловно, проигрывали.

А. Ч.: Не согласен я с вами обоими. Правильный ответ: Россия — это не Польша.

П. А.: Такая позиция ужасно порочна, просто ужасно! Это, наконец, несправедливо. Главная беда России как раз и состоит в том, что ее элита в этом убеждена. И поэтому соглашается со всеми художествами власти.

Типа — варвары, чего с нас взять-то... Очень комфортная позиция... Россия, конечно, не Польша. Но это не означает, что она генетически не готова к демократии и капитализму.

А. Ч.: Правильная постановка вопроса, на мой взгляд, такая: Россия и Польша, Россия и Казахстан. Еще одна причина непонимания между нами в том, что, в отличие от тебя, я в течение 15 лет как проклятый занимался ровно тем, чем ты призываешь меня заниматься. То есть организацией демократического движения в России. Причем это никогда не имело никакого отношения к моим непосредственным служебным обязанностям, а, как правило, прямо им препятствовало. И, как бы я это ни делал, всегда находились строгие судьи, которые говорили мне: а почему это Чубайс не консолидирует демократическое движение? Я столько дерьма с этим съел! Если ты видишь, как это правильно делать, — милости просим! Вон Алик тоже этим немного позанимался. Ему тоже хватило, уж точно хватило на остаток жизни, вне всяких сомнений.

А. К.: Хватило, это правда. Хорошо. Эту тему мы оставим. Раз ты не хочешь ни вспомнить, ни придумать, почему Ельцин в 1993 году нас не поддержал, я тебе отвечу, почему он нас не поддержал.

А. Ч.: Ну и почему же? Сейчас еще одну гадость скажет.

А. К.: Да. Только гадость про нас, а не про Ельцина. Ельцин — выдающийся политик. Он не поддержал нас, потому что знал: все равно никуда мы не денемся. Вот если бы был какой-нибудь инцидент, публичный конфликт назревал, тогда бы поддержал. Вот и все. Зачем ему поддерживать тех, кто и так у него в кармане? Зачем ему сужать свой политический маневр для поддержки людей, которые все равно никуда не убегут?

А. Ч.: Тогда ответь до конца, если ты встал на эту позицию. Значит, ты говоришь, что если бы он нас поддержал, то потерял бы существенную часть политического маневра, и ты считаешь, что он должен был потерять эту часть ради того, чтобы нас поддержать. Вот такая позиция, которую можно обсуждать. Ты ж половину называешь сладкую, а про остальную забываешь.

А. К.: Нет, я не забываю. Я могу сказать, что если бы он нас поддержал, то мы бы стали политической силой, которая была бы самодостаточна. Может быть, и большинство бы в Думе имела. В конечном итоге это было бы на пользу и самому Ельцину.

А. Ч.: Даже с 12%?

А.К.: Нет! Во-первых, без поддержки Ельцина получилось чуть больше 15% плюс много одномандатников.

А.Ч.: А так было бы целых 17%!

А.К.: Существенно больше. Тогда бы был включен административный ресурс, даже без каких-то специальных команд. Просто губернаторы почувствовали бы, куда ветер дует. Не прикидывайся, ты же прекрасно знаешь, как все это работает. Он этого не сделал. Ни в 1993-м, ни в 1995-м. Политическая партия демократического толка, которая никак не связывала себя с Ельциным, «Яблоко» Явлинского, в 1995 году прошла в Думу по партспискам, а Гайдар не прошел. Можно сколько угодно спорить, но я считаю, что это была ошибка.

П.А.: Толя, действительно, почему в итоге в 1995 году Явлинский прошел, а мы с Гайдаром не прошли? Может быть, потому, что Явлинский мог критиковать Ельцина, а Гайдар — нет? И почему, собственно, Гайдар не мог критиковать Ельцина? Может, это ты его уговорил этого не делать? Ведь если бы ДВР с хорошим результатом прошел в декабре 1995-го в Думу, это совершенно другой фон создавало бы на президентских выборах 1996 года…

А.Ч.: Все судят о Чубайсе…

П.А.: Я не сужу о Чубайсе, я его призываю относиться к тому, о чем мы говорим, не как к упреку.

А.К.: Если уж говорить о заслугах Ельцина перед Россией, то это даже не рыночные реформы и не свобода, которую нам дал Горбачев, а не Ельцин. Главной заслугой Ельцина является конституция 1993 года, которая учредила Федеративную Республику…

А.Ч.: Если ты считаешь, что конституция была главным ельцинским достижением, с чем я абсолютно согласен… Именно в силу этого ты должен согласиться, что на выборах (а одновременно ведь был и референдум по конституции) в декабре 1993 года решались две задачи. Одна задача — не пустить коммунистов, другая — провести конституцию. За обеими задачами Борис Николаевич стоял лично, а ресурсы у него были ограничены. Вопрос: на чем он должен был сосредоточиться? На том, чтобы наша партия вместо 15% набрала 20%, или на том, чтобы конституция прошла? Он был сосредоточен на втором.

П.А.: У нас была команда из 10–15 человек. Мы были сильные молодые ребята. Мы могли стать серьезной политической силой. А потом все попытки создать самостоятельную силу, мне кажется, были если не обречены, то сильно усложнены. Как ты, Толя, правильно сказал: исчез спрос на демократию. А мы потеряли административные рычаги. До декабря 1992 года мы были безальтернативны и управление экономикой было в наших руках. Но у нас не было электорального лидера. Им, кстати, мог бы стать Гайдар... Но в силу каких-то обстоятельств не стал...

У нас было слишком детское отношение к власти, и, мне кажется, оно было порочным. Все наше позиционирование в то время в политическом пространстве было ошибочным. Гриша Явлинский в этом плане, мне кажется, был намного более продуктивным. Хотя ты, Толя, прав, и Гриша не был той фигурой, которая могла бы серьезно претендовать на власть в стране.

А. Ч.: Я недавно совсем прочел товарища Троцкого, которого все любили и почитали почти 100 лет назад.

А. К.: «Моя жизнь» называется. Шикарная книга!

А. Ч.: Не просто интересная, а совершенно фантастическая книга! Великолепный язык, вообще, я там нашел для себя ответы на многие вопросы. Там несколько слоев, один из них касается вопроса, по которому мы сейчас с тобой спорим. Вот что меня потрясло: конец XIX века, Троцкий из деревни приехал в Николаев. Сблизился там с заводским рабочим, стал с ним обсуждать марксизм, возникла ячейка. Собрали 20 человек, потом 40, потом 100, потом 200, печатали прокламации, создали Южно-русский рабочий союз.

Отсюда у меня две мысли, объясняющие мою позицию в споре с тобой. Для меня это совершенно феерический, какой-то совершенно немыслимый объем отклика народа на этот набор идей. Пацан какой-то, 17 лет, приехал учиться. Ну приехал и приехал, сиди себе. Никем не назначен, ни должностей, ни денег, ничего. Он вдруг организует всех, за ним все идут... Феерический объем отклика на то, что он говорит...

И второй слой, не менее важный, – глубина врастания его в народ. Ну вот просто понятно, что такое большевизм в конкретном смысле, вот вышли мы все из народа. Они действительно вышли из народа. Мы же все, вместе взятые (за исключением, может быть, чуть-чуть Алика, в силу его ссылочных корней), из народа никогда не выходили. Все мы московские и питерские, а это – не Россия. В этом смысле вот эту народность я считаю абсолютно фундаментальной вещью, которая либо есть, либо ее нет.

Настоящей политической силой, не на административном ресурсе, не на поддержке Бориса Николаевича, а базирующейся вот ровно на этом, мы стать не могли.

А. К.: Но был Боря Немцов. Единственный, кто потенциально был способен это сделать...

А. Ч.: Может, Боря Немцов и был потенциально способен это сделать, но, если ты помнишь, Боря был вообще не с нами до 1995 года. Давай говорить прямо про нашу силу. У нас кто, Бурбулис народный трибун?

П. А.: Мы не ставили такой задачи, Толь.

А. Ч.: Мы не могли поставить такую задачу, потому что не только по городскому происхождению, но и по жизненному пути у нас понимания страны, понимания народа радикально не хватало для такой задачи. У нас был колоссальный объем понимания темы под названием «экономическое реформирование», лучший в России.

Я вообще считаю, что вопрос «народный — не народный» абсолютно исторический. У нас так сложилось, что народ по целому набору причин в конце 80-х годов поехал в либерализм...

П. А.: Мистика какая-то! В Польше какой-нибудь обычный электрик с верфи может поднять полстраны, а у нас мы говорим о кризисе лидерства!

А. Ч.: Ну что ж ты все Польша да Польша опять... Вокруг нас Казахстан и Белоруссия, Петь, а не Польша.

Сложный выбор

П. А.: Толя! У тебя были с Гайдаром серьезные разногласия в жизни?

А. Ч.: Да.

П. А.: Какие?

А. Ч.: Я уже вспомнил про главный конфликт. Это 1995 год.

П. А.: И ты его убедил?

А. Ч.: Если честно, то это не совсем так. Там была немножко другая технология. Егор, в то время лидер партии, не в правительстве. А тут чеченская война, я в совершенно омерзительном положении, когда я в правительстве вместе с Сосковцом[52], Коржаковым и т. д.

Я советовался с Егором, уходить — не уходить. После «черного вторника»* инфляция в январе 1995-го была, по памяти, 18% за месяц! И валютных резервов — на несколько суток торгов. Я первый вице-премьер, полностью отвечающий за эту сферу. Наше общее с ним решение — уходить нельзя. Задача финансовой стабилизации была, без преувеличения, вопросом выживания страны. Потом был странный разговор с Ковалевым[53] Сергеем Адамовичем, о чем мы с Егором заранее договорились. Странный, потому что, в моем понимании, Ковалев совершенно ясно сказал не уходить, но, как он сам сообщил позже, он помнит это несколько иначе...

Я в правительстве в кольце врагов. Я же вообще один остался к началу 1995 года. Кто там рядом? Егора нет, Бори Федорова нет. Егор — лидер партии, которая пробивается в Думу. Но раз уж мы решили, что я остаюсь, то я свое мнение о чеченской войне засунул себе в одно место, а Егор, естественно, его не мог никуда засунуть. Егор должен был с этим всем идти на парламентские выборы 1995-го.

Короче, весь 1995-й я пытаюсь осуществить финансовую стабилизацию, а Егор митинги против войны собирает и сам на них выступает. Итог года — инфляция к декабрю сбита до 4% в месяц, а Егор возглавляет партию, которая борется с чеченской войной и, соответственно, с Ельциным. Мы вкатываемся в 1996-й с выборами президента. До этого каждый из нас делал то, что и должен был делать, а теперь нужно двигаться в завтра и принимать решение по президентским выборам. Моя позиция: Ельцин — единственная реальная возможность спасти страну от коммунистического реванша. Позиция «Демвыбора» — Ельцина нельзя поддерживать, он начал войну в Чечне. В этот момент, Алик, в январе 1996-го меня действительно (единственный раз!) благополучно выгоняют из правительства, что, естественно, никак не влияет на мою позицию поддержки Ельцина. Уже в качестве рядового гражданина я еду в Давос, где мы договариваемся с олигархами (для меня было полной неожиданностью вообще, что они дозрели до этого) и я включаюсь в кампанию. Егор тоже входит в кампанию, только под названием «против Ельцина». Мы с ним несколько раз встречаемся — что делать? Егор прекрасно понимает завтрашний сценарий, а я прекрасно понимаю, откуда вырос вчерашний. Как это ни парадоксально, при сильном расхождении политического позиционирования в этот момент оценка, по сути, была практически одинакова. Суть позиции Егора: речь идет не про персоналии, а про судьбу страны. Но ты и меня пойми, я не могу идти на съезд и говорить, что,

* «Черный вторник» — обвал курса рубля в октябре 1994 года.

знаете, я передумал и нужно поддержать Ельцина. Тогда мы с ним договариваемся — ты собираешь съезд, создаешь условия, а я иду туда и пытаюсь развернуть ситуацию. Так и сделали.

П. А.: Меня интересует мотивация Егора, когда он тебя поддерживал. Она состояла в том, что все-таки нужно собрать съезд и пересмотреть решение, просто он не хотел это делать своими руками?

А. Ч.: Съезд он собирал своими руками.

А. К.: Гайдар понимал, что при наличии Ельцина выдвижение второй кандидатуры означает провал и того и другого?

А. Ч.: Ну конечно.

А. К.: И что уговорить Ельцина не идти на выборы нет никакого шанса?

А. Ч.: Да.

А. К.: Только лишь поэтому он его поддержал? То есть это чисто арифметическая задача. Он поддержал Ельцина как наименьшее зло, а не потому, что он искренне хотел поддержать именно Ельцина?

А. Ч.: Чушь! Искренне или не искренне — вопрос к психиатру или влюбленному, а не к человеку, отвечающему за судьбу страны. Гайдар искренне хотел остановить коммунистов и делал все, что для этого было надо.

П. А.: Значит, поначалу Егор реально пытался найти другие кандидатуры?

А. Ч.: Да. Он сначала Борю Немцова убеждал.

А. К.: Более того, он Борю уговорил, ездил к нему в Нижний. И Боря мне рассказывал, что он согласился. Будто он пришел с этим к Ельцину и говорит: «Борис Николаевич, у вас рейтинг 3%». А Ельцин ему в ответ: «Это тебе сказали враги России. У меня рейтинг 50%». На этом они закончили разговор. Шансов убедить Ельцина, что у него не 50%, в январе 1996-го не было никаких. Боря говорит: «Я вокруг него плясал, объяснял — все бесполезно». Рейтинги-то настоящие Ельцину не показывали. Эти ребята, Коржаков с Сосковцом, они же лечили Б. Н. по полной программе. Подсовывали ему поддельные рейтинги ФАПСИ, а сами готовились к апрелю распустить Думу и ввести чрезвычайное положение.

А. Ч.: Боря прав, так оно и было. Только, по-моему, никто Немцова не уговорил и идти на выборы он отказался.

А.К.: То есть Егор реально пытался проработать все варианты. Но когда Егор убедился, что Ельцина снять нет никаких шансов, он все равно пойдет и таким образом расколет всех этих демократов, тогда он и принял решение его поддержать. Поэтому хоть ты и говоришь «чушь», но для меня эта «чушь» психологически очень важна.

Реформы и развал СССР

П.А.: Тебе Егор никогда не говорил, как он оценивает залоговые аукционы?

А.Ч.: Если было бы что-нибудь остро негативное, то я бы точно запомнил. А так — нет, значит, более-менее нормально.

П.А.: А мне он говорил, что это безобразие.

А.Ч.: Ничего такого он мне не говорил.

А.К.: А со мной Егор на эту тему сам заговорил в году, наверное, 2004-м. В 1995 году он к залоговым аукционам относился плохо и считал это вредным. А шесть лет назад он сказал, что теперь понял, что это было правильное решение. Я, говорит, посмотрел цифры, как работают эти предприятия, что с ними случилось, какие у них были долги, и я понял, что в 1995 году их приватизацию по-другому было не провести, а если бы ее не провели, то в 1996 году они бы умерли.

А.Ч.: Я не знал этой логики. В этом смысле моя позиция вообще такая неэкономическая. Я до сих пор считаю, что залоговые аукционы создали политическую базу для необратимого разгрома коммунистов на выборах в 1996 году. Это же были настоящие «командные высоты», крупнейшие предприятия страны с «красными директорами» во главе. И этого одного достаточно, чтобы считать аукционы позитивным явлением.

П.А.: Покупали поддержку...

А.Ч.: Это еще кто у кого! Еще вопрос, покупали поддержку или сажали на крючок? Ведь выкупить заложенные акции можно было только после выборов. А в случае победы Зюганова ни о какой приватизации и речи быть не могло. А значит, все их денежки — тю-тю! И ты поэтому должен согласиться, что результаты выборов достигнуты в значительной степени благодаря залоговым аукционам.

П. А.: Тут я с тобой согласен. Если считать, что цель оправдывает средства, то залоговые аукционы помогли. А сейчас в аналогичной ситуации ты сделал бы залоговые аукционы?

А. Ч.: Конечно.

П. А.: Фантастика! Это полбеды, что вы продали эти предприятия дешево. Так этими аукционами вы сломали представление о справедливости! Вот это — беда.

А. Ч.: Какая трагедия: мы сломали представление о справедливости, которое жило в голове у Авена. Так я это переживу. А представление о справедливости у народа мы сломали еще ваучерной приватизацией. Алик, скажи ему...

А. К.: Расставание с советским культом справедливости, Петя, это была плата за рыночные реформы. И за приватизацию, в частности.

А. Ч.: Да, это было неспасаемо.

А. К.: Петя так все время публично отмежевывается от залоговых аукционов, как будто его кто-то обвиняет в том, что он участвовал в их организации. Но у меня к нему всегда в ответ есть встречная предъява!

А. Ч.: Что, неужели ты ему в упрек ставишь конвертируемость рубля?

А. К.: Какие могут быть возражения против конвертируемости рубля? У меня к Пете претензия по признанию долгов Советского Союза.

П. А.: Я же тебе в интервью ответил.

А. К.: Конечно, ответил. Так же, как и Чубайс тебе ответил про залоговые аукционы. Но это не значит, что я с этим согласился. Ты говоришь: «Мы обменяли это на место в Совете Безопасности ООН». Да пропади оно пропадом, это место в Совете Безопасности! Кстати, Украина до сих пор не отказалась от своих прав на имущество СССР за рубежом.

П. А.: Тогда бы мы не открыли рынки, не получили кредиты МВФ!

А. К.: Куда бы они делись? Может, у нас переговорщики были плохие?

А. Ч.: Алик, я тебе вот что скажу. Что я делал в это время, я очень хорошо помню, но я не влезал в детали того, что делает Петя.

П. А.: А я не влезал в то, что ты делаешь.

А. Ч.: У нас тогда было абсолютное доверие друг к другу. Я тогда твердо знал, что Петя пришел в 9 утра, а ушел в 11 вечера и все, что он делает, правильно.

А. К.: И первый раз у тебя с Гайдаром были разногласия в 1995 году?

А. Ч.: Да. У нас тогда впервые были принципиально разные политические позиции. Он был против избрания Ельцина, а я был за. Но я с Егором не ругался никогда в жизни, даже в 1996-м мы оставались друзьями.

А. К.: Давайте про 1992 год. К сожалению, вы вдвоем ограничили мой журналистский разбег, потому что я хотел поиздеваться над людьми, затеявшими акцию по пополнению оборотных средств предприятий летом 1992 года, которая и раскрутила гиперинфляцию. Толя, ты считаешь, что у Гайдара был ресурс сопротивляться этому?

А. Ч.: Он и сопротивлялся всеми силами. Я это помню. Но сил не хватило, потому что у Бориса Николаевича была поддержка этой акции от банков и предприятий...

А. К.: Гайдар назначил Геращенко[54], это был его выбор?

П. А.: Да, его. Полностью, абсолютно. Выбирали между Матюхиным, Федоровым и Геращенко. Гайдар мне сказал тогда, что Геращенко удивительно .компетентный человек. Это то, что нам нужно.

А. Ч.: Кстати, одна из загадок моей жизни — это роль Геращенко в 1995 году. Я уже сказал про январь 1995-го, валютные резервы почти на нуле, падающий рубль, бешеная инфляция по 18% в месяц и т. д. Исполняющая обязанности председателя ЦБ Парамонова Татьяна Владимировна. Соответственно, все, что происходило в 1995-м: рубли, доллары, курс, инфляция, дефицит бюджета, прибыль ЦБ, — за это отвечали я и она. Она ученица и твердая сторонница Геращенко. Весь набор решений, которыми удалось переломить макроэкономическую катастрофу, был абсолютно рыночным, предельно либеральным и крайне жестким. И при этом она профессионально была просто потрясающе позитивна. Я без нее ни одного решения бы не провел, а она все согласовывала с ним. Как он мог [Геращенко] в 1995-м полностью поддержать беспощадные меры, включая запрет на эмиссию ЦБ?

П. А.: Геращенко человек убежденный, он считал, что в функции ЦБ входит и экономический рост. Я как-то спрашивал его про безудержную эмиссию в 1992 году (у меня с ним были хорошие отношения всегда), он говорит: «Петя, у нас великая страна, развитая промышленность, и функция ЦБ — ее поддерживать».

А.К.: Почему же в 1995-м он сменил позицию? Ты думаешь, что урок 1992 года для него не прошел даром?

А.Ч.: Да. А еще «черный вторник». Октябрь 1994-го. Для него это были хорошие уроки. Он, несмотря на возраст, может учиться, его позиция по ЮКОСу для меня является лишним доказательством этого.

П.А.: Толя, фундаментальный вопрос про развал Советского Союза. Мы там писали разные бумажки, но, как мне кажется, никакого реального участия в решении об этом не принимали.

А.К.: Кроме того, что Егор писал в Беловежской Пуще, как сказал Бурбулис, исполняя роль редактора, поскольку был профессионально ближе всего. Мы Гайдара, к сожалению, не можем спросить, был ли он за или против.

А.Ч.: Он не был идеологом развала Союза. Совсем. И он не был драйвером переговорного процесса. Это правда. Но он глубоко понимал, что а) это неизбежно; б) наиболее техничным способом минимизации катастрофических последствий является оформление в таком виде. Он точно понимал.

А.К.: А Горбачев, когда я у него в мае брал интервью, мне сказал, что теперь и он понимает, что это было неизбежно.

А.Ч.: Как говорят в Одессе: «Если бы я был такой умный раньше, как моя жена потом!» Кстати, вопрос о неизбежности развала СССР, когда я впервые услышал эту мысль, был для меня большим потрясением. Помню, как, может быть, в 1987-м то ли Боря Львин[55], то ли Виталий Найшуль[56] сформулировал три неизбежных перехода, которые нам предстоит пройти. Из авторитаризма в демократию, из плана в рынок и из империи в постимперскую конструкцию. В таком виде вопрос до этого никогда не стоял, и к тому же было сказано, что переход к рынку будет проще, чем к демократии, и уход от империи. Это был такой интеллектуальный прорыв! Во всяком случае лично для меня…

А.К.: Андрей Амальрик еще в 1969 году написал несколько эссе под названием «Просуществует ли Советский Союз до 1984 года?». Хотя да, Боря Львин, нужно отдать ему должное, в этом вопросе разбирался. Он, кстати, в 1988 году утверждал, что СССР распадется через три года.

А. Ч.: Я тебе говорю про мои собственные переживания. Я Пастернака или там Амальрика тогда не читал. У нас в Питере доступа к такой литературе вообще не было. Потом, я помню, что Петя говорил, что вы, ребята, полные мудаки и не понимаете, что такое Узбекистан. Это другой мир, другая планета, другой состав атмосферы. Вы не имеете ни малейшего представления о том, что это такое, и пытаетесь свои хозрасчеты и самофинансирование там внедрять. Там вообще другая жизнь. Вот это я помню хорошо.

П. А.: Это было в сентябре 1991 года в Альпбахе, когда мы приняли знаменитую декларацию. Мы там твердо решили, что надо двигаться самим...

А. Ч.: Мы поняли тогда и зафиксировали свое понимание письменно (текст Альпбахской декларации известен), что развал СССР неизбежен. Значит, реформы придется делать в России, а не в СССР. Вот суть. Теперь второе: и что из этого следует для нас? Для нас из этого следует переосмысление целых крупных блоков нашего видения, начиная с мелкого вопроса под названием «макроэкономическая стабилизация» (с одним ЦБ или с пятнадцатью ЦБ) и кончая всякими твоими таможенными делами и т. д. Из неизбежности развала СССР выросла необходимость пересмотра программы реформ, а не из программы реформ вырос развал СССР. Этот нюанс очень важен на самом деле.

Октябрь 1993-го

А. К.: Еще один вопрос. В апреле 1993-го был референдум, который теперь называют «Да-Да-Нет-Да», в котором ты принимал активное участие, судя по тому, что мне рассказывал Аркаша Евстафьев[57]. Я думаю, ты согласишься, что, хотя серьезных юридических оснований для этого не было, у Ельцина легитимных прав на роспуск Верховного Совета и съезда по результатам референдума было больше, чем потом через пять месяцев в сентябре.

А. Ч.: Я согласен.

А. К.: Почему он этого не сделал? Или перед ним так вопрос никто не ставил?

А. Ч.: Давай я начну с конца, чтобы тебе было ясно. Я считаю неправильным, что он не распустил Верховный Совет тогда: было больше шансов обойтись без крови. Правда, я считаю так сейчас и не уверен, что думал так и тогда. Второе: на всякий случай надо признать, что тогда это было бы так же незаконно, как и Указ №1400 от 21 сентября 1993 года «О поэтапной конституционной реформе» или, проще, о роспуске съезда и Верховного Совета.

Давай зададимся вопросом: кто окружал его в качестве политических советников в это время? Если я правильно помню, это был период, когда Гены уже не было, но еще не было наших интеллектуалов: Лившица[58], Батурина[59], Сатарова[60] и т.д. Политической и интеллектуальной опорой Ельцина были Коржаков, Илюшин и т.д. А для формирования таких решений должен быть какой-то круг, в котором все это обсуждается, в котором это генерируется...

А.К.: Секундочку, а что, в октябре 1993-го этот круг радикально изменился? Там появились люди, которые потребовали от него расстрела Белого дома?

А.Ч.: То, что ты называешь «расстрелом Белого дома», я называю разгромом вооруженного мятежа коммунистов, поддержанных фашистами и бандитами. Чуть длиннее, но, по-моему, намного точнее. Этого от него потребовали не советники, а логика политического процесса...

А.К.: Вот этот самый Указ №1400, кто его писал?

А.Ч.: По-моему, Сергей Шахрай.

А.К.: А что, Шахрая не было в апреле? Был как миленький! Он был еще и в Беловежской Пуще и водил своей ручкой по договору. Команда апрельская от команды сентябрьской ничем не отличается. За одним исключением. Егор был единственный человек, который прибавился к апрельской команде в сентябре!

А.Ч.: Нет. На этот счет у меня совершенно ясная позиция. Я считаю, что у Бориса Николаевича произошел в августе какой-то сдвиг, переоценка ситуации. Он понял, что дальше нужно идти вперед, не останавливаться, а дожимать до конца. Не думаю, что он готовил какую-то специальную тактику. Он просто сделал две вещи: а) взял Гайдара; б) выпустил указ. И то и другое было результатом его внутреннего решения.

А.К.: Но ведь, прежде чем его взять, нужно же было с ним встретиться?

А.Ч.: Да, конечно, он и встретился.

А.К.: И сказал ему: «Хочу вас, Егор Тимурович, обратно в правительство пригласить». А Егор ему в ответ: «При условии разгона Верховного Совета. Готов в этом вопросе идти с вами до конца».

А. Ч.: Да нет, это какая-то ерунда. Как Егор был вовлечен во все это? Я это понимаю так, что, когда Егора брали, ему Борис Николаевич уже тогда дал понять, что впереди драматические события...

А. К.: Я помню, первой поездкой Егора в новой должности был Хабаровск, Комсомольск-на-Амуре, и я с ним тогда ездил. Буквально несколько дней он успел проработать. И я могу сказать, что, когда мы прилетели с Егором из Хабаровска, я приехал к себе в гостиницу в Плотниковом переулке и вышел прогуляться на Смоленку, а там уже в сторону мэрии шли вот эти ребята. Днем позже они сожгут мэрию, ментов будут убивать. Это было 2 октября. Это был буквально первый выезд Гайдара из Москвы. На обратном пути, кстати, когда мы возвращались в Москву, мы залетели в Омск и забрали с собой Казанника[61], который вскорости стал генеральным прокурором.

А. Ч.: Так ты что хочешь сказать? Что Гайдар уговорил Ельцина подписать этот указ?

А. К.: Уговорил — не уговорил. Не важно. Но это было пакетное решение, принятое вместе с Гайдаром. Я в этом убежден. Это вполне в духе Егора. Вы же знаете, Егор был смелый парень.

Мы за 30 лет ни разу не поругались

П. А.: Гайдар, конечно, смелый, но мнение твое, Алик, спорно. Толь, давай в заключение нашей беседы личные слова о Гайдаре, как ты воспринимал его как личность, что он для тебя значил?

А. Ч.: Хорошо. Сейчас я соберусь...

П. А.: К концу беседы ты выглядишь намного лучше, чем когда сюда пришел. Ты был какой-то серый...

А. Ч.: Я просто вынужден был мобилизовать последние остатки энергии, чтобы с вами бороться.

П. А.: Давай, Чубайс, давай...

А. Ч.: Ну начнем с личного моего понимания его места в нашей команде в целом. Я считаю, что это было явление совершенно фантастического свойства. В том смысле, что, лидер такого масштаба, он и другим придавал другое качество. Причем а) в силу интеллектуальной глубины; б) в силу высоких нравственных и этических норм и в) в силу еще и биографии.

По должности перед приходом в правительство он был самый старший из нас, это тоже важно было — по советским меркам, это где-то был уровень союзного министра. То есть он был к этой работе подготовлен во всех смыслах и был фигурой такого класса, которая меняла качество всей команды, всей реформы. И это объективистская сторона оценки.

Если же говорить о личной стороне дела, это совершенно поразительная история. Действительно, ни разу я с ним не поругался за 30 лет дружбы, в самых драматических ситуациях всегда знал, что он прикроет, и он прикрывал, кстати, когда было просто совсем тяжело. Это все мои личные впечатления от его поведения в разных ситуациях. Хорошо известно, что все определяется не тогда, когда интересы сходятся, а когда они не совсем сходятся. Кого больше любишь — папу или маму? Вопрос правильный, фундаментальный, исторический. Когда выбор реально возникает, тогда-то и выясняется, что на самом деле человек собой представляет. Поэтому для меня ситуация, когда я оказался в полном дерьме, просто с головой, а Егор совершенно не обязан был как-то со мной возиться, но он возился, помогал, — для меня это совершенно принципиально.

Конечно же, глубина понимания Егором темы, которая называется «экономика страны», была всегда на голову выше моей. Я хорошо помню, как в 1989 году (я занимался тогда стимулированием инженерного труда, а Егор в «Коммунисте» работал) приехал к нему и мы поговорили. Мы занимались так называемым ленинградским экспериментом. Егор попросил меня написать статью про нашу работу для «Коммуниста». Я ее написал, принес. Егор ее полностью разгромил...

Я тогда понял, что такое профессиональный анализ написанного, несмотря на тесные дружеские отношения. Я осознал, насколько недотягивал до тех требований, которые у него были.

Кроме того, я увидел у него фантастическую глубину и целостный взгляд на экономику. У Егора это было сильнее, чем у кого бы то ни было из нас. При этом поразительно, что у него была абсолютно практическая хватка, что редко сочетается одно с другим. В нем это все сочеталось.

Гриша Глазков недавно сказал про Егора: «Аристократ». Аристократ в полном смысле этого слова, имея в виду, что есть демократы, а есть аристократы. Аристократы — это сословие, которое несет на себе ответственность за судьбу страны в целом, очень хорошо понимая свое место по отношению к другим сословиям и не пытаясь сыграть в какую-то игру общедемократическую. Я, может быть, не очень хорошо излагаю. Но мысль интересная, в ней что-то есть...

А. К.: Гайдар был, безусловно, очень смелым человеком. Мы, когда втроем разговаривали с Геной, выяснили, что, может быть, не полностью, но частично его смелость объясняется тем, что он не очень дорожил жизнью. Можешь на эту тему что-то сказать?

А. Ч.: Я знаю семейную историю Егора, идущую от отца[62]. Загадочная история, описываемая формулой «отсутствия гена страха», которое, по мнению Егора, передалась его дочке Маше. Помните, как Маша под мостом висела?

А. К.: Ну да.

А. Ч.: Именно этим Егор и объяснял мне ее поступок: страха нет, он отсутствует. Он о себе никогда так не говорил, но вот про Машу рассказал. Он мне описал всю их генеалогическую цепочку.

А. К.: Понимаешь, то, что можно назвать смелостью, — это преодоление страха. Но какая же это смелость, если не дорожишь жизнью?

А. Ч.: Может быть, это почти то же самое — отсутствие страха смерти и отсутствие ценности под названием жизнь?

А. К.: Это разные вещи. Смелость — это умение преодолеть страх, а когда его нет, когда ты не дорожишь этой жизнью?

А. Ч.: Наверное, ты прав.

А. К.: Его смерть — доказательство того, что он не очень жизнью дорожил.

А. Ч.: Не знаю. Я помню поведение Егора в 1993-м у Моссовета...

А. К.: Я хорошо себе представляю, как он бы взял автомат. Стрелял бы мимо, не умея этого делать...

А. Ч.: Во время осетино-ингушского конфликта, когда Егор приехал к одной из сторон на переговоры, те выложили крыльцо трупами с вскрытыми почему-то позвоночниками, не знаю почему. Видимо, хотели напугать. А Егор вышел с переговоров... и пошел, пошел, пошел... Я помню его всю ночь с 3 на 4 октября 1993 года, когда жизнь действительно висела на волоске... Абсолютная интеллектуальная концентрация, интенсивная работа мысли. Очень жесткие и при этом технологичные действия. И свои собственные, и отдаваемые другим команды... И при всем этом ни миллиметра страха.

А. К.: Но вот Петя высказал очень интересную мысль, что в глазах большинства населения Егор олицетворяет насилие. И два этих эпизода с автоматами создают какое-то такое ощущение...

А. Ч.: При всей кажущейся мягкости он был достаточно жесткий человек. Но без этой жесткости браться за управление Россией недопустимо.

А. К.: Мне кажется, он и сам не дорожил жизнью и был уверен, что люди притворяются, что ею дорожат...

А. Ч.: Нет, скорее он рассуждал больше именно как аристократ. У него есть миссия, и он включается. Стране надо, значит, нужно делать так. Ведь именно выход к Моссовету — одно из главных событий той ночи, предотвративших настоящую большую кровь в России. И он сам пришел туда первым!

А. К.: В шереметовском фильме, который ко дню рождения Егора показали, мне больше всего нравится интервью с Хасбулатовым, когда он несколько раз повторил одну и ту же фразу: «Я не знал, что Гайдар такой жестокий человек».

П. А.: Мы все были тогда дети наполовину.

А. Ч.: Ну, к 1993 году мы уже детьми не были, но страну все равно не знали.

А. К.: Ее и сейчас никто не знает. Захочешь — не узнаешь.

А. Ч.: Ладно, ребята. Спасибо вам.

Александр Шохин: *«Мы взяли столько власти, сколько было возможно»*

Александр Шохин — самый старший по возрасту член команды Гайдара. С виду типичный «ботан» — прежде всего из-за сильнейших очков (один глаз –18, другой и того хуже). Однако это впечатление крайне обманчиво. Шохин всегда был наиболее «земным», трезвым и в хорошем смысле этого слова «ушлым» из нас. Может быть, благодаря происхождению: мы все вышли из столичной интеллигенции (московской и питерской), один Саша провел детские годы сначала в архангельском селе, а позже в бараке в подмосковной Капотне с мамой-учительницей, воспитывавшей его и брата.

Он сделал фантастическую карьеру в СССР. В неполные сорок — доктор наук, советник члена Политбюро (!), без пяти минут директор академического института. Тем, кто не помнит, трудно даже объяснить, что все это значило.

И это не только ввиду редкой жизненной хватки. В отличие от ряда наших коллег Шохин действительно был крупным ученым-экономистом. Вдумчивым, писавшим оригинальные тексты. Способным на неожиданные и парадоксальные выводы.

И одновременно он блестящий бюрократ. Тщательный до занудства. Очень работоспособный и ответственный. Лояльный к начальству, что бы кто о нем ни думал. (В отличие, скажем, от Чубайса Шохин никогда свое начальство не идеализировал.) В этом основная причина его долгого выживания во власти.

При этом, несмотря на избыточный, по мнению недоброжелателей, конформизм, у Шохина всегда были безусловные принципы и прочный внутренний стержень. Достаточно вспомнить истории с его неожиданными отставками из правительств Черномырдина в 1994-м и Примакова в 1998 году.

Еще у Шохина необычное, по-моему, сочетание серьезных амбиций и уверенности в себе с излишней осторожностью и недостаточной (на мой субъективный взгляд) готовностью к риску. Быть может, это следствие биографии, быть может — обостренной ответственности за семью. Мне же лично кажется, что одна из причин — совсем слабое зрение: любая внутренняя проблема отнимает силы, необходимые для борьбы с внешним миром, и неосознанно подталкивает к экономии этих сил. (Так сужают свой мир и берегут силы старики.) Саша как минимум дважды не решался рискнуть там, где мог бы. Первый раз в 1991 году, не попытавшись даже бороться за пост экономического лидера, хотя оснований для этого у него было не меньше, чем у Гайдара. Второй — отказавшись, несмотря на мои уговоры, в начале 90-х уйти из правительства в бизнес.

С излишней осторожностью связано и особо внимательное отношение Шохина к людям, их поведению и разговорам. Для него история — не борьба социальных сил, не «смена общественно-экономических формаций» (в чем он тоже отлично разбирается), а конкретные люди, их желания, поступки, отношения, предательство, редкие подвиги. Поэтому его интервью крайне интересно тем, кто лично знает упоминаемых лиц, и куда меньше — широкой публике. Впрочем, я уверен, оно будет интересно историкам: что бы ни доказывал исторический материализм, личные качества участников событий, их отношения между собой не последний фактор исторического процесса.

Интервью у Шохина брать легко. Он уверен в себе и поэтому откровенен, не боится ошибиться и кого-то задеть. А учитывая его исключительно трезвую оценку людей и обстоятельств, рассказал он нам много интересного и неожиданного. Правда, многое и не рассказал.

Шохин, одним словом, большой человек. Очень умный. Поэтому говорить с ним было приятно.

Петр Авен

Петр Авен (П. А.): Существует точка зрения, что ты мог встать во главе всей экономической команды. Ты у нас самый взрослый. Ты единственный из всех занимал серьезный государственный пост. Был советником министра иностранных дел.

Александр Шохин (А. Ш.): При чем здесь советник? Я уже был министром в силаевском правительстве!

П. А.: Тем более.

А. Ш.: 19 августа я дал согласие войти в состав российского правительства. До этого мне предлагалось получить место в кабинете Силаева от партии российских социал-демократов в обмен на членство в этой партии. Меня это никак не устраивало, впрочем, как не устраивало и место министра труда во «второстепенном» республиканском правительстве. По сути дела, я подтвердил идею Гриши Явлинского, тогда настоящая работа была только в союзном кабинете...

П. А.: По Явлинскому того времени, я думаю, Саша самый лучший эксперт. Поспрашиваем...

А. Ш.: Явлинский меня за год до этого звал в российское правительство. Министром труда. И я отказался по этой самой причине: я не очень понимал, что делать в правительстве РСФСР, притом что все основные решения принимаются на союзном уровне. И поэтому, только когда после путча сформировалась команда «дачи № 15», возникли варианты...

Инициатива найти альтернативную команду принадлежала, естественно, Геннадию Бурбулису как госсекретарю. Ему, во-первых, хотелось иметь свое видение реформ и свою команду, коей у него в экономической области не было, и противостоять таким тяжеловесам, как Скоков и Лобов. И, во-вторых, иметь не менее реформаторское видение ситуации, нежели у команды Явлинского. Поэтому он легко согласился с кадровыми предложениями Алексея Головкова, который состав этой команды, по сути дела, и сформировал, и Гайдара, как говорится, за руку привел... Гайдар был тогда свободным игроком, в отличие от меня. Я, в августе 1991 года став членом правительства, был уже внутри системы, а Гайдар оставался независимым экспертом и, как директор Института экономической политики Академии народного хозяйства, идеально подходил для задачи написания альтернативной программы реформ. Также важно было то, что он мог быстро сформировать дееспособную команду из своих коллег и товарищей.

Альфред Кох (А. К.): Альтернативную чему, я хочу понять?..

Сколько было программ

А. Ш.: На самом деле писалось еще две программы. Во-первых, Явлинский не оставлял надежд...

А.К.: Но он писал по собственной инициативе?

А.Ш.: Думаю, да. Кроме того, Явлинский ни в коем случае не хотел себя связывать с Российской Федерацией. Он хотел быть «экономическим царем» Советского Союза. И в этой связи ему нужна была программа...

А.К.: Вот почему Бурбулис не опирался на Явлинского. Явлинский сам не хотел, чтобы на него опирался Бурбулис!

А.Ш.: Потому что для Явлинского республиканский уровень был резким ограничением его представлений о своей роли в истории. Он считал, что Горбачев удержит Союз.

А.К.: То есть тезис о том, что, прежде чем «сделать предложение, от которого нельзя отказаться» Гайдару, Бурбулис приглашал Явлинского и предлагал это ему, — этого не может быть, потому что этого не может быть никогда? Гена наотрез отказывается от того, что он делал какие-то предложения Явлинскому...

А.Ш.: Такой разговор мог быть, но я думаю, что Явлинский его мог грубо послать с этими заморочками на республиканском уровне...

П.А.: Если он и был, то был абсолютно формальным, больше для очистки совести.

А.Ш.: Для очистки совести — раз, и, во-вторых, Бурбулису надо было как-то объяснить Ельцину, почему неизвестная Ельцину команда занимается всем этим. А тут хорошее обоснование: потому что Явлинский чихать хотел на нас как на Российскую Федерацию, он выстраивает свою систему с прицелом на союзное правительство. Это было еще и потому хорошим обоснованием, что было чистой правдой...

Вообще, после августовского путча многие известные люди вернулись к Горбачеву. Например, в середине ноября 1991 года Шеварднадзе вернулся на пост министра внешних сношений. К нему первым замом по внешнеэкономическим вопросам в ранге министра пошел Владиславлев[63]. Это, кстати, нам потом позволило эту форму использовать: Петр Олегович на первых порах возглавил в объединенном Министерстве иностранных дел комитет по внешнеэкономическим вопросам.

А.К.: Как ты думаешь, может вера Явлинского в незыблемость союзных институтов быть связана с тем, что он все-таки не россиянин? Родился на Украине и т.д. Может, поэтому он не мог представить себя лидером сидящего в Москве правительства?

А. Ш.: У меня тоже было ощущение, что он потому видит себя лидером союзного правительства, что у него сложная оказалась история жизни. Родился во Львове, учился там в школе, карьеру экономиста и политика делал в Москве.

А. К.: Я о существовании Явлинского узнал из телевизора, когда его на российском съезде народных депутатов в 1990 году назначили вице-премьером к Силаеву по экономике и по реформе. Но я сидел в Ленинграде. А вот вы сидели и работали в Москве. Вот в тех кругах молодых ученых — экономистов, социологов и т. д., в которых мы все крутились во второй половине 80-х, — существовал Явлинский как ученый?

А. Ш.: На самом деле Гриша, когда работал в НИИ труда, где я с ним и познакомился, написал достаточно революционный доклад.

П. А.: Какой это был год?

А. Ш.: 1982-й. С демонстрацией того, что постановлениями «об очередных мерах по совершенствованию...» не обойтись. И привел достаточно серьезные для того времени суждения, что нужна коренная перестройка системы управления экономикой. Гриша даже считал, что именно тогда его принудительно лечить начали, причем нашли диагноз не ментальный, как это было принято, а такой чисто физиологический, что у него с легкими не все в порядке, что надо интенсивную терапию делать или даже операцию...

А. К.: Это врачи ему сказали?

А. Ш.: У нас врачи по такого рода случаям, как говорится, работали в тесной связке с Лубянкой. Не стоило больших трудов поставить «правильный» диагноз, особенно когда никакого диагноза не было... Когда Абалкин стал главным реформатором союзного правительства, он пригласил Явлинского на должность начальника отдела комиссии по экономическим реформам. Начальниками отделов тогда были Ясин, Меликьян[64]... Замом комиссии был Щербаков[65]. Я тоже с Абалкиным долго беседовал, он приглашал меня на работу.

А. К.: А тебя Абалкин кем звал?

А. Ш.: Начальником отдела, таким же, как Явлинский, Ясин и Меликьян. Это был 1989 год, по-моему. Я его спросил: «Какие полномочия, Леонид Иванович, какой у вас заказ?» И он мне ответил, что если мы напишем хорошую программу, то будем убеждать своих коллег по правительству в необходимости ее реализации. Тогда, глядишь, они и начнут делать то, что надо. Мне эта схема показалась не очень убедительной: фактически от политического руководства нет заказа на конкретную реформу, а есть обособленный вице-премьер, который пишет программу с толковыми экспертами, и все это — в никуда. Вот тогда Гриша и стал заметно расти... Комиссия Абалкина играла ключевую роль в написании программы. Гриша был ярким, блестящим разработчиком, в том числе «500 дней». Ясин был в восторге от него...

П. А.: Да, Ясин его обожал.

А. Ш.: Первый раз мы с Явлинским разошлись, когда он стал вице-премьером российского правительства, а я отказался присоединиться к его команде в качестве министра труда... По моему мнению, Гриша не политик, потому что политика — это всегда борьба за власть. А Гриша активным борцом за власть не был. У него в голове была некая идеальная конструкция, которая, как ему казалось, должна сработать: он хотел продвигать свои идеи, не учитывая практическую реальность, не учитывая грубую правду о технологии прихода к власти. Именно поэтому он всегда эту власть проигрывал.

А. К.: Не поэтому. Мне кажется, что в действительности он власти не хотел.

А. Ш.: Ничего подобного. Власти он хотел. Но он хотел ее получить, показав: вот смотрите, ребята, какая красивая программа! Неужели вы не дадите мне власть? И позже, когда он вступил в борьбу за власть, даже и тогда, когда его могли выдвинуть единым кандидатом от оппозиции, он отказывался блокироваться с другими политическими силами и людьми, пусть даже и лично ему приятными, потому что нарушалась «чистота» его конструкции. Когда были выборы президента в 1996 году, я с ним подробно обсуждал электоральные схемы. Я говорил: «Гриша, ты в состоянии быть третьим по количеству голосов. Для этого надо объединяться с другими. Надо, чтобы тебя поддержали все либеральные и демократические силы. Твоя задача — стать №3, на большее претендовать ты не можешь. Если вторым приходит Зюганов, ты получишь процентов 15, которые реально есть в этом сегменте электората. С таким результатом у тебя появляется право претендовать на премьерство. Но для этого тебе во втором туре нужно призвать своих избирателей проголосовать за Ельцина». Он отказался. Он считал, что любые компромиссы такого рода снижают его возможности по реализации собственной программы.

Воспоминания о кандидатах

А. Ш.: Ну ладно, мы отвлеклись. Вернемся к командам. Была еще команда Жени Сабурова, в которой были из известных людей Матеров[66] и Лопухин. Сабуров в один день вместе со мной пришел в правительство Силаева. Я был министром труда назначен в августе 1991 года, а он с позиции заместителя министра образования стал министром экономики. Они сели писать программу для правительства Силаева. Но поскольку Силаев был назначен на союзный комитет оперативного управления народным хозяйством (затем МЭК), у них заказчик стал как бы «рассасываться»... У них адресат вроде как был, а вроде как и нет. Где-то в сентябре Ельцин, обидевшись на Силаева (может, за то, что тот сидит на двух стульях и непонятно, на каком большая часть его тела помещается), отправил его на постоянную работу в этот комитет и назначил Лобова исполняющим обязанности председателя правительства.

Это «сказка» была работать в том правительстве. И у Силаева, как крепкого хозяйственника из «красных директоров», и у Лобова, когда заседания правительства вообще были посвящены темам типа «заготовка веточного корма» и другим похожим оперативным вопросам...

А. К.: Корова все равно не будет есть хвою, и лошадь не будет. Сдохнет, а не будет. Хоть сто лет заседай. А где, кстати, сейчас Лобов? Один из отцов-зачинателей первой чеченской войны? Он же, насколько я помню, в 1994-м был секретарем Совета безопасности РФ?

А. Ш.: У него какая-то международная организация, которая сидела на Петровке, в здании напротив «Мариотт Авроры». Сейчас там сидит Генпрокуратура...

П. А.: Ему все равно, он пенсионер.

А. Ш.: Но тогда, осенью 1991-го, он сильно рассчитывал на пост премьера, поскольку исполнял обязанности, а второй кандидат был Скоков. Вообще, задача Бурбулиса состояла не только в том, чтобы найти команду ребят, которые хорошую программу напишут, но нужна была команда ребят, которые перебьют Скокова и Лобова в их претензиях на руководство правительством. Ему под программу нужны были люди, которые могут войти в правительство. Формально к этой, гайдаровской, программе из действующих членов кабинета отношение имел только я. Как говорится, не только по должности, но и по реальной принадлежности. Единственный, кто был министром. Я заходил на 15-ю дачу в Архангельском с утра и вечером после работы...

А. К.: С Бурбулисом ты там познакомился?

А. Ш.: Бурбулис меня на работу нанимал министром труда вместе с Силаевым. Я с ним познакомился после выборов президента 12 июня 1991 года. Буквально в течение недели после выборов я уже сидел у него в кабинете, и он меня водил к Силаеву. Тогда Силаев меня спросил: «Ты что, не член Социал-демократической партии и министром труда стать хочешь?» Я говорю: «Да я не очень хочу, это они хотят».

Формально я действительно был единственным членом правительства в гайдаровской команде. И первый раз мысль о том, что я могу возглавить экономический блок правительства, мне заронил Полторанин, который заходил на 15-ю дачу. Он интересовался, что там делается. Спрашивал меня: «Что за народ там?» У него рядом дача была. Говорил: «Ну что, Гайдар-то на пост министра финансов потянет?» Я ему: «Он и выше потянет...»

П. А.: А кандидатуры уже были? Всем в тот момент, наверное, казалось, что Бурбулис кандидатуры министров как будто из рукава достает...

А. Ш.: В-том то и дело, что кандидатур не было. Мне Полторанин говорит: «У меня предложение. Давай правительство на две части поделим. Экономический блок — твой, а политический — мой. Два первых вице-премьера». Я спрашиваю: «А кто премьер?» «Это, — говорит, — мы потом решим кто». Начал перебирать: «Гайдара — министром финансов. Есть там еще ребята подходящие?» Я ему: «Да сколько хочешь!» Он вообще мне предлагал двигать кого хочу на любые посты в экономическом блоке, но у него было единственное условие: чтобы Бурбулиса там духу не было.

П. А.: Как они все (ельцинские) не любили Бурбулиса!

А. Ш.: Он говорил: «Я буду вести политический блок, а ты — экономический, и если ты согласен, то я начну работать над этим проектом». Я сразу решил, что это предложение было в определенном смысле провокационным: дискредитировать меня перед командой 15-й дачи и попытаться изолировать Геннадия. Я решил: ни в коем случае ни на что не буду претендовать, иначе могу в какой-то темной политической интриге оказаться.

В конечном итоге при всем при том, что Ельцин все-таки назначил Егора на этот блок, полторанинская схема устройства правительства так или иначе была реализована. Правительство все равно делили на две части. До средств массовой информации нас не допустили, не говоря уже о более серьезных политических вещах...

Кстати, тогда же была реализована еще одна «гениальная» идея, чтобы перебить Лобова и Скокова и всяких полтораниных: уговорить Бориса Николаевича (а тогда конституция это позволяла) некоторое время поисполнять обязанности председателя правительства. Это было наше предложение. Он долго не понимал, зачем ему это нужно, чутье ему подсказывало, что это неправильно: так есть правительство, на которое можно все свалить в случае чего, а так он и президент, и премьер — отвечает за все!

С нашей стороны аргумент был такой: поскольку V съезд дал ему чрезвычайные полномочия в течение года издавать указы, имеющие силу закона в экономической области, то логично, если он будет указы издавать по сути дела и как постановления правительства, чтобы никакого зазора не было между ним и правительством. Отсюда, кстати, потом появились репетиционные заседания правительства по вторникам, где мы ругались и искали решения. То есть идея была такая: в четверг, на официальные заседания правительства, на суд Ельцина разногласий не выносить, докладывать то, о чем мы договорились.

А. К.: С кем наибольшие конфликты были? По какой линии? Внутри команды же не было конфликтов, как я понимаю?

А. Ш.: Первые указы от 15 ноября были экономические: о свободе внешней торговли, о либерализации в целом. Они были неким таким толчком, который сформировал идеологию правительства в целом...

А. К.: Они не вызвали большой полемики?

А. Ш.: Полемики не было, кроме одного пункта. Тогда под камеры выступил Гайдар по экономической части, выступил я по социальной части, и после этого Борис Николаевич в камеры говорит: «Ну, может быть, у членов правительства есть какие-нибудь дополнения, предложения?» А Гайдар был уже наготове: «Борис Николаевич, мы хотели бы сделать заявление. Период реформ — тяжелое время, поэтому мы, члены правительства, утвержденного вами, отказываемся от всех привилегий: квартир, дач, распределителей, пока лучше не станет жить нашим гражданам». Борис Николаевич оглядывает зал: «Во орлы какие у меня». И вдруг Андрей Козырев спрашивает: «Борис Николаевич, а вопрос можно?» «Можно», — считая, что сейчас пафос будет еще более усилен. «А вот мы, — говорит, — съезжаемся с мамой, меняем трехкомнатную и двухкомнатную квартиры на пятикомнатную. Вот это можно сделать? Это не будет противоречить заявлению Гайдара?» Борис Николаевич просто поперхнулся: «Можно, можно» — давая понять, что заявление заявлением, а бизнес бизнесом... Козырев сбил весь пафос этой части.

П. А.: Он не был членом нашей команды, он же был и до этого министром. Одним из первых...

А. Ш.: На самом деле сама процедура формирования кабинета позволяла говорить о командной технологии. В «оргкомитет» по формированию правительства вошли: Ельцин — председатель, Бурбулис — заместитель председателя и три члена оргкомитета: Гайдар, Шохин и Шахрай. Мы сидели у Ельцина в Кремле и обсуждали особо важные проекты указов, он задавал какие-то вопросы и зачастую получал на них совершенно простые ответы, подписывал указы по назначению членов кабинета без особых проволочек.

У нас была куча проектов указов, в том числе подготовленных на 15-й даче. Ельцин говорит так: «Прежде чем вы мне дадите свои проекты, я хотел бы обсудить с вами один кадровый вопрос. Есть один такой человек замечательный, Гавриил Харитонович Попов. Он хочет получить пост министра внешних сношений РСФСР (по схеме Шеварднадзе с курированием внешней экономической деятельности). Как вы относитесь к этой идее?» Мы с Гайдаром хором говорим: «Вы знаете, Борис Николаевич, Гавриил Харитонович наш профессор, наш учитель, декан. Но он не член нашей команды. Если вы хотите посвятить половину своего времени разбирательствам того, что думают разные части вашей команды, то нам возражать нечего, это ваше право». Борис Николаевич говорит: «Да нет, это не к тому, что я настаиваю на Попове, просто такая идея родилась, я хотел узнать ваше мнение». Тут мы поняли, что «пруха поперла». Если мы «отбили» Гавриила Харитоновича так быстро (Борис Николаевич сказал, что он просто хотел прозондировать наше мнение), то, значит, к нашему мнению он прислушивается и, более того, видимо, Бурбулис его убедил в том, что команда, написавшая программу, и должна ее реализовывать, и он с этим согласился.

Дальнейшее формирование кабинета было делом техники. Нам нужны были кандидаты, которые бы соответствовали по профессиональному уровню министерским позициям, могли бы работать как менеджеры и публично отстаивать свои позиции, прежде всего в Верховном Совете...

А. К.: Но изначально команда не претендовала на власть?

А. Ш.: Я помню хорошо подход, который мы использовали для «захвата» командных высот, которые надо занять. Решали, например: ни в коем случае не делать отдельно Министерство финансов и Министерство экономики. Почему? Потому что на пост министра финансов Гайдар может пойти, это как бы уже сложилось, а на месте министра экономики может оказаться, условно говоря, «красный директор», и тогда конфронтация неизбежна. Поэтому мы объединили Министерство экономики и финансов и минимизировали потенциальные конфликты.

Другой пример: я был министром труда, но был еще Госкомитет по занятости. Слили Министерство труда и занятости и Госкомитет, создав при министерстве Комитет по занятости. Таким образом, вообще-то, была и административная реформа одновременно проведена, чтобы не было конкурирующих структур, которые имели бы право на одни и те же темы высказывать различные точки зрения.

Мы с Лешей Головковым много времени посвятили этой структурной реформе. Идея была уменьшить правительство, сделать его более компактным, имея в виду в том числе и то обстоятельство, что у нас есть ограниченное число людей, которых можно было продвинуть на ключевые посты. Во-первых, объединенные министерствами самостоятельные госкомитеты и другие ведомства превратились в комитеты при министерствах, а их руководители стали занимать должности заместителей министров. Во-вторых, мы привлекали «буржуазных», вернее, советских спецов, которые, будучи наняты нами (тот же Анисимов из Госснаба), были бы на нашей стороне. Это была демонстрация того, что правительство — вполне понятное Верховному Совету: назначая на второстепенные посты людей, которые их и так занимали либо были первыми замами, мы демонстрировали лояльность системе.

То есть нельзя сказать, что мы не боролись за власть. Мы ее взяли столько, сколько в тот момент было возможно. Взять всю власть тогда было за пределами реальности. В результате сложилась ситуация, которая позволила взять ответственность за социально-экономическую политику (сколько было возможно), в том числе благодаря административной реформе — я считаю, самой удачной из всех последующих административных реформ...

П. А.: Ты рассказываешь о тактике, а общее настроение состояло в том, чтобы получить только экономические рычаги.

А. Ш.: Да, хотя бы экономические рычаги.

А. К.: То есть и речи не было о том, чтобы получить контроль над СМИ, политическими ведомствами?

А. Ш.: Нет, это было нереально. Даже мысли не было о том, что на политику тоже надо замахиваться.

Правительство камикадзе

П. А.: Как ты думаешь, почему мы вели себя так скромно? Или, наоборот, нескромно? Не уделяли большого внимания вопросам власти? Не придавали значения этому?

А. Ш.: Я думаю, одна из причин была в настрое этого правительства. Мы ведь убеждали не только себя, но и в том числе Бурбулиса и Ельцина, что мы пришли разгребать авгиевы конюшни и делать непопулярную черную работу. Эту работу за нас никто не сделает, потому что за нее никто по головке не гладит и нас вып...ят из этого правительства через год максимум, а то и к весне.

П. А.: Судя по дальнейшей политической карьере Чубайса или твоей, это было...

А. Ш.: На самом деле считалось, что мы — правительство камикадзе. Мы полагали, что Гриша Явлинский и Женя Сабуров никогда не согласятся на то, чтобы сделать черновую работу типа либерализации цен и уйти.

А. К.: Под улюлюканье толпы...

А. Ш.: Да. Вот мы такие. Мы-то дело пришли делать, нам политические посты не нужны. Ты, Шохин, социальный блок возглавляешь, наверное, ты первый вылетишь. Социальные последствия — они сразу скажутся. И действительно...

П. А.: «Да, я первым вылечу», — отвечал Шохин.

А. Ш.: Хрен тебе. Я хитрый...

А. К.: Фарисейство, позы. Вряд ли обычному человеку вообще нравится мессианская функция, потому что в конце ее — крест.

П. А.: Алик, я на самом деле не думаю, что мы были готовы на Голгофу крест тащить, я думаю, что по зрелом размышлении это был прием, прием захвата власти: мы идем временно, ребята, не волнуйтесь. Вы вернетесь, мы только сейчас разгребем немного конюшни, и вы все в белом придете и нас либо в трюм скинете, либо за борт. И на самом деле в это многие поверили!

А. Ш.: Включая самих членов команды.

П. А.: Сами члены команды первыми и поверили... Некоторые, не все...

А. Ш.: Ладно, Петь, это ты сейчас такой умный. Как будто ты 20 лет назад был такой же, как сейчас, опытный и циничный... Может быть, в глубине души никто в это мессианство и не верил... Но политика была для нас занятием новым. Не было ощущения, что в политику надо идти всерьез и надолго. Казалось, в нее можно сходить, а потом уйти... Со многими, кстати, так и случилось.

П. А.: Лукавство.

А. Ш.: Сходить в политику?

П. А.: Я о камикадзе.

А. Ш.: Могу точно сказать, что ситуация изменилась, когда мы весной 1992 года подавали в отставку на съезде, когда нас обидел Хасбулатов...

П. А.: Подробнее этот эпизод рассмотрим...

А. Ш.: Посмотрите подробно хронику этого события, когда Бурбулис дает команду, все встают и уходят. Замедленную съемку если сделаете, то увидите, что сразу после слов Хасбулатова я начинаю собирать портфель. У меня бумаг было много. После этого Гена дает команду. Я к тому времени уже собрал портфель...

П. А.: Ты просто начал собирать портфель, это не связано с хамством Хасбулатова.

А. Ш.: Нет, связано, потому что подумал: будет какое-то хамло нас костерить! Так вот, когда мы весной 1992-го подавали в отставку — это уже другая ситуация... В ноябре 1991 года мы были уверены, что мы правительство камикадзе. А уже в апреле 1992-го, когда мы дружно подавали в отставку, в реальности никто не хотел уходить. Единственный человек, который все серьезно воспринимал, — покойный Титкин[67]: «Ребят, нет, я в отставку не собираюсь». Никто не собирался в отставку! Это был механизм политического давления на съезд, а он единственный, кто испугался.

П. А.: Когда я написал заявление... В конце 1992 года...

А. К.: Я помню, ты мне рассказывал о том, что вы сговорились все вместе написать заявления и с этим решением разъехались по домам. А когда ты написал заявление, то выяснилось, что ты был единственным...

П. А.: Писать никто не хотел. Более того, я Сашу уговаривал вместе со мной идти в бизнес...

А. Ш.: Я дурак, конечно. Как я себе теперь кусаю локти!

П. А.: Я, кстати, написал заявление не потому, что мы договорились. Я просто посчитал, что с меня хватит. К тому же все равно Черномырдин меня уволит.

А. Ш.: А я до сих пор все мечтаю уйти в бизнес и начать зарабатывать деньги... Но я хочу зафиксировать, что, когда мы весной 1992-го подавали в отставку, только один человек поверил, что это серьезно.

А. К.: И испугался.

А. Ш.: И испугался. Остальные считали, что это хитрый ход, мощный фактор давления, никуда депутаты не денутся...

П. А.: Так и оказалось на самом деле.

А. Ш.: Мы уже действительно стали обладать реальными какими-то рычагами управления, и не только экономикой. Это во-первых.

П. А.: И понимать, как это работает.

А. Ш.: Да, как работает. Во-вторых, Ельцин еще имел чрезвычайные полномочия, он еще полгода имел право принимать указы, имеющие силу закона. Глупо было не воспользоваться этой ситуацией и не идти дальше, пока еще было возможно.

А. К.: Бурбулис говорит, его сильно удивило то, что вы оказались способны на такой смелый шаг, как коллективная отставка. И Ельцин, кстати, тоже сильно удивился. И даже был в некотором замешательстве.

А. Ш.: Ход сильно удивил его, но в то же время он ему понравился. У меня такое впечатление сложилось, что он понял, что ребята-то его менталитета, что они не какие-то там академические ученые, очкарики, что они в состоянии на серьезные политические действия...

П. А.: На поступок.

А. Ш.: Да. Могут договариваться, что они и продемонстрировали. Я думаю, что сначала Ельцину это понравилось. Ведь он на съезде сам был в шатком положении. Насколько я помню, он едва не начал каяться и просить прощения... Он очень некомфортно себя чувствовал, а наш поступок ему помог восстановить равновесие и мобилизоваться. Ему всегда нужны были какие-то факторы мобилизации, и наша отставка его отмобилизовала, и он съезд завершил почти победителем. Систему разменов он начал применять после съезда.

Помню, встречаюсь с Ельциным. Я говорю: «Борис Николаевич, съезд собрал 400 голосов за мою отставку. Реформы хорошие, только последствия плохие, поэтому социального вице в отставку. Я не буду объяснять причинно-следственные связи, но не советую меня сдавать просто так. Надо, если любого члена команды отправлять в отставку, обставлять дело так, чтобы выигрыш был, а не уступка». Поговорили, я ушел, потом Бурбулис заходит к нему. Дальше со слов Бурбулиса. Сидит Борис Николаевич набычившись. «Шохин приходил, сказал: "Сдать хотите — не советую". Что бы это значило?» В итоге он освободил меня от должности вице-премьера по социальным вопросам и министра труда и назначил вице-премьером по делам СНГ и внешней экономической деятельности. То есть понял так, что я хлопотал за себя. На самом деле у меня был ему совет, что нельзя сдавать ни одного из членов команды, не получая взамен что-то.

А. К.: Получается, что он сам себе тебя сдал, а потом сам себе уступил.

А. Ш.: Представляю себе, как он был шокирован, что я пришел и буквально ставлю ему ультиматум: сдавать меня нельзя, а то хуже будет. И он, ошалев от моей выходки, решил в итоге меня не только оставить, но и дать мне менее уязвимую позицию...

П. А.: Могли мы этот успех с коллективной отставкой развивать? Попытаться получить от Ельцина или от съезда больше полномочий?

А. Ш.: Здесь начинаются вещи более сложные. Напомню первоначальный твой вопрос: надо ли говорить правду либо сохранять лояльность друг к другу? Выбираем первое. До апреля у нас была достаточно ясная, черно-белая картина мира, а с конца апреля начинаются нюансы.

П. А.: С мая, со сдачи Лопухина.

А. Ш.: Причем Лопухина-то тоже как сдали! Я помню, в Кремле совещание по ТЭКу начинается. Все сидят, Лопухин должен делать доклад. Входит Ельцин, за ним Черномырдин, садятся. Ельцин говорит: «Я подписал указ. Егор Тимурович, делайте доклад». И понятно, какой указ он подписал.

П. А.: Он сказал: «Подписал указ о снятии министра». И замолчал. Потом добавил: «Лопухина».

А. Ш.: Егор зачитал доклад, который успел ему сунуть Лопухин. В принципе это было давление мощное тэковцев, которых бесило: что за министра нам поставили?

А. К.: А в чем суть претензии? Он что, мешал сильно?

А. Ш.: В реальности, я думаю, он им вообще не мешал, но тэковское лобби было самым сильным, и они хотели своего человека.

А. К.: Свой-то свой, но свой чтобы что? Чтобы снижал пошлины?

А. Ш.: С которым можно было разговаривать и объясняться по-свойски, а этот Лопухин... Наше правительство было группой технократов тире академических ученых. И в этой связи, когда аргумент, с одной стороны, производственный, а с другой — общетеоретический, это раздражает, естественно, нефтяных генералов. И я думаю, Лопухин бесил их своими манерами.

Вообще, было несколько человек, которые раздражали. Лопухин раздражал, Авен раздражал, я раздражал. Лопухин раздражал менторской манерой. Он же с самого начала продемонстрировал им, что он большой знаток всего этого нефтяного дела, энергетики...

А. К.: Он такой типичный отличник, «ботан»...

А. Ш.: Он отличник, плюс он пришел из элитной московской семьи. У него папа директор института ГКНТ, занимавшегося промышленным шпионажем. Он со всеми академиками с детства знаком. Дядя Ленина регулярно бальзамирует, заведующий лабораторией по сохранению тела. И вот гениальный мальчик из хорошей семьи пришел работать министром и всех стал поучать. Я так понимаю, что у генералов появилось желание его убрать не из-за того, что они не согласны были с ним, а из-за манеры общения.

Про Петю могу сказать. Петя всегда говорил очень быстро. Борис Николаевич не всегда улавливал, не всегда догонял. И когда Петя меня спрашивал: «Что-то Борис Николаевич меня не любит». Я ему отвечал: «Да он с тобой просто в разной амплитуде. Он тебя действительно не догоняет просто». Меня он не любил, потому что у меня были толстые стекла очков. Тогда они были еще толстые в силу отсталых технологий. Ему из-за этого тоже непонятно было, чего у меня на уме... То есть много психологизмов было.

П. А.: Я понимаю, о чем ты. Я с ним в поездки ездил. Все пили, а я в то время пил мало. Ему было некомфортно бухать в моей компании. Он больше любил Гайдара брать в поездки. Очень понятно. Мне ребят из банка кого-то хочется за стол посадить, а кого-то не хочется. Возраст имеет значение, имеют значение общие ценности, отношение к выпивке...

А. Ш.: То же самое с Лопухиным. Но сдача Лопухина, я считаю, еще не была поворотным пунктом. Как ни смешно, но поворотным пунктом было понижение буковки у Гены Бурбулиса — он был «Госсекретарь» с большой буквы, а стал «госсекретарь» с маленькой. Это случилось перед Лопухиным, по срокам — в мае.

А. К.: Кто это придумал?

А. Ш.: Хасбулатов. Его посыл был такой: нет такой конституционной должности «Госсекретарь», и предложил писать его с маленькой буквы. Это был уже сигнал, что Ельцин пошел явно на уступку. Ну, раз ты придумал своему верному соратнику должность «Госсекретарь», так не давай его в обиду. Лучше б он ее вообще ликвидировал, а оставил бы Гене просто пост первого вице-премьера. И дальше пошло-поехало по нарастающей, в этом плане май был показательным. Правда, были и балансирующие шаги в июне. Гайдар стал исполняющим обязанности премьера.

Надо сказать, что во многом и назначение в марте, перед съездом, Гайдара первым вице-премьером (то есть вторым первым) было неким отступлением от изначальных принципов. Ведь из-за этого Бурбулис перестал быть единственным первым вице-премьером и своего рода «смотрящим» за правительством. То есть сначала была идея компактного правительства: первый вице-премьер и два обычных. Потом появились новые «вице» — Полторанин, Шахрай, Шумейко, Махарадзе[68], Хижа. Набежало народу очень много. Шумейко стал тоже первым вице-премьером. Во многом наша структура умерла, и нас стали просто на глазах разбавлять.

А. К.: А как Гена реагировал на то, что перестал быть единственным первым вице?

А. Ш.: На мой взгляд, спокойно. Он очень командный человек. Слепил из человека что-то значительное, если у него получается полететь выше, значит, это и его успех. Такая моральная конструкция...

Как только Гайдар стал и. о. премьера, он во многом поменялся. Он перестал быть «экономическим царем», он стал политиком. У него появилась цель, на мой взгляд, вполне оправданная: если реформатор может стать премьером, почему бы не стать? Здесь уже возможны уступки, размены, коалиции и т. д. Кстати, появление Геращенко на посту председателя Центрального банка — полностью инициатива Егора.

А. К.: Я не знал, что это Гайдар придумал. Я считал, что он не мешал этому назначению, а ты говоришь, что это была его инициатива!

А. Ш.: Это его выбор был. Было явно, что Верховный Совет сделает ставку на Геращенко. Ельцин был против. Я присутствовал как минимум на двух мероприятиях, где эта тема обсуждалась. Внуково, отлет Ельцина куда-то. Он в «веселом» настроении. Ему Гайдар дает проект письма о внесении кандидатуры Геращенко на пост председателя Центрального банка. Борис Николаевич: «Вы что, с ума сошли, что ли? У меня на него два тома компромата, а вы его хотите на ЦБ двинуть?» Потом встреча вице-премьеров, вице-спикеров Верховного Совета, Гайдара и Хасбулатова с президентом, по-моему, в Ново-Огареве. Сидим. Гайдару как-то неудобно снова Геращенко вносить. Он к Хиже, который в тот момент только был назначен. «Георгий Степанович, ну, как договаривались?» — я слышу, как Гайдар просит Хижу. Георгий Степанович говорит: «Борис Николаевич, вот мы тут в правительстве еще раз долго обсуждали и предлагаем вам подумать по поводу назначения Геращенко». Борис Николаевич: «Мы этот вопрос обсудили». А поскольку это в присутствии Хасбулатова, вице-спикеров, то момент был удачный. Все они загалдели: «А что, нормальный вариант, правительство хорошее предложение сделало». Гайдар сидел, как говорится, в стороне, но дирижировал этим он. Ему нужно было заручиться поддержкой депутатского руководства. Он начал готовиться к съезду, который утверждает премьера*...

Выборы премьера

А. К.: Поэтому нужно было разменивать пост председателя ЦБ и премьера?

А. Ш.: Я думаю, Егор исходил из этого. Но он не был тогда еще политиком. Он думал, что он сделает услугу, которая будет оценена. Но когда этот съезд случился, депутаты уже переварили эту услугу. Они уже о ней забыли. Борис Николаевич тоже готовился к этому съезду, где должны были утверждать премьера. Гену убрали из правительства, и Борис Николаевич играл уже свою игру...

А. К.: Борис Николаевич играл игру против Гайдара?

А. Ш.: Нет, но он играл уже другую игру. Ему нужно было любой ценой утвердить своего премьера. Когда мы обсуждали эту тему внутри команды, мы решили, что есть два варианта. Первый: сдать команду и Егора двинуть в премьеры, а потом уже решать, что дальше. Массовая сдача в обмен на пост премьера. И второй вариант: нанять технического

---

* VII съезд народных депутатов в декабре 1992 года.

премьера, а команду не сдавать. Егор сам выбрал второй вариант. Егору сказали: «Егор, выбирай любого кандидата». Мы съездили в Тольятти, посмотрели на Каданникова[69]. Я съездил в Париж, с Рыжовым[70] поговорил, который послом во Франции был. Говорю: «Юрий Алексеевич, вы нам сейчас нужны. Нужен премьер, который будет политическим щитом, пусть даже он ничего не понимает в экономике. Извините меня за грубость, но это вы». – «Не, ребят, мне и тут хорошо, в Париже». – «Ну, зря»...

А. К.: В итоге Егор решил, что Каданников?

П. А.: Он лукавил.

А. Ш.: Лукавил.

П. А.: Он, конечно, хотел остаться сам.

А. Ш.: Мне Каданников самому не нравился. Ну зачем «красного директора»? Пусть даже не очень «красного»... Мне идея с Рыжовым больше нравилась, чтобы была политическая фигура...

А. К.: Не нужен был прагматик, нужен был политик, демократ, либерал. А Каданников, конечно, прагматик.

А. Ш.: В ноябре различными фракциями уже стали выдвигаться кандидаты. Выяснилось, что среди кандидатов Гайдар, Черномырдин, Шумейко, Скоков, Каданников. Гайдар собрал вице-премьеров, которые были выдвинуты, то есть Шумейко и Черномырдина. Съезд уже шел. И говорит: «Ребята, если меня не утверждают, – рассказываю со слов Черномырдина, – то вы должны снять свои кандидатуры. Мы ж команда». На что Черномырдин (с его же слов) возразил: «Ну, если мы одна команда и один из нас может стать премьером, что ж нам отказываться тогда? Надо, наоборот, делать ставку на того, у кого больше голосов в первом туре, объединять голоса».

Егору идея не понравилась, тем более что Степаныч действительно был более проходной кандидат. Каданников в этом случае для Егора был лучше, потому что его предполагалось нанять (правда, как потом выяснилось, ему никто не сказал, что он нанимается командой реформаторов, он это понял, стоя на трибуне). В итоге схема Егора была жесткой. Борис Николаевич должен понять, что единственный «его» кандидат – это Гайдар. Если не Гайдар, то к едреной матери весь Верховный Совет и съезд нужно разогнать. Хотя у меня лично (да я уверен, не только у меня в нашей команде) особого желания начать эту конфронтацию не было, поскольку можно было реализовать другой сценарий. Но тогда начался следующий этап этой истории. Когда Гайдара не утвердили, Б. Н. готов уже был распустить съезд. Депутаты чуть ли не всем миром встречались и с патриархом, и с Зорькиным[71] и прочее.

А. К.: В какой-то степени роспуск мог предотвратить 1993 год.

А. Ш.: Так сказать, «предотвратить» октябрь 1993-го, потому что он состоялся бы в декабре 1992-го.

А. К.: Депутаты еще были не готовы к вооруженному противостоянию. И, скорее всего, жертв бы не было или их было бы значительно меньше.

А. Ш.: Так или иначе, но Черномырдина утвердили премьером, и примирение состоялось. Другое дело, в какой форме и надолго ли. Как выяснилось, ненадолго.

Черномырдин, конечно, не Гайдар. Он человек другой закалки и формации. И, безусловно, вставали вопросы, будет ли он двигаться с реформами так же быстро, как Гайдар. Но это была не проблема Черномырдина, это была проблема Ельцина. Черномырдин был готов подстроиться и двигать реформу. Были, конечно, паузы, октябрь 1993 года и выборы в первую Госдуму, 1994 год, когда чеченская война началась.

Между Гайдаром и Черномырдиным

А. К.: В 1997 году, когда все войны и паузы прекратились, Черномырдин отнюдь не был тормозом реформ. Я тогда думал, что мы так резво движемся, потому что в правительстве есть Чубайс, Немцов, я, Уринсон[72], Сысуев[73] и т. д. Но сейчас я понимаю, что без ЧВСа этого движения бы не было...

А. Ш.: Поначалу ЧВС был настроен резко. Он мне объяснил почему: «Я бы всех вас из правительства убрал, но, после того как Гайдар порекомендовал мне сделать именно так, за исключением Чубайса и Салтыкова[74], я решил погодить с этим решением. Если Гайдар не хочет, чтобы, скажем, ты был в моем правительстве, ну тогда поработай, я еще посмотрю — чего ты стоишь. Я сначала думал, вы одна команда, а оказывается, у вас такие сложные отношения».

А. К.: У тебя к тому моменту с Гайдаром были непростые отношения?

А. Ш.: У меня с Егором стали непростые отношения. После этого разговора с Виктором Степановичем я поехал к Гайдару и спросил его в лоб: «Егор, правда, что ты сказал, что лучше и меня убрать, и всех убрать, кроме Чубайса и Салтыкова?» Он говорит: «Правда». Я говорю: «А мотивация?» — «Чем меньше нас там будет, тем быстрее они обосрутся, и мы опять вернемся». — «А Чубайс с Салтыковым зачем?» — «Ну, кто-то должен там все-таки следить за тем, что происходит».

А. К.: Получается, что ты с Гайдаром поругался...

А. Ш.: Поругался, сказав, что он, мягко говоря, не прав. «Всех на хер из правительства» — это крайний, но возможный вариант. Но надо было сесть, поговорить хотя бы и решить, что у нас тактика вот такая, что мы все дружно подаем заявление, из этого делаем некую политическую акцию. А когда этого не взяли, другого взяли, Петя написал заявление, остальные сидят ждут, а Гайдар их тайком всех сдает, не поставив даже в известность о такой своей позиции, то это как называется?

Я что предпринял? Я Борю Федорова пробил министром финансов (на свою голову) и Глазьева[75] — сменщиком Авена. Просто по принципу, что надо срочно сделать все, чтобы преемственность была в финансовой области, и т. д. Когда Черномырдин начал со мной советоваться, кого вместо Гайдара на министра финансов, я сказал — Борю Федорова. Только что мы его назначили во Всемирный банк директором. Я его вызвал и говорю: «Боря, нужно срочно спасать страну. Министром финансов пойдешь?» Боря: «Я уже был министром финансов, это шарашкина контора». Я говорю: «Сейчас это же другое дело: Союза-то нет. Теперь наш Минфин — главный». Согласился, взяли. Через полгода Боря на меня положил с прибором...

А. К.: Это Боря, нужно знать, ничего удивительного. Царство ему небесное.

А. Ш.: Второе. Это я уговорил Черномырдина назначить Глазьева по принципу: либерал, отвечает за все, что делается в МВЭС при Авене...

П. А.: Авен на него мог как на себя положиться...

А. Ш.: Да, да. Вот аргументы ровно эти, что, если чего-то не так, через три месяца вы, Виктор Степанович, разберетесь и поменяете... У Степаныча Давыдов[76] был на примете, но он до него дозвониться не мог. Я привел к нему Глазьева знакомиться уже после назначения. Указ президента о формировании нового правительства должен был выйти в десятидневный срок.

Черномырдин с Глазьевым познакомился и говорит: «Ты, Глазьев, иди, а ты, Шохин, останься. Ты кого мне привел?» Я удивленно: «Что-то не так?» — «Ну ты посмотри на него... Как я его Ельцину покажу такого невидящего?» — «Зато умный». — «Да хрен с ним, что умный». Сережа потом повел себя некорректно — в период референдума «Да-Да-Нет-Да» просто пересел в команду Руцкого, и было странно, что он еще продержался до сентября 1993 года.

Но я хочу вернуться знаешь, к какому вопросу? Почему-то версия о том, что я мог бы быть экономическим начальником в целом, сложилась не только у тебя, но и у Егора. У меня никаких амбиций не было, хотя я не то чтобы неамбициозный. Просто я на 100% не был уверен в том, что все так, как вот написано, надо делать. Поэтому я с легкостью уступил это место, даже не обсуждая его. А Егор, как мне кажется, ревновал. Он меня не звал на многие заседания вечерние, где обсуждались существенные вещи. Зачем тебе отвлекаться, ты ж там социалку ведешь. Ну и веди ее с Богом, зачем тебе лишние хлопоты. Он начинал меня немножко отодвигать от общей командной работы. Зачем? Не знаю, честно говоря, хотя мы дружили семьями, сидели в соседних кабинетах, через стенку, когда в науке работали... Элемент двойственности все-таки был в отношениях. Вроде и друзья-товарищи, а в то же время — нет. И только когда он стал первым вице-премьером, я почувствовал, что отношения изменились. Он перестал на это обращать внимание. Но его рекомендация Черномырдину не брать никого в правительство меня очень сильно задела. Я сильно возмутился по этому поводу и сказал ему всякие нехорошие слова...

А. К.: Ты приехал к Егору после разговора с Черномырдиным?

А. Ш.: Мы ж на соседних дачах жили. Вижу, огонек горит и Гайдар подъехал. Ну, я и пошел...

Кстати, когда в 1993 году Гайдар вернулся в правительство первым вице и возникла проблема переформирования кабинета, Черномырдин мне опять «слил» информацию, что Гайдар предлагает снять меня с поста вице-премьера и сделать министром по делам СНГ. А в декабре после выборов, когда неудача у «Выбора России» была, Гайдар опять уходил из правительства и опять Егор настоятельно рекомендовал Б. Н. меня задвинуть.

Расставание с Гайдаром

А. К.: Я не понимаю, почему они считали, что это была неудача. Был вполне нормальный результат. Была крупнейшая фракция в Думе, они только по спискам проиграли ЛДПР. Ничего страшного: с одномандатниками «Выбор России» все равно имел больше, чем Жирик...

А.Ш.: Черномырдин, утвержденный вновь избранной Думой премьером, предлагает: «Ну что, возьмешь пост министра по делам СНГ? А то твои соратники тебя выдавливают из правительства». Я говорю: «Нет, не возьму...» — «Ты эти шуточки брось, чего ты хочешь?» — «Министра экономики, а еще лучше финансов». — «Я поговорю, но, если Ельцин тебя вызовет, у меня просьба — не перечь ему, не задавай вопросов никаких». В итоге я стал министром экономики, а через три месяца опять вице-премьером. Но Гайдар на меня как обиделся, так и продолжал еще долго обижаться...

А.К.: К концу 1994 года тебя опять отставили. К первой чеченской войне, по-моему.

А.Ш.: Накануне чеченской войны, слава Богу.

А.К.: Повезло: чистеньким ушел. Чубайса, по-моему, на твое место назначили?

А.Ш.: Чубайса назначили, да. Первым вице-премьером.

П.А.: Но не министром экономики?

А.Ш.: Ясина министром экономики назначили, Серова[77] — министром по СНГ. И Давыдова — вице по внешнеэкономической деятельности. То есть я вел куст, в котором пять человек потом уместилось. Но дело-то не в этом, дело в том, что мне странно это было, что Егор продолжал на меня обижаться. Мало ли какие бывают там разговоры между мужиками, в том числе на грани мордобоя. А Егор обиделся.

А.К.: На какой разговор?

А.Ш.: На разговор в декабре 1992 года, когда он нас всех отослал в отставку, и я ему наговорил много разного, причем при свидетелях...

П.А.: Свидетелями были только я и моя жена.

А.Ш.: Нет, свидетелем был ты, Андрей Бугров[78], которого я уговаривал поехать на место Бориса Федорова в Вашингтон из Европейского банка реконструкции и развития, Костя Кагаловский[79] (тогда директор от России в МВФ) и Маша — жена Гайдара.

П.А.: Точно, Кагаловский был...

А.Ш.: Они у меня на даче сидели (настроение было возбужденное), вижу, Егор приехал, говорю: «О, Гайдар дома, пошли ему морду бить!»

А.К.: Костя Кагаловский еще хороший провокатор. Он мог тебя подначить, кстати.

А.Ш.: Не без этого. Костя сказал: «А что, пошли». Я, кстати, ничего обидного не сказал. Я сказал: «Егор, так дела не делаются. Ты имеешь право говорить что хочешь. Но я-то должен был знать. Если мы члены одной команды, почему я не знаю, с чем ты идешь по моей персоне?» Причем Черномырдин сказал, что он каждому из нас дал характеристику. А я его спрашиваю: «А почему я должен вам верить, Виктор Степанович?» Он отвечает: «А вот видишь блокнотик? У меня все записано. Я бюрократ старой школы. Тебе почитать?»

П.А.: Он не стал читать?

А.Ш.: Сейчас уже не вспомню. Ну, может, про кого-нибудь, но не мне про меня. Много примеров привел, правдивых на самом деле.

Гайдар мог поступить по-другому. Собрать ребят: «Ребята, я вас прошу, давайте все уйдем сейчас. Поверьте, мы потом вернемся».

П.А.: Сань, отдельная тема: отношения Егора, Чубайса и твое к Борису Николаевичу. Я помню, ты его как-то мне назвал «обыкновенное пьяное мурло».

А.Ш.: Это твоя версия, и ты ее повторяешь. Я свое отношение к нему в таких выражениях не формулировал.

П.А.: Хорошо, дай свою редактуру.

Вино, Ельцин и неудавшаяся коалиция

А.Ш.: У меня Борис Николаевич иногда особые чувства вызывал... Я несколько раз был в таком жутком состоянии духа, когда боялся, что мы осрамимся на весь мир. Он мог упасть со сцены, он на час опаздывал к президентам и королевам, потому что его не могли привести в чувство. Он просто выпадал полностью в осадок, терял сознание, а не просто засыпал.

А.К.: А где он успевал нажраться?

А.Ш.: Ну были друзья: Коржаков, Сосковец, Барсуков[80], Грачев[81]. Они наливали «до краев». У них была привычка пить все подряд. Вот на переговорах полчаса перерыв — они уже тащат ящик водки.

П.А.: Он же первым секретарем обкома долго проработал. И прекрасно знал свою дозу. Ну зачем нажираться? В конце 1991 года в Бонне Борис Николаевич у Гельмута Коля[82] выпил огромный фужер залпом.

На вопрос «Сколько наливать?» он ответил: «Наливай до краев, ты что, краев не видишь?»

А. К.: Водки, что ли?

П. А.: Вина. Борис Николаевич берет и еще выпивает. Привычка пить до дна.

А. Ш.: Все это знали, поэтому эти ребята, Коржаков и компания, подписывали любые бумаги у него. Они им манипулировали, используя его слабость и усугубляя ее. Указы президента появлялись странные, сколько раз мне были звонки от Бориса Николаевича: «Вы почему не выполняете мое поручение?» Меня сильно не любили Коржаков с Сосковцом, я им мешал что-то гнуть.

А. К.: Эта группа товарищей решала конкретные вопросы через Бориса Николаевича, а потом они решили и власть взять, кстати.

А. Ш.: Это уже в 1996 году, в апреле–июне. Здесь заслуга Чубайса безусловная. И Куликова[83]. Но нужно отдать должное Ельцину (и Гайдар все время, а потом Чубайс это хорошо понимали) – его можно было интеллектом взять, убедить аргументированностью, жесткостью, логикой и т. д. Поэтому он и ушел от всех этих Коржаковых в конечном итоге…

П. А.: Саша, как ты считаешь, почему все-таки не удалось создать мощного политического демократического, либерального движения?

А. Ш.: Политического движения? Это какой ты момент имеешь в виду?

П. А.: Бурбулис считает, что это можно было сделать осенью 1993-го, сразу после путча, накануне выборов по новой конституции.

А. Ш.: Вот мы почему-то все время критикуем Явлинского, что он не захотел объединяться, уступать какие-то роли. А я вам расскажу другую историю. Октябрь 1993 года. Все в правительстве вроде бы объединились. Правительство – монолит. Формируется список «Выбор России». Там нет меня, там нет Шойгу, нет Меликьяна, из министров еще нет Калмыкова[84]. Я Егора спрашиваю: «Егор, ты формируешь список?» – «Да». – «Можешь мне объяснить, почему многие члены кабинета мимо кассы пролетают?» Он говорит: «Ну, вы же профессионалы-технократы, зачем вам политикой заниматься?»

Это 10-го где-то октября. Завершается процесс подачи списков. Два месяца до выборов. Собираемся мы с группой товарищей: я, Шахрай, Меликьян, Шойгу и т. д. Создаем партию, Партию российского единства и согласия (ПРЕС). Регистрируем ее, проводим учредительный съезд в Великом Новгороде. На выборах получаем 6%. Почему? Конечно, не только по причине, что Егор не хотел иметь в новом правительстве и в новой партии людей, к которым он не испытывал особой приязни или еще чего-то в этом роде. Но если бы эти люди были бы приглашены в ВР, то сформировать новую партию вряд ли удалось.

В тот момент Егор ставил вопрос так: премьер после выборов — Гайдар, вице-премьер — Чубайс и так далее по списку ВР. Я его спрашиваю: «Егор, а Черномырдина куда? На свалку истории?» — «Потом решим». — «Понимаешь, он сейчас премьер, от него сильно зависит, как выборы пройдут. Нельзя этот вопрос оставлять, подвешивать, а потом по факту, как говорится, решать. Надо сейчас договариваться на берегу. Если он не премьер, то кто он? Надо ж какую-то позицию человеку иметь». Егор отмахивался. Настолько велика была уверенность, что победа на выборах 1993 года в кармане, что большинство в Думе будет подконтрольным и будет у ВР правительство большинства. Но большинство же формировать нужно, привлекая сторонников. Потом Гайдар говорил: «ПРЕС Шахрай—Шохин отобрал 6% у "Выбора России"». Почему отобрал? Мы собрали эти голоса. Их отдали нам, а не Гайдару. Мы же чуть-чуть другую площадку заняли, более эволюционную, в том числе потому, что надо было нишу свою политическую искать, надо было в дебатах участвовать, свой сегмент электората завоевывать. Ведь 6% ниоткуда не берутся, тогда никто нам приписывать их не готов был...

П. А.: Из того, что ты рассказываешь, следует, что сама партия возникла, потому что вас Гайдар не хотел брать в список «Выбора России».

А. Ш.: Конечно. У Шахрая были идеи собственной политической партии, но Шахрай был просто счастлив, что такие уважаемые люди, как Шойгу, юрист Туманов[85], пришли в ПРЕС. Кстати, в «Выборе России» не было кандидата на пост председателя Конституционного суда. У нас он был.

Ты говоришь, у Явлинского плохие советники потому, что не советовали ему создавать коалиции. А советники Гайдара лучше? Они ему говорили: «Формируем список только из своих, берем власть в свои руки». А расширить коалицию? Это хорошие советники, которые не советуют создавать коалицию с людьми, готовыми к сотрудничеству? Ну ладно, поругался с Шохиным год назад, боишься амбиций Шахрая, что, из-за этого терять 6% голосов?

Для «Выбора России», конечно, результаты выборов 1993 года были холодным душем, потому Егор и ушел из правительства в январе. Психологически было понятно, хотел стать премьером парламентского большинства. Но зачем тебе уходить? Второй человек в правительстве. Черномырдина можно окружить соратниками. Но он ушел. Я считаю, что он хотел вернуться через некоторое время на коне.

А.К.: Я думаю, у него была идея, что надо себя полностью посвятить партийной работе, чтобы к выборам 1995-го уже подойти во всеоружии. В результате в 1995-м «Выбор России» не преодолел даже 5%-ный барьер, потому что появилась партия «Наш дом — Россия», которая тоже расколола электорат...

А.Ш.: Егор не был создан для партийно-организационной работы. Он все-таки хоть и человек с политическим мышлением и ви́дением, но он действительно премьер-технократ, ему самому была нужна мощная политическая поддержка. И еще ему был нужен аппарат, который знает все срезы электората, где что можно говорить перед выборами, что после выборов.

Хороший премьер Черномырдин

А.К.: У меня остались очень позитивные впечатления от работы с Черномырдиным. Я под ним работал четыре года, и у меня были разногласия с ним, особенно с его аппаратом. А вот сейчас, задним числом, я считаю, что он был очень хорошим премьером.

А.Ш.: Я думаю, вот почему он меня так долго держал? Ведь я для него был, несмотря на рекомендации Егора, все-таки представителем другой команды. Он понимал, что есть и другие группы в правительстве: Сосковец и прочие, к которым я тоже не принадлежу. Я был независимым игроком, и я мог его поддержать всегда. Поэтому, когда я ушел в отставку в 1994-м, в ноябре, он меня обругал по первое число: «Тебя хотели снять не один раз, я тебя отстоял у президента, а ты подал в отставку»

А.К.: Ты сам подал?

А.Ш.: Да...

А.К.: А чего ты?

А.Ш.: Ну, я не хотел уходить в отставку. Я думал немного подавить...

А.К.: А тебя Сосковец схарчил...

А.Ш.: Сосковец и Коржаков меня доедали, да...

П. А.: Эти могли и посадить.

А. Ш.: Могли, конечно. Когда я понял, что нажим чересчур жесткий, я подумал: «Может, не упираться, отойти в сторону?» А тогда еще «черный вторник» случился в 1994 году, когда сняли Геращенко, сняли Дубинина[86], а мне объявили строгий выговор по линии Совета безопасности и президиума правительства за плохую координацию деятельности ЦБ и Минфина... Я на этом заседании сказал: «Я готов принять выговор даже с занесением в учетную карточку, но только при условии, что я действительно координирую деятельность Центрального банка и Минфина. Давайте запишем, что Шохин отвечает за это, и тогда назначение нового министра финансов и нового руководителя ЦБ должно осуществляться только по согласованию со мной». На этом и решили. Выхожу, а меня журналисты спрашивают: «Как вы относитесь к назначению нового министра финансов?» Я спрашиваю: «Уже назначили?» — «Да, Пансков[87]». — «Ну, если это так, ничего не остается, как подать в отставку».

Степаныч мне не без основания сказал: «Подвел меня. Я тебя вытягивал, а ты...» Я говорю: «Виктор Степанович! Простите, не смог удержаться...» Вот и все.

А. К.: И как тебе Степаныч как премьер?

А. Ш.: Черномырдин — человек командный. Многое в его поведении зависело от того, какую установку ему Борис Николаевич давал и какими людьми окружал. В частности, март 1997 года, когда было сформировано «правительство молодых реформаторов», показал, что Черномырдин может стоять и во главе реформаторской команды. Что касается января 1994 года, то после октябрьских событий и декабрьских выборов была развилка. Ушел Гайдар, ушел Федоров. И вероятность того, что курс станет более консервативным, была очень высока. Отчасти так и случилось. И не могло не случиться, поскольку удельный вес реформаторов в правительстве снизился.

Но в главном правительство Черномырдина продолжило линию правительства Гайдара. Мы продолжили линию на сотрудничество с международными финансовыми организациями, а значит, сохранился курс на макроэкономическую стабилизацию, без которого никакое сотрудничество было невозможным. Нам нужны были кредиты МВФ и Всемирного банка, для того чтобы затыкать дыру в бюджете, и Степаныч должен был демонстрировать перед ними этакого премьера-либерала. И я напомню, что он тогда «обаял» Мишеля Камдессю, директора-распорядителя МВФ:

и на охоту его возил в Завидово, и правительственную программу корректировал, исходя из монетаристских концепций.

Поэтому, на мой взгляд, когда в 1994 году определенная пауза все-таки возникла в реформах, она не была фатальной. Это была тактика «два шага вперед, один назад», но в целом продвижение было. В том числе и потому, что в правительстве были соответствующие люди (я имею в виду не только и не столько самого себя). Тот же Сергей Дубинин, который был исполняющим обязанности министра финансов. Я, кстати, так и не понял, почему его после ухода Бориса Федорова так и не назначали министром. Он и в отставку ушел как и. о. после «черного вторника» 1994 года...

Мой главный вывод: в 1994 году реформы приостановились не потому, что так захотел Черномырдин, а потому, что Гайдар и Федоров, уйдя в отставку, ослабили либеральное и реформаторское крыло во власти в целом. У людей «ближнего круга» президента, которые изначально плохо относились ко всем реформам, появилась возможность изменить курс. И Черномырдин здесь вряд ли мог что-то серьезно поменять. «Ближний круг» продавливал свою линию, которая заключалась в достижении своих, зачастую простых и корыстных интересов. И это продолжалось фактически до 1996 года...

А. К.: Я согласен. Черномырдин здесь был ни при чем. Кстати, наиболее заметная пауза в 1994 году была в приватизации. Хотя вся приватизационная команда во главе с Чубайсом (и к тому времени я уже в нее входил как его заместитель) была цела и невредима. Просто закончился ваучерный этап, нам нужна была новая программа и новые нормативные документы, а контролируемая коммунистами Дума заблокировала их принятие. И пока мы не придумали эти несчастные «залоговые аукционы», до тех пор мы стояли, не имея легитимной базы для продолжения приватизации.

Кстати, характерно, что после «залоговых аукционов» Дума, увидев, что мы можем двигаться и без нее, стала значительно сговорчивее и в 1997 году достаточно быстро приняла новую программу приватизации.

Черномырдин приватизацию не останавливал. Скорее наоборот: он ее поторапливал. Он постоянно мне звонил и спрашивал, когда будут деньги. Я помню, как он был доволен деньгами от «залоговых аукционов» и позже от «Связьинвеста».

А. Ш.: Черномырдин был хороший премьер, с ним можно было работать. Напомню, что весь 1993-й экономическим советником Черномырдина был Андрей Илларионов, один из либеральнейших экономистов

России, да и не только России. Андрей с премьером вел реальную просветительскую работу. Эту же работу с ним вел еще и Вацлав Клаус. Он часто приезжал в Россию и вел многочасовые беседы с Черномырдиным в Белом доме и за городом. Во многом Черномырдин стал лидером команды реформаторов. И если это не случилось окончательно, то лишь потому, что в ключевые моменты реформаторы сами не брали его в свою команду. Так было и в декабре 1992-го, и осенью 1993-го, и в январе 1994-го. А зря...

А. К.: Ну, я бы так не сгущал краски. В 1997 году, когда Чубайс мог реально заменить Степаныча на посту премьера, он не стал этого делать, потому что он (да и мы все) считал Черномырдина человеком одной команды...

А. Ш.: К этому времени Чубайс, который проработал с Черномырдиным больше других реформаторов, понял, что с ним можно работать. И что как Ельцина можно было убедить, так и Черномырдина можно было убедить...

А. К.: На мой взгляд, Черномырдина — даже быстрее...

А. Ш.: Быстрее, потому что у Черномырдина было меньше противовесов этому курсу в личном окружении. И он был меньше идеологизирован. Перед Ельциным стояли все больше политические задачи. Ельцин в 1994 году не мог не думать о 1996-м, о выборах...

А. К.: Саш, а возвращаясь к Егору, скажи: ты так и не восстановил с ним отношения?

А. Ш.: Внешне мы с ним отношения восстановили: здоровались, спрашивали, как дела, как семья... Но, как говорится, осадок остался... О чем я теперь сожалею. Всякое бывает в жизни, чего ж теперь из-за этого с человеком рвать отношения? Все время казалось, что еще успеем объясниться, помириться. А теперь вот — оказалось, что уже поздно.

Андрей Нечаев: *«Неприлично во всех грехах обвинять прежнюю власть»*

Андрей Нечаев — любимый ученик Юрия Васильевича Яременко. Если кто не знает, Яременко — последний по-настоящему крупный советский экономист, искренне веривший в плановую экономику и возможности улучшения социализма. До него еще был Анчишкин. Шаталин (с кем я имел счастье много и подробно беседовать) ни в какой социализм не верил. Петраков[88], по-моему, тоже. Остальных академиков-экономистов мы (команда Гайдара) всерьез не воспринимали.

Анчишкин и Яременко организовали на базе ЦЭМИ новый институт с очень советским названием — экономики и прогнозирования научно-технического прогресса. Для них в этом институте экономика представляла собой набор переплетающихся технологических цепочек, меняющихся благодаря инновациям.

Я лично всегда считал, что экономика — это прежде всего про людей, про их предпочтения, а не про коэффициенты матрицы межотраслевого баланса. Но они в ИЭП НТП верили, что, правильно посчитав, многое, если не все, можно спрогнозировать и исправить. С помощью, естественно, государства, которое способно определить «правильные» инновации, разумно расставить приоритеты капитальных вложений и т. п.

Яременко принадлежит знаменитая фраза, что «развитие советской экономики будет сопровождаться снижением доли мяса в колбасе».

И все же они эту экономику ежедневно пытались спасти, формулируя на основе своих изысканий ценные советы властям. Не спасли, но школу прошли хорошую. Неслучайно лучшие из последнего поколения учеников Яременко и Анчишкина до сих работают в госструктурах.

Нечаев — один из них. Тоже государственник (точно больше, чем я и Кох), поэтому так и не оказался в частном бизнесе. Конкретный, четкий, технократичный. Крайне ответственный и работоспособный. В нашем правительстве 1992 года он занимался именно тем, чем и должен был заниматься бывший сотрудник ИЭП НТП, — не столько реформами, сколько решением конкретных вопросов — снабжения, поддержки производства, распределения бюджетных средств, отношениями с регионами. Впрочем, либерализацию цен практически готовил именно Нечаев. Принципиально новый рыночный закон о госзакупках, идеи государственно-частного партнерства, конверсионные кредиты, новая инвестиционная политика — тоже его заслуга. Занят он был день и ночь. И лучше всех знает реальное положение дел в экономике конца 1991-го — начала 1992 года. В отличие от Шохина (да и от Чубайса), он весь не про политику и отношения людей, а про экономику в ее «технологическом» смысле. И про цифры. Об этом мы с ним и говорили.

Петр Авен

Петр Авен (П. А.): Андрей! Когда у тебя в голове сложилось понимание, что в стране будут фундаментальные изменения, что нужно готовиться?

Андрей Нечаев (А. Н.): Как ты знаешь, я всю свою академическую жизнь работал у Яременко и Анчишкина. Я начал с ними сотрудничать с 1975 года, хотя формально моим шефом в аспирантуре МГУ был [Станислав] Шаталин. Мы делали так называемую комплексную программу научно-технического прогресса, которая была неким долгосрочным планом. Поэтому, с одной стороны, я грустную ситуацию позднего совка знал очень хорошо, но общий настрой был, что все-таки социализм можно поправить.

П. А.: Так считал, конечно, Яременко?

А. Н.: Да. Он, насколько я могу судить, был искренним, глубоким, вполне интеллектуальным адептом планового хозяйства, его реальным неформальным идеологом. Собственно, всю эту систему планово-административного распределения ресурсов, административного торга он блестяще описал на строгом научном уровне. Он считал, что можно все-таки винтики подкрутить — и все заработает! И я, надо сказать, эти иллюзии разделял года до 1990-го, когда, собственно, мы с ним разошлись. В конце 1990-го мы сошлись с Гайдаром. В этом смысле я сильно запоздал в своем либерально-рыночном развитии.

Альфред Кох (А.К.): Если говорить о правительстве Гайдара 1991–1992 годов, чем нам может быть интересен Андрей? Тем, что, несмотря на меньшую вовлеченность во всякие политические интриги, он значительно больше, чем Бурбулис или Чубайс, был погружен в общеэкономический контекст.

А.Н.: Я без ложной скромности сказал бы, что я у Егора сделал много черновой «грязной» работы.

А.К.: Вот и расскажи про это!

Положение в стране

П.А.: Ты действительно, возможно, был глубже всех погружен в текущий экономический контекст. Мы все по-настоящему глубоко знали только свой участок. До правительства я был в Австрии, Чубайс — одним из руководителей Ленгорисполкома, Гайдар статьи писал в журналах и газетах, будучи редактором. Ты же занимался в ежедневном режиме реальным экономическим процессом и как бы «всей картинкой». Вы там у Яременко все время считали цифры, анализировали их.

А.К.: И потом уже в правительстве — то же самое...

П.А.: И поэтому вопрос: когда ты стал первым замминистра экономики и финансов, а очень скоро министром экономики, много ли было вещей, которые для тебя стали абсолютно неожиданными? Если да, то какие?

А.Н.: Это, конечно, валютное банкротство страны, когда обнаружилось, что после вакханалии с финансами, устроенной последними коммунистическими правительствами, валютные резервы нового правительства составляют $26 млн.

П.А.: Это было на минимуме, всего один день. А несколько дней было что-то около $50–60 млн.

А.Н.: $60 млн и $26 млн — разница, согласись, несущественная. Это если мерить сегодняшними масштабами — так, крупная торговая фирма или очень средний банчок. Как ты помнишь, мы с тобой были заместителями председателя валютно-экономической комиссии правительства. Кстати, ее заседания я почему-то проводил чаще, чем ты. Формально председателем был Егор. Но он не проводил ее никогда. И лично для меня это было каждый раз тяжелое психологическое испытание, когда приходили люди и говорили: «Ребята, что происходит, где наши деньги?»

А при этом инсулин нужно было закупать. Вообще много всяких незаметных, но предельно важных вещей. Критический импорт так называемый. А денег нет.

До сих пор в памяти у меня стоит: приходит член-корреспондент Академии наук Семенов, генеральный конструктор «Энергии». На Старой площади (правительство, как вы помните, сидело там) тогда были более демократические нравы, и он сквозь охрану притаскивает с собой какой-то агрегат. А комиссия заседала в зале, где раньше собиралось Политбюро ЦК КПСС. Так он с этим агрегатом ко мне: «Вот, мы придумали выпускать в рамках конверсии кухонный комбайн. Все сделали, все нашли, все замечательно. Не хватает электромоторчиков, которые у нас делать не умеют. Их надо закупить в Японии по импорту. У нас на счете есть несколько миллионов долларов. Дайте нам их, мы эти моторчики и закупим». И я ему говорю: вот, к сожалению, так получилось, денег ваших нет. Он: «Как нет? Они у нас на счете». И дальше я ему долго и мучительно объясняю, что они номинально есть, а реально этих денег нет. У нас неотложные нужды. Инсулин. Диабетики помрут, и т.д. Он на меня смотрит то ли как на круглого идиота, то ли как на врага народа...

А.К.: Вот скажи, наконец, это, на мой взгляд, принципиально: вы пришли, когда уже эти деньги были потрачены, или вы их потратили?

А.Н.: ВЭБ был банкротом, полным банкротом.

А.К.: К тому моменту, когда вы пришли?

А.Н.: Да. Его, собственно, и хотели объявить банкротом, но, чтобы не терять его зарубежную собственность и долги перед ним, все-таки пошли по другому пути: банкротом не объявлять, но все средства, которые там были, формально заморозить. Потом под них более-менее интеллигентно выпустили облигации внутреннего валютного займа — пресловутые ОВВЗ.

И вот член-корреспондент Семенов, который честно заработал свои деньги, а государство их у него отобрало, он на меня смотрит и говорит: «Ну как же так?» Дальше берет свой агрегат со стола и в совершенной растерянности уходит. И это повторялось по 20 раз на каждом заседании, соответственно раз в неделю.

А. К.: Но они злые были на вас или на тех, кто их деньги потратил?

А. Н.: Естественно, большинство – на нас.

А. К.: Вот это меня поражает. Почему вы хотя бы им не объяснили, что вы пришли, а денег уже нет?

А. Н.: Чисто психологически это объяснимо: тот, кто сообщает, что денег нет, тот и враг. Примерно на каждой комиссии было 15–20 дел, иногда 30. Вот, значит, я должен был 30 раз повторять – денег нет, извините...

А. К.: Да хоть сто раз! Если обвиняют, что это ты украл, нужно хоть миллион раз, но объяснять, что это не ты украл.

А. Н.: На самом деле был один очень глубокий момент, чисто психологический... Я не знаю, Петя помнит о нем или нет? Формально, конечно, такое решение не принималось, но между собой (и это была в большей степени инициатива Егора) мы договорились, что неприлично идти по традиционному пути и во всех грехах обвинять прежнюю власть, хотя в данном конкретном случае это было именно так.

А. К.: Ты считаешь, что это правильно сделано или это была глупость?

А. Н.: Я считаю, что это была глупость. Но отчасти это было связано с личностью Горбачева. Понятно, что, наезжая на Павлова, Рыжкова и всю советскую экономическую политику второй половины 80-х – начала 90-х, мы фактически наезжали бы на Горбачева, а в общем мы все ему были благодарны за демократизацию страны. Да и не было времени, особенно в режиме 18-часового рабочего дня, выступать с какими-то пространными лекциями. В общем, тема освещения наследства, которое нам досталось, конечно, была совершенно не доработана.

А. К.: Сами того не желая, вы фактически взяли все на себя.

А. Н.: Плюс был, конечно, еще важный момент: Ельцин нам четко сказал сначала сам, а потом еще больше устами Бурбулиса (хотя, возможно, Бурбулис сильно добавил и от себя): «Ребята, вы технократы, вы занимаетесь экономической реформой».

А. К.: А политическое прикрытие не ваша забота?

А. Н.: А политическое прикрытие и информационно-пропагандистское прикрытие — это Бурбулис, Полторанин, Шахрай и я, президент РФ лично. И вот эту сферу они просрали полностью, извините за выражение.

П. А.: Хорошо. А все остальное было более-менее ожидаемо, кроме валютной ситуации? Все остальное более-менее соответствовало твоим ожиданиям?

А. Н.: Да, плюс-минус.

А. К.: Реальный масштаб оборонного сектора тебя не удивил, когда ты выяснил, каков он в действительности?

А. Н.: Поскольку я у Яременко делал межотраслевой баланс и все межотраслевые модели, то общий масштаб я примерно себе представлял, хотя, согласен, сильно заниженно. Некоторые случаи меня просто потрясали! Поэтому-то я закупки вооружений и зарезал в восемь раз. Вот этими руками! Но при этом я стремился сохранить, насколько это было возможным, затраты на НИОКР, которые, как ты понимаешь, залог развития, задел на будущее.

Был случай, когда я, человек, в общем-то, спокойный, просто грозился всех расстрелять лично. Я для поддержки оборонки придумал систему конверсионных кредитов, которые мы давали по очень льготной ставке. Приезжаю в Сибирь на завод «Омсктрансмаш», делавший танки, а руководство завода категорически отказывается проводить конверсию. Просто уперся директор: будем делать танки — и все. Говорит: «Андрей Алексеевич, вы не поверите, какие мы делаем танки. Мы делаем лучшие в мире танки». Я говорю: «Я верю, только у нас худший в мире бюджет. Нет у нас денег для ваших танков. Совсем нет». Он свое гнет: «Давайте мы сделаем перерыв на совещании, если можно, и я вас отвезу на полигон». Мы поехали на полигон, и там он совершил большую ошибку. Там действительно танки прыгали, стреляли, ныряли, летали. Для меня, как для мальчика в детстве, это было феерическое зрелище. (Кстати, они сделали уникальный танк «Черный орел», на который я единственно денег дал. Правда, выпустили его в двух экземплярах. До сих пор эти два экземпляра таскают на все военно-промышленные выставки.) А потом мы проехали чуть дальше, и я увидел сюрреалистическое зрелище: просека в тайге, и сколько хватает глаз — стоят припорошенные снегом танки, и ряды их уходят вдаль куда-то. Сколько их там было? Тысячи, десятки тысяч. Я не выдержал и закричал: «Подлец, ведь тебя же судить и расстреливать надо! Танков стоит на три больших войны, а он еще денег просит у нищей страны, чтоб клепать их дальше». Ну тут он как-то сдулся, я дал денег на этот «Черный орел», и больше мы не заказали ни одного танка. Понятно, что это была для завода катастрофа.

А. К.: Что меня больше всего потрясло, когда я стал заниматься вверенной мне приватизацией оборонной промышленности, — это то, что даже в чисто цивильном производстве, например металлургическом, — половина же шла на военные нужды! Меня просто жаба душила, когда я смотрел, как производительный человеческий труд просто выкидывается в мусор, в то время когда страна нуждается в жилье, дорогах, хороших автомобилях...

А. Н.: Эту проблему блестяще описывал покойный Юрий Васильевич Яременко. По его терминологии, это качественные и массовые ресурсы. Почему, например, наши комбайны работали только две недели — и все, ремонт? При этом комбайн вытаптывает почву так, что потом на ней ничего не растет. Потому что еще на стадии проектирования применялись технологические решения, которые были неэффективны. Если тебе не дают конструкционных пластмасс, если тебе не дают алюминий, если не дают титановых сплавов, поскольку это все уходит в оборонку, то тогда на комбайн ставилось чугунное литье, железные поковки, плохая резина, краска и т. д. Катастрофа была в том, что все качественные ресурсы мобилизовывались в оборонный сектор, а гражданское машиностроение кормилось остатками.

Горбачев, кстати, все это понимал. Я читал недавно изданные документы Политбюро, Совбеза и т. п. Проблема ставилась, но политической воли пойти против военно-промышленного лобби не хватило. Егор сразу передо мной поставил задачу максимально сократить затраты на оборонный сектор.

П. А.: Сколько все-таки мы сократили? Насколько мы сократили оборонные расходы в первые дни?

А. Н.: В целом где-то процентов на 25.

П. А.: Странно, мне казалось, что больше. Ты же сказал: в восемь раз?

А. Н.: Это закупки вооружений мы сократили в восемь раз. В целом же оборонные расходы мы сократили примерно на 25%. Это при том, что они, как я уже говорил, за два-три года до нас слегка начали сокращаться.

В этом вопросе было для меня еще одно откровение. В Госплане было несколько оборонных отделов: по закупкам вооружения, по текущему содержанию войск и т. д. Я им поставил задачу максимального сокращения расходов. Начальником одного из отделов был контр-адмирал

Кандыбенко, как сейчас помню. Он сначала был капитаном первого ранга, а потом я его сделал контр-адмиралом. Кандыбенко ко мне приходит и говорит: «Андрей Алексеевич, как сокращать-то? У нас армия — 2 800 000 человек. Есть нормы. Столько белков, жиров, углеводов, столько сапог, портянок, гимнастерок и т. д. Можем урезать нормы питания? Вы на это готовы пойти?»

А. К.: А просто количество сократить, при сохранении всех норм?

А. Н.: Вот-вот. И тогда до меня дошло, что, не сокращая армию, реально сократить текущие расходы на ее содержание нельзя. К тому времени наша доблестная армия уже питалась гуманитарными пайками бундесвера. Был момент, когда примерно процентов 15 продовольственного снабжения нашей армии шло из гуманитарной помощи немецкой армии. Позорище...

А. К.: Они практически всю Западную группу войск (ЗГВ) в Германии содержали вплоть до 1994 года. Пока Ельцин ее не вывел оттуда.

А. Н.: Если бы! Не только ЗГВ, но и военные части внутри страны тоже. И тогда я пошел к Ельцину и говорю, что положение безвыходное и других вариантов нет: надо сокращать армию. Он вызвал Грачева, Шапошникова[89]. Еще были Кобец[90] и Егор, естественно. Был дикий скандал. Часа полтора меня обвиняли в том, что я чуть ли не агент американского империализма, но Борис Николаевич (нужно отдать ему должное) все-таки занял мою позицию, и мы наметили план сокращения армии, который, правда, долго не выполнялся.

А. К.: 2 800 000 нам досталось от всей Советской армии или это была только российская доля?

А. Н.: Тогда же были так называемые Объединенные вооруженные силы СНГ...

А. К.: Которые финансировали фактически одни мы?

А. Н.: Не фактически, а просто одни мы. Это уже потом украинцы стали создавать свою армию, казахи свою, делить имущество, солдат, брать на себя содержание частей на своей территории. А тогда всю Советскую армию содержала одна Россия. Была ситуация полного тупика...

Горбачев что проделывал на всех переговорах по сокращению вооружений? В армии, как известно, есть штатная численность и фактическая. Они всегда у нас соотносились где-то как 100 к 70–80. Реально всегда был некомплект. Он легко и радостно сокращал штатную численность. Штатный состав сокращался, а фактический — нет. И мы унаследовали практически несокращенную армию.

А. К.: Какие были аргументы у ваших противников? Мы согласны с тем, что экономически государству такая армия не нужна, непосильна, но нужно дать жилье, а это может обойтись дороже?

А. Н.: Это был их главный аргумент. Когда мы посчитали реально, то выяснилось, что, конечно же, не дороже. В итоге Ельцин принял решение все-таки сокращать. Но возникшая в связи с этим общественно-политическая ситуация была ужасной: ты выкидываешь на улицу (не в самой простой ситуации) полмиллиона человек, которые хорошо умеют обращаться с оружием...

А. К.: И они маршируют к бандитам...

П. А.: Они туда и пошли...

А. Н.: Не только к бандитам! Многие из них потом, в 1993 году, были в Белом доме.

А. К.: Да, да, помню: Терехов[91], Союз офицеров. Это, кстати, серьезный аргумент в связи с нынешней реформой МВД. Там тоже предполагаются масштабные сокращения, а ведь сегодняшний офицерский состав МВД более маргинален и криминален по сравнению с армейскими офицерами начала 90-х.

А. Н.: Именно. А по закупкам ситуация была такая. Замом по вооружениям у Шапошникова был генерал-полковник Миронов, ныне покойный. Я еще был на птичьих правах: мы ж все были назначены в Россию, а я пришел и сел в союзный Госплан и там, собственно, рулил, не имея на это никаких реальных юридических прав, но это отдельная смешная тема. Я провел совещание по закупкам вооружений, на котором мироновские генералы заявили: «Нам нужно 45 млрд рублей. Это минимальная программа закупки вооружений на 1992 год». А мне мои агенты донесли, что на самый худой конец они согласятся и на 25 млрд. Но и это для тогдашнего бюджета было непосильно. Я говорю: «А у меня есть пять. Вот мы посчитали, что у нас есть. У нас есть 5 млрд рублей, и это все». Дискуссии не получилось. Потому что когда один говорит 45, а другой 40, тогда есть некий административный торг. Но когда один говорит 45, а другой 5, то совещание очень быстро заканчивается. Там было человек 20 генералов, и они все вышли. Мы остались вдвоем: я и Миронов. Я его провожаю из кабинета, а он так меня покровительственно хлопает по плечу и говорит: «Я думаю, мы с вами еще встретимся, молодой человек. Я уверен, вы перемените свое мнение».

Лоббистская сила армии в Советском Союзе была такая, что даже сильного председателя Госплана они бы сломали. Только в революционные времена и в стадии распада государства можно было такие решения принимать, как наше. Ну представьте: 45 и 5 — только с отчаяния можно на такое решение пойти...

Я, естественно, к Гайдару: «Такая ситуация, ты просто имей в виду — они наверняка пойдут к Ельцину». Он переговорил с президентом. Через два дня звонит Миронов и говорит: «Андрей Алексеевич, дайте 9 млрд, мы все решим». «Извините, только 5». В итоге дали 7,5 все-таки. То есть он все прощупал, Шапошников сбегал к Ельцину...

А. К.: Ельцин был полностью на вашей стороне, и не пассивно, а активно?

А. Н.: Тогда да.

П. А.: Ельцин был большим реалистом, чем Горбачев. Горбачев до последнего момента пытался сохранить все как есть. Он брал кредиты и латал дыры, закрывая проблемы политического противостояния перестройке со стороны военных. В результате у Ельцина ресурсов для этого не было уже совсем...

А. К.: Да сколько он там этих кредитов взял? Для такой мощной и огромной (как ему докладывали) страны, каким был Советский Союз, он взял в общей сложности всего $100 млрд. У нас сегодня только валютные резервы ЦБ в пять раз больше. Это потом оказалось, что это неподъемный долг, а тогда он думал: ерунда, вот сейчас цены на нефть опять пойдут вверх, и мы все отдадим. Сколько же они могут падать? Ну пять лет, ну шесть, хватит уже. В реальности же они падали 15 лет. До начала 2000-х.

А. Н.: Вот тебе реальная ситуация, которую Горбачев не мог не знать: валютные резервы были $25 млн, а внешний долг — $62 млрд. Большая часть долга — краткосрочная.

Голод и холод

А. К.: Аграрный сектор тебя не удивил? Или, в общем, ты и так знал, что там задница?

А. Н.: Меня удивила его повышенная уязвимость, связанная с тем, что у нас производство товарного мяса (в основном это были птицеи свинофермы, крупные комплексы) сидело на импортном зерне. Полностью. А импорт остановился. Однажды в конце ноября или самом начале декабря 1991 года все твои друзья из Питера, кроме Собчака[92], все вице-мэры, приходят в правительство и говорят: «У нас запасов зерна осталось на три дня. Через три дня начнут дохнуть куры, потом люди». Все сидело на американских поставках зерна, а кредиты заморожены. Я вместо Гайдара тогда проводил совещание. И дальше я заворачивал корабли, шедшие на Мурманск, открывал госрезервы, чтобы спасти Питер, понимая, что блокадному городу второй раз голод лучше не переживать.

А. К.: А вот Андрюша Илларионов утверждает, что все это фуфло и никакой угрозы голода не было. Были достаточные запасы продовольствия. Все было прекрасно.

П. А.: Я тоже считаю, что реальной угрозы голода не было. Был коллапс государственной системы распределения. Но у людей были запасы продовольствия в домах, работали рестораны, колхозные рынки. Все, в общем, как-то спасались. Абсолютного массового голода в то время ждать было неоткуда.

А. Н.: Я хорошо помню, что в день моего назначения я зашел в гигантский гастроном возле моего дома что-нибудь купить подхарчиться. Была сюрреалистическая картина. Там не было вообще ничего, и, видимо, кто-то дал команду, что нехорошо держать пустые полки, и они все полки заставили баночками с аджикой. Все. Огромный гастроном. Семь или восемь часов вечера 7 ноября 1991 года. Это центр Москвы.

Петя, я даже спорить не хочу. В конце концов, неважно, отчего возникнет голод. Оттого, что у тебя система снабжения не работает или что еды просто нет.

А. К.: Петя, ты субъективные впечатления выдаешь за объективную картину. Сокращение производства продовольствия было? Было! А то, что был коллапс импорта, это не мне тебе объяснять. Объективные факты говорят, что в стране не хватало продовольствия. Иначе она не занималась бы завозом гуманитарной помощи. А то, что было некоторое количество ресторанов, — это же не аргумент. У большинства людей не было возможности в эти рестораны ходить...

А. Н.: Голодная смерть — это когда уже голодомор. Это когда нет ничего...

П. А.: Голодомора не было точно!

А.Н.: А когда я говорю «голод», я имею в виду резкое снижение потребления. Если ты будешь есть по батону хлеба в день, наверное, ты не помрешь, но и здоровым человеком ты, наверное, тоже не будешь, если делать это долго.

П.А.: В любом случае ты спасал население. Это правда.

А.К.: Я хорошо помню, как началась эта система, когда производители продовольствия не давали из своих регионов его вывозить.

А.Н.: Производители просто элементарно держали товары. Их не выпускали в торговлю. Ждали повышения цен. А дальше ты имеешь только два простых варианта: либо освобождаешь цены, либо переходишь к продразверстке.

П.А.: Но заметь: мы в этот момент о голоде не говорим!

А.Н.: Отчего же? Конечно, говорим! Алик прав. В условиях катастрофического сокращения импорта и резкого сокращения производства мяса (поскольку, повторюсь, животноводство в решающей степени было построено на импортном кормовом зерне) продовольственные ресурсы сильно сжались. Наверное, если бы их правильно «размазать», голодных смертей бы не было, но голод на бытовом уровне в виде снижения потребления был бы…

Что же касается субъективных переживаний, то на этом совещании с питерцами у меня был лично драматический момент… Совещание, внешне напоминавшее партийно-хозяйственный актив. Зал заседаний Политбюро ЦК КПСС, огромный стол, сидит человек 25–30, все это на эмоциях: «Завтра начнут дохнуть куры, потом люди и т.д.». Потом все замолкают и смотрят на тебя. Ты начальник, ты решай. А я, собственно, академический ученый, привыкший к спокойным беседам, без крика, нервов. И вот на тебе — решай!

П.А.: Требовалось типичное решение, которое легко должны уметь принимать руководители такого уровня.

А.К.: У этого отобрать, этому дать?

А.Н.: Ну да. Тут могло быть только административное решение. Рыночным путем эту локальную задачу решить нельзя было. Но я сейчас про другое. Я в тот момент подумал: «Я сейчас, пожалуй, встану, выйду отсюда, закрою дверь и никогда больше сюда не приду». Сдерживать себя от того, чтобы просто встать и уйти, — это, правда, очень тяжело. Особенно когда оперативными вещами занимаешься. Слава тебе, Господи, что Леня Чешинский[93] был. И он вдруг говорит: «Андрей Алексеевич, там два корабля идут с зерном на Мурманск, а в Мурманске ситуация получше, под вашу личную ответственность мы их завернем сейчас на Питер». Тут я уже оживился... Под мою личную ответственность? Милости просим! Тут же по селектору связались с капитанами, развернули, потом я открыл на несколько дней госрезервы (пока корабли подойдут), потом какую-то картошку по бартеру придумали закупить в Польше. Выкарабкались.

П. А.: Все поменялось, когда цены отпустили. Буквально сразу...

А. Н.: Я после этого совещания пошел к Егору и сказал, что либерализацию цен откладывать нельзя. Дальше республики, я помню, проволынили это. Сначала планировалось с 1 декабря, потом с 16 декабря, все кончилось 1 января.

П. А.: Правильно я понимаю, что после либерализации цен ты уже таких совещаний не проводил и больше так не решал? Если это так, это как раз и говорит о том, что было плохое снабжение, а не абсолютное отсутствие продовольствия. В принципе освобождение цен вылилось в их рост, и предложение сбалансировалось со спросом. Не было физического отсутствия продовольствия, а просто цены были слишком низкие.

А. Н.: Нет.

П. А.: Это другая ситуация, она отличается фундаментально. Это ситуация, которая не напоминает ситуацию 1918 года, когда физически не было продовольствия.

А. Н.: Нет.

А. К.: Физически оно как раз было в 1918 году. Оно было в деревнях, и его не хотели продавать на рынках.

А. Н.: И да и нет. Ресурсы действительно сильно сжались. Дальше у тебя было две системы, как их перераспределить. Или административно, через продразверстку и карточки, или через повышение цен, что сделало бы их малодоступными для какой-то части населения...

А. К.: И продразверстка, и либерализация цен решают одну и ту же задачу...

А. Н.: Только по-разному. Либерализация цен все-таки решает это быстро и менее брутально, а продразверстку еще надо организовать, кого-то расстрелять, мобилизовать вооруженные отряды... Потом, Петя, как ты помнишь, мы же одновременно провели и либерализацию импорта, хозяйственных связей, торговли. И как только появился частный интерес, импорт пошел, производители из закромов достали, и производство продовольствия тоже стало расти...

П. А.: Безусловно. Импорт тоже пошел весной вверх, поэтому физическое наличие продовольствия увеличилось.

К вопросу о деньгах

А. К.: Ты пришел в 1991 году и увидел ужасную ситуацию. Как ты себе объяснял ее причины? Ведь не надо быть семи пядей во лбу, чтобы понимать, что у тебя из-за падения цен на нефть доходная база сокращается и поэтому ты просто обязан урезать расходы. Но Горбачев же их не только не сокращал, он же их увеличивал!

П. А.: Начиная с 1986 года (об этом подробно пишет Гайдар) Горбачев предпринимал попытки сокращения расходов...

А. Н.: Я недавно прочитал две интересные книжки: воспоминания Горбачева, и еще его фонд издал такую книжечку — записи заседаний Политбюро. Они, конечно, неполные, но тем не менее. Так вот, я вам так скажу: Горбачев уже понимал, что все, с деньгами конец. Но у него как-то приоритеты по-другому выстроились. Он носился с этим союзным договором, ему хотелось сохранить Союз...

А. К.: Это уже 1991 год, коллапс начался раньше.

П. А.: Горбачев пытался определиться с приоритетными направлениями расходов. При нем были прикрыты «проекты века» типа поворота рек, предпринимались попытки сократить количество ресурсов, выделяемых на стройки...

А. Н.: Беда в другом. Ты правильно говоришь: ресурсы сокращались, а количество строек — нет.

П. А.: Он не мог справиться с лоббистами, защищающими каждую стройку.

А. Н.: А денег на них он не давал, поэтому от Горбачева осталась такая незавершенка, которая никому не снилась.

П. А.: Он пытался сокращать оборонку, он пытался сокращать помощь странам Варшавского договора, другим сателлитам, включая государства типа Кубы или Анголы. Пытался, но такое ощущение, что у него уже не было властного ресурса и сил, чтобы противостоять лоббизму. Поэтому мой следующий вопрос. Вспомни первые месяцы распределения ресурсов. Как пришел Рахимов[94] и уговаривал Ельцина (а потом нас), что вот ему бы не платить экспортную пошлину на нефть… Вообще, лоббисты — кто они были, как эта система работала? Горбачев в конечном итоге не смог им сопротивляться, и они (лоббисты) во многом привели СССР к развалу…

А. Н.: Регионы очень быстро сообразили, что денег просить не надо, а отраслевики по-прежнему просили деньги. Регионы стали просить две простые вещи. Во-первых, оставлять у них налоги. Массово так ходили… Кто помощнее был, те независимостью угрожали — Татария, Башкирия, Россель, Приморье… Многих седых волос мне стоили эти переговоры. Но мы смогли удержать федерацию. И второе: они просили квоты на экспорт нефти или другого квотируемого сырья (это тогда было не хуже, чем деньги).

П. А.: На самом деле они просили квоты на беспошлинный экспорт нефти…

А. Н.: Ну да, ведь экспортные пошлины позже появились… Если мне память не изменяет, где-то в мае.

П. А.: Снова напомню, как в конце лета к нам пришел Рахимов и показал разрешение от Ельцина, что он 15 млн тонн нефти может вывезти без пошлины. Мы сидели у тебя в кабинете, он пришел от Бориса Николаевича. За день до этого мы уже видели эту резолюцию и решили, что в ближайшие месяцы вряд ли он снова к Ельцину попадет. Поэтому сила у нас в руках. И когда он пришел, ты ему говоришь: «Что вы думаете, мы сумасшедшие, что ли? Вы думаете, мы действительно будем это выполнять? Это же развал бюджета!» После чего Рахимов говорит: «Вы что, с ума сошли? У вас резолюция президента страны! Ребята, там написано — 15 млн тонн». Мы предложили 1 млн, а закончили торг на трех.

А. Н.: Это была обычная практика. Они все шли через меня (а по экспортным пошлинам еще и через тебя). После указа по Татарии они все стали пачками готовить указы о поддержке соответствующей территории. Один и тот же набор аргументов: тяжелое социальное положение, если просто область; если это автономная республика, то еще и угроза межнациональных конфликтов…

Начала это Республика Коми. Они ко мне приходят и говорят: «Все, Андрей Алексеевич, мы с Борисом Николаевичем обо всем договорились, теперь к вам пришли за исполнением». «Зачем вы ко мне пришли, если вы с Борисом Николаевичем обо всем договорились? Это же он указы подписывает, а не я. Раз вы все-таки пришли ко мне, то значит, вы до чего-то все-таки не договорились?» А дальше у меня была процедура. Я их пускал по кругу в министерстве, и каждый начальник отдела ужимал, ужимал, ужимал, ужимал. Была игра в плохого и хорошего следователя. Они ко мне приходили и говорили: «Вот мы с Федченко (мой начальник отдела капиталовложений) договорились, нам выделяют столько-то инвестиций из бюджета». Я говорю: «С ума сошли. Это 10% всех ресурсов страны. Я Федченко завтра уволю, под суд отдам». Неважно, заносили они Федченко или нет и что заносили… Они говорят: «Не надо, ну что вы, он такой хороший человек. Мы пойдем и еще с ним поработаем». — «Идите поработайте, Александр Ефимович (Федченко), в лицо вам говорю, чтоб вы никогда больше с такими глупостями не приходили». Федченко заранее знал весь этот спектакль. Они шли, и опять их ужимали, ужимали… И так раз пять. Но психологически это было все невыносимо.

Сепаратизм

А. К.: А скажи мне, пока ты был на дележе всего этого, Чечня себя проявляла или она как «вещь в себе» была? И вылезла только в 1993–1994 годах?

А. Н.: Значит, так. С Чечней был сделан абсолютный идиотизм.

А. К.: Когда?

А. Н.: В 1992 году, 1993-м, а далее вы все знаете.

А. К.: Кем был сделан? Это, наверное, Хасбулатов там поактивничал, не иначе? Это же он в ноябре 1991 года протащил через Верховный Совет постановление о введении в Чечено-Ингушетии чрезвычайного положения.

А. Н.: Это была идея Руцкого — постановление о введении чрезвычайного положения и вводе войск.

А. К.: Которое никто не выполнил, кстати. Это хорошо иллюстрирует уровень управляемости страной в то время.

А. Н.: Ну да. Они это постановление потом сами же (Верховный Совет) и отменили.

Руцкой с Хасбулатовым очень лоббировали антидудаевские демарши, Ельцин у них шел на поводу. С Чечней надо было делать татарский вариант, сто процентов. С татарами я договорился, что мы делим нефть, и все. В Чечне реально основным мотивом тоже была нефть (помимо национального фактора).

А. К.: Притом что в 1992 году в Чечне ее добывали 3–4 млн тонн, а к концу 1994-го – уже меньше миллиона. И поэтому масштаб конфликта объективно должен был быть меньше, чем с татарами. Ведь татары добывали в 1992 году под 30 млн тонн! В 10 раз больше, чем Чечня.

А. Н.: В Чечне был еще другой момент: Грозненский нефтеперерабатывающий завод единственный в России производил некоторые виды легких масел для авиации. Он делал лучшие сорта авиационного керосина для оборонки. И когда эта заваруха стала заходить далеко, я искал, где мы можем наладить их производство. В итоге наладили в Волгограде.

А. К.: Дудаев к тому моменту уже стал президентом?

А. Н.: Дудаев уже разогнал Верховный Совет Чечено-Ингушетии, чем ужасно и лично оскорбил Хасбулатова, который выдавал себя за единственного лидера Чечни, он уже провозгласил независимость и «отделил» Чечню от России, уже все это произошло...

И тем не менее. Там, в Чечне, в то время был министр экономики, сейчас не помню его фамилию, парень из нашего ЦЭМИ, аспирант. Он ездил на все совещания ко мне. Они старались все контакты сохранить. Они даже, по-моему, обеспечивали какие-то поставки в централизованные фонды. И если бы мы с ними договорились по аналогии с Татарией, я думаю, что ничего бы дальнейшего не было. У нас был бы четкий аргумент: «Ребята, мы с вами договорились, вот ваши деньги, вы теперь сами их делите и сами решаете свои проблемы – социальные, любые другие». Мы бы стрелку переводили на Дудаева, а там дальше разбирайтесь сами. Дудаев был человек абсолютно...

А. К.: Советский?

А. Н.: Пророссийский. У него было достаточно радикальное окружение, но все экономические ведомства сохраняли контакты с нами до последнего. Этот парень – министр экономики пропал где-то в конце 1992-го – начале 1993 года, и все связи оборвались. Я помню, он был двумя руками за мирный, татарский вариант. Насколько мог, он это дело подталкивал, лоббировал...

А. К.: Скажи четко, как ты думаешь, кто в Москве был против такого варианта, который был найден с Татарией? Я все-таки ищу источник конфронтации.

А. Н.: Думаю, в первую очередь Хасбулатов с Руцким.

А. К.: Нет, это высшие сферы. Вот у тебя на совещаниях кто-то говорил: «Нет, не годится»?

А. Н.: У меня на совещании этого никто не говорил, поскольку у меня это не обсуждалось. Президент мне на это добро не давал.

А. К.: Где же это обсуждалось?

А. Н.: Вообще-то эти соглашения должен был Ельцин подписывать...

А. К.: Кто-то вносил такой вариант соглашения ему на подпись?

А. Н.: Я уже не помню, какой я этому делу давал ход, может, я это устно доносил до Гайдара и Ельцина, но команды обратно «Развивайте, делайте» не было, к сожалению.

А. К.: А почему по Татарии было, а по Чечне не было?

А. Н.: Татары пришли сами. Пусть с очень жесткой постановкой вопроса, с угрозой отделения от России, но пришли договариваться. Они сказали: «Все, хотим полный экономический суверенитет. Не дадите — отделяемся от России». Переговоры были драматические. Вплоть до угроз перекрыть экспортные трубопроводы на территории Татарстана. А решение в итоге я нашел внешне простое. Раньше татарские 28 млн тонн нефти делились на 5 млн татарских тонн и 23 млн союзных тонн, а теперь мы сговорились делить на 12 и 16. И все. В этом и заключался весь «суверенитет», если отбросить все реверансы и демагогию. Таким образом, за 7 млн тонн нефти (при снятии, кстати, с нас части обязательств по централизованному обеспечению Татарстана) мы сохранили единство России. По-моему, очень изящное решение. Ребята остались, в общем-то, тоже почти довольны. Даже публично меня хвалили в местной прессе, хотя сначала наезжали на меня круто.

В Чечне была вот эта предыстория, когда Дудаев фактически с помощью путча захватил власть. Разогнал Верховный Совет и тем самым действительно нанес личное оскорбление Хасбулатову. Возможно, если бы не было со стороны высшей власти России этой попытки введения чрезвычайного положения в 1991 году, то, может, они бы тоже сами первыми к нам пришли и предложили какой-то напоминающий татарский вариант. Теперь оцените, что значит татарский вариант, примененный к чеченским 3–4 млн тонн? Да страна бы даже не заметила, отдай мы им хоть все их объемы...

Работа с Гайдаром

А. К.: Какие у тебя были впечатления от Гайдара в тот момент? Кстати, как ты вообще с ним познакомился?

А. Н.: Егор года полтора или два работал у нас в институте — пришел вместе с Шаталиным. Но там мы были знакомы на уровне «здравствуйте». Потом он мне позвонил, Петя утверждает, что по его наводке, и предложил стать его заместителем, когда ему Горбачев сделал Институт экономической политики. И, соответственно, год я у него был замом в этом институте...

П. А.: Когда мы были в аспирантуре, Андрей был на той же кафедре, что и я, но он был старше. В своем годе Андрей был лучший аспирант... Тогда очень популярная тема была — межотраслевые и прочие балансы. Ты занимался балансом?

А. Н.: Я занимался межстрановым анализом структуры экономики и экономическим ростом. По межстрановым выборкам строил некие модели для прогнозирования развития СССР.

П. А.: Я занимался похожими вещами. Я про тебя с Гайдаром разговаривал, это я хорошо помню.

А. Н.: Ну, кто-то ему мой телефон дал. Может, и ты...

П. А.: Я дал твой телефон. Он мне позвонил. Так как мы с тобой с одной кафедры и у тебя была блестящая репутация, то я ему тебя хорошо охарактеризовал. О чем не жалею.

А. Н.: Спасибо. У него была, в общем, тоже неплохая репутация в институте. Он был довольно самостоятелен. Благо Шаталин ни на кого не давил. У нас внутри института были сложные отношения. Я, конечно, был любимым учеником Яременко. Проблема в том, что Юрий Васильевич любил, чтобы все ученики сидели, как он говорил, «в трюме». Любая попытка поехать на конференцию, опубликовать статью у него вызывала чувство искреннего протеста. «Ты отвлекаешься от работы. Зачем тебе это? Ты делаешь важное дело, мы спасаем страну. Какая конференция, Андрей? Тебя пять дней не будет. Что я буду делать без тебя пять дней?»

П. А.: Как, по его мнению, вы спасали страну? Разве ваши советы кто-то там, наверху, воспринимал?

А. Н.: И ЦК это очень всерьез воспринимал, и Госплан нашу комплексную программу воспринимал. Очень ревновал, кстати. Это действительно был масштабный труд. Она, конечно, была эдаким технократическим усовершенствованием социалистической модели... Я потом прочитал у Маргарет Тэтчер потрясшую меня фразу, что социализм — это очень надуманная система. Но тогда мы занимались его усовершенствованием совершенно искренне...

П. А.: Как к этой комплексной программе можно было так серьезно относиться? Мы вот во ВНИИСИ тоже всем этим занимались... Но без фанатизма.

А. Н.: Но мы же были головным институтом и поэтому делали свод всех отраслевых наработок. Помимо этого мы делали свой собственный раздел — экономический.

А. К.: Можно как-то к Гайдару поближе? А то вы уже ушли в дебри своей молодости...

А. Н.: Гайдар мне предложил место зама в институте, которого еще не было, он его только создавал. И год я у него был замом по науке.

П. А.: Тогда ты, собственно, с ним и познакомился по-настоящему.

А. Н.: Да. Возвращаясь к твоему вопросу, Алик, о Гайдаре как и. о. премьера, я могу сказать, что Егор страшно не любил оперативных дел, что мне очень дорого обходилось, потому что он значительную часть этих мероприятий перекладывал на меня.

Уже упомянутое здесь совещание по спасению Петербурга должен был проводить он. Егор, видимо, догадался, о чем будет идти речь, и сказал: «Слушай, я тебя очень прошу, проведи за меня». Я формально вообще был первым замминистра экономики и финансов, я даже министром экономики еще не был. Вот! А проводил совещания вместо ключевого вице-премьера и принимал решения, которые, в общем-то, по статусу были мне явно не положены: например, заворачивал корабли с Мурманска на Питер...

Но, конечно, главное было то, что Егор как-то фантастически умел убеждать Ельцина, что для меня потом было очень странно, поскольку мне казалось, что они были абсолютно разные люди...

А. Н.: Что удивительно, они были очень близки в человеческом плане. Они могли часами сидеть, разговаривать, выпивать вместе. Я с Ельциным тоже выпивал на каких-то мероприятиях, но личные контакты, конечно, у нас были не такие... Я смотрел на него как на бога, а он... Кстати, он ко мне лично хорошо относился, а вот Петю почему-то недолюбливал. По-моему, за очки и быструю речь. А с похмелья трудно это было воспринимать.

А. К.: А почему он к Чубайсу относился настороженно?

А. Н.: Я думаю, что из-за некоего радикализма.

А. К.: То есть Ельцин был по натуре не радикальный человек?

А. Н.: Ельцин был человеком, безусловно, радикальным, слава Богу, но он очень не любил, когда такие шаги мог делать еще кто-то.

А. К.: Ельцин вошел в историю как человек эдаких радикальных решений. А вот мне кажется, что он был как раз очень компромиссный. Он радикальные решения принимал только тогда, когда бездействие грозило уже полной катастрофой. А до этого он все оттягивал, оттягивал, искал компромисс.

А. Н.: Но, может быть, тогда этих чрезвычайных ситуаций было так много, что в итоге радикальные решения приходилось принимать чуть ли не каждый день...

Когда стало спокойнее

П. А.: Давайте снова про экономику. В какой момент у тебя пропало это ощущение кошмара, ужаса, надвигающейся катастрофы? Когда ты в 1992 году почувствовал, что, в общем, что-то пошло, заработало и стало спокойнее?

А. Н.: Несколько раз, пожалуй. Первый, я помню, был где-то в январе. Мы же боялись на самом деле либерализации цен и создали даже специальную комиссию по оперативным вопросам, которую тоже почему-то возглавил я. Опять же вроде не по статусу. Министром я был назначен 19 февраля 1992 года, за три дня до тебя. А эта комиссия была создана в конце декабря 1991-го. И мне там подчинили чуть ли не все ведомства, включая ФСБ или как она тогда называлась. В том смысле, что они должны были мне предоставлять информацию...

А. К.: Как тебе, кстати, ее качество? Когда я работал вице-премьером и министром, это была чудовищно плохая информация и в смысле достоверности, и в смысле качества анализа.

А. Н.: Это был просто набор разрозненных фактов. Но дело не в этом. Дело в том, что я провел заседание этой комиссии всего один раз. Очень быстро выяснилось, что никакой катастрофы не произошло, никаких восстаний, бунтов, погромов складов, голодных смертей...

П. А.: Вот что я хочу сказать по поводу голода и холода. Была такая административная игра со стороны директоров и регионов: дайте ресурсы, иначе мы умрем. Не дадите денег — умрем. Не восстановите импорт — умрем. Вранье. На самом деле если людям не мешают, то люди живут. Люди умирают от тотального подавления их инициативы. Какой, к черту, голодомор? Ничего похожего...

А. Н.: В 1992 году речь шла уже не о голодных бунтах, а о возможности волнений в связи с повышением цен. Но реакция общества на эту, конечно, тяжелую меру оказалась гораздо спокойнее, чем даже мы могли предполагать.

А. К.: Как-то исподволь все было подготовлено к этому. Во-первых, элементы рыночной экономики уже начали проникать в сознание людей: уже были кооператоры, ларечники, никогда не прекращалась торговля на колхозном рынке. Я думаю, что в результате свободные цены были неприятным явлением, но все-таки не шоком, как теперь это все пытаются представить.

А. Н.: Я думаю, что появление товаров после тотального дефицита было таким приятным шоком, что он в значительной степени компенсировал шок от того, что на первом этапе цены в два раза скакнули.

Второй у меня был интересный момент: я в каком-то таком сентиментальном настроении ехал на машине. Смотрю: а транспорт-то ходит. Черт возьми, троллейбусы ходят, метро работает, и девушки по улицам ходят... Может, не так все плохо? Это был, наверное, январь-февраль.

А. К.: Любые региональные бонзы, они, конечно, жути нагоняли по сравнению с реальной ситуацией...

П. А.: Конечно, это же их ресурс для торговли с центром...

А. К.: Наверное, для Горбачева, поскольку он мотивацию этих региональных вождей хорошо знал, их завывания зачастую были сигналом расслабиться. Первый секретарь жалуется, а как может быть иначе?

Что сослужило ему плохую службу. А вы, поскольку их не знали, все принимали всерьез и поэтому перебдели. Он недобдел, а вы перебдели.

А. Н.: Черт его знает, может, и так, но в конце 1991 года ощущение надвигающегося краха было искренним и всеобщим. Кстати, об управляемости. Я когда сел в союзный Госплан, стал, если лично не знал людей, по телефонному справочнику писать указивки всем подряд. Народ законопослушный, и мне каждый день отчитываются об исполнении поручений. Дальше приходит исполняющий обязанности союзного министра Трошин Александр Николаевич и говорит: «Что происходит? Вы тут сидите на птичьих правах и моим сотрудникам даете поручения».

Ну, я ему и говорю: «Александр Николаевич, мы с вами будем ху...ми мериться или все-таки постараемся сохранить министерство, сохранить коллектив, провести серьезные экономические реформы, которые нужны стране?» Дальше он издал единственный в своем роде приказ по Министерству экономики и прогнозирования СССР: «Сотрудникам министерства исполнять указания первого замминистра экономики и финансов России Нечаева Андрея Алексеевича».

И в какой-то момент у меня возникла эйфория абсолютной управляемости. То есть я писал указивки, мне отвечали. По форме все было отлично. А когда я все это начинал читать, я понимал, что на самом деле это отписки какие-то в половине случаев. Все вязнет, как в болоте, ничего сделать нельзя. Я стал заложником своей собственной идеи, что у нас в стране госплановские кадры лучшие, которые знают реальную ситуацию, знают, что на каком заводе происходит и что с этими кадрами будет легче управлять. А на самом деле — как в болоте. Меня после этого качнуло в другую сторону: у меня возникло глубокое ощущение, что я вообще ничем не управляю. Просто я в блокаде, мне говорят какие-то слова каждый день, а толку ноль. Понадобилось, наверное, месяца три, может быть, четыре, пока я на самом деле стал министром. Когда я все-таки кого-то переубедил, кого-то выгнал, кого-то повысил-понизил. На коллегии им фактически лекции читал по рыночной экономике. И вот тут у меня опять появилось чувство оптимизма, что все идет в правильном направлении... Люди стали работать адекватно.

П. А.: Слушай, а Юрий Васильевич Яременко ведь был еще жив?

А. Н.: Юрий Васильевич умер в 1996 году.

П. А.: Как он относился к твоей работе? Я сейчас с интересом вспоминаю, что наши советские академики ничуть нас не жаловали. Ведь это странно было: к власти приходит команда любимых учеников, я не хвастаюсь, любимых учеников Шаталина, Петракова, Яременко... Казалось, они должны радоваться...

А. Н.: Кстати, Шаталин был лояльнее других. Он по крайней мере не выступал с какой-то огульной критикой.

П. А.: К Егору он был нелоялен. Яременко был нелоялен. Львов[95] был нелоялен. Петраков был и остался нешибко лоялен.

А. Н.: Я думаю, по-человечески все очень просто: абсолютно чистое чувство ревности.

А. К.: «На его месте должен был быть я. Напьешься — будешь».

А. Н.: Петраков был помощником Горбачева, Яременко был нештатным, но очень влиятельным советником Хасбулатова. Абалкин был зампредом союзного Совмина. То есть они все, в общем-то, тоже подбирались уже к власти...

А. К.: Вы их подсидели.

А. Н.: Они все где-то к власти подбирались. И они все были на 20 лет старше нас. И дальше понятно. Приходят эти 35–40-летние, а им уже 60, и они понимают, что уже все...

А. К.: Выучили на свою голову.

А. Н.: У них уже больше никакого шанса никогда не будет. И при этом они абсолютно ничего не понимают в рыночной экономике.

П. А.: Мы, конечно, были более образованными. Хотя мы тоже не вполне понимали, что это такое. Особенно с русской спецификой...

А. Н.: Я сейчас приведу пример, что я имею в виду. Он не с академиками связан, но я думаю, что с ними это было отчасти тоже так. Помнишь, был такой Шилов, которого ты тогда переманил у меня и замминистра сделал?

П. А.: Был такой.

А. Н.: Он был начальником сводного внешнеэкономического отдела. Я ему поручил делать валютный баланс. Я валютный баланс никогда в жизни не делал сам. Но на уровне общего развития понимал, что такое валютный баланс и вообще что такое баланс. Он мне свой вариант баланса приносит, смотрю и с ходу говорю: «Подожди, у тебя вообще дебет с кредитом не сходится, так где ж баланс-то?» Он говорит: «Ну, дефицит мы заимствованиями покроем». — «Так ты в баланс-то внеси, у тебя там обязательства появятся, пассивы и т.д.». И внизу баланса был длинный текст типа: «А еще мы тут продадим золотишко, а еще мы тут займем, а вот тут будут товарные кредиты и т.д.». «А где же это все в балансе?» — спрашиваю. «Зачем? Это будут отдельные соглашения». По балансу у нас вообще-то соглашений ни с кем нет, а есть поступления валюты и расходы, пришлось ему растолковывать. Уровень профессионализма и мышления у одного из лучших специалистов Госплана, очень хорошо владевшего цифрой, реальной ситуацией, был ужасен. Думаю, что в таких узкопрофессиональных вещах, к сожалению, наши учителя не сильно от этого товарища Шилова отличались.

Об ошибках

П. А.: Как ты сегодня считаешь, какие были наши самые сильные упущения как команды нанятых на проведение реформ технократов? Не политические, а чисто технократические?

А. Н.: Чисто технократических, думаю, как раз не так много. Ну, наверное, надо было не тянуть резину и освобождать сразу все цены.

А. К.: Разве это было не на две недели позже сделано?

П. А.: На несколько месяцев.

А. Н.: Какой тебе несколько месяцев? С большой условностью в декабре 1992 года.

А. К.: По фиксированным ценам продавали, что ли?

А. Н.: Нет, устанавливался порог роста.

А. К.: На внутреннем рынке?

А. Н.: Не на внешнем же. На внешнем за сколько покупали, за столько и покупали. Да, довольно быстро отменили, например на молоко. А вот с нефтью тянули. На услуги естественных монополий тоже держали. В этом случае, возможно, тогда это было правильно. А что до сих пор не освободили, удивительно.

П. А.: Надо было использовать не ценовое, а антимонопольное регулирование.

А. Н.: Вообще, нужно было жестче закручивать гайки. Я думаю, что ошибки были прежде всего, конечно, чисто политическими: а) ничего не объясняли про печальное наследие; б) вообще не занимались политикой; в) очень долго не пытались создать себе какую-то организованную общественную базу.

П. А.: Мы с Аликом говорим очень похожие вещи.

А. Н.: Помнишь, у нас с Каданниковым была на АвтоВАЗе первая попытка создать какую-то политическую конфигурацию (и то такая с отчаяния попытка и не доведенная до ума). То есть тогда мы уже понимали, что надо работать со съездом, с Верховным Советом. Я помню, Юрий Гехт мне столько крови попил. Редкий был паразит. У него в Серпухове была бумажная фабрика. Жулик был страшный. Я потом в его банке деньги потерял через много лет. Но он был председателем фракции промышленников в Верховном Совете, и мы с ними часами сидели и чего-то там обсуждали...

А. К.: Чего-нибудь добивались?

А. Н.: Мы добивались какого-то конкретного голосования и что-то по их просьбе меняли в экономической политике. Например, приняли решение об индексации амортизации, чего директора добивались. Они очень за это благодарны были тогда и по сию пору спасибо говорят. Но мы, грубо говоря, не пытались создать проправительственную партию.

А. К.: Но ты же говоришь, что это должен был делать Ельцин по распределению обязанностей, да?

А. Н.: Практически уже во время VI съезда, когда правительство подало в отставку по собственной инициативе, стало ясно, что надо заниматься политикой. И что, в общем, худо-бедно мы можем ею заниматься.

А. К.: А почему не занимались?

А. Н.: С одной стороны, от перегруженности, а с другой — Ельцин. Ельцин, конечно, ревниво к этому относился. У него был комплекс Отца Нации. Какие-то партии, объединения, союзы... Ему казалось, что это мелко...

П. А.: К этому мы не готовы были ментально. Но все-таки, что ты скажешь еще о чисто «технократических» ошибках? Вот у меня осталось впечатление, что мы сделали большую содержательную ошибку, практически не занимаясь социалкой...

А. Н.: По социалке ведь какая была история... Совершенно правильно был прописан принцип, на котором она должна была строиться: отмена универсальных советских льгот и переход к адресной защите. Но Шохин с Памфиловой[96] с этой задачей по-настоящему не справились... Впрочем, с ней до сих пор справиться не могут. Это объективно очень трудная задача.

А. К.: А монетизация льгот, которая в 2005 году была проведена, разве это не то же самое?

А. Н.: То же самое.

А. К.: Значит, все-таки справились?

П. А.: Но когда и как? Очень скверно!

А. К.: Значит, до сих пор справиться не могут?

А. Н.: А до сих пор монетизация льгот не закончилась. Там половину отыграли обратно. Денег ушло немерено...

П. А.: Я тоже не понимаю! Ведь главное, что реформа социалки была понятная, вся прописанная и... полностью проваленная.

А. Н.: По исполнению — ты прав. Социалка — ошибка №1.

А. К.: Портрет Гайдара как премьера и если можно, то и твой портрет Ельцина меня интересует.

Опять о Гайдаре

П. А.: Да, и вот по поводу атмосферы. У меня такое ощущение сейчас (да и все 20 лет), что у нас вообще не было конфликтов... Кроме того, что Шохин с Гайдаром поцапались, никаких больше проблем не было. У нас была уникальная, феноменальная атмосфера. Как себя ты чувствовал? И какова роль Гайдара в том, что такая была атмосфера?

А. Н.: Петя, тут, мне кажется, все довольно просто. Называя вещи своими именами, можно прямо сказать, что Егор нас всех привел. Конечно, он не приводил глубоко чуждых или неприятных ему в личностном плане людей, поэтому и была такая атмосфера.

А. К.: Почему же он тогда с Шохиным так поступил?

А. Н.: А вот я, например, хорошо помню, буквально в последние дни перед отставкой Гайдара, когда буквально через несколько дней они как раз и наговорили друг другу резкостей, мы сидели у Егора на даче. Наверное, выпивали, и вдруг Егора что-то потянуло на сантименты. И он говорит: «Слушай, Сашка фантастический человек, как я ему благодарен!» И дальше он произнес характерную для Егора того времени фразу: «Он ведь почти ни разу не пришел ко мне за деньгами». Вот для него люди, которые не приходили к нему за деньгами, не жаловались, были очень дороги, он их ценил и хорошо понимал, как это тяжело — в такой страшной ситуации ни разу не попросить денег...

Я с вами согласен, Саша в значительной степени социалку провалил. Но, с точки зрения Егора, то, что он не перенапряг бюджет, была его величайшая заслуга.

П. А.: Конфликты начались в ноябре 1992 года. Саша про это рассказывал. Но сейчас это уже неважно...

А. Н.: За то, что я рассказал, я, что называется, лично отвечаю. У меня были локальные какие-то конфликты с Чубайсом, который был уж совсем радикален: он, например, требовал просто все это оборонное добро закрыть на фиг, все убыточные заводы, бесполезные учреждения, бессмысленные стройки, раз народу жрать нечего. Я же все-таки пытался как-то сопротивляться: может быть, не все, может быть, давай кого-нибудь оставим... И тогда мы шли к Егору.

П. А.: Вообще, что Гайдар в твоей жизни значил?

А. Н.: Гайдар меня в итоге породил таким, как я есть. Нет, не в смысле родил. Тут спасибо моим родителям, школе, воспитанию, характеру, генам...

А. К.: Ты прямо как на церемонии вручения «Оскара»...

П. А.: Ты еще вспомни нескольких жен...

А. Н.: Гены, несколько жен — нет, это все мое. То есть, наверное, я бы тоже как-то не потерялся. Но без Гайдара я не стал бы членом этой команды и вы не брали бы у меня интервью. Не знаю, кем бы я был. ...Думаю, я вряд ли остался бы просто академическим ученым в силу довольно подвижного характера. Может быть, гораздо больше преуспел бы в бизнесе потому, что раньше бы начал. Но такой, какой я сейчас, — это, безусловно, отчасти заслуга Гайдара.

А. К.: А когда ты перестал быть министром экономики?

А. Н.: 25 марта 1993 года. Но я тебе скажу, конечно, Гайдар в этом смысле сыграл очень вредную роль по отношению ко мне как к будущему бизнесмену. У меня от Яременко было государственное мышление и также от генов, потому что у меня какая-то часть родственников работала в оборонке, и, соответственно, с государственничеством у меня был даже перебор... У Гайдара тоже было государственное мышление. Помню, что когда ко мне приходили (уже при работе в Российской финансовой корпорации) люди с какими-то проектами, суть которых состояла в том, что мы много получим, но, может быть, бюджет немножко потеряет, то я их просто гнал в шею и не заработал много денег. И также я могу точно сказать, что я вышел из министерства беднее, чем я в него вошел, в узко материальном смысле...

П. А.: В это никто не верит, можешь обсудить это с Кохом. Для него это больная тема. Ему тоже никто не верит, хоть это и чистая правда. И мне никто не верит. Это все вообще никого не интересует. Существует сложившийся образ, и уже ничего нельзя сделать. Просто нужно с этим жить.

А. Н.: Ну ты знаешь, как-то меня, слава Богу, все-таки это в меньшей степени затронуло. Никто меня в коррупции никогда не обвинял.

А. К.: В меньшей, чем нас. Это правда.

А. Н.: До министерства я читал лекции на Западе, у меня куча книг и статей выходила, за которые хорошо платили, а в министерстве я получал заработную плату и ничего больше.

А. К.: Итак, Гайдар тебя породил. А как премьер он оказался на своем месте? Действительно ли в нем оказался незаурядный дар такого крупного менеджера, политика и т. д.? Или где-то он оказался сильным, где-то слабым?

А. Н.: Ты понимаешь, все-таки Егор был фигурой такого масштаба и события были такого масштаба, что тут, наверное, совпадение было на 100%. Глобально Гайдар был на своем месте. Я, честно говоря, не вижу другого человека, который был бы в состоянии с той ситуацией справиться, хотя Петя считает, что она была не такая плохая. Вот у меня лично осенью 1991 года было четкое ощущение развала в стране.

П. А.: Мы спорим о терминах. Ситуация была, конечно, тяжелая. Тут никто не спорит.

А. Н.: Нет, Петя. Я тебе расскажу: мы с Егором сидели в кабинете. Приходит командующий Южным округом, говорит: «Ребята, хохлы отделяются. Крым — наша исконно русская земля. Я вот чего придумал: на Перекопе ядерные мины поставлю, пусть сунутся». Егор говорит: «Я лично вас, генерал, расстреляю. Лично. Даже тройку созывать не буду. Если вы это сделаете». Вот вы смеетесь, а я вам серьезно говорю: мы с Егором предотвратили ядерную войну в центре Европы. И таких «смелых» ребят в то время было много. Ядерная кнопка стратегическая была (вроде как) в президентском чемоданчике, а тактическое ядерное оружие было размазано. И когда говорят, что никакой угрозы гражданской войны и так далее не было, я вспоминаю этого дяденьку и очень улыбчиво отношусь к тому, что все было замечательно и все жили в страшной дружбе. И Егор, безусловно, не боялся принимать тяжелые решения. Единственное, конечно, у него был такой чрезмерный большевизм, что его объединяет с Чубайсом.

А. К.: Может быть, только большевизмом и можно победить большевизм?

А. Н.: На стадии борьбы с большевизмом — да. Но вот на стадии, когда все-таки уже идет нечто созидательное, — не уверен. Твердая уверенность (пусть даже зачастую специально наигранная), что ты точно знаешь, как надо, не всегда полезная вещь. Что меня немножко разводило с Толей — это его уверенность, что он твердо знает, что нужно сделать, чтобы люди были счастливы. Если они даже этого сами не понимают. Если они этого сейчас не понимают, мы их туда загоним!

П. А.: Ну, это ты про Чубайса говоришь. А Гайдар?

А. Н.: По сравнению с Чубайсом — в меньшей степени. Но определенно нотки в этом смысле у Егора были. И потом, Егор был, конечно, совершеннейшим фанатиком своей деятельности. Я вообще удивляюсь: как он был несколько раз женат?

А. К.: Какое это имеет отношение к тому, что Егор — фанатик своего дела?

А. Н.: Я удивляюсь, как он вообще хотя бы один раз женился. Он был абсолютным фанатиком своего дела.

П. А.: А дело это было — реформа страны. Хорошо. Что мы тебя не спросили такого, что должны были спросить?

Сегодняшний день

А. Н.: Я думаю, надо было выпивать, тогда бы все шло гораздо живее. Говорил же, что надо вечером.

П. А.: Все-таки, про что мы тебя не спросили?

А. Н.: Про современность.

П. А.: Почему наши интервью, которые мы с Аликом делаем, как тебе кажется, только два слова, не надо длинно, мало кому интересны? Вот в 1937 году, спустя 20 лет после 1917-го, уже библиотеки были написаны о революции, библиотеки. Белые, красные, эмигранты. А вот прошло 20 лет с момента распада СССР, и почти никто ничего не вспоминает: ни наше правительство, ни 1991 год, ни 1993-й, а про Ельцина написано полторы более или менее приличные книги.

А. К.: Я сегодня выступал (продолжая Петину мысль) перед студентами Высшей школы экономики, четвертый курс, по программе «Деловая журналистика». Преподаватель сказал, что это очень хороший курс, сильно выделяющийся по сравнению с другими. Про 90-е годы рассказал им, про приватизацию, про экономические реформы, как это начиналось... Такая вялость в глазах. Единственное, что живо интересовало, — это детали «дела писателей». Сколько кто получил, много-мало, откуда деньги, куда дел. Больше вообще ничего не интересно, ни 1991-й, ни 1993-й...

П. А.: А я до сих пор помню поименный состав первого Совета народных комиссаров. И хронику Октябрьского переворота. И много всего разного о революции, Гражданской войне... И эти знания типичны для нашего поколения. А тут — конец советской власти! Вроде так интересно!

А. Н.: Я все-таки не согласен, что совсем неинтересно. Я, конечно, не Ельцин и не Гайдар, но последняя моя книжка напечатана тиражом 10 000 экземпляров. Для экономических мемуаров это много, и ее раскупают. Несколько десятков людей, прочитав эту книжку (спасибо им), написали в блогах, что это очень интересно.

Молодежи это, возможно, неинтересно оттого, что они не застали ту ситуацию, не понимают ее драматизма. Они не хотят знать, в чем мы там с тобой, Петя, расходимся насчет голода. Их вообще очень интересует только их сегодняшняя жизнь, удовольствия, заработки и карьера. Наверное, это хорошо. Я вообще не уверен, что они читают историческую литературу...

А. К.: В 1945 году, за 16 лет до моего рождения, закончилась война. Это было так интересно, когда я стал более-менее соображающим, когда мне было 7 лет. У меня дед — фронтовик. Я его часами готов был слушать. Сейчас 20 лет прошло с того момента, когда все это началось, сидят студенты, не семилетние дети, им ничего не интересно. Только один вопрос: «А почему вы так много получили? Куда вы эти деньги потратили?»

А. Н.: К сожалению, у значительной части населения есть твердый штамп: «Все украли, все разорили». Дальше нюансы, что это американские агенты были или просто жулики. Или вообще по недомыслию. Ты знаешь, я думаю, почему? Потому что развал советской экономики произошел очень быстро, люди реально не успели это почувствовать на собственной шкуре. А как только они хоть немножко начали чувствовать надвигающуюся катастрофу, как раз вот тут-то Егор Тимурович с товарищами и нарисовался. В массовом сознании возникло устойчивое сочетание: было плохо — в то время правил Гайдар. Поэтому они развал связывают с нами, хотя реально развал уже шел пять лет. Но они его ассоциируют с нами. Такова специфика исторической памяти. Тут уж ничего не поделаешь.

А второе — то, что нами принимались абсолютно объективно вынужденные решения, очень тяжелые, с тем же ВПК. Но им-то что до того. Вот был он честным инженером, как, например, отец моей секретарши, был влюблен в авиацию и работал авиационным конструктором. Пусть средней руки, но он получал огромное удовольствие от своей работы, у него было ощущение нужности дела. Сейчас он работает в страховом агентстве. Ему это совсем неинтересно. Хотя, Алик, при этом талантливый советский инженер с семьей из пяти человек жил в крохотной двухкомнатной квартирке. Это все, что ему дала советская власть. Сейчас у него появилась дача, иномарка. Но он чувствует себя плохо. Ему неинтересно, он никому не нужен...

А. К.: В СССР у него было ощущение элитарности. Как-никак — авиационный инженер, оборона страны, все дела! А сейчас — страховой агент. Обычный клерк. Хоть и при бабках.

А. Н.: У него было ощущение, что он нужный стране человек. И все остальные, в общем, они тоже в таких же квартирках. Это ему еще квартирку дали, а кому-то ведь и не дали... Ощущение элитарности, избранности у многих отняли, конечно. А сейчас у него машина. Он ее разбил, купил следующую. У него дача, но ощущения, что он нужный стране, уважаемый человек, у него нет.

А. К.: А нужность семье — это, к сожалению, маргинально.

А. Н.: И таких людей миллионы.

А. К.: Логика, о которой ты говоришь, в общем, понятна. И почему у людей возникают такие ощущения, тоже более-менее понятно. Но зачем придумывать то, чего не было? Сейчас же появилась эта дикость, что вот миллионы русских людей погибли в результате реформ. Они «умерли от голода», и их нам предъявляют. Почитай Интернет, газеты. Лужка с Поповым.

А.Н.: Отчасти это же, ты понимаешь, идет с самого верха. Там хотят поддерживать некий уровень неприязни к 90-м и к людям, с которыми они ассоциируются, а старые аргументы уже не работают, вот и придумывают новые, более драматические.

А.К.: А почему 90-е? Почему не середина 80-х, не 70-е? И потом, кто так придумал? Сурков, что ли?

А.Н.: Вероятно. Или тот, кто ему дает указания, или тот, кто советует.

П.А.: Это, безусловно, идеологическая установка. Но главное, почему это неинтересно? Я думаю, что в России в начале XX века ощущалась пассионарность. Была дискуссия после революции, у всех было ощущение, что что-то случилось, но нужно еще многое менять, биться за лучшее, правильное, можно идти туда, можно идти сюда. Давайте бороться за наше будущее. Сейчас сама идея борьбы за будущее исчезла. А поэтому неинтересно прошлое.

А.К.: Борются за настоящее.

П.А.: Воздух выпустили.

А.Н.: Ты, Петя, нащупал главное: у Егора эта пассионарность присутствовала на 200%.

Владимир Лопухин: *«Такая вот костоломная машина...»*

Владимир Лопухин руководил российским ТЭКом десять месяцев — три в правительстве Силаева, еще семь — в правительстве Гайдара. Недолго, но сделал многое. С именем Лопухина не связаны самые громкие реформы начала 1990-х — освобождение цен, приватизация, изменение структуры бюджета, конвертируемость рубля... Однако именно он стоял у истоков реструктуризации и формирования правил игры в отрасли, которая стала мотором экономического роста, — нефтяной.

С середины 80-х Лопухин носился с идеей создания вертикально интегрированных нефтяных компаний — именно с ней он и пришел во власть. Первый набросок нынешнего ландшафта нефтянки принадлежит Володе.

По свидетельству очевидцев, мы с ним наименее соответствовали классическому образу советского министра. Он и сейчас, спустя 20 лет, на министра совсем не похож — типичный представитель московской «экономико-математической» интеллигенции. В нашем разговоре он все время «съезжал» на самые общие темы — морали, исторического пути России и т.п. Его рассуждения всегда любопытны, но мы все же упрямо пытались заставить Володю вспоминать более конкретные вещи — закон «О недрах», написанный под его руководством; формирование компаний, позже получивших названия ЮКОС, ТНК и «Лукойл»; дискуссии об относительно более позднем освобождении цен на энергоносители в 1992 году. И, конечно, мы вместе вспоминали Гайдара.

Петр Авен

Петр Авен (П. А.): Алик, пока ты с присущей немцу пунктуальностью опаздывал, мы наметили несколько тем, на которые хотим поговорить. И первая тема, которая меня занимает, сильно касается настоящего. А именно: существуют две близкие отрасли — нефтяная и газовая. Володя руководил и той и другой, будучи в правительстве. И были выбраны две совершенно разные модели их развития.

В нефтяной промышленности были созданы несколько компаний, была выделена транспортная компания, сбыты и т. д. И с другой стороны — «Газпром», создание которого считается одной из главных заслуг недавно, к сожалению, ушедшего из жизни Виктора Степановича. По сути, в стране есть только одна добывающая и транспортирующая газ компания. Независимые производители не в счет, тем более что трубы у них нет.

Сравнение результатов развития этих двух отраслей за 20 лет, на мой взгляд, явно не в пользу газовой. Почему? И кто выбирал две разные отраслевые модели?

Владимир Лопухин (В. Л.): Я начал Пете говорить, пока ты, Алик, ехал, что волею судеб я начал разбираться с тем, что такое нефтяная и газовая промышленность, в 1976 году, уже диплом писал по нефтянке российской. А в 1976 году я поехал в Сибирь — была просьба Богомякова (первого секретаря Тюменского обкома партии) Брежневу дать ученых, с тем чтобы разобраться с экономикой и перспективами нефтедобычи. Я и поехал в Тюмень.

А позже мы с Аликом Рывкиным написали статью с честным анализом того, что делается и чем это кончится. В результате я был объявлен врагом, троцкистом или кем-то вроде этого и стал невыездным — меня, кстати, не пустили на стажировку в IIASA, в Австрию, где стажировался Петя.

И я снова поехал в Тюмень, потому что в Москве мне было душно.

Альфред Кох (А. К.): Куришь много, вот и душно.

В. Л.: Ну, это не важно. Что важно? Вернулся я в 1983 году в полном отчаянии, что в нефтянке ничего поправить нельзя.

П. А.: Ты все это время жил в Тюмени?

В. Л.: Формально я сидел в Москве, в Академии наук, но реально я жил между Москвой и Тюменью. Ну, не только Тюменью — Нижневартовском, Новым Уренгоем...

Завязывать я решил эти мотания, когда стал однажды дома из почтового ящика вынимать газету и не мог вспомнить: «Я улетел или прилетел?» Сумка была за плечами, но вот убей меня, я не понимал, где я, что я?

А. К.: Входишь или выходишь?

В. Л.: Я решил, что это уже все. Но на самом деле меня колотило не это, а понимание, что ничего сделать нельзя. Все неэффективно, нетехнологично... Нельзя было получить металл в северном исполнении, что при минус 40 абсолютно критично. Или завозились железобетонные блоки из всех республик СССР транспортными самолетами. Для строительства домов — вся страна помогает Тюмени. И никто ничего не считает. Нефтянка, вы, может быть, не догадываетесь, многие годы советской власти жила с открытым рублевым счетом. Деньги вообще не лимитировались.

П. А.: Почему тем не менее получилось то, что получилось? Две разные модели.

А. К.: Почему нефтянка так, а газ — эдак?

В. Л.: Прежде всего нефтянка куда более сложная отрасль. Газовая работает как? Ты дырку проткнул, газ сам идет, и достаточно. Кончил идти, больше не работает, другую дырку протыкаем. В нефтяной, как вы знаете, в скважину вода закачивается, химия, бог знает что еще. На порядок больше людей, на порядок более сложные процессы, и было понятно, что управляемость нефтянки из Москвы была потеряна еще в 70-х годах. Поэтому, просто чтобы вернуть управляемость, надо сделать штук десять компаний. И за счет этого сделать ситуацию обозримой.

П. А.: То есть «Газпром» может быть один, а одна компания в нефтянке становится слишком сложной для управления?

В. Л.: Да. Это была одна сторона. С другой стороны, я был против того, что хотел сделать Толя (Чубайс. — *Прим. ред.*), потому что Толя хотел приватизировать по юрлицам. Я что сделал? Я сделал вертикально интегрированные компании.

А. К.: Вместе с Петей Мостовым[97] в 1992-м?

В. Л.: Петя был категорически против. В нефтянке была идея следующая. Сделать крупные компании, выходящие на деньги, то есть на потребителя. Поэтому — нефтепереработка и сбыт, а не только добыча. Полный цикл.

А. К.: Почему, приватизировали бы по юрлицам, а дальше... Ну дальше собралась бы компания какая-нибудь вертикально интегрированная.

В. Л.: Они никогда бы в жизни не собрались. Это не текстильная промышленность, которая может два месяца постоять, ни х... не работать, а потом прекрасно заработать. Или полгода постоять. Если у тебя два месяца постоит нефтяная скважина, тебе потом дешевле будет про нее вообще забыть.

А. К.: Почему она должна стоять, если это нефтедобывающее предприятие? Нет аргументов.

В. Л.: Есть аргументы.

П. А.: Ладно, Володя свое объяснение дал. Нефтяная отрасль намного более сложная, чем газовая, поэтому с точки зрения обозримости и управляемости надо было ее поделить. Это аргумент, понятно. Но когда это решение принималось? До тебя, при тебе? Как и кем нефтяные компании создавались?

В. Л.: Я с этим пришел. Я об этом договаривался с Гайдаром.

П. А.: А «Газпром» вы решили оставить.

В. Л.: «Газпром» совсем другое кино. С моей точки зрения, «Газпром» является элементом нашей сверхдержавности... Несмотря на всю чудовищную неэффективность и бессмысленность с экономической точки зрения, геополитически сохранение «Газпрома» необходимо. Это глобально важно для страны, для ее позиционирования в мире, важнее, чем экономическая эффективность. Поэтому один «Газпром». Это тоже решение, которое принималось при мне. «Так делить его или не делить?» Ответ был: «Не делить».

А. К.: Кто этот ответ дал?

В. Л.: Я сам его себе дал.

А. К.: Ты пришел и защитил это решение.

В. Л.: Пришел и защитил. По разным причинам. Понятно, что если не будет газа (как и бензина), то это политический риск для режима. А газ был. «Газпром» стабильно работал.

А. К.: Мне кажется, все это объясняется проще. К тому моменту, когда нужно было принимать решение, как приватизировать «Газпром», а мне вспоминается, что это решение принималось несколько позже, чем весной 1992 года...

В. Л.: Конечно, позже.

А. К.: К тому моменту премьером был Черномырдин, который просто не дал бы его реструктурировать.

В. Л.: Ну что значит не дал бы?

А. К.: Ну не дал. А кому бы он дал?

В. Л.: Дело не в том. Было принято решение его не реструктурировать еще при мне.

А. К.: Ну послушай меня.

В. Л.: Я слышал вопли Димы Васильева[98], что я тут устраиваю коммунизм или совок.

П. А.: А ты обсуждал всерьез тему другой структуры «Газпрома», скажем, выделения газотранспортной компании?

В. Л.: Конечно.

А. К.: Реально, когда начали выпускать указ о создании «Газпрома», это уже было после того, как Володя ушел из правительства.

В. Л.: А что было до того?

А. К.: А до того было просто решение пока его не трогать. Пока. Все оставить как есть. Сейчас не до этого. Это не самая главная задача, которую надо решать… И был Черномырдин.

В. Л.: Черномырдин сделал концерн. Еще до нас.

А. К.: Да. Это было юридическое лицо. А в нефтянке не было никакого концерна. Были отдельные добывающие предприятия. Я все прекрасно помню, я эту нефтянку приватизировал. Я лично. Все эти указы, которые формировали компании, все я это делал. И вашу, Петя, Тюменскую нефтяную компанию вот этими ручками создавал, присоединяя к добыче всякие заводы и КБ. И, на мой взгляд, Володя все объясняет красиво и сложно. А мне кажется, пришло правительство молодых реформаторов. И вот оно видит: есть нефтяная промышленность. Там можно так соединить, так соединить, можно все это объединить в одну кучу, а можно вообще никак не соединять. Как говорил Гайдар: «Как-нибудь само склеится». А есть «Газпром», который уже консолидирован в единую корпорацию, во главе которой стоит Черномырдин — вице-премьер по ТЭКу… Ну, при Лопухине еще вице он не был, но все равно был крупным игроком с огромным и единственным в стране в тот момент кэшем.

П. А.: У нефтянки тоже был кэш.

А. К.: Но у них он был раздроблен. А у этих все консолидировано, причем собрано в Москве. И вот задача: можно изгаляться, спорить, создавать вертикально интегрированные компании, конкурентную среду, а тут данность. Тебе, чтобы хоть что-то сделать, надо прийти и с ними воевать. Они не хотят это разваливать.

П. А.: И у них валюта, которая крайне нужна.

А. К.: А у тебя задача платить за суда, которые до Питера с пшеницей идут. У тебя там война в Южной Осетии, у тебя инсулин.

И здесь есть еще один важный фактор, который мы не проговорили. Дело в том, что в «Газпроме» нет розницы. У «Газпрома» нет розницы, и, соответственно, конкурентной среды рядом с потребителем ты создать не можешь. Везде «Газпром».

В. Л.: В Америке создана конкуренция и с газом.

А. К.: Я говорю: у нас. В Америке создана, потому что у них есть независимая трубопроводная система. У нас же в каждой точке потребления «Газпром» — локальный монополист. В то время как сотни, тысячи, десятки тысяч бензоколонок — это розница, которая создает конкурентную среду. Вот и все.

П. А.: Разумно.

А. К.: Поэтому конкуренцию в нефтянке образовать существенно проще. Плюс вопрос хранения. Это тоже важно. Построить какую-нибудь емкость для хранения нефти существенно проще, чем построить подземное хранилище для газа. В свое время мы очень много полемизировали, как приватизировать электроэнергетику, и поняли, что приватизировать ее надо единым комплексом, потому что там есть одна фундаментальная проблема: тоже нет конкуренции. В каждой локальной точке потребления монополист. И практически нерешаемая проблема хранения. Товар не хранится. Поэтому так сложно почти 20 лет мы ее реструктурируем и до сих пор реструктурировать не можем. На самом деле в мире нет идеальной системы конкурентной электроэнергетики. И в Америке есть проблемы с блэкаутами. А «Газпром» находится где-то посередине между электроэнергетикой и нефтянкой. У него почти нет розницы, и у него очень сложная проблема хранения. Я помню эти споры, в которых я участвовал. Мне Петя Мостовой все время говорил одну и ту же фразу: «Ты иди и занимайся своей оборонкой. Что ты лезешь в мой ТЭК?» Потом, когда Петя ушел, мне и то, и то отдали. У нас до драки доходило у Чубайса. Мы спорили: «А кто тот демиург, кто определит, как надо?» Я говорил: «Я демиург».

В. Л.: Не знаю, стоит ли это публиковать, но Витя Черномырдин был тонкий психолог. Выяснил, что Ельцин не выдерживает женских слез. Он, значит, вызвал бабу-депутатку из Нового Уренгоя и сказал (она была членом конституционной комиссии): «Я тебя в землю закопаю, ты должна так плакать на конституционной комиссии, слезами умываться и причитать: “Какая конституция, “Газпром” родной гибнет”». Она при Ельцине исполнила этот номер.

А. К.: Ну, это осень 1992-го, когда все решения были приняты.

В. Л.: Борис Николаевич пришел в Кремль и сказал, что он ничего не будет предпринимать, пока не подписан указ о «Газпроме».

А. К.: Понимаешь, в чем дело? Почему Лопухина сняли первым? Почему на него Ельцин окрысился больше всех? Фраза, которую Володя говорит, она правильная. Виктор Степанович тонкий психолог.

В. Л.: Тонкий.

А. К.: Он понял следующее. Он собрал всех и сказал: «Так, ребят, или эти козлы в Москве нас реструктурируют, или надо становиться премьером».

В. Л.: Как ни странно, версия моя более примитивна, чем у Алика. Нас позвали, когда была полная жопа и никто не понимал, как это все обернется. Когда мы зиму пережили, вот эту самую трагичную, с 1991 на 1992 год, и товарищам стало ясно, что народ все это скушал, они сказали: «Надо обратно забирать»... и на этих придурков еще можно свалить. Пора возвращаться на место. Не смели, не выгнали, и виноватые есть. Отлично.

А. К.: Но Черномырдин тогда тоже не знал, что ему позже придется отхлебнуть неслабо.

Почему Гайдар?

П. А.: По поводу этих придурков. Володь, почему этими придурками стали мы, а не команда Жени Сабурова, в которую ты тоже входил? Ты единственный из нас, кто бегал с дачи на дачу. На одной даче в Архангельском бумажки писала команда Сабурова, а на другой — команда Гайдара. Я помню, ты был замминистра энергетики.

В. Л.: Нет, я был замминистра экономики.

П. А.: И курировал ТЭК.

А. К.: А кто был министром?

В. Л.: Сабуров.

П. А.: Я привозил в Москву осенью месяца за полтора до нашего назначения, даже меньше, группу американцев, которые хотели инвестировать в нефть и газ, и Володя принимал их в качестве замминистра. Так вот вопрос. Почему из этих двух дач была выбрана наша?

В. Л.: Женя Сабуров собрал команду профессиональных экономистов, которая пыталась, прежде чем начать делать, все понять. Сначала понять, а уже потом делать. Понять было очень непросто. И сабуровская команда, в силу того, что не очень понимала, что такое переходный процесс и как его осуществлять, чего-то блеяла и мычала. А Егор был уже великим и могучим, уверенным в теории, которой, я думаю, все здесь присутствующие на сегодня знают цену. Она была очень простая. Ты отпусти. Ты отпусти, и оно само все ляжет. Эта теория идеально ложилась на менталитет нашей административной номенклатуры, но понималась она ими по-другому. Если мы понимали ее с либеральной точки зрения, то они понимали ее с точки зрения «ответственность не наша, а блага наши». Налоги мы увеличиваем, то есть распределительную функцию мы наращиваем, а за цены мы не отвечаем, за ваше производство мы не отвечаем, да? Что такое приватизация? Мы за ваше производство не отвечаем. А распределять? Годится. И совершенно новый баланс ответственности, который ее вполне устраивал. Понимаете? Очень трогательно.

А. К.: А Сабуров не предлагал менять тарифы, что-то делать с ценами?

В. Л.: Сабуров пытался найти... формы приватизации.

А. К.: Подожди. Приватизация приватизацией, а отпускать цены он собирался?

В. Л.: Собирался...

А. К.: Ну так какая разница?

В. Л.: ...Постепенно.

А. К.: Как постепенно? Это мне непонятно.

В. Л.: Он хотел потихонечку, присматриваясь.

А. К.: Потихонечку коллапс наступил бы раньше. Ведь Гайдар проводил либерализацию цен в связи с тем, что наступал товарный голод.

В. Л.: Естественно.

А. К.: Если бы цены постепенно отпускали, мы бы в марте имели голод. И все же Сабуров был тоже за свободные цены.

В. Л.: Все дело было в темпе, в темпе.

П. А.: Одним словом, Сабуров предлагал постепенность.

В. Л.: Постепенность, да. Сложные схемы. И главное, вот вы не слышите меня, он мычал, потому что у него не было адекватного языка для изложения его сложных конструкций, может быть, и более обоснованных.

П. А.: Известно, что если ты не можешь объяснить нечто десятилетнему ребенку, то сам это нечто не понимаешь.

В. Л.: Это не всегда так бывает.

П. А.: Бывает практически со всем. В экономике это, конечно, так. Самые большие экономисты, которых я знал, очень просто объясняли любые сложные вещи, происходящие в экономическом мире.

В. Л.: Попробуй Кейнса объясни просто и понятно.

П. А.: Основные идеи Кейнса объяснить очень несложно. А из того, что ты говоришь, ясно, что у Сабурова ни программы, ни команды не было. А кто кроме тебя?

В. Л.: Ну кто? Туда входил еще Ваня Матеров, Серега Глазьев.

П. А.: Глазьев там тоже был?

В. Л.: Да, он был замминистра экономики. Он входил в команду.

П. А.: О чем ты говоришь? Глазьев никогда в жизни у вас в правительстве не работал. Ни одного дня.

В. Л.: Я проверю. Я не хотел под диктофон. Я на всю жизнь запомнил, потому что нас назначали 19 августа 1991 года замминистра и Глазьев где-то в 12 часов дня 19 августа говорит: «У меня ребенок маленький, тут делать нечего, пойду-ка я от вас, ребята».

П. А.: Отказался. Ему предлагали замминистра, а он не остался.

В. Л.: Его поведение 19 августа, оно, знаешь, на всю жизнь остается. День такой веселый. Хотя, может, правда, ребенок маленький.

П. А.: Понятно. По поводу Сабурова...

А. К.: Если он такой невнятный, непонятный и говорил темно, почему он оказался министром экономики?

В. Л.: Потому что Женя все-таки профессиональный парень.

А. К.: А кто это определил, если он лицам, принимающим решение, не мог толком объяснить, чего хочет. Кто его тащил в министры экономики?

В. Л.: Я сейчас скажу про себя. Я где-то в 1990 году, слушая очередные речи на съезде народных депутатов РСФСР по телевизору, понял, что уже все. Там очередную программу реформ излагали, а я читал книжку «Базовые человеческие потребности». Роскошная. В частности, там говорится, что ты не можешь уговорить негра не губить растение из Красной книги или не жрать животное из Красной книги, потому что если у него восемь часов в день уходит на собирание чего-то, из чего он может сварить себе еду, то он берет любое растение, если оно годится на растопку или в пищу. И я так понял, что, судя по тому, к чему все в стране идет, надо заниматься либо хлебом, либо нефтью. Бардак будет крутой. Поскольку в хлебе я ничего не понимал, то решил: пора возвращаться в нефть. Пошел и стал писать программу развития Тюменской области. Юрка Шафраник тогда был председателем Тюменского облсовета. Он меня, собственно, и нанял. И к тому моменту, когда я пришел к Сабурову и тем паче когда я пришел к Егору, у меня была осмысленная программа, что делать там, что делать сям.

П. А.: И ты стал замминистра, а потом — министром.

В. Л.: Всем было удобно. Жене было удобно, что не он меня будет учить, что там делать. Ключевой сектор, а у него есть программа, и Егору было удобно, если понимать, что делается, когда, с кем, почему.

П. А.: Володя, а как появилось решение отпускать цены на нефть и нефтепродукты позже, чем на все остальное?

Освобождение цен

В. Л.: Мы с самого начала с Егором договорились, что 15% идет на свободный рынок. Всего, за что я отвечаю. Это позволило, поскольку мы все время следили за свободными ценами, примерно понимать, где реальность. И мы подтягивали так называемые фиксированные цены к свободным.

А. К.: Свободные тем самым опускались.

П. А.: А сама идея контролировать цены на нефтепродукты какое-то время, не сразу их в январе отпустить, — это была твоя идея?

В. Л.: Нет, конечно.

А. К.: А чья?

В. Л.: Ельцинская.

А. К.: А почему тогда нефтепродукты?

В. Л.: Ну, бензин, мазут — это базовые продукты.

А. К.: Уголь — базовый продукт, хлеб — базовый продукт.

В. Л.: С хлебом тоже был контроль.

А. К.: Нет, хлеб быстрее освободили, чем нефть. Нефтянку осенью 1992 года только освободили окончательно.

В. Л.: Так ее никто и не фиксировал вполне, еще раз тебе говорю. Поскольку была эта вот квота на свободные цены.

А. К.: Туда все и засовывали, ясно.

В. Л.: Конечно, это было чисто политическое решение Ельцина.

А. К.: Вы к нему пришли с проектом либерализации цен на все, а он сказал, что нефтянку трогать не надо.

В. Л.: Я это получил уже как вводную.

А. К.: То есть, когда решение принималось, ты не слышал.

В. Л.: Политическое решение, отвали.

А. К.: Мое понимание такое. Гайдар же был хороший тактик. Он понимал, что к Ельцину нужно прийти не с самым радикальным проектом, а с чем-то, что показывает, что человек он взвешенный. Отсюда и освобождение не всех цен.

В. Л.: Может быть. С другой стороны, переход на новые фиксированные и частично свободные цены он мне позволил сделать раньше всего остального. Потому что у меня все стали ждать новых цен и остановились поставки. А зима. Замерзнуть можно, не дождавшись Нового года. И мы стали цены повышать и отпускать. То есть, в некотором смысле, мы провели реформу раньше, чем все остальные, и не было никакого шухера на бензоколонках...

Когда освободили цены, мы с Лешкой Головковым ехали 1 января на работу в одной машине, вылезли на Октябрьской площади, там был гастроном. Перелезли через сугроб, ноги промочили, пошли смотреть продуктовый магазин. Какие цены, как себя люди ведут. Все было спокойно.

А.К.: Была очень серьезная пропагандистская работа целых два месяца. Людей готовили к тому, что вы не бойтесь, сейчас все товары появятся, но будут высокие цены, поэтому люди, когда пришли, они увидели то, о чем их предупреждали.

«Лукойл», ЮКОС, «Сургутнефтегаз»

П.А.: Володь, давай обсудим вопрос о создании конкретных нефтяных компаний.

А.К.: Которые начали создаваться при тебе.

П.А.: Да, и которые по формам собственности, по тому, кто их возглавляет, по менталитету оказались очень разными. Это «Сургутнефтегаз», «Лукойл» и ЮКОС. «Сургут» возглавляет советский нефтяной генерал. Он тогда таким был, таким и остался. Не стал олигархом и миллиардером — по стилю жизни во всяком случае на типичного нашего миллиардера не похож. Вагит Алекперов создал большую международную частную (а теперь публичную) компанию и является одним из богатейших людей страны, если не самым богатым. Наконец, ЮКОС. Был создан нефтяниками, но оказался в руках у молодых ребят, никакого отношения к нефти не имеющих. Можно по каждой компании? Как они создавались, почему оказались такими разными?

В.Л.: Ну, смотрите, ребята...

П.А.: Только говори правду.

В.Л.: Ну конечно, правду и только правду, но, как учил товарищ Николаи, не всю правду. Так вот. Нефтяникам говорят, что должны создаваться вертикально интегрированные компании. Но они не понимают. Не понимают, что такое компания.

П.А.: Ты себя обманываешь. Алекперов понимал лучше тебя с самого начала, как выяснилось. Да и Ходорковский понимал.

А. К.: И Муравленко[99]. Они что, не знают, какие компании за Западе, что ли? Прекрасно знают: розница, переработка, добыча.

В. Л.: Алекперов, насколько я понимаю, был даже несколько обижен на меня какое-то время, потому что думал, что я хочу его снять с первых замминистра и послать делать какую-то компанию. Он рассматривал это поначалу как некое не очень мое хорошее к нему отношение.

П. А.: Когда был замминистра Союза еще?

В. Л.: У меня он тоже был замом. И ни о какой компании не думал.

А. К.: Ну так не назначал бы его, раз он так. Назначил бы кого-нибудь другого.

В. Л.: Я считаю, что это было одно из достаточно тонких решений. Поскольку Вагит был неформальный лидер среди генералов, то, что он первый как бы возглавит этот процесс — поход в компанию, было важно.

П. А.: Ты предложил?

В. Л.: Конечно. А кто ж еще?

П. А.: А структурировал компанию «Лукойл»?

В. Л.: Это Вагит... И он молодец, потому что у него не было никакой правовой базы. Он это сделал на личной харизме.

П. А.: Ты дал ему идею и предложил как-то собрать вертикально интегрированную компанию.

В. Л.: Там что-то варилось, типа ассоциация, не поймешь что. Ему было предложено превратить это в компанию, и он это сделал.

П. А.: Выбрал сам компании, которые можно слить в одну, так я понимаю?

А. К.: Ну, он, кстати, выбрал не самые лучшие компании. Он как профессионал понимал, что есть лучше. Например, «Ноябрьскнефтегаз» очевидно был лучше, чем любая из его трех.

В. Л.: Где договорился, там и сделал. А когда люди договариваются, создается совершенно особая культура. Культура партнерства.

П. А.: Сначала это было партнерство, потом фактическим хозяином стал Алекперов.

В. Л.: Не суть. Суть заключается в том, что «Лукойл» принципиально по-другому устроен по сравнению с другими компаниями. Вот ЮКОС – совсем другая история.

П. А.: Я помню, ты дружил с Ходорковским. У тебя с дачи Невзлин и Ходорковский почти не вылезали.

В. Л.: Давай с конца. После того как в ЮКОС зашел Ходорковский, я оттуда вышел. Я никогда не был с ними вместе... Я занимал довольно активную позицию в ЮКОСе. Их заход означал мой выход.

П. А.: Какой был год?

В. Л.: Ну вот когда залоговые аукционы.

П. А.: А ты тогда с ЮКОСом плотно сотрудничал?

В. Л.: С ЮКОСом, но не с ними.

А. К.: С Муравленко.

В. Л.: Там был и Муравленко. Но Муравленко решил податься к ним, а я ушел.

П. А.: История создания компании была такая же, как у Вагита?

В. Л.: История совсем другая. Структуру ЮКОСа мы придумывали еще в Министерстве экономики, начиная с августа 1991 года. Мы хотели сделать некую эталонную компанию и думали, как ее слепить.

П. А.: Генералы поддерживали?

В. Л.: В большей степени, чем Муравленко, заводилой был Зенкин Володя, которого убили потом, то есть нефтеперерабатывающие заводы. Объединение заводов – Самара, Новокуйбышевск...

А. К.: А убили его когда? После залогового аукциона?

В. Л.: Нет, до. Там были действительно довольно-таки тяжелые разборки.

А. К.: Муравленко из штанов выпрыгивал, хотел Ходорковскому в объятия попасть, а Зенкин был против.

В. Л.: Зенкин был, светлая ему память, очень редкий самодостаточный мужик. И вот «Лукойл» – харизматичный лидер, который не очень понимает, что такое нефтяная компания. Но, не очень понимая, может собрать единое целое – договориться, все утрясти и компанию сделать.

А ЮКОС — куча народа вынянчивала это дитятко — я, Грушевенко[100], Самусев[101], Зенкин.

П. А.: То есть в отличие от «Лукойла» компанию создавали, по сути, сверху?

В. Л.: Да. И совершенно другая ситуация — Володя Богданов. Он тогда воспринимался как самый молодой советский нефтяной генерал. Хороший, но как-то сам по себе. Он так и остался сам по себе. Вот очень характерная история про Володю Богданова. Директор Киришского завода тогдашний приехал в Сургут. И я, так совпало, приехал с Володей что-то тереть по созданию компании. Приехал, и что-то мне не спалось.

П. А.: А ты министром был?

В. Л.: Не-не-не. Я уже банкиром был, у меня договор с Володей на создание компании, я деньги получаю за эту работу. Ну, я приехал с Володей тереть очередные вопросы. Значит, ну, не спится, не могу заснуть, и все. Решил, пойду-ка я погуляю, свежим воздухом подышу. Я люблю дышать. Там мне лучше дышится, чем в Москве. Вышел. Три часа утра. Гостиница — барак 30-х годов, переделанный под гостиницу. Значит, смотрю — какая-то тень в дубленке ходит. Думаю, а кто же еще тут такой может ходить вокруг гостиницы в такое интересное время? Оказалось, это Володя Богданов. Я говорю: «А что ты тут делаешь?» Он говорит: «Понимаешь, он (директор Киришей) пьяный и курит в кровати. Может быть пожар».

А. К.: Он его охранял, что ли?

В. Л.: Охранял барак от пожара. Самостоятельно, ночью, нефтяной генерал.

П. А.: Интересно.

А. К.: Ну что я могу тебе сказать? Наверное, это правильно, что Богданов стал хозяином компании, которую создал.

В. Л.: А он хозяин?

А. К.: Фактически да. Я уж не знаю, формально владеет пенсионный фонд «Сургутнефтегазом». Но он управляет этим фондом.

В. Л.: Мы не все понимаем про собственность в Сургуте, но при создании компании Володя сутками сидел, разбирался, пытался понять, какие правила, что можно, что нет... Три такие разные истории.

П. А.: Теперь в заключение нефтяной и газовой части. Что ты считаешь главным из сделанного тобой с августа 1991 года до мая 1992-го?

Работа и отставка

В. Л.: Первое. Я был сопредседателем комиссии по разработке закона о недрах. Сделал со всеми теми ограничениями закон о недрах, и заработала современная система недропользования.

П. А.: Дальше.

В. Л.: Второе. Начали реструктуризацию ТЭКа. Схема вертикально интегрированных компаний была тогда задумана и позже реализована.

А третье — удалось сохранить финансовую устойчивость структур ТЭКа.

П. А.: Защитить систему и сохранить ее.

В. Л.: Сохранить рынок. С помощью маневров ценами, квот на свободные цены и т. д.

П. А.: Очень ясно ответил. Теперь скажи: вот мы со всеми обсуждаем тему возможного голода, а угроза холода зимой 1991/1992 года была?

В. Л.: Вообще нет, конечно. С угрозой холода я всерьез столкнулся только один раз. Это была демократия как угроза для жизни. Несколько человек замерзло в Хабаровске.

П. А.: Из-за демократии?

В. Л.: Из-за демократии. Город очень своеобразный. Он растянут по берегу реки километров на 50. Там холода довольно-таки ранние. Обычно ремонты сезонные кончались рано, и система запускалась, потому что она очень не стабильна из-за ее растянутости, там гидродинамика сложная и прочее. Пришли к власти демократы и решили чинить систему, по-моему, чуть ли не до октября или ноября вместо запуска в сентябре. После того как ударили холода, они попытались систему запустить. Она не запускается, ее рвет. Они ремонтируют, ее рвет.

П. А.: Виновата не демократия, а демократы.

В. Л.: Демократы. Хорошие они или плохие, но в 1991 году многие новые руководители просто были безграмотны. Надеюсь, при всей нашей административной неопытности этого нельзя сказать о нас.

П.А.: Володя, у меня было такое ощущение, да и Шохин в интервью говорил, что ты как-то очень личностно, так же как и я, впрочем, выпадал из этой среды, среды нефтяников... Ты мальчик из интеллигентной московской семьи. Папа — генерал разведки, и тут вот нефтяные генералы. Проблемы коммуникации не было?

В.Л.: Нет. Прежде всего, у меня был опыт общения. Например, когда я делал эту штуку для Тюменской области, со всеми генералами мы перманентно общались: «Что делаем, зачем делаем, куда делаем?»

Кроме того, благодаря семье я с детства контактировал с большими начальниками. Мне Андропов советы по жизни давал. Нет, я проблемы коммуникации не чувствовал.

П.А.: Я немного про другое. Про отношение нефтяных генералов к тебе. Когда Ельцин объявил о том, что он тебя снимает и назначает Черномырдина, Чурилов, который сидел в первом ряду, бывший министр нефтяной и газовой промышленности СССР, захлопал...

В.Л.: Да, поддержавший ГКЧП. Для меня это было очень интересно.

П.А.: Ты помнишь, он захлопал? Один.

В.Л.: Один. Для меня это было интересно почему? Я тебе скажу. Чурилов был, по-моему, едва ли не единственным в нефтянке, кто поддержал ГКЧП. Потом он ко мне прибежал, потому что, естественно, наложил в штаны, что его уволят, то, се.

П.А.: А его уволили?

А.К.: Его уволили в связи с распадом Союза.

В.Л.: Его можно было увольнять куда дальше и глубже, как ты понимаешь...

А.К.: Всех пригрели, кто нас похоронил. Ну, это обычно...

В.Л.: Обрати внимание, программа, которую я подготовил, была принята. Никто, кроме него, не хлопал. Обрати внимание, да? А другие-то нефтяные генералы все сидели. Никто не хлопал.

А.К.: Ну кто-то же лоббировал твое снятие?

В.Л.: Мое снятие лоббировало время.

П.А.: Почему ты был первым?

В. Л.: А я не был первым. Если ты не помнишь, то я тебе напомню. Прогулка с Гайдаром, Толей, тобой и мной. Еще не помню, кто там был, но немного народу в Архангельском... когда сняли Бурбулиса и некто Петя Авен говорит: «Вот сняли, с нами не согласовывая, Гену. Кончится ху...во».

П. А.: Я всегда это понимал.

А. К.: Только Петя утверждает, что эта беседа была по поводу твоего снятия.

В. Л.: Нет, я эту прогулку отлично помню. Погода роскошная...

П. А.: Бурбулис был не из нашей команды, хотя я действительно говорил, что это плохо кончится.

В. Л.: И когда Гену снимали, ты говорил, что не в том смысле плохо, что его сняли, а в том смысле, что не было хоть какого-то согласования с правительством. Что если так можно поступать, то так можно поступать и дальше.

А. К.: И я даже знаю, что ответил на это Гайдар: «А что ты предлагаешь? Всем уходить?»

В. Л.: Можно что угодно говорить о человеке, но в нравственном отношении Егор был, с моей точки зрения, безупречен. Потому что после моего снятия Егор меня позвал и сказал: «Ты хочешь, чтобы я подал в отставку?» Один на один разговор. Я сказал: «Нет».

А. К.: Это не разговор, это ерунда. Он прекрасно понимал, что шансов сказать «Да, хочу» нет. Поэтому это ритуал. Я не спорю, Гайдар приличный и порядочный парень, только пример, который ты привел, никак это не иллюстрирует...

П. А.: Даже если Бурбулис был первым, ты — вторым.

В. Л.: Почему? Ключевой сектор. Ключ в тот момент ко всему...

А. К.: А как, ты считаешь, должен был вести себя Гайдар и команда в целом, чтобы тебя оставить?.. Есть ощущение того, что можно было подраться за тебя, но никто этого не стал делать?

В. Л.: Алик, первый контракт, который я получил, когда пришел в славный банк Lazard, — создание «Газпрома». Первый контракт, который я получил, — от Черномырдина. Из этого можно сделать некоторые выводы...

А. К.: Виктор Степанович — тонкий психолог.

В. Л.: Который считал, что я что-то понимаю.

П. А.: Мы это не обсуждаем.

В. Л.: Про Виктора Степановича я могу много говорить. Вот я последнее интервью с ним смотрел целый час. Хорошее интервью. И там есть один очень важный эпизод, когда Черномырдин рассказывает, как он несколько раз ходил к Ельцину, пытаясь заставить его все-таки дать достойную пенсию Горбачеву. Ельцин категорически отказывался это обсуждать, а тот ходил, ходил и ходил. У Черномырдина было очень глубокое понимание, что людей, которые могут быть твоими оппонентами, надо держать близко. «Держи друзей близко, а врагов — еще ближе». Не надо их совсем отталкивать, чтобы они были в свободном плавании. Не надо.

П. А.: Володь, а у тебя была какая-то досада, что тебя сняли?

В. Л.: Была досада, что не успел многое доделать. Хотя что-то потом доделывал, уже работая в банке. И по «Роснефти», и по ЮКОСу, и по «Газпрому». А вообще я человек довольно-таки идеалистический, и с моей идеалистической позиции Господь дал мне такой шикарный подарок — находиться в это время в Москве. И дал делать дело, используя все мои знания и умения.

П. А.: Я правильно понимаю, что ты у нас был так загружен своими отраслевыми делами, что в общеэкономических дискуссиях практически не участвовал?

В. Л.: Начнем с того, что я вначале получил еще и атомную промышленность. 10 000 предприятий, 8,5 млн занятых, абсолютно военизированная система, выговор начальнику участка в шахте может дать министр.

П. А.: А разве не было Министерства атомной промышленности?

В. Л.: Сначала нет, это я бегал к Ельцину, его создавал... Рекомендовал Михайлова[102].

А. К.: Выделял.

В. Л.: Знаешь, Алик, мне после назначения сказали, что надо переподписать все инструкции по атомной промышленности. И принесли бумаги, а там Берия, Берия, Берия. Я говорю: «Я свою подпись под Берией ставить не буду. Идите думайте, составьте мне что-то новое». Пришли, сказали: «Продлите на пять лет». Я сказал: «Ну, х... с вами» — и ставил подписи поверх Берии.

П. А.: Володь, ты был в принципе поглощен делами ТЭКа, а в других вопросах меньше участвовал. Я это помню. Но сейчас какое у тебя впечатление, что из того, что мы могли бы сделать, мы не сделали?

В. Л.: Не сделали мы очень много. Но я бы сформулировал вопрос не так. Что мы понимаем сейчас и что мы не понимали тогда?

П. А.: Ответь на этот вопрос.

Смена элит

В. Л.: Мы не понимали и недооценили эффект того, что написал в свое время Карлейль: «Настоящая революция — это революция морали». А ее не произошло, и она все равно впереди.

А. К.: Революция или даже просто эволюция морали — это прежде всего эволюция морали внутри элит. А поскольку элита осталась прежней, то эволюции никакой моральной не произошло.

В. Л.: Ну да.

П. А.: Элита не вполне осталась прежней. И внутри она довольно сильно перемешалась.

А. К.: Административная элита осталась прежней. Культурная элита осталась прежней. К ним добавилась еще бизнес-элита, но прежняя элита ее поглотила. Элита не изменилась качественно. Поэтому для меня вопрос, который не я первый себе и всем задаю: «Как вы считаете, вот эту элиту можно было реально изменить?»

Почему большевики держались так долго? Почему они, в 1917 году придя к власти, ушли только, грубо говоря, в 1991-м? Потому что элиту заменили. Полностью. Всю старую элиту пинком под жопу выгнали или убили. А мы не заменили. Поэтому очень быстро нас и сменили, буквально через 10 лет старая элита опять вернулась. Мы не запретили кагэбэшникам быть элитой, они остались ею, и они вернулись теперь, вот и все... Вот эта эволюция морали. Она не произошла.

В. Л.: Не произошла.

А. К.: Но был ли у власти в 1991–1992 годах ресурс для введения запрета на профессии и закона о люстрации?

П. А.: Можно было просто открыть архивы КГБ. Это уже имело бы фундаментальное значение. Без всяких запретов на профессии.

А. К.: То есть открыть архивы КГБ должны были те люди, которые со стопроцентной вероятностью знали, что они там есть.

П. А.: Да. Но не все.

А. К.: Но они не приняли бы никогда этого решения. Ключевой момент состоял в том, что те люди, которые там, в архивах, значились, должны были эти архивы открыть.

П. А.: Борис Николаевич...

А. К.: Миллион процентов был, миллион процентов. Первый секретарь обкома не мог не быть...

П. А.: В каком смысле?

А. К.: Конечно, наверняка все бумажки были подписаны. Ну не было шанса первым секретарем стать, не имея регламентированных отношений с конторой.

В. Л.: Не знаю.

П. А.: По-моему, ты, Алик, преувеличиваешь. У нас КГБ, начиная с Хрущева, был под партией, а не наоборот. Хотя, действительно, во всех восточноевропейских странах, в Прибалтике к власти пришла совершенно новая элита. Люди, которые до этого ничего общего с властью не имели. У нас вчера был в гостях Вацлав Клаус. Он долгие годы работал в Академии наук и был невыездным полудиссидентом. Диссидентом был Гавел. Мазовецкий[103] или Бальцерович тоже пришли не из обкома партии или журнала «Коммунист».

А. К.: Ладно Ельцин. Это не могло быть только его решение. Ты вот за Гайдара отдашь голову на отсечение? Или за Чубайса? Вот пойдешь: «Руби голову, что Гайдар не сотрудничал с Комитетом?» Я б не стал. Я люблю Гайдара, я ему это прощаю, даже если это было, а скорее всего, не было, но голову на отсечение не отдам.

А там еще было столько народу, которые тогда Ельцина выдвинули как своего лидера: Собчак, Попов, Рыжов. Ты за них голову на отсечение дашь?

В. Л.: Алик, спокойнее.

А. К.: Собчак, который первое, что сделал, привел Путина к себе в помощники и доверил ему все оперативное руководство, не скрывая, что он подполковник КГБ. Вот за него ты голову на отсечение дашь? Профессор юридического факультета ЛГУ. Туда вообще без рекомендации ментов и КГБ даже студентов не принимали, не то чтобы преподавателей.

П. А.: Так или иначе, в 1991 году это была не вполне революция.

А. К.: Революция — это прежде всего революция масс.

П. А.: Согласен. И все же, несмотря на твои утверждения, на стабильность элиты и т. п., я думаю, у нас мог появиться лидер, способный отринуть советское прошлое и стать лидером новой элиты. Егор таким лидером не стал. Не стал Явлинский, хотя был, возможно, ближе всех. Валенса и Гавел стали. Если про экономистов, то Вацлав Клаус, который старше Егора на 15 лет, стал. Бальцерович тоже стал. Есть лидеры, ставшие символом нового поколения... Почему у нас не нашлось таких людей? Только ли потому, что революция была «ненастоящая»?

А. К.: Вся советская элита так или иначе была аффилирована с советским строем. В Чехословакии и Венгрии была большая внесистемная общественная жизнь. В Польше была церковь, внутри которой формировалась альтернативная элита, которая могла заменить старую. У нас диссиденты были, но их было очень мало, и я плохо себе представляю любого из наших диссидентов типа Леры Новодворской, которую мы с тобой очень любим, в качестве менеджера, лица, принимающего взвешенное решение. Я думаю, если Леру поставить руководить, хоть бы даже городом, она такого накуролесит, что лучше оставить старое руководство. У нас не было источника, откуда черпать новых людей.

П. А.: В Прибалтике откуда они возникли?

А. К.: В Прибалтике чудовищная элита сейчас, непрофессиональная.

В. Л.: Принципиальная разница — 70 лет советской власти или 40.

А. К.: Принципиальная разница — 70 или 40 и масштаб. Страна огромная — ею надо уметь управлять. Вот я тебе приведу простой пример. Гаврила Попов пытался резко заменить часть московской властной элиты. Он Аркашу Мурашова[104] назначил ГУВД командовать. Ну, курам на смех. Или, например, Заславского[105] сделал префектом в каком-то округе. В результате, естественно, следом за Мурашовым пришел я уж не помню кто, но точно ставленник старого милицейского аппарата.

П. А.: То, что у нас не нашлось своего Клауса, многое, по-моему, говорит о позднесоветской интеллигенции, личностных качествах даже лучших ее представителей. Это действительно следствие всей нашей истории и 70 лет.

А. К.: Мне Егор сказал как-то: «Вот кто у нас в команде не был членом КПСС?» Вот я ему говорю: «Петя, я, Маневич, Боря Немцов». Он говорит: «Это все никуда не годится. Слишком мало». У нас в основном были люди, которые так или иначе были в партии, были уже в советской номенклатуре: Чубайс, Шохин и т. д. Даже внутри команды, которая, в общем-то, олицетворяла самые либеральные перемены.

П. А.: А Нечаев?

А. К.: Нечаев был в КПСС.

В. Л.: Не просто в КПСС. В парткоме института.

А. К.: А Боря Федоров? Консультант ЦК. А Гайдар? Журнал «Коммунист» — орган ЦК. Это мы сейчас перечисляем тех людей, которые реально были новой элитой. А что говорить о том, куда они были ориентированы?

В. Л.: Алик, ты не слышишь. Полправительства был партком нашего института: Шохин, Нечаев, Салтыков, я.

П. А.: Я все же думаю, что мог появиться человек, готовый рвать со своим прошлым.

А. К.: Прежде всего рвать должен был Борис Николаевич Ельцин.

П. А.: Со многим он порвал.

А. К.: Гайдар был готов рвать с прошлым.

П. А.: Не было достаточно власти.

А. К.: Ты же помнишь Гайдара? Гайдар готов был принимать серьезные правительственные решения, но в личностном противостоянии…

П. А.: Гайдар, безусловно, не готов был быть политическим лидером. А во всех странах, которые чего-то добиваются, они появляются.

А. К.: Я в 1993 году, в августе, приехал работать в Москву. До этого я два года отработал в мэрии Санкт-Петербурга. И в мэрии Санкт-Петербурга, я могу сказать, пропорция между влиянием аппарата и влиянием собственно отраслевых комитетов была совершенно другая. Она была, безусловно, в пользу отраслевых комитетов. И меня поразила роль аппарата, которая была в Москве: аппарат мог легко передавить министерство.

Легко. У нас, к примеру, есть Госкомимущество, а есть отделы аппарата правительства и аппарат президента. И для того чтобы постановление вышло, его те или иные отделы должны согласовать.

В. Л.: Естественно.

А. К.: В отделах сидели люди. Скажем, отдел обороны. Это все либо ЦК, либо Совмин Союза.

В. Л.: Леша Головков их набрал.

А. К.: Да, он и набрал. Но других как-то не было. И вот смотри. Лобов, Скоков, Илюшин, Корабельщиков[106] — это все люди, которые крутились еще в обкоме. Юрий Владимирович Петров[107] — первый секретарь Свердловского обкома после Ельцина. И он их никого не заменил.

П. А.: Нам с этими людьми было вполне комфортно иметь дело. Куда комфортнее, чем с диссидентской демшизой.

А. К.: Конечно. А в 1917-м матрос приходил в министерство, всех пинком под жопу выгонял, садился один и набирал новый штат.

П. А.: А этих убивали.

А. К.: У нас получилось по-другому. Вот, пришли, по дереву е...ли палкой, вороны покружили, покружили и обратно сели... Если бы ты взял Старую площадь, или Белый дом, или Кремль образца 1993–1994 годов, там вот таких, как мы с тобой, 10%. Неважно, какие мы должности занимаем. Пусть мы даже руководители всех ведомств. Но вот все остальное — Совмин СССР, ЦК КПСС. И вот он вышел от тебя, он тянет, он другую бумажку делает, он согласовывает, юристы, так сказать.

П. А.: Что-то мы далеко ушли от темы ТЭКа. Тема смены элиты точно не была в нашем фокусе. Как и создание политической партии, о чем мы много говорили в предыдущих интервью.

В. Л.: Если б к тебе, Петя, министру внешней торговли, в 1992 году кто-то пришел и сказал, что ты должен заниматься партией, ты его послал бы. У тебя совсем о другом голова болела.

Дикий темп

П. А.: Володя, давай немного личных воспоминаний. Самые яркие эпизоды твоей работы в нашем правительстве. Помнишь, как мы с тобой снимали портреты Ленина по кабинетам в Белом доме?

В. Л.: Роскошная история с портретом Ленина была у Леши Головкова.

А. К.: До 1991 года портреты Ленина продолжали висеть?

П. А.: Конечно.

В. Л.: Лешка снял портрет, поставил в задней комнате. На следующий день приходит — опять портрет висит. Думает: «Суки, повесили». Пошел, посмотрел. Нет. Тот стоит.

А. К.: Новый повесили.

В. Л.: Да. Он опять его снял, третий повесили. Головков вызвал начальника ХОЗУ и спрашивает: «Это что такое?» Тот говорит: «Вот тут у меня в инструкции написано, что положено иметь портрет. Это ваше право его снять, но я должен повесить новый».

А. К.: Я в 1990 году был председателем райисполкома в Сестрорецке. Я снял портрет Ленина, и никто мне его не повесил.

В. Л.: Значит, не было инструкции, а в Белом доме она была.

Крайне порядочный человек

П. А.: Давай немного о более личном. О Гайдаре. Как вы с ним познакомились? Какие у тебя были от него впечатления, как тебе с ним работалось?

В. Л.: Понимаешь, есть драма в осуществлении больших реформ. Драма в том, что ни правительство само по себе, ни какие-то законы не определяют то, как работает система. Система работает на куче неписаных правил, сложившихся в практике, на куче сложившихся отношений. И когда ты систему X заменяешь на систему Y, драма заключается в том, что ты не можешь одним днем набрать критическую массу этих самых решений, которые сложат целое. Нужны тысячи решений, десятки тысяч решений, прежде чем она хоть как-то сложится. Очень многое нужно.

А. К.: Опять не отвечаешь на вопрос по Егору.

В. Л.: Очень многое с Егором происходило так, а не иначе потому, что ситуация была цейтнотная. Он, сказавши А, должен был говорить весь алфавит. Вынужден был в диком темпе принимать очень много решений.

А. К.: Это к вопросу о сабуровской идее (и идее Явлинского) о постепенном освобождении цен. Это невозможно сделать.

В.Л.: Факт заключается в том, что, после того как ты уже сказал А, у тебя начинаются тараканьи бега. Тебе с дикой скоростью надо назначать кучу новых людей, принимать кучу новых решений.

А.К.: Темп реформ задается не реформаторами, а жизнью.

В.Л.: Жизнью, да.

А.К.: И ты не можешь в своем темпе жить, если требуется ускорение, если жизнь требует многие решения реализовывать мгновенно.

В.Л.: А дальше жизнь начинает тебя просто разносить.

А.К.: Если ты не успеваешь за темпом, который требуется.

В.Л.: Петя говорит: «Ты там мало принимал участия в общих дискуссиях». Я спал по три часа. Терял один зуб каждый месяц сидения министром. Потому что это не было простым сидением. Надо было успевать в темпе жизни. А это было очень трудно. Потому что я пришел — границ нет, регулятивных норм нет, советские отменены, российских нет. Выданные квоты и лицензии на экспорт в разы больше, чем производство, — по некоторым позициям, по мазуту например, в восемь раз. На дворе зима, а народ бабки заплатил за все эти квоты и лицензии. Поэтому ты не можешь их аннулировать просто так, и не аннулировать нельзя: страна замерзает. Такая вот костоломная машина...

А.К.: Про Егора.

В.Л.: Егор — крайне порядочный человек. И мне кажется, он старался честно делать свою работу. В нужном темпе, понимая: он — временный.

А.К.: Мы все это знали. А последние 10 лет его жизни ты с ним много общался?

В.Л.: Немного, но общался.

А.К.: И как?

В.Л.: Мне кажется, он нашел свою стезю. Научные исследования и непрямое участие в политике. Такая красивая позиция. Он до конца настойчиво отстаивал свои взгляды. И если бы Господь дал ему здоровья, то через 10 лет боль, которая с ним ассоциируется, забылась бы, а историческая роль осталась. Не дожил...

Станислав Анисимов: *«Это был какой-то кошмар»*

Станислав Васильевич Анисимов не был членом «команды Гайдара». Он не работал в Академии наук, не участвовал в полуподпольных экономических семинарах, не стажировался за рубежом. Пока молодые гайдаровцы штудировали Корнаи или Хайека, Станислав Васильевич работал в ЦК КПСС, Госснабе Союза, Министерстве материальных ресурсов СССР.

Членом «команды Гайдара» Анисимов не был, но членом гайдаровского правительства, причем одним из важнейших, стал. У нас таких бывших крупных советских руководителей было трое — Анисимов, Фадеев[108], Булгак[109]. Станислав Васильевич говорит, что многому научился у более молодых коллег. На самом деле это мы учились у них, с их помощью набирались отсутствующего опыта — аппаратного и жизненного.

Так получилось, что мне пришлось в 1991–1992 годах с Анисимовым тесно взаимодействовать. Мы оба отвечали за наполнение рынков. Я, правда, только за относительно небольшую часть — импорт. С него же спрашивали за все — за дефицит продовольствия, высокие цены, разрыв хозяйственных связей, недопоставки всего и вся. Думаю, вплоть до лета 1992 года не было в правительстве должности более неблагодарной и нервной. И не было человека, который лучше Анисимова знал истинную ситуацию на рынках. Поэтому и сегодня так интересны его свидетельства.

А соратником Станислав Васильевич был замечательным. Крайне компетентный, очень спокойный и вдумчивый, умеющий внимательно слушать, всегда готовый помочь. Очень порядочный и надежный. Мне жаль, что мы так недолго работали вместе.

Петр Авен

Петр Авен (П. А.): Станислав Васильевич, спасибо, что смогли с нами встретиться. Мы делаем интервью с главными участниками событий 1991–1992 годов. Учитывая вашу тогдашнюю позицию, прежде всего хочется, чтобы вы рассказали о реальном состоянии рынков в 1992 году и раньше. Наверное, стоит начать с рынка продовольствия. Вы знаете о дискуссии по поводу того, мог ли случиться голод осенью 1991-го – зимой 1992 года...

Но может быть, вы предварительно расскажете, кем вы работали до правительства Гайдара? Прокомментируете развитие ситуации вплоть до последнего совещания, которое провел Горбачев 3-го, по-моему, августа перед вылетом в Форос. Вы ведь там были, и это чрезвычайно интересно.

Зарубежный опыт для СССР

Станислав Анисимов (С. А.): В 1991 году я работал министром материальных ресурсов СССР. До этого был первым заместителем председателя Госснаба СССР, а потом Госснаб преобразовали в Министерство материальных ресурсов СССР. Наверху ждали, пока наступит пенсионный возраст Павла Ивановича Мостового[110], он был зампред Совмина, и поэтому, как только он ушел, преобразовали в министерство, и я стал министром вместо Павла Ивановича.

П. А.: Сколько вам было лет?

С. А.: 51 год. Собственно говоря, с тех пор, как Павлов стал премьером, не было ни одного заседания правительства, на котором бы я не был, потому что Мостовой на них не ходил. Он принципиально не хотел с Павловым работать, а Павлов с ним не хотел работать. Павлов стал премьером в декабре 1990-го...

Альфред Кох (А. К.): А уже в январе 1991-го денежную реформу учудил...

С. А.: Мостовой заявил, что не будет ходить на заседания, пока ему не исполнится 60 лет, чтобы уйти на пенсию. И после этого все время ходил я.

В задачу министерства входило текущее снабжение экономики и реформирование и самого министерства, и вообще всей системы материально-технического снабжения... Мы начали решать эту задачу, когда я еще был зампредом Госснаба. Вместе с Павловым я работал во всех комиссиях, которые были тогда созданы, включая комиссию Абалкина. До этой комиссии была другая комиссия, где тоже я заседал и где тоже занимались реформами...

А. К.: Это какой год?

С. А.: После того как Николая Ивановича Рыжкова взяли из Госплана в секретари ЦК и одновременно заведующим экономическим отделом, первое, что он стал делать, — это обсуждать реформы. Он насоздавал кучу всевозможных комиссий.

Как только Рыжков пришел в 1987 году премьером, так почти сразу начал создавать такие же комиссии. Так была создана и комиссия Абалкина. И когда этот проект делали, работали в основном в Барвихе. А потом, когда заставили материалы передать Явлинскому, переместились в Архангельское. Я в Архангельское тоже ездил, писал свой раздел про реформирование материально-технического снабжения.

Не знаю, стоит ли говорить о сути реформ, которые тогда были затеяны? В основном это переход от централизованного распределения к более-менее рыночному. Для этого мы ездили с Кацурой[111] в Швейцарию, изучали работу их рынка, ездили в Австрию, потом я ездил (уже с другой группой) в Китай, мы тоже долго изучали их реформы. Вносили свои предложения с тем опытом, который там наработали. Все сводилось к уходу от централизации к рынку. То ли это будет двухсекторная экономика, то ли разделение секторов. Споры были большие, но направление было одно: уход от централизации к децентрализации. Дать большую свободу производству.

П. А.: Двухсекторная экономика — это государственная плановая экономика и рыночная (частная и государственная).

С. А.: В Китае два сектора четко отличались. Первый сектор был рыночный. Скажем, металл: 30% всего металла было продано на рынок, 70% — государственный заказ. Для каждого из видов ресурсов свои были проценты.

П. А.: У Китая тогда было чему учиться?

С. А.: Конечно же. Я в Китае много-много раз был. Дэн Сяопин просто начал раньше делать реформы, и, естественно, у нас эти реформы по созданию двухсекторной экономики сначала вызывали скептицизм. Нам казалось, что коррупция и все остальные прелести обязательно должны прийти вместе с двухсекторной моделью.

Но потом оказалось, что очень большое количество предприятий получило глоток воздуха за счет того, что они могли купить ресурсы. Китайцы, взвесив все за и против, начали делать организованные рынки для продажи ресурсов. Я думаю: «Ну, елки-палки, 180 бирж для металла. Это с ума сойти». А потом поездил, посмотрел, как они торгуют, когда не знают, к кому обращаться...

Некоторые вещи меня просто смущали. Например, выяснилось, что в Китае большой дефицит шлифовальных станков. Оказалось, что у них общее правило: если можно поставлять эти станки на экспорт, то они сначала идут на экспорт. Хоть бы у себя и ноль. И поэтому шлифовальные станки продавали в Японию, Швейцарию, в Америку. А у самих не было! Такой у китайцев подход был. Сначала экспорт. Чтобы получить валюту.

А. К.: Свободной экономике нужна валюта. Это приоритет.

С. А.: Приоритет. Когда Силаев премьером России был, мы вдруг столкнулись с тем, что все начали торговать за рубеж, сбивать цены друг другу, и настал полный хаос. Ну, вы, Петр Олегович, пришли министром и видели, что там творилось. У китайцев же были организованы специальные фирмы, и торговля шла только через них. Их было не так уж много, но тем не менее... Вы у себя тоже потом начали такое делать...

П. А.: Спецэкспортеры — это моя ошибка 1992 года.

С. А.: Знаете, на тот момент это не было, наверное, ошибкой.

П. А.: Может, и не было...

Академик Велихов и экспорт меди

С. А.: Потом, когда рынок немного отрегулировал экспорт, может, спецэкспортеры и стали не нужны, но сначала без них была полная неразбериха!

Вот, например, ко мне пришел академик Велихов и говорит: «Дай мне лицензию на 900 000 тонн меди. Надо за границу отходы продать». Я говорю: «Ты знаешь, что такое 900 000 тонн меди?» А он мне: «Мне надо продовольствие привезти». — «Слушай, почему ты занимаешься продовольствием? Ты бы лучше занимался своими делами. А то шутка ли, 900 000 тонн меди!»

А. К.: Занимался бы термоядерным синтезом...

С. А.: Он пошел, у Ельцина подписал указание и снова приходит ко мне. Я опять не разрешаю. Иду к Егору и говорю: «Слушай, мне только что Ельцин велел разрешить 900 000 тонн меди экспортировать. Всю Россию можно разграбить».

А. К.: Это же больше годового производства всей меди в России!

С. А.: В Советском Союзе все кабельное производство потребляло 600 000 тонн. Баланс такой: «Норильский никель» выпускал около 600 000 тонн меди плюс Урал 300 000–400 000 тонн. Значит, всего около миллиона тонн меди выпускали. И вдруг Велихов хочет вывезти за границу весь годовой выпуск. Он не понимал этого...

А. К.: Все он прекрасно понимал!

С. А.: Опять он ко мне приходит, уже со второй резолюцией, более требовательной. «Все, сейчас если не отдашь, снимаем тебя с работы». Я отвечаю: «Категорически не согласен. Ты должен заниматься тем, что ты хорошо знаешь. Чего ты вообще не знаешь, не берись». Я опять к Егору. Егор берет эти бумаги и идет к Ельцину. Ельцин все перечеркивает и пишет: «Отменить».

А. К.: Не дал тогдашнему олигарху денег заработать!

С. А.: Школа Павла Ивановича Мостового... Он был и председатель Госснаба СССР, и зампредседателя Совмина. А до этого он был председателем Госснаба Украины. Так уж получилось, что я 10 лет его проверял, а после этого он моим начальником стал...

А. К.: А почему он отказался с Павловым работать?

С. А.: Мостовой хорошо знал промышленность, сельское хозяйство, строительство, но он ничего не понимал в экономике и финансах. Ну просто ничего!

А. К.: А Павлов понимал?

С. А.: У Павлова другая особенность: Павлов был генератор идей. Он постоянно что-нибудь генерировал, а потом тут же хватался за что-то другое. Когда он работал в группах, то с утра выдавал идею, и ее все разрабатывали. А потом Павлов приходил, разбивал свою старую идею и давал новую. И опять все сначала...

Очень импульсивный был человек и загнать в угол мог кого угодно. Он бедного Ситаряна[112] в угол загонял, того же Женю Ясина. Он любил так делать, но для премьера, естественно, это не очень хорошо. Премьер если уж какую-то платформу взял, то разрабатывай ее, доведи хоть что-то до конца. У меня с ним были столкновения даже на правительстве. Он требовал, чтобы я выдал свою концепцию, не имея разработок от Минфина и Госкомцен. А как это можно было сделать без согласования с ними?

1990 год – это был год изысканий. Реформы все отодвигались и отодвигались. Только бесконечная борьба концепций. А кризис становился все сильнее и глубже...

П. А.: А так называемые павловские реформы начались с января 1991 года?

С. А.: Павлова назначили премьером в последние дни декабря. В январе он уже первое заседание провел, и мы начали реорганизацию Госснаба. Мы тоже пошли по пути ослабления централизованного управления, хотели год за годом переводить все большее количество номенклатуры на свободную реализацию. Мы даже процентов 30 успели перевести.

Сектор, в котором мы хотели ослабить централизацию, – это металлы и все позиции, которые строго планируются. Мы начали создавать коммерческие центры. Проверены были госснабовские структуры, и (за что вообще-то меня, честно говоря, убивали) мы создавали во всех регионах коммерческие центры на базе металлоснабсбытов.

П. А.: А откуда брался товар в коммерческих центрах?

С. А.: Мы выделяли квоты для металлургических предприятий – то, что могло пойти в торговлю. И, естественно, здесь мы почувствовали, что такое инициатива и насколько она может быть широко распространена. Отсюда и знакомство с Гайдаром, потому что я в то время писал какие-то статьи и публиковал в основном в журналах «Плановое хозяйство», «Материально-техническое снабжение» ну и, конечно, «Коммунист». Вот в «Коммунисте» я с Егором и познакомился. До этого я Егора знал заочно, по публикациям в центральной прессе, в журналах...

П. А.: Вы по собственной инициативе статьи давали?

С. А.: Обычно он просил. Я писал, если по каким-то причинам в «Коммунист» не брали, тогда у меня шло автоматом в «Плановое хозяйство» и там публиковалось. Естественно, это вызывало бурю у нас в Госснабе, на коллегиях, особенно когда регионы приезжали: мол, подрываем систему! Но тем не менее мы по этому пути начали идти. К сожалению, когда Россия объявила свою особую позицию по независимости...

Как рассыпалась система

А. К.: Принятие Декларации о независимости — это июнь 1990 года. Станислав Васильевич, эта декларация реально на что-то повлияла?

С. А.: До лета 1990 года союзная система снабжения и в целом плановая система еще работали. Уровень выполнения заказов был 95–97%. Естественно, все потребности не удовлетворялись. Там, где план, всегда дефицит. И, естественно, при планировании обычно, когда ресурсы распределяются для того, чтобы больше всем досталось, завышали потребности.

П. А.: Последний пятилетний план был выполнен в целом процентов на 50, по-моему, даже на 46... То, что говорите вы, что на 95% выполнялись госзаказы, этого не может быть. Уровень выполнения был существенно меньше планового.

С. А.: Я сказал, что уровень выполнения плана был примерно 97%. Другое дело, вы можете сказать, что были корректировки, может быть, были приписки, отписки. Я говорю лишь о том, какие были официальные данные по статотчетности.

А вот после принятия деклараций о суверенитете начались сбои, и достаточно сильные. В конце 1990-го я собрал министров союзных республик в Киеве, и мы договорились о формировании плана на год. Но фондовая дисциплина реально упала, прибалтийские республики начали делать все, что хотят...

П. А.: То есть все совсем посыпалось весной 1991 года?

С. А.: Я бы сказал, да. Весной 1991 года начали уже не выполняться даже те договоры, которые были согласованы в Киеве. Хотя сначала даже Прибалтика с ними согласилась. Осенью 1990-го уже было сложно, но все-таки мы нашли общий язык по движению товаров. Но только до тех пор, пока не прекратили двигаться деньги. А когда прекратили двигаться деньги, уже ничто спасти не могло. Почему тогда орал Щербаков на совещании у Горбачева 3 августа 1991-го: «Михаил Сергеевич! Примите же хоть какое-то решение, в конце концов!»

П. А.: До этого последнего совещания мы дойдем. Как я понимаю, вы сейчас говорите, что с осени 1990-го пошли явные сигналы — республики не рассматривают больше Москву как абсолютного начальника и командира.

С. А.: И как партнера.

П. А.: И даже как партнера. То есть вы их еще собирали, вы с ними договаривались, но команды ваши уже не выполнялись. Вот это четко было видно? Такая тенденция постепенного развода?

С. А.: Конечно же, я не только с министрами собирался. Помню, в 1990 году собрал в Челябинске всех директоров металлургических заводов. Химиков тоже собирал, всех собирал, со всеми договаривались о реформировании системы. Правда, я, конечно, охватывал только самые крупные отрасли.

П. А.: Представляю, как вам было трудно договариваться с директорами. В 70–80-х первый зампред Госснаба директору команду давал. А вот в 1990 году вы уже должны были договариваться. Конечно, и раньше на самом деле имел место торг, но уровень «командности», реальные рычаги в руках Госплана и Госснаба были значительно сильнее. Теперь все стало совсем по-другому, «веса» властных аргументов существенно снизились.

С. А.: Безусловно.

А. К.: Там же выборы пошли, директора хрен снимешь. Когда развал начался? Когда начались выборы директоров или когда Россия суверенитет объявила?

С. А.: Ну, первый, конечно, всплеск, когда директоров стали выбирать, да. Но надо сказать, что все-таки большинство директоров, хоть и прошли через выборы, сохранили свои кресла. То есть директорат не поменялся, менталитет оставался тот же. А вот после того, как был объявлен суверенитет, когда начала уже разлезаться финансовая система и банковская система...

А. К.: Но это уже другая история, хоть и командиры остались те же. Знаете, как в 1917 году летом? Приняли решение выбирать командиров частей, и они больше не могли давать приказы, только на общем собрании воинского подразделения принималось решение: держать позицию или не держать. И фронт посыпался. А ведь командиры частей остались те же... Так и в нашем случае. Директор вам говорит: «А вы меня снять не можете, почему же я должен вас слушаться?»

С. А.: Почему тот же Мостовой ушел? Потому что ему тяжело было на все это смотреть... Мостовой при Рыжкове мне говорил: «Неправильно себя ведешь. К тебе приходят, а ты их выслушиваешь, объясняешь. Мордой об стол до крови, и пошел вон». Понимаете, вот уже не получалось это с директорами — «мордой об стол, и пошел вон». Это как раз то, что вы говорите. Вроде бы ничего не поменялось, но стало нужно достигать взаимопонимания. Если достигли, все вроде шло очень хорошо, потому что они по-прежнему держали руль в руках...

А. К.: Сразу вспоминается этот эпизод из фильма «Свой среди чужих, чужой среди своих». Когда Богатырев Кайдановскому говорит: «Убью, паскуда!» А тот ему: «Нет, дорогой, ты меня не убьешь. Ты меня теперь беречь будешь. Нашего человека в ЧК знаю теперь только я».

С. А.: Был у нас в 1992 году один зампред правительства. Я в его присутствии провожу совещание и начинаю с директорами обсуждать все эти вопросы. Все нормально, все обсуждаем, принимаем решение, все потом выполняется. Зампред, который потом был послан в Канаду торгпредом...

П. А.: Махарадзе.

С. А.: Махарадзе. И он в конце говорит: «Я буду в следующий раз проводить. Я тебе покажу, как надо». Я говорю: «Проводи». Он проводит в духе Павла Ивановича Мостового. Директора его послушали, послали и разошлись. И он в полном недоумении: «А что ж теперь делать?» Все-таки к тому моменту ситуация изменилась и стиль должен был меняться. Может, у меня характер помягче был, потому что все-таки цековская школа. Я в экономическом отделе ЦК 10 лет проработал, как раз курировал Госплан и Госснаб. Все время анализ, анализ, анализ... В ЦК убивали, если перебиваешь собеседника. Вы обязаны только слушать и задавать вопросы, и никаких комментариев. И если ты докладывал потом, то только ты сам все подписывал. Если завотделом визировал, это лишь обозначало, что он читал, но он не имел права никакой правки вносить. И, естественно, стопроцентная ответственность на том, кто подписал бумагу. Куда она попадет в ЦК КПСС, попадет ли она первому лицу или там кому-то другому, это уже не от нас зависело. Это вырабатывало привычку: слушать, слушать, слушать, задавать вопросы, анализировать, сопоставлять, находить новые документы, опять анализировать и сопоставлять, потом после этого только писать. Поэтому, наверное, и стиль соответствующий выработался...

А. К.: Это скорее научная деятельность, чем менеджерская...

П. А.: Скорее, аналитическая.

С. А.: Аналитическая. Сначала анализируешь все, что у тебя есть по этому вопросу, а после этого высказываешь свой взгляд.

Тяжелый был 1990 год, а 1991-й начался с того, что пошли постоянные сбои с материально-техническим обеспечением и с обеспечением продовольствия. Мы пытались договариваться, собирали уже не премьеров, а президентов. Кончалось все одним и тем же: система уже не работала.

П. А.: Вы все время говорите о сбоях в 1991 году, но полки были пустые в Москве уже в 1988–1989 годах.

С. А.: Я говорю не только о полках в магазинах… Накануне событий конца 1991 года, я могу точно сказать, не было ни продовольствия, ничего не было. Когда уже подписали договор о роспуске Союза, ни одного контракта на поставку продовольствия не было, а вы не забывайте, что мы на тот момент импортировали на весь Союз 18 млн тонн зерна. Поскольку оплатить было нечем, контракты на поставку зерна перестали действовать, контракты на мясо перестали действовать…

П. А.: Западные контракты?

С. А.: Западные.

«Голод бы наступил…»

А. К.: Мы плавно подбираемся к теме голода…

С. А.: И западные контракты перестали действовать, и все внутрисоюзные контракты — тоже. Украина перестала поставлять. Белоруссия перестала поставлять. Все перестали. Если кто-нибудь находил себе товарную позицию, чем поменяться можно, то менялся, а если нет, то, увы, нет. От этого страдали прежде всего крупные промышленные предприятия и крупные города, потому что другие регионы не очень-то хотели менять продовольствие, допустим, на какие-то крупногабаритные машины. Или на танки.

П. А.: В декабре 1991-го, считаете, была реальная угроза голода?

С. А.: Да, безусловно. 20 ноября Борис Николаевич поставил на рассмотрение правительства вопрос о положении с продовольствием. Он меня растирал по стенке, хотя я только 10-го приступил к обязанностям, а 20-го уже меня там размазывали. И потом он сказал: «Сами поедем смотреть по городам». Не помню сейчас, вы летали или нет, Барчук[113] летал, это точно. Полетели в Нижний Новгород, в Брянск, в Бурятию, на Алтай, куда еще — уже не помню. Еще мы к Собчаку летали, в Питер.

Это был какой-то кошмар. Нигде продовольствия нет, ничего не продают и неоткуда взять. У меня ни одного контракта нет, чтобы хоть что-нибудь поставить в регионы. Меня Ельцин там просто разжевывал. Мы приезжаем, ворота открываются, тысячи человек стоят во дворе и ждут Ельцина. Он идет, толпа сомкнулась, а я отстал. На него как начали наседать! Он зовет Анисимова, а Анисимова нет! Как он потом начал мне вламывать: «Где должен находиться министр, если президент идет к людям? Тем более если такие вопросы?» Единственное, что тогда спасало, — это то, что Госснаб СССР занимался кроме снабжения еще и государственными резервами. Поэтому, естественно, мне было известно, что там находится. Вот когда мы, наше новое правительство, пришло, к сожалению, тот же Бурбулис не знал, что есть такой Госрезерв. По роду своей деятельности он с ним не сталкивался, а их, эти резервы, никогда особо не афишировали. Поэтому, когда мы столкнулись с этим с обстоятельством, я говорю: «Борис Николаевич, нет других вариантов, надо государственные резервы выпускать». — «Ты понимаешь, что такое резервы?» — «Понимаю. Тем не менее». Ельцин дал указание готовить указ, Бурбулис тут же его приготовил, и мы начали выпускать резервы на рынок. Мне дали список поездок президента. И я уже рассчитывал, сколько тонн продовольствия нужно в этот регион добавить, и Ельцину докладывали, что столько-то эшелонов туда-то идет. Мы когда к Собчаку приехали — зима, снег, с тыла заезжали. Мы не могли к центральному входу подъехать, там очень много людей стояло. И мы через какие-то задворки...

П. А.: В Смольный?

С. А.: Да. И по какой-то лестнице поднимались наверх. Пришли к Собчаку в кабинет. Собчак говорит: «Все, я не знаю, что делать! В городе ничего нет. Я ничего не могу продать населению и, где взять, не знаю!»

П. А.: На сколько времени хватило бы резервов? Или голод, так или иначе, все-таки не наступил бы?

А. К.: Цены освободили, и он не наступил!

С. А.: Именно. Я думаю, что если бы не указ о январском освобождении цен, то голод бы наступил. Когда мы после этих всех поездок, особенно после посещения Собчака (он был последним), прилетели, Егор, конечно, почувствовал нашу слабость, почувствовал, что кредит доверия, который мы имели, кончается. И он сказал: «Все. Надо освобождать цены и выпускать указ о свободной торговле, невозможно дальше тянуть, невозможно».

А. К.: Если бы не это, то когда бы голод наступил? К апрелю, к марту?

С. А.: Думаю, что раньше. Несомненно. Февраль – конец января. Как-то так. Как только указ о свободной торговле был подписан, назавтра уже на всех дорогах, на проезжих частях появились продукты.

А. К.: Откуда они появились?

С. А.: У людей из холодильников. Кто-то на что-то менял.

А. К.: У нас с Петром, я вам просто расскажу, постоянно идет дискуссия. Я, скорее, придерживаюсь вашей точки зрения…

П. А.: Нет, я согласен, что была угроза голода, я лишь говорю, что голода не было. Голода не было! Не упало потребление, что подтверждают цифры Илларионова. Угроза в принципе была, а голода не было.

А. К.: Почему я должен верить илларионовским цифрам, а не тому, что я сам видел и пережил? Я в тот момент уже в питерской мэрии работал и реальное положение с продовольствием знал. И я твердо знал, что потребление упало, и существенно. А цифры? Что цифры? Вон мы до сих пор не знаем, сколько у нас народу убили во Второй мировой.

С. А.: Почему я говорю о том, что реально угроза была? Система снабжения продовольствием ломалась не глядя и без необходимости. Например, мы прилетели в Брянск и вдруг Борис Николаевич говорит: «Что это за торги? Зачем они нужны?» Ну, кто-то там что-то в торгах зажимает, недодает в торговлю. Он принимает решение: «Ликвидировать все торги». Я ему говорю: «Борис Николаевич, это связующее звено, это люди, которые знают, где, кому, что надо». Главки, торги. Они знали, где, кому, что надо. «Ну, сами найдут друг друга». И все. И всех их распустили. А дальше? Где-то было продовольствие, а как, у кого и куда поставить? Понимаете, уже это не решалось.

А. К.: Их надо было ликвидировать после освобождения цен, а не до.

Попытки удержать Союз

П. А.: Можно на секунду вернуться назад к тому совещанию, которое Горбачев проводил перед отъездом в Форос 3 августа? Существует легенда, что он якобы там сказал кому-то, кто выступал: «Хотите чрезвычайное положение? Попробуйте». Это говорит о том, что Горбачев знал о подготовке путча. Вы были на этом совещании.

С. А.: Я был.

П. А.: Что там было?

С. А.: Может, какая-то реплика кем-то и была брошена, трудно мне сейчас вспомнить...

П. А.: А какие принимались решения?

С. А.: Там выступали президенты республик, и все ставили один и тот же вопрос: «Или мы как единое государство действуем, тогда нужно решить вопросы централизованного движения товаров, финансовых и других ресурсов. Или не надо нас держать, дайте самим решать все свои вопросы».

А. К.: Правильно ли я понимаю, что постановка вопроса была такая: либо восстановить прежнюю систему управления, вот эту дисциплину товарных потоков, плановую систему, либо будем расползаться на независимые государства.

С. А.: Конечно! На том совещании так практически открыто и говорили...

А. К.: В этой постановке Горбачев не мог ответить: «Восстанавливаем прежнюю систему»... Это невозможно.

С. А.: Он открыто, конечно же, не мог. И он не мог сказать, и не могли сказать другие...

А. К.: Это лукавая дилемма...

П. А.: Какая?

А. К.: Либо единая страна с централизованной системой планирования всего и вся, либо развал на несколько государств и каждое отдельно строит рыночную экономику у себя. Никто не обсуждал сохранение единой страны, но с рыночной экономикой. Согласись, что дилемма странная. Она предлагает два плохих варианта и не рассматривает оптимальный.

С. А.: 17 августа для меня больше было ответом на все поставленные вопросы, чем все горбачевские совещания до этого.

П. А.: А 3 августа, когда Щербаков выступал и требовал у Горбачева принятия решения, еще не все было ясно?

С. А.: Это был последний крик души Щербакова. Когда все кончили выступать, он встал и чуть ли не истерично: «Ну примите в конце концов решение! Ну так же нельзя – совещание собирать и никаких решений не принимать!» Он так взорвался потому, что до него выступил Геращенко: «В ЦБ деньги не поступают». Выступил Минфин: «Все союзные деньги отдал в регионы, денег больше нет». Вообще каждый, кто на этом совещании выступал, говорил в том же ключе: все, конец, страны де-факто нет.

П. А.: Павлов должен был иметь какое-то решение?

С. А.: После Щербакова Горбачев сказал Павлову, чтобы тот сам решил. Павлов нас опять собрал. Это было, по-моему, либо 9, либо 11 августа. И республиканские премьеры все пришли, кроме российского. Пришел Лобов Олег Иванович. Он был зампредом у Силаева. Кстати, на это совещание пришли не только премьеры, но и президенты. Тот же Муталибов[114] прибыл, Назарбаев...

П. А.: Ельцина не было?

С. А.: Не было. Все собрались, уселись, затихли. Павлов говорит: «Ну давайте продолжим обсуждение. То, что было Михаилом Сергеевичем сказано...» А Назарбаев его вдруг прервал и говорит: «А чего мы всех слушать будем? Вот давайте сейчас Россию подымем, что Россия скажет? Вот 11 пунктов, по которым надо принять решение». – «Кто от России?» Лобов встает: «Я». – «Ну конечно, Россия не удосужилась премьера прислать. Ну, Лобов – значит Лобов». – «Что вы скажете по этому поводу?» – «Ни по одному из 11 пунктов Россия не согласна». После этого наши дорогие друзья говорят: «А зачем продолжать обсуждение?» Встали и пошли. Без России, без ее голоса, без ее решения обсуждать все бессмысленно...

А. К.: А что это за 11 пунктов?

С. А.: Это все, что связано с движением товаров. Нужно было хоть какое-то принять решение. Муталибов говорит: «Мне задолжали какое-то количество государственных денег. Центральный банк не дает, Минфин не дает». А Минфин говорит: «А у меня нет этих денег, потому что мне Россия их не перечислила». – «А как же я тогда при этих существующих централизованных ценах могу без денег что-то покупать? Тогда освобождайте цены, если вы не можете ничего решить». То же самое Назарбаев: «Хоть это и глупость в ценообразовании, но считается, что Казахстан – дотационный. Но если ценообразование действует прежнее, то мне тоже нужны деньги. Мне задолжали». И тот же самый ответ: «Прости, денег нет». – «Тогда освобождайте цены. Точка».

П. А.: Задолжали в старых, еще в маленьких ценах.

С. А.: Поэтому из 11 пунктов была составлена бумага, какие решения надо принять, для того чтобы экономика продолжала функционировать, и после этого спокойно заниматься ее реформированием и также проводить политические реформы.

П. А.: Интересно, если возможно восстановить эти 11 пунктов.

А. К.: Их можно реконструировать, из них более-менее понятно, о чем шла речь.

С. А.: Эти пункты, они были известны, потому что у премьера они были и в протоколе тоже...

А. К.: Важно вот что: 9 августа происходило совещание. Но ведь Россия не 8 августа отказалась выполнять эти 11 пунктов. Она отказалась их выполнять примерно как год, и этот долг, о котором говорят Муталибов, Назарбаев, он ведь уже накопился к тому моменту. То есть экономической властью в России были тогда люди типа Лобова, Силаева и т. д. И они сознательно пошли на разрушение этой системы. Они были достаточно опытные и квалифицированные люди, они не могли не понимать, что за этим последует. Правильно?

С. А.: Да.

А. К.: Вся система работала на развал Советского Союза. И эти люди не могли не понимать, что они Советский Союз разваливают. И как же это совмещается с тем, что осенью 1991 года тот же Гриша Явлинский, который за год до этого, будучи вице-премьером, делал все, чтобы Советский Союз развалился, вдруг решил возглавить союзные органы и, более того, сделал ставку на сохранение Советского Союза?

П. А.: Это надо Гришу спрашивать...

С. А.: Я не думаю, что он так ставил вопрос...

А. К.: А как иначе? Он был первым вице-премьером по экономике.

С. А.: Да, он был первый вице-премьер по экономике. Его специально Силаев брал, для того чтобы он реализовал программу, вот эти вот «500 дней». Такова была его задача.

А. К.: И что, он ее реализовал?

С. А.: Нет. Но он считал, что у него недостаточно полномочий для реализации этой программы. Поэтому в конце концов он отказался от своей должности и от того, чтобы дальше продолжать реформировать экономику. Правда, он ее и не начинал реформировать...

П. А.: Вы назвали число 17 августа. Что было...

С. А.: Да, 17 августа... 16-го числа я опять собрал в Киеве министров. Что делать? Ну что делать? Попытки хоть что-то как-то связать, что не связывается...

П. А.: Из России тоже приехал кто-то?

С. А.: Владимир Вожагов. Он тогда возглавлял Госснаб России. И мы опять собрали круглый стол, опять все подписались под тем, что нет общих правил, но будем действовать, будем выполнять обязательства друг перед другом. А я договорился до этого с Павловым улететь домой к матери, потому что у меня отец умер и нужно было ее поддержать. Вдруг мне звонок Павлова, чтобы завтра был с утра в Москве. Я говорю: «Ты же мне разрешил». — «Не обсуждается. Президиум правительства, а на президиуме твой отчет». — «Хорошо». И вот президиум Совмина плюс я (я не был членом президиума).

Что-то кто-то говорит, потом Павлов встает: «У нас два вопроса. Первый вопрос — о союзном договоре и второй — о взаимоотношениях Анисимова и России». Ничего себе постановочка, думаю.

Начали первый вопрос слушать. Павлов говорит, что против текста союзного договора у него, как у премьера, возражений нет, но многие вещи там упущены. И он считает, что к этому союзному договору нужно сделать приложение, чтобы не переподписывать весь Союзный договор. Что должно быть в приложении? Первое: о едином эмиссионном центре, о единой банковской системе. Второе: о единой финансовой системе. Финансы. Дальше. О единой внешней политике, о единой внешней торговле.

П. А.: В горбачевском союзном договоре ничего этого не было?

С. А.: Не было. О единой внешней торговле, о беспрепятственном движении материально-технических и продовольственных ресурсов между республиками. Вот таких шесть пунктов набиралось. И он заставил, чтобы каждый из сидящих встал и четко сказал, за он или против. Если против какого-то пункта, аргументацию. Но так получилось, что все, кто был, все выступили за.

Каждого он спросил, и меня поднял тоже. Я говорю: «Я не член президиума». — «Ты присутствовал, ты слышал, ты должен высказать свое мнение». Ну, я высказал свою точку зрения, поддержал. Дальше он сказал: «Этот документ немедленно будет подписан и нарочным отправлен в Форос». И вот генерал Варенников[115] повез в Форос этот документ. Поэтому, когда говорят, что в Форос он поехал захватить Горбачева, я очень сомневаюсь, потому что было принято решение вручить ему этот документ и чтобы 21-го числа не подписывался Союзный договор без приложения, которое он привез в Форос...

Главным вопросом спора, как я считаю, 3-го числа, 11-го числа и 17-го был вопрос, который был отражен именно в этом протоколе: о беспрепятственном движении ресурсов, об эмиссии и т.д. Этот вопрос изучать меня, например, заставлял еще Рыжков, чтоб я ездил, изучал в тех странах, как у них это все построено...

А.К.: В каких странах?

С.А.: Меня он в Швейцарию посылал и в Австрию. Туда, где есть конфедерация и федерация. На самом-то деле я считаю, что это было, по-моему, основной из причин, по которым разошлись позиции во всех странах наших. Они хотели сохранить единство в политике, в эмиссионном центре и т.д.

П.А.: Этого хотел СССР. А вот республики...

С.А.: Республики тоже хотели.

П.А.: А кто же тогда не хотел?

С.А.: Горбачев проводил совещания по союзному договору, не приглашая никого. Даже премьера не приглашал. Мы видели только конечный документ, какие были там дебаты, мы не знаем.

А.К.: Республики вроде как хотели сохранить Союз, но и от новых полномочий они отказываться не собирались. А совместить эти вещи невозможно...

П.А.: Вы считаете, что все ваши контрагенты в республиках были за Союз?

С.А.: Понимаете, они не то чтобы за Союз или не за Союз...

А.К.: Условно их позиция была такая: если меня позвали в Москву на ковер, ну что я буду говорить, что я против? Зачем мне это надо?

П.А.: И я отвечаю всего лишь за снабжение, за конкретный вопрос. Надо со всем соглашаться и пытаться что-то с них получить. А политика — не мое дело.

А. К.: Я говорил на эту тему с Горбачевым. Даже он сказал, что после 19 августа движение страны к развалу было детерминировано. Уже ничего нельзя было сохранить. Эти «дураки», как он их называет, которые устроили этот путч, думали, что помогают сохранению Союза. Но на самом деле они его развалили. Это мнение Горбачева.

Его позиция следующая: «Я прекрасно видел, что экономика деградирует, что рано или поздно наступит коллапс. Просто я думал, что процесс деградации сумею остановить, подписав Союзный договор, получив какие-то полномочия, и в этом обновленном союзе я аппаратно всех этих президентов задушу в объятиях. И тогда я восстановил бы всю эту управляемость и т. д.».

С. А.: Это невозможно, если нет политического единства.

А. К.: Он утверждает, что он бы это единство восстановил.

П. А.: Это было уже невозможно.

А. К.: Он говорит: «Я не хотел с ними ругаться, не хотел...»

П. А.: Реального политического единства не было. Была позиция союзного правительства, но республики вместе жить уже не хотели.

С. А.: Я не могу сказать, что кто-то из этих республик, которые присутствовали на совещаниях, был против. Они не были против свободного движения денег, товаров, единой эмиссионной политики...

П. А.: Так все же почему тогда развалился Советский Союз?

С. А.: Потому что в центр перестали перечислять деньги.

Молодые реформаторы

П. А.: Ладно, про голод и развал Союза мы, кажется, ничего уже не добавим. Давайте поменяем тему. Вы, Станислав Васильевич, пожалуй, единственный министр союзного правительства, который стал министром правительства Гайдара. Вы с Гайдаром познакомились через журнал «Коммунист», через публикации, через совместную работу. Вопрос первый. У вас осталось положительное отношение к команде Гайдара или нет? Некоторые наши тогдашние коллеги очень нас сегодня ругают. Вы по-прежнему за?

С. А.: Безусловно. Безусловно.

П. А.: Что вы при этом испытывали и как отнеслись ваши бывшие коллеги к вашему решению к нам присоединиться?

С. А.: Конечно, у меня было сначала чудовищное возмущение. Не потому, что Гайдара пригласили. Дело в том, что до этого Лобов меня позвал, вывел в зал и объявил всем членам коллегии, что я низложен. Министр (союзный) должен немедленно покинуть кабинет и здание, коллегия распущена.

П. А.: Это был своего рода ответ российского правительства на путч. Достаточно тогда обычный.

С. А.: Чуть ли не домашний арест. Я не имею права никуда ехать, дома должен сидеть и т. д. И весь сентябрь–октябрь я сидел, никуда не мог дернуться.

Вдруг в конце октября выходит постановление Горбачева. Оказывается, что меня не имели права ни Лобов, ни Ельцин освобождать от должности, а только Горбачев имел право освободить. Я получаю решение, что я освобожден от должности и мне положено выдать компенсацию за все это время. И через несколько дней меня приглашают в российское правительство.

П. А.: Кто-то позвонил?

С. А.: Нет. Ко мне какой-то гонец приходит и говорит, что меня вызывают. 7 ноября было. Оказалось, что Гайдар меня приглашает. Я его еще не ассоциировал с правительством.

П. А.: Гайдаром он еще не был.

С. А.: Я его еще не ассоциировал с правительством. До этого мне Силаев предлагал, что вот он отдаст мне министерскую должность, а Вожагова снимет. И я в присутствии Вожагова сказал: «Нет. Я понимаю, что без госснабовской сети невозможно будет работать, я готов ее передать, но министром я не буду в кабинете Силаева».

И когда Егор Тимурович мне предложил, я говорю: «Это нереально совершенно. Ты пойми, столько баталий было между мной, Силаевым, Лобовым и всеми остальными. Вы хотите меня сейчас ну… просто еще раз опозорить, и на этом все кончится. Я уже пережил все это, уже смирился». Он опять мне начал говорить, что надо, что страна и т. д.

Я после этого вернулся к себе на работу… Но нельзя ж в кабинете сидеть, да? И дома не могу сидеть, надоело за два месяца, хоть на стены кидайся… Я пошел в помещение госснабовского парткома. Сел, сижу, а меня Ясин попросил, чтобы я для Явлинского что-то там посчитал. Я сидел там, что-то подсчитывал. 11 ноября Егор звонит: «А ты что не в кабинете?» Я говорю: «А что я буду делать в кабинете?» — «Так Ельцин указ подписал, ты должен сидеть в кабинете». Я говорю: «Какой указ?» Он говорит: «Президент 10-го числа указ подписал. Иди в кабинет, садись там и сиди». В тот же день я узнаю, что чуть ли не половина Верховного Совета против меня. Утром вызывает меня Бурбулис и спрашивает: «Вот ты мне скажи, ты гэкачепист или не гэкачепист?» Я говорю: «Нет». Он тогда мне говорит: «Депутаты утверждают, что ты проводил 19 августа какую-то тайную коллегию Госснаба. Мы хотим знать, что за материалы на этой коллегии обсуждались». А дело было в том, что вечером 19-го числа Павлов собрал правительство и велел к обеду провести закрытые коллегии в своих министерствах и ведомствах...

П. А.: 19-го? Прямо в путч?

С. А.: Я собрал свою коллегию утром 20 августа. Так как накануне на заседании правительства Павлов уклонился от обсуждения вопросов чрезвычайного положения, а обсуждал только дополнения к Союзному договору, я вынужден был посвятить коллегию подготовке к зиме. Меня члены коллегии спрашивают про путч, про танки, а я — о подготовке к зиме. Ничего другого сказать не могу. Вся коллегия, как обычно, шифровалась, записи все остались, вот я и сказал, чтобы расшифровали эти записи, принесли мне два экземпляра и расписались. Один экземпляр взял себе, а второй переслал Бурбулису. Со своим экземпляром пошел к Ельцину. Прочитали. Нет там ничего такого. Только о посевной озимых, про подготовку к зиме. Кому-то ж надо было и это делать. Все выступления и выкладки — о положении со снабжением, никакой политики. По стенограмме видно, что были вопросы о происходящих событиях. Но мои ответы тоже остались: «Давайте сейчас о наших делах, а все остальные вопросы потом». Ельцин прочитал и сказал: «Возвращайся в кабинет».

А дальше первое впечатление от встречи с вами, Петр Олегович. Сначала с Нечаевым, а потом со всеми. Конечно, в какой-то степени я был шокирован, что-то все не так шло, к чему я привык. Начал прислушиваться. Потом, спустя очень небольшое время, я понял, что многие вещи, о которых вы говорите, я не знаю. И опыт большой, и возраст большой, а многие вещи не знаю.

И тогда я понял, что молодежь, которая пришла, — это новая струя. И в вопросах реформирования и знания западной, рыночной экономики они, конечно, на голову выше нас. Я понял, что мне нужно не выпендриваться, а как бы тянуться за вами. А что касается задач, которые Егор ставил, чтобы не дать окончательно развалиться, то я собирал директоров, собирал руководителей городов, регионов, предпринимал какие-то попытки, я все это делал, чтобы остановить развал, помочь Егору. И в то же время параллельно писал, как реформировать систему снабжения. И, по-моему, приняли так, как я ее написал, без особых там корректировок...

П. А.: Как вы сейчас верно вспоминаете, либерализация цен и указ о свободной торговле привели к тому, что товары моментально появились.

«Путин шел практически на уголовку»

А. К.: Тут есть еще один важный момент, который мы все время недооцениваем. Он вскользь проскочил у нас в интервью с Андреем Нечаевым. Абсолютного количества продовольствия в стране было недостаточно, потому что страна в значительной степени жила за счет импорта. И угроза голода только лишь свободным ценообразованием не устранялась. Она становилась не такой острой и не такой неотвратимой, тем не менее продовольствия еще все-таки было недостаточно. Но свобода торговли, освобождение цен проводились параллельно с либерализацией внешней торговли, которую ты, Петя, возглавлял, и абсолютные значения импорта стали расти. И вот это тоже помогло предотвратить голод. Вот эти две вещи: свободные цены и либерализация внешней торговли.

П. А.: Спасибо, Алик.

А. К.: Что там только не продавали! Все продавали за границу и завозили жратву. Тот же самый Путин, я же помню, шел практически на уголовку. Он наподписывал вывоз каких-то редкоземельных металлов... Он не имел права, но он назаключал контрактов, финны привезли продовольствие, и голод в Питере отступил.

С. А.: Конечно же, это комплекс, не только свобода цен. Что давала свободная торговля? Не просто торговать свободно, а свободу ценообразования. Это то, что требовали союзные республики. Не можете дать дотацию, хрен с вами, дайте нам нормальные цены, мы тогда свой товар продадим. Либо нашим контрагентам в Союзе, либо за рубеж...

А. К.: Все-таки я хочу задать свой вопрос. Серия совещаний летом 1991 года. Идет деградация экономики, дисциплина падает, все расползается. Горбачев не видел того, что происходит? Не хотел видеть или ему просто компетенции не хватало, чтобы понять, что происходит?

С. А.: Не хотел брать на себя решение. Понимаете, это обычное его поведение.

Кстати говоря, что меня здорово удивило, когда я пришел в это гайдаровское правительство. Я привык к тому, что один и тот же вопрос даже у Рыжкова, который, в общем-то, вырос по всей этой административной лестнице, реальный заводчанин и неплохо экономику знал, вот у него притирание вопроса идет: один президиум, второй президиум, третий, согласования... Не то чтоб не обидеть, а сам не уверен, потому что, как правило, это решения какие-то глобальные.

И вот тот же самый Ельцин: 15–17 указов за один присест, за два-три часа. Он быстро вникал, очень быстро схватывал!

А. К.: Кто? Ельцин или Гайдар?

С. А.: Именно что Ельцин. Гайдар — я вообще не говорю. Я вообще считаю, что, если бы он остался еще на 1993 год и, дай Бог, на 1994-й, мы бы уже давно были не в том обществе. Мы бы гораздо быстрее и лучше прошли весь этот путь реформирования. Он знал, что надо делать.

Меня поразило, когда, помните, в комнате — был период на съезде, мы заявили об отставке — он нас всех собрал и, вроде как обращаясь к депутатам, говорит: «Ну что радуетесь? Знаете, что надо делать? Мы собираемся два раза в неделю, мы обсуждаем вопросы, мы знаем, что делаем, а больше никто не знает». Тут же вызывает стенографистку, ходит по комнате и за час наговаривает первоочередную программу. И тут же эту программу на сессии зачитал. «Как это мы без программы, мы с программой». А потом ее уже дооформили. Вспомните, он никуда не смотрел, никаких шпаргалок. Шаг за шагом, шаг за шагом. Он знал, что делать. Понимаете? Человек знал все поступательное движение. Я не могу говорить, что он не ошибался — может быть, и ошибался...

А возьмите того же самого Чубайса. Как он жестко отстаивал свою позицию! Краснел, пот тек, казалось, что все, сейчас сдастся, а он никогда не отказывался от того, что говорил. Его переспорить было просто невозможно. У него находились всегда аргументы.

А. К.: Да, команда сильно отличалась от совминовской...

С. А.: Конечно. Чем меня и поражало это правительство, так это тем, что каждый знал, что надо делать... 33 года парню, а он все знает, что надо делать.

П. А.: Не 33 было. Гайдару — 35, мне — 36. Чубайсу тоже.

С. А.: Ну все равно. 35 лет...

П. А.: Мы были готовы, четко знали, что собираемся делать.

С. А.: Да, вы были готовы. И для меня, конечно же, вот этот год школы был важнее, чем предыдущие пять лет.

Единственно, с кем я был все время не согласен, — это с Титкиным. Его идеология была очень простая: все на фиг развалить, потом легче будет реформировать. А народ выбросить, да?.. Развалить государство, для того чтобы легче было его реформировать. Это та же самая идеология вытеснения республик из рублевой зоны, это та же была политика: «А нам по..., что будет с остальными республиками. Мы сами давайте спасемся». Вот с этим я не был согласен...

А. К.: Она была вынужденная. Всех не вытащить...

С. А.: А вообще у нас внутри ни с кем каких-либо конфликтов не было. Да, министр МПС отстаивал свою позицию: «Не реформировать».

А. К.: Фадеев?

С. А.: Он не дал реформировать МПС. Пожалуйста, депо, все остальное можете приватизировать, а дороги оставьте. Позиция Черномырдина — оставить все трубы в «Газпроме». И оставили. Гайдар не спорил ни с Черномырдиным, ни с Фадеевым. И с Булгаком практически не спорил, потому что Булгак сказал: «Я напишу сам свою идеологию, а вы тогда критикуйте». Он написал — и стычки там не стычки, при обсуждении были некие противоречия, — но все-таки приняли его концепцию в основном, на 80 или 85%.

П. А.: Мы знали, что делать, и доверяли друг другу. И другим членам правительства, даже если они, как вы или Булгак, не были из нашей команды. Поэтому и не было интриг.

«Можно ли было сохранить Союз?»

А. К.: Экономическая модель, в которой существовал Советский Союз, себя изжила. Говорить, что необходимо было на рубеже 80–90-х годов заменить плановую модель на более рыночную, по-моему, неинтересно. Во всяком случае вся Восточная Европа и Китай пошли по этому пути. Вопрос такой: можно ли было сохранить Советский Союз?

С. А.: Я думаю, можно было, потому что идти на ломку союзного государства, не имея никакой альтернативы...

А. К.: Кто его сломал? Геращенко или Беловежская Пуща, Ельцин, Горбачев, Кравчук с Шушкевичем или СССР, как Воронья слободка, был подожжен сразу с нескольких концов?

Егор Гайдар. Москва, 1993 г.

© Лев Мелихов / Фонд Егора Гайдара

Президент РФ Борис Ельцин и консультант президента РФ по вопросам экономической политики Егор Гайдар на митинге в Москве, 28.03.1993 г.

© Игорь Михалев / РИА Новости

Последний снимок в кабинете премьера. Гайдар и его советники, декабрь 1992 г.
© Фонд Егора Гайдара

Егор Гайдар в кабинете Института экономических проблем переходного периода, 1993 г.
© Фонд Егора Гайдара

Сергей Филатов, Егор Гайдар, Руслан Хасбулатов, Борис Ельцин и Юрий Яров на съезде Верховного Совета народных депутатов в Кремле

Первый заместитель председателя правительства России Егор Гайдар на заседании Верховного Совета России, март 1992 г.

Митинг в поддержку Бориса Ельцина. Москва, март 1993 г.
© Фонд Егора Гайдара

Митинг в поддержку Бориса Ельцина и Егора Гайдара. Москва, 90-е
© Архив ИТАР-ТАСС

Директор Института экономики переходного периода Егор Гайдар на пресс-конференции 19 марта 1997 г. в Центральном доме журналиста
© Александр Дряев / Коммерсантъ

Заместитель председателя правительства РФ Александр Шохин, 1992 г.

© Валентин Кузьмин / ИТАР-ТАСС

Борис Федоров, Анатолий Чубайс, Александр Шохин, Владимир Шумейко на IX внеочередном съезде народных депутатов России, 1993 г.

© Александр Сенцов / ИТАР-ТАСС

«Именно Бурбулис был отцом-основателем правительства реформ», 1992 г.
© Александр Чумичев / ИТАР-ТАСС

«Вышли все мы из науки»: Александр Шохин, академик Станислав Шаталин, Геннадий Бурбулис, Егор Гайдар, 1992 г.
© Фото из личного архива Александра Шохина

Александр Шохин, Эдуард Днепров, Татьяна Шохина, Михаил Полторанин, Алексей Головков на даче в Архангельском

© Фото из личного архива Александра Шохина

Егор Гайдар, Петр Авен, Александр Шохин на даче в Архангельском, 1992 г.

© Фото из личного архива Петра Авена

Переговоры по внешнему долгу. Хорст Кёлер (в 1992 г. — замминистра финансов, а с 2004 по 2010 г. — президент Германии), Петр Авен, Александр Шохин и Борис Ельцин, 1992 г.

© Фото из личного архива Петра Авена

Министр внешнеэкономических связей РФ Петр Авен, 1992 г.

© Юрий Абрамочкин / РИА Новости

Пресс-конференция первого вице-премьера Егора Гайдара, 1992 г.
© Александр Чумичев / ИТАР-ТАСС

Егор Гайдар и Андрей Нечаев, 01.12.1992 г.
© Александр Макаров / РИА Новости

Первый заместитель министра экономики и финансов РФ Андрей Нечаев, 1991 г.
© ВалентинЧерединцев / ИТАР-ТАСС

Председатель Государственного комитета России по управлению государственным имуществом Анатолий Чубайс во время пресс-конференции в здании Дома правительства, посвященной приватизации

© Сергей Николаев / Коммерсантъ

Министр внешних экономических связей РФ Петр Авен и зампредседателя правительства РФ Анатолий Чубайс (слева)

© Валерий Христофоров / ИТАР-ТАСС

Вице-премьер правительства РФ Анатолий Чубайс, 18.09.1992 г.

© Борис Кауфман / РИА Новости

Петр Авен — представитель президента по связям с индустриально развитыми странами (G7), Борис Ельцин и Джордж Буш, Мюнхен, 1992 г.

Петр Авен и Борис Ельцин на переговорах, 1992 г.

Егор Гайдар и Геннадий Бурбулис на Съезде народных депутатов, 18.04.1992 г.
© Александр Сенцов / ИТАР-ТАСС

Борис Ельцин и Геннадий Бурбулис на турнире теннисистов «Кубок Дэвиса», 1992 г.
© Александр Яковлев / ИТАР-ТАСС

Сергей Шахрай, Геннадий Бурбулис, Михаил Федотов на VII съезде народных депутатов РФ. 1992 г.

© Валентин Кузьмин / ИТАР-ТАСС

Вице-премьер правительства России Сергей Шахрай и мэр Санкт-Петербурга Анатолий Собчак на встрече по обсуждению вопросов конституционной реформы

© Сергей Смольский / ИТАР-ТАСС

Министр обороны РФ Павел Грачев во время посещения 31-й воздушно-десантной бригады бундесвера, Германия
© ИТАР-ТАСС

Президент РФ Борис Ельцин вручает министру обороны Павлу Грачеву орден «За личное мужество»
© Александр Сенцов / ИТАР-ТАСС

Владимир Машиц
© Евгений Дудин / Forbes Russia

Министр торговли и материальных ресурсов РСФСР Станислав Анисимов, 1991 г.
© Валентин Черединцев / ИТАР-ТАСС

Министр экономики и финансов РСФСР Егор Гайдар и министр топлива и энергетики РСФСР Владимир Лопухин на заседании правительства РСФСР, 05.12.1991 г.
© Алексей Бойцов / РИА Новости

Президент РФ Борис Ельцин, министр иностранных дел РФ Андрей Козырев и президент Молдовы Мирча Снегур на конференции в Стамбуле

© Александр Сенцов / ИТАР-ТАСС

Председатель Верховного Совета Азербайджана Гейдар Алиев на встрече с министром иностранных дел России Андреем Козыревым

© Эдуард Песов / ИТАР-ТАСС

Альфред Кох и Анатолий Чубайс
Фото из личного архива Альфреда Коха

Борис Немцов, Александр Казаков, Альфред Кох, Евгений Ясин, Анатолий Чубайс, Яков Уринсон, Олег Сысуев на поминках В.С. Черномырдина, 2010 г.
Фото из личного архива Альфреда Коха

Егор Гайдар и Альфред Кох
Фото из личного архива Альфреда Коха

Михаил Маневич, вице-губернатор Санкт-Петурбурга, член нашей команды. Убит в 1997 г. За ним — Александр Казаков, впоследствии вице-премьер, Альфред Кох, Анатолий Чубайс
Фото из личного архива Альфреда Коха

Борис Немцов и Альфред Кох
Фото из личного архива Альфреда Коха

Госсекретарь США Джеймс Бейкер выступает в Верховном Совете СССР

© Валентин Кузьмин / ИТАР-ТАСС

Министр экономики и финансов России Егор Гайдар и вице-премьер и министр финансов Польши Лешек Бальцерович на пресс-конференции, 01.12.1991 г.

© Юрий Абрамочкин / РИА Новости

Баррикады у здания Верховного Совета РСФСР

© Андрей Соловьев / ИТАР-ТАСС

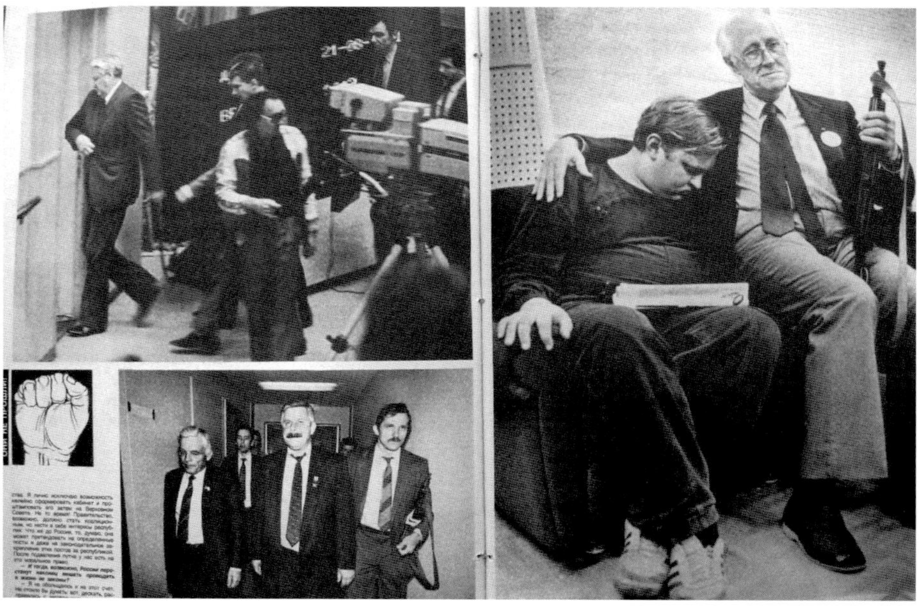

Журнал «Огонек», № 36 от 31 августа 1991 г.

Вторник, 20 августа 1991 года

ТРУД

Газета профессиональных союзов СССР

Выходит с 19 февраля 1921 года • № 193 (21419) • Цена 10 коп. • Номер подписан в печать в 23.50.

ВВЕДЕНО ЧРЕЗВЫЧАЙНОЕ ПОЛОЖЕНИЕ

Вчера с утра страна узнала о введении чрезвычайного положения «в отдельных местностях СССР на срок 6 месяцев с 4 часов по московскому времени 19 августа 1991 года». Заявление об этом от имени советского руководства сделали Г. Янаев, В. Павлов и О. Бакланов. Связанные с введением чрезвычайного положения материалы неоднократно передавались по радио и телевидению. С утра они получены были редакцией по каналам ТАСС, и мы знакомим читателей с их содержанием.

Обращение к советскому народу

Соотечественники! Граждане Советского Союза!

В тяжкий, критический для судеб Отечества и наших народов час обращаемся мы к вам! Над нашей великой Родиной нависла смертельная опасность! Начатая по инициативе М. С. Горбачева политика реформ, задуманная как средство обеспечения динамичного развития страны и демократизации общественной жизни, в силу ряда причин зашла в тупик. На смену первоначальному энтузиазму и надеждам пришли безверие, апатия и отчаяние. Власть на всех уровнях потеряла доверие населения. Политиканство вытеснило из общественной жизни заботу о судьбе Отечества и гражданина. Насаждается злобное глумление над всеми институтами государства. Страна по существу стала

...заешься в собственном доме изгоями.

Каким быть общественному строю, должен решать народ, а его пытаются лишить этого права.

Вместо того, чтобы заботиться о безопасности и благополучии каждого гражданина и всего общества, нередко люди, в чьих руках оказалась власть, используют ее в чуждых народу интересах, как средство беспринципного самоутверждения. Потоки слов, горы заявлений и обещаний только подчеркивают скудость и убогость практических дел. Инфляция власти, страшнее чем всякая иная, разрушает наше государство, общество. Каждый гражданин чувствует растущую неуверенность в завтрашнем дне, глубокую тревогу за будущее своих детей.

Кризис власти катастрофически сказался на экономике. Хаотичное, стихийное скольжение к рынку вызвало взрыв эгоизма — регионального, ведомственного, группового и личного. Война законов и поощрение центробежных тенденций обернулись

—2—

УКАЗ

Вице-президента СССР

В связи с невозможностью по состоянию здоровья исполнения Горбачевым Михаилом Сергеевичем своих обязанностей Президента СССР на основании статьи 127^7 Конституции СССР вступил в исполнение обязанностей Президента СССР с 19 августа 1991 года.

Вице-президент СССР

Г.И. Янаев

Москва

8.8 1991 г.

НЕЗАВ...

№ 98

22 АВГУСТА 1991 г.

ТАНКИ ПОКИНУЛИ МОСКВУ

ЧРЕЗВЫЧАЙНОЕ ПОЛОЖЕНИЕ ОТМЕНЕНО

ГОСУДАРСТВЕННЫЙ ПЕРЕВОРОТ ПРОВАЛИЛСЯ. НАРОД ОТСТОЯЛ ЗАКОННУЮ ВЛАСТЬ. ВСЕ ПУТЧИСТЫ—ЧЛЕНЫ ЦК КПСС, ЧЛЕНЫ КОММУНИСТИЧЕСКОГО ПРАВИТЕЛЬСТВА. ИЗ НАИБОЛЕЕ КРУПНЫХ ПОЛИТИКОВ СТРАНЫ ТОЛЬКО ЕЛЬЦИН ОТКРЫТО И АКТИВНО ПРОТИВОСТОЯЛ ЗАГОВОРЩИКАМ.

ПРЕДСЕДАТЕЛЬ СОЮЗНОГО ПАРЛАМЕНТА ЛУКЬЯНОВ ФАКТИЧЕСКИ БЛАГОСЛОВИЛ ПУТЧИСТОВ. РОЛЬ ГОРБАЧЕВА, АРЕСТОВАННОГО(?) ЗАГОВОРЩИКАМИ В КРЫМУ, ПОКА НЕЯСНА. РУКОВОДИТЕЛИ ПУТЧА СКРЫЛИСЬ. СООБЩЕНИЯ ОБ ИХ СУДЬБЕ ПРОТИВОРЕЧИВЫ. ПРОЛИТА КРОВЬ ЛЮДЕЙ, СТРАНА БЫЛА НА ПОРОГЕ ДИКТАТУРЫ. ОТВЕТСТВЕННЫЕ ЗА ЭТО ДОЛЖНЫ ПРЕДСТАТЬ ПЕРЕД СУДОМ

Фото ИАН.

НА СЕССИИ

«НГ», ЗАПРЕЩЕННАЯ ХУНТОЙ ВМЕСТЕ С ДРУГИМИ ДЕМОКРАТИЧЕСКИМИ ИЗДАНИЯМИ ВНОВЬ ВЫХОДИТ

В понедельник, рано утром, узнав о начале деятельности самозваного ГКЧП, сотрудники «НГ» собрались в редакции. Мы готовили очередной номер газеты, сомневаясь, правда, что он выйдет. Мы собирали информацию, чтобы все ее опубликовать. Вечером руководство типографии, ссылаясь на решение ГКЧП, запретило печатать «НГ».

...

ОБРАЩЕНИЕ К СВОБОДНЫМ ЖУРНАЛИСТАМ МИРА

Первое, что сделали люди, совершившие государственный переворот в СССР и свергшие Президента СССР Михаила Горбачева, — запретили выход в Москве всех демократических газет, а также газет, не находящихся под контролем КПСС. Свобода информации — единственное существенное достижение перестройки во внутренней политике — была ликвидирована первой. ...

Газета выходит с марта 1917 года

ИЗВЕСТИЯ

- № 286 (23552)
- Московский вечерний выпуск
- Понедельник, 2 декабря 1991 года
- Цена 40 коп.

УКРАИНА ВЫБРАЛА НЕЗАВИСИМОСТЬ.

По предварительным данным, президентом стал Леонид Кравчук

В эти дни внимание страны и всего мира было приковано к Украине. Выборы первого президента в какой-то мере уходили в тень на фоне кардинального решения, которое должен был принять народ республики на референдуме, — быть или не быть Ук- ...

Киев

Борьба за исход референдума и выборов велась в республике до последней минуты. ...

М. С. Горбачев: **Я ПОКИДАЮ СВОЙ ПОСТ С ТРЕВОГОЙ. НО И С НАДЕЖДОЙ**

МОСКВА, 25 декабря. (ТАСС). Михаил Горбачев выступил сегодня по Центральному телевидению с обращением к народу. Он сказал:

«Дорогие соотечественники! Сограждане!

В силу сложившейся ситуации с образованием Содружества Независимых Государств я прекращаю свою деятельность на посту Президента СССР. Принимаю это решение по принципиальным соображениям.

...вители... ...го времени. Старая система рухнула до того, как успела заработать новая. И кризис общества еще больше обострился.

Я знаю о недовольстве ...

РОССИЙСКАЯ ГАЗЕТА

Издание Верховного Совета РСФСР

...торник, 10 декабря 1991 г. • Выходит с ноября 1990 г. № 270 (316) • Цена 10 коп.

ИМПЕРИЯ РУХНУЛА. РОЖДАЕТСЯ СОЮЗ СВОБОДНЫХ ГОСУДАРСТВ

...онид КРАВЧУК: ...ы против государства, ...оторое было бы над нами

...ислав ШУШКЕВИЧ: ...брести суверенность ...е разъединяться границами

...сультан НАЗАРБАЕВ: ...-прагматик и буду ...талкиваться от событий

ЗАЯВЛЕНИЕ

глав государств Республики Беларусь, РСФСР, Украины

ЗАЯВЛЕНИЕ

правительств Республики Беларусь, Российской Федерации и Украины о координации экономической политики

СОГЛАШЕНИЕ

о создании Содружества Независимых Государств

В Президиуме ... Совета РСФСР

Налоги н...

Новости

Комментари...

Беловежск... вместо Н...

Приватизация ... заблокирован...

«МН» № 2, 12 января 1992 г.

ЛИЧНОСТЬ

ЕГОР ГАЙДАР

вице-премьер России Егор Гайдар беседует с обозревателем «МН» Людмилой Телень

После долгого вечернего разговора я попросила у него таблетку от головной боли. Он развел руками. «Не держит»,– подтвердил его советник.

Лешек Бальцерович, по возрасту чуть старше Гайдара, заплатил за реформу тяжелым нервным расстройством. У тридцатипятилетнего Егора Гайдара хорошее здоровье и крепкие нервы. На четырнадцатом часу рабочего дня он все еще не теряет способности улыбаться. Впрочем, его реформа только началась.

МН *Какого финала на этом поприще вы бы себе пожелали?*

– Спокойного ухода с поста вице-премьера...

МН *На пенсию?*

– Нет, конечно. Отставки к концу будущего года. Под оглушительные крики народного негодования, но при соблюдении демократических процедур. Скажем, вотум недоверия в парламенте по бюджету дев-

„... мое, наше поражение не будет просто личной неудачей...“

ЕТР 7

№ 52, 29 декабря 1991 г.

Согласно данным нашего исследования, все показатели доверия к власти на Украине заметно выше, а все показатели тревожности — заметно ниже, чем в России. Например, на Украине 41% против 25% полагают, что правительство может обеспечить проведение экономических реформ, т... как по России это соотно... значительно хуже: 28% против 46%. Стабилизацию экономического положения в республике полагают маловероятной 55% на Украине и 79% в России. Но зато массовые стихийные вы-

В списке людей, с которыми массовое сознание связывает 1991 год, практически нет новых имен, хотя заметны изменения в частоте упоминаний. Еще год назад ушло из первого ряда имя М. Горбачева: в России у него третье место, на Украине – седьмое, в азиатских республиках – восьмое. Ельцин, бесспорный фаворит общественного мнения в России, занимает вторые позиции на Украине (где у него даже больше поддержки) и в азиатских республиках. Первые же места там у «своих» национальных лидеров:

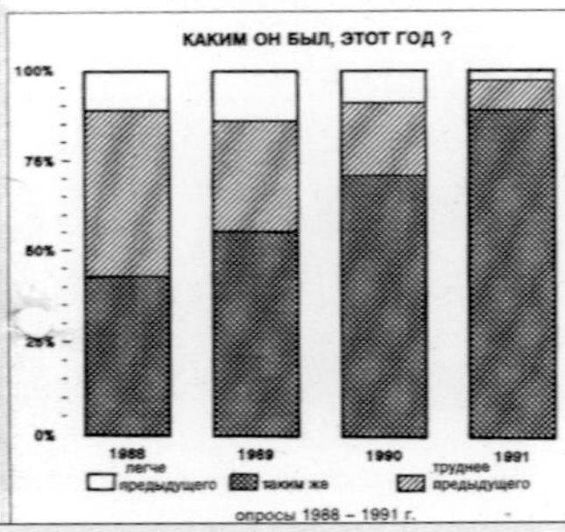

развеять атмосферу тревожности?

Наученное трудным собственным опытом, общество сегодня не может отвергнуть ни один из мрачных вариантов: достаточно большая часть опрошенных – треть или более – допускают возможность каких угодно катастроф, бунтов, переворотов, эксцессов. Что еще не делает все эти варианты реальными, поскольку не создает ни сил действия, ни сил поддержки.

Если отслеживать смену общественных настроений за год, можно заметить, что мы сейчас в периоде какой-то тоски и печали, охватившей чуть ли не все слои. Легко объяснима «экономическая» компонента тревожности: все ждут худшего будущего, потрясений с ценами и кошельками. (На ноябрь месяц, например, более 50% населения бывшего Союза не ждало улучшений в жизни политической, свыше 60% – в межнациональных отношениях и 75% – в экономике). Другая составляющая пессимистических настроений – очевидный отлив той боевитой напряженности, которая присутствовала в дни Августа. Собственно говоря, в этом отливе нет ничего унизительного или удивительного: настроения героического энтузиазма не могут поддерживаться долго.

Но здесь имеется еще одна, наверное, наиболее важная и наиболее постоянная составляющая. Если человеку старого, советского общества был присущ казенный оптимизм, то сейчас мы имеем дело с казенным же пессимизмом. Сегодня чуть ли не все деятели, которых принято считать лидерами общественного мнения («опинионмейкеры»), начинают свои речи со слов «сейчас, когда все так

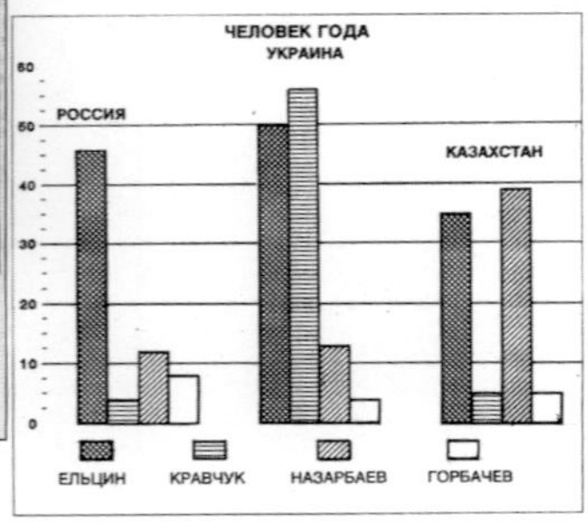

* * *

Год 1991-й превратил кризис общества, экономики, империи в катастрофу, принес людям усталость, отчаяние, хаос. И все же не только это: были взлеты сплочения в борьбе и торжестве, были высокие порывы и надежды на то, что успехи демократии удастся закрепить. И необратимые сдвиги, исключающие возврат к прошлому. На каких весах можно выяснить, что перевесит? Должно быть, на весах года 1992-го.

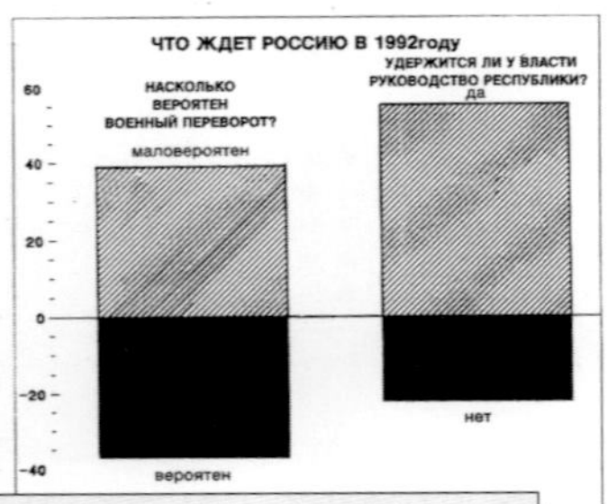

Sine ira et studio

НЕЗАВИСИМАЯ ГАЗЕТА

16 АПРЕЛЯ 1992 г.
СРЕДА, № 73 (244)

ЦЕНА 1 РУБ. 25 КОП. В МОСКВЕ
1 РУБ. 60 КОП. ВНЕ МОСКВЫ

Коротко

И снова митинг

РУКОВОДСТВО ПАРЛАМЕНТА УЖЕ ИЩЕТ МИРА С ПРАВИТЕЛЬСТВОМ

УДАСТСЯ ЛИ ЕМУ УБЕДИТЬ СЪЕЗД СОГЛАСИТЬСЯ НА ЭТО?

Сергей Пархоменко

Кремль

В НОМЕРЕ:

ВОЗДУШНАЯ БЛОКАДА ЛИВИИ НАЧАЛАСЬ НА СУТКИ РАНЬШЕ

Газета выходит с марта 1917 года

ИЗВЕСТИЯ

- № 288 (23554)
- Московский вечерний выпуск
- Среда, 4 декабря 1991 года
- Цена 40 коп.

ПРАВИТЕЛЬСТВО МОСКВЫ СЧИТАЕТ ПРОДОВОЛЬСТВЕННОЕ ПОЛОЖЕНИЕ КАТАСТРОФИЧЕСКИМ

ВЛАСТИ СТОЛИЦЫ РАССЧИТЫВАЮТ ТОЛЬКО НА ИМПОРТ

Тяжелейший продовольственный кризис, а проще сказать, настоящая катастрофа со снабжением Москвы, грозит разразиться в ближайшие десять—пятнадцать дней. К такому тревожному выводу пришло правительство столицы, обсуждавшее 3 декабря положение с обеспечением города основными продуктами питания.

За десять месяцев нынешнего года предприятия агропромышленного комплекса столицы не смогли произвести продукции более чем на полмиллиарда рублей по сравнению с тем же периодом прошлого года. Они работают с перебоями и остановками из-за хронической нехватки сырья и упаковочных материалов. Распад хозяйственных связей привел к тому, что все регионы страны прекратили поставки в Москву, а за то немногое, что еще предлагается, запрашиваются такие договорные цены, что выпуск мясопродуктов, некоторых кондитерских изделий, пива, вина, шампанского, сигарет сделался убыточным.

Кое-как еще выручает бартерный обмен — продовольствие за дефицитную и дорогую продукцию столичных предприятий: телевизоры, автомобили, сложную бытовую технику, стройматериалы. На заседании назывался другой источник снабжения москвичей продовольствием — 70 процентов продуктов питания столица вынуждена получать по импорту, причем отнюдь не заморские деликатесы, а самое насущное — мороженое мясо, животное и растительное масло, яичный порошок, сухое молоко. Кстати, о молоке, которым испокон века Подмосковье исправно «поило» горожан от мала до велика. Сейчас в Москву поступает лишь половина необходимого его количества, и руководитель объединения «Молоко» вынужден был поставить вопрос о введении регулируемой продажи только для детей, больных и инвалидов.

Нужно признать, что не одни срывы поставок и нарушения договорной дисциплины сторонними организациями повинны в сложившемся тяжелейш...

Пример тому — положение с продажей водки. Оказывается, в Москве ее производится в полтора раза больше того количества, которое должно быть отоварено по талонам. Однако очереди за спиртным превратились в сущее бедствие для москвичей, вынужденных стоять в них уже не часами, а по нескольку дней. Вместо предполагавшихся 500 магазинов, торгующих водкой, действуют лишь сто с лишним. Сданные талоны тут же не гасятся, а пускаются недобросовестными продавцами в многократный оборот.

Глава правительства Ю. Лужков дал неудовлетворительную оценку работе В. Карнаухова и других руководителей торговли, категорически потребовал от них в ближайшие же дни принять меры к устранению очередей за спиртным.

К сожалению, столь однозначно сложные вопросы продовольственного снабжения столицы вряд ли удастся сейчас решить. Правительство Москвы намерено обратиться к Президенту страны М. Горбачеву и Президенту России Б. Ельцину с предложением принять «сверхсрочные меры по обеспечению продовольствием столицы в основном за счет поставок по импорту». При необоснованном отказе других регионов от снабжения Москвы сахаром, молоком, крупами, овощами необходимо получить фонды на сырье, энергоносители и прочие ресурсы, чтобы иметь возможность самим позаботиться о приобретении всего жизненно необходимого на внешнем рынке. Что же касается бартерного обмена, а также поставок столичной продукции внутри страны, правительство города считает возможным перейти к пари...

Э. ШЕВАРДНА...

К ПРОБЛЕМЕ...

Заявление Бориса Ельцина

о признании Россией независимости Украины

«1 декабря 1991 года состоялся всенародный референдум о будущем Украины. Российское руководство заявляет о признании независимости Украины в соответствии с демократическим волеизъявлением ее народа.

Мы убеждены в возможности и необходимости скорейшего становления новых межгосударственных отношений между Россией и Украиной при уверенности в сохранении сложившихся традиций дружбы, добрососедства, взаимного уважения между обоими народами, строгом соблюдении обязательств, в том числе по нераспространению ядерного оружия и его ограничению, правам человека и другим общепризнанным нормам международного права.

Основы всеобъемлющего взаимовыгодного партнерства между Россией и Украиной заложены договором от 19 ноября 1990 года, другими последовавшими за ним документами, коммюнике от 6 ноября 1991 года. Мы будем и впредь привержены этому стратегическому для нас курсу. Готовы приступить к работе над проектом полномасштабного межгосударственного двустороннего договора, который отвечал бы всем требованиям нового этапа взаимоотношений между Россией и Украиной.

Всестороннее сотрудничество наших государств, их взаимозависимость, положительный опыт наших взаимоотношений в прошлом требуют особо бережного к себе отношения. Взаимовыгодное и сбалансированное сотрудничество между Россией и Украиной может и должно стать примером двусторонних отношений между республиками старого Союза. Открываются новые возможности для тесного взаимодействия с другими республиками, формирования подлинно равноправного содружества суверенных государств.

Новое партнерство между Россией и Украиной — двумя суверенными государствами Европы — станет весомым вкладом в безопасность и стабильность на континенте в соответствии с принципами Совещания по безопасности и сотрудничеству в Европе, позитивные процессы в мире.

Приверженность российского и украинского государств соблюдению обязательств в области разоружения, прав человека и национальных меньшинств, включая предотвращение дискриминации по языковому признаку; открытости границ; свободе выбора гражданства; взаимодействие в формировании общего экономического пространства и в развитии сопредельных регионов создаст хорошую основу для скорейшего установления дипломатических отношений между Россией и Украиной».

РОССИЯ И СООБЩЕСТВО НАЦИЙ ЕДИНЫ В СВОЕМ ПОДХОДЕ

Небывалое единодушие в подходе к условиям дипломатического признания новой европейской державы — Украины проявляет мировое сообщество наций.

В краткой форме, если воспользоваться словами министра иностранных дел Австралии Г. Эванса, существует ряд «общепризнанных международных критериев государственности». Украина должна подходить по всем параметрам к статусу суверенного государства. Еще вчера можно было поставить понятие «общепризнанное» под сомнение, однако в отношении Украины сообщество наций проявило редкое единодушие, и сформулированные критерии государственности и условия признания Украины де-юре в новом для нее качестве совпадают в заявлениях Белого дома и Президента России Бориса Ельцина, в требованиях НАТО и нейтральной Швеции, в пожеланиях

(Окончание на 4-й стр.)

«Кузнецов» покинул Черное море

Военные утверждают, что авианесущий крейсер идет домой

Как уже сообщали «Известия» (№ 287), советский авианесущий крейсер «Адмирал флота Советского Союза Кузнецов» прошел 2 декабря через контролируемые Турцией проливы Босфор и Дарданеллы и вышел из Черного моря в Средиземное. Куда он направляется? Какие задачи стоят перед ним? Этому посвящен комментарий нашего военного корреспондента В. ЛИТОВКИНА.

В Министерстве обороны сейчас не делают из этого большого секрета — крейсер идет на Северный флот, к которому он «приписан» и где находится место его постоянного базирования...

Водоизмещение крейсера — около 55 тысяч тонн, длина — чуть больше 300 метров, осадка с полной загрузкой — 10 метров...

Некоторые эксперты утверж...

...назначенное для ударов по морским и береговым целям. В частности, бомбардировщики и штурмовики.

«Адмирал флота Советского Союза Кузнецов» вооружен истребительной авиацией. Она, как известно, может выполнять только оборонительные функции. И в этом принципиальное различие.

Кстати, выяснилось, что у Минобороны с Турцией в таких оценках нет и не было ни...

...чтобы он не достался Украине после объявления ее независимости и выхода из СССР.

«Украина не претендовала и не претендует на такие корабли. По крайней мере нам об этом ничего не известно», — такое разъяснение получил я в Министерстве обороны.

Кроме того, известно, что, выступая в Севастополе со своей предвыборной программой, тогда претендент в президенты республики...

- 2 января 1992 года, четверг
- Московский вечерний выпуск
- № 2 (23576)
- Цена 80 коп.

ИЗВЕСТИЯ

Газета выходит с марта 1917 года

ЦЕНЫ ОТПУЩЕНЫ: В МАГАЗИНАХ ПОЯВИЛИСЬ ДЕЛИКАТЕСЫ, НО НЕТ ТОВАРОВ ПОВСЕДНЕВНОГО СПРОСА

Виктор ТОЛСТОВ. «Известия».

Те, кто рассчитывал, что 2 января мы проснемся в другой стране, где будут хотя и свободные цены, но полные прилавки, испытывают очередное разочарование — чуда не произошло.

Магазинные прилавки остались угрожающе пусты, особенно в небольших государственных магазинах. Как видно, даже свободные цены не в состоянии пробудить коммерческого интереса у служащих госторговли.

Перемены заметны прежде всего в арендных магазинах. В московских гастрономах появились продукты, которые принято считать деликатесами. В «Новоарбатском» — филе балтийского лосося по 276 рублей за килограмм, омуль холодного копчения — 120 рублей, дальневосточный лосось холодного копчения 192 рубля, варено-копченая колбаса — 108 рублей, ветчина импортная — 1.023 рубля за двухкилограммовую банку, шампанское — 121 рубль, «Каберне» — 41 рубль. В гастрономе на Тверской продавался окорок по 68 рублей, красная икра — 96 рублей за банку 140 гр., швейцарский сыр — 42 рубля и водка «Кубанская» — 49.50.

По нынешним временам — это неплохой выбор для праз...

...бик холодного копчения по 25 и 23 рубля соответственно. Треска фаршированная 12.90, масло икорное — 21.50, сливочное масло — 45 рублей. Если добавить еще яйца столовые по 12 рублей десяток и вермишель по 12.24 за кило, муку пшеничную 2-го сорта по 6.24 и пакетированный чай производства ФРГ по 144 рубля за коробку (100 пакетиков), то я перечислил практически весь ассортимент, встреченный мной в магазинах с утра 2 января.

Молоко не встретилось, хотя в одном месте мне сказали, что оно было с утра в продаже по 1 рублю 96 копеек за литровый пакет. Не попался и хлеб, хотя цену мне также удалось выяснить — 1.68 за круглый ржаной и та же цена за длинный батон белого из муки высшего сорта.

В магазинах «Фрукты—овощи» появились апельсины и грейпфруты по 30 рублей за килограмм, но нет картошки, моркови, яблок и всего остального, что необходимо человеку для нормальной жизни.

Думаю, в ближайшие несколько дней вряд ли Москва сможет рассчитывать на многое. Нет достоверной информации о том, каковы ресурсы продовольствия...

ПРИКАЗАНО БЫТЬ СВОБОДНЫМИ, НО ПРИКАЗ ДОШЕЛ НЕ ДО ВСЕХ

Отто ЛАЦИС. «Известия».

Надо бы подождать, понаблюдать еще, да время не терпит. Так много надежд и так много тревог связано с этой опасной свободой — свободой цен, что каждый сбой при ее становлении требует немедленной реакции. В то короткое время, что отпустил для изучения ситуации в московской торговле график выпуска этого номера газеты, я успел обнаружить вот что: закрыта Филипповская булочная. Та, что через дорогу от Моссовета. Та, которая записана в историю Москвы в связи с разнообразнейшими событиями. Та, по которой москвичи, наряду с другими избранными объектами, судят об эпохе: «А помните, в сороковые годы здесь...» Утро 2 января 1992 года запомнится объявлением: «Отдел закрыт, нет цены на хлеб». Не торгует и хлебный отдел Елисеевского.

Телефон Мосхлебторга ответил мне сообщением, что управляющий и зам уехали на совещание в Моссовет, а без них никто ничего объяснить не может. Из Филипповской булочной по телефону же пояснили, что хлеб привезли, но бухгалтер Фрунзенской конторы хлебторга, от которой обычно узнают цену, сказала, что начальство на совещании и цена неизвестна.

Неужели столица встречает утро рыночной свободы совсем без хлеба? Но вот булочная тут же, на Тверской, у гостиницы «Минск». Относится к сфере влияния той же Фрунзенской конторы. И нормально торгует с утра, даже не подозревая о проблеме, которая помешала открыться соседям. Откуда известна цена? Как всегда, сообщил хлебозавод. Эта булочная приватизирована, создано товарищество, правительство Москвы выдало документ, но Фрунзенская контора его не признает.

Что можно вывести из этой беглой информации? Первое: реальные материальные нехватки могут оказаться отнюдь не главным раздражителем во время начатого трудного, но необходимого всем нам перехода. Гораздо больше будут мешать разгильдяйство, доходящее до степени саботажа, и бюрократическая монополия. Впрочем, не только бюрократическая: «нормальная» экономическая монополия — тоже. Там, где торговля идет, можно увидеть, что хлебозавод использовал свое право повышения цен сразу «на всю катушку» — в три раза на простые сорта и еще больше — на высшие. А ведь свобода цен — это не обязанность их повышать, тем более что цены на хлеб совсем недавно уже были изрядно повышены.

Первый час рыночной свободы показал, что нам не уйти от ответа на вопрос: зачем нам нужны торг и его контора, если за месяц разговоров о предстоящей свободе они не успели даже назначить и сообщить новую цену, чтобы не стояли закрытыми магазины с хлебом? Такие вопросы наверняка встанут перед властями не одной только Москвы.

НАРОД ВОРЧИТ, НО ПОКУПАЕТ

Владимир СБИТНЕВ. «Известия».

ИЗМЕНИЛИСЬ ТОЛЬКО ЦЕННИКИ

Борис РЕЗНИК. «Известия».

КОНОМИКА

«МН» № 2, 12 января 1992 г.

ГОСУДАРСТВО ИДЕТ С МОЛОТКА

ИНТЕРВЬЮ «МН»

Каким бы ни был 1992 год, он в любом случае станет Годом Большой Приватизации. По крайней мере так считает Анатолий ЧУБАЙС. 36-летний кандидат экономических наук осенью возглавил Госкомимущество Российской Федерации, получил ранг министра и является инициатором и основным автором программы приватизации.

КТО ОДОБРИЛ

[illegible]

ЧТО ПРОДАЕТСЯ

[illegible]

Интервью вел
Владимир ОРЛОВ.

Гайдар воспринимается на Западе как ключевая фигура

Андрей ОСТАЛЬСКИЙ, «Известия»

Назначение Егора Гайдара исполняющим обязанности премьер-министра России воспринято в США и на Западе как свидетельство твердой приверженности российского руководства курсу рыночных реформ и демократии.

Это решение, демонстративно принятое накануне официального визита президента России в США, с удовлетворением встречено в этой стране — и политиками, и бизнесменами. «Прежде чем отправиться в Вашингтон, российский лидер добавил конкретных свидетельств своей верности радикальному курсу, предприняв шаги, которые явно понравились в Америке»,— пишет агентство Рейтер. Даже официальные деятели, чаще всего воздерживающиеся от оценок внутриполитических событий в других странах, на этот раз сделали исключение.

«Это назначение подает ясный сигнал о том, что один из наиболее приверженных реформам и свободному рынку деятелей по-прежнему продолжает играть существенную роль»,— заявил государственный секретарь США Дж. Бейкер.

Американская печать отмечает, что Егор Гайдар не случайно стал одной из главных мишеней консервативной оппозиции, резко активизировавшей свои попытки развернуть политический курс Москвы в противоположную сторону, вернуть страну к тоталитарной форме правления. С его именем и в России, и на Западе ассоциируется политика либерализации экономики. Недавние назначения представителей военно-промышленного комплекса на важные посты в правительственный кабинет вызвали серьезную обеспокоенность: не означают ли они капитуляции Ельцина перед яростными атаками консерваторов? Предполагалось, что перемены в правительстве ослабят позиции Гайдара и его сторонников. Перед началом визита Ельцина в США ждали доказательств обратного, и, как полагает агентство Ассошиэйтед Пресс, российский президент выбрал удачный способ доказать свою сохраняющуюся приверженность реформистскому курсу.

«Это ясный сигнал западным правительствам, банкам и потенциальным инвесторам, что он (Ельцин) не позволит консервативному сопротивлению остановить его программу быстрого перехода от коммунизма к рыночной системе»,— пишет комментатор Рейтер Оливер Уэйтс.

Как полагают обозреватели, назначение Гайдара исполняющим обязанности премьер-министра, а также подписанные Ельциным накануне отлета в Вашингтон указы, упрощающие приватизацию собственности в России, могут существенно облегчить получение Москвой крупных кредитов от Международного валютного фонда.

УКАЗ О БАНКРОТСТВЕ, КОТОРОГО ЖДАЛИ И БОЯЛИСЬ

Иван ЖАГЕЛЬ, «Известия»

Президент России подписал 14 июня Указ «О мерах по поддержке и оздоровлению несостоятельных государственных предприятий (банкротов) и применении к ним специальных процедур».

С выходом этого документа рыночные построения нынешнего правительства наконец-то приобретают целиность, завершенность. Потому что какой же это рынок, когда предприятия могут переводить все свои средства в зарплату, бесконечно вздувать цены на свою продукцию, нисколько не заботясь о том, будет эта продукция продана или нет и смогут ли они рассчитаться со своими кредиторами и поставщиками.

Без закона о банкротствах, а именно такое наименование сразу же получил Указ у специалистов, невозможно было надеяться и на стабилизацию нашей финансовой системы, на оздоровление рубля. Ведь в развитых странах любой банковский кредит предоставляется под залог. И то, что у нас до последнего времени невозможно было востребовать с предприятий деньги даже путем распродажи их имущества, привело к разрастанию денежной массы, к возникновению громадной взаимной задолженности между предприятиями и банками.

Указом Президента четко определено, что он касается только государственных предприя-

(Окончание на 2-й стр.)

ЕЖЕНЕДЕЛЬНЫЙ ПУБЛИЦИСТИЧЕСКИЙ И ЛИТЕРАТУРНО-ХУДОЖЕСТВЕННЫЙ ИЛЛЮСТРИРОВАННЫЙ ЖУРНАЛ

ОГОНЁК

ыходит с 1 апреля 1923 года

№№ 24–26 (3386–3388)

13 июня – 4 июля

редитель – удовой коллектив дакции журнала «Огонек»

Главный редактор Л. Н. ГУЩИН

Редакционная коллегия:

А. Ю. БОЛОТИН,
Г. В. КОПОСОВ,

ПОЛИТИКА

Леонид РАДЗИХОВСКИЙ

Борис Ельцин как зеркало русской эволюции

12 июня исполнился год,

КАССАНДРЫ

тельно серьезный: как же Ельцин правит, не произведя никаких подвигов, вроде разгона парламента, установле-

ОГОНЁК

№№ 50–52 (3412–3414)

Главный редактор Л. Н. ГУЩИН

Редакционная коллегия:

А. Ю. БОЛОТИН,
Г. В. КОПОСОВ,
Б. Д. МИНАЕВ,
Г. В. РОЖНОВ,
Ю. П. ТРАПАКОВ

Совет редакции:

ПОЛИТИКА

РОССИЯ СНОВА НА ПЕРЕПУТЬЕ: НАЛЕВО ПОЙДЕШЬ – ХУДО, НАПРАВО – ЕЩЕ ХУЖЕ. ПОХОЖЕ, ИДЕМ НАПРАВО...

СЕДЬМОЙ, «СУДЬБОНОСНЫЙ»

Фото Юрия ФЕКЛИСТОВА

ПОЗОРИЩЕ

ЧТО ДУМАЮТ ЛЮДИ?

Выдача приватизационных чеков в отделении Сбербанка России

© Эдди Опп / Коммерсантъ

р
ка
ЕЙНБОКА

м господь Бог
ал детей?
м мы
оявляемся
вет уже
отовленные
пытаниям
отиворечиям
о
иного мира?

А В КАБИНЕТАХ

ной особенностью малышей
тся эгоцентризм. Дети полагают,
 устроен именно так, каким они
дят.
ющийся философ Э. Ильенков приучают смотреть на окружающий мир как на огромный резервуар примеров, эти истины подтверждающих. Он и привыкает замечать вокруг себя только такие факты, которые иллюстрируют правильность школьных прописей, а на остальные — не обращать внимания, как на нечто несущественное, от чего нужно абстрагироваться...

И прежде всего — от противоречий». Статья Э. Ильенкова, которую мы ци-

чане обо всем быстро узнали и на каждом углу смеялись и над Сережей, и над его родителями. А мы были очень горды, потому что чувствовали себя частицей большого политического процесса, борцами за торжество... чего-то там... Райкомовская шпана направляла и руководила всем этим процессом и борьбой, поощряла детей на бессознательную подлость, и все этой шпане пособничали — и учителя, и директора

вения райкомов. А партийный уклад школьной и околошкольной жизни остался.

Оказалось, что компартию нельзя запретить и в школе, и в самом министерстве даже приказом министра. Потому что компартия — это не только политическая организация, это особый тип линейного мышления. Шутка ли — десятки лет партия трудилась, чтобы воспитать учителя по образу и подобию свое-

Три недели ...
состояние. Др...

Трудно сказ... новорожденный рынок. Заметно движение цен, как правило, резко вверх и совсем не заметно движения товара. Вице-премьер Гайдар выразил уверенность, что «пока все укладывается в рамки прогнозируемого» и нужно время, чтобы старые, косные товаропроизводящие структуры приноровились к новым условиям. Потребители же приноравливаются к новым ценам таким образом: делят содержимое своих кошельков на десять...

Рисунок Алексея МЕРИНОВА

СОДЕРЖИМОЕ КОШЕЛЬКА ДЕЛИТЕ НА ДЕСЯТЬ

Рыночные цены — по указанию свыше. Живой труп! Какой рынок, если нет собственников? Только хозяин фабрики, завода, хозяин фермы или магазина может установить рыночную цену, учитывая потребность своего дела и возможности покупателя. А поскольку на Украине, как, впрочем, и в некоторых других республиках, у власти (хоть и под другими вывесками) все те же люди из прежней Системы, они вряд ли озаботятся тем, как производить. Они будут отбирать и делить, отбирать и делить. До последнего.

Во всяком случае, это подтвердили первые дни купонизации.

С. КАЛИНИЧЕВ

поднялись в четыре раза, за год — в десять. Оклады же выросли примерно вдвое.

Нередко на базарах торгуют за американские доллары и румынские леи. Политика самым непосредственным образом сказывается на ценниках. Ведь в канун европейского Рождества парламент Молдовы открыл границы с Румынией, и прилавки немедленно оголились. Цены на товары, в первую очередь продуктовые, никак не ниже, чем у соседей за рекой Прут. Если же учесть разницу в курсах, то и тут в выгоде румыны: продукты они скупают, не торгуясь.

«Веселит» и департамент торговли. В плодово-ягодном Кишиневе банка сока куда дороже, чем на Крайнем Севере России. Трехлитровый баллон с маринованными початками кукурузы, их там уместилось ... 53 рубля 79 копеек.

— Какая, к черту, либерализация,— сказал знакомый кооператор.— Обычное, как грабеж на дороге, повышение цен — и в пользу тех, кто товар имеет. Мы — имеем. Госторговля — нет...

В. ЛЕТОВ

САНКТ-ПЕТЕРБУРГ

Все, что хочешь, если можешь

В Петербурге очереди за право войти в универсам все так же мавзолейны. Система торговли фасованными товарами, эта слабая копия Запада времен Романова, помирает на глазах. В занимаемых с ночи очередях ждут молока по полтора, мяса по двадцать пять и водки по пятьдесят. В обычных магазинах свободно, но иногда бывают шестидесятирублевая сметана, по той же цене колбаса подозрительного сорта «Молодежная» и сосиски по восемьдесят пять.

— Гражданин, что вы так смотрите? На мне ценника нет, а свинина по сто двадцать.

— Если это за просмотр, то ухожу, ухожу, ухожу...

Еще немного, и Петербург, судя по таким диалогам, станет Одессой, если не превратится в Чернобыль, взорвавшись у баночки с водоэмульсионной краской, как раз на побелку кухни: 67 рублей с совсем небольшими копейками. Или у советско-итальянских обоев — 14 за метр, и пока не в лирах. Впрочем, петербуржцы пока ведут себя тихо, прибегая к приемам итальянской забастовки. И телефонная станция, поднявшая цену за разговор с заграницей в 20 раз, вынуждена опускать планку до всего лишь 3-кратного повышения: иначе ни в Америку, ни в Европу звонить никто не желает.

Поздно вечером в Петербурге к магазинам стекается ночной дозор неработающих пенсионеров. Молодых в очередях не встретить. Стариков жалко. Но молодые, быть может, уже поняли, что лучше тратить время на зарабатывание денег, чем на очереди.

Д. ГУБИН

ЯРОСЛАВЛЬ

До весны продержимся?

Либерализация цен в Ярославле обернулась се... сацией: на прилавках появились щука, суд... и даже легендарная чехонь. Оказывается, в Вол... есть рыба! И она «клюет» на разумные с точ... зрения рынка цены. А те, кто заломил в горячке «сколько запросим, столько и заплатят»,— прос... тались. Никто не стал брать «русские пельмени» 51 рублю (ярославцы подсчитали: один пельмень один рубль), сметану по 69 рублей — ею молочн... комбинаты затоварились. Обжегшись, торговля у... сметану не берет. Лежит бутербродное масло 172 рубля.

В Польше во время либерализации цены выро... ли в 57 раз и лишь потом стабилизировались. У ... ... вниз. Это говорит о том,

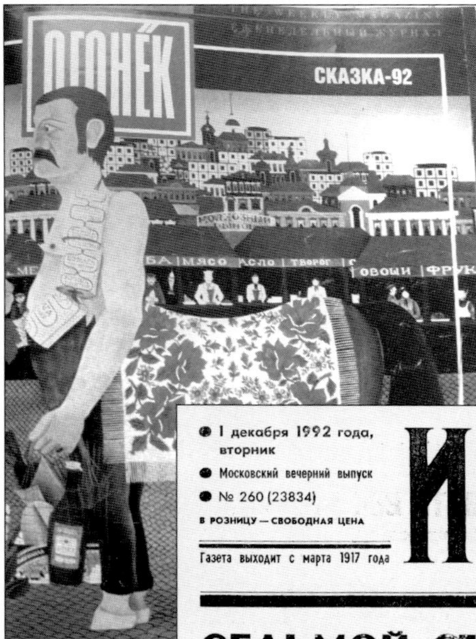

● 1 декабря 1992 года, вторник
● Московский вечерний выпуск
● № 260 (23834)
В РОЗНИЦУ — СВОБОДНАЯ ЦЕНА

Газета выходит с марта 1917 года

ИЗВЕСТИЯ

СЕДЬМОЙ СЪЕЗД НАЧАЛ РАБОТУ И ОТКАЗАЛСЯ ОБСУЖДАТЬ ВОПРОС ОБ ОТСТАВКЕ ПРЕЗИДЕНТА

Фото Ю. ИНЯКИНА и С. СМИРНОВА.

Николай АНДРЕЕВ, Сергей ЧУГАЕВ, «Известия»

1 декабря в Кремле начал работу съезд народных депутатов Российской Федерации. В церемонии открытия приняли участие президент России Б. Ельцин, члены правительства. Как сообщил, открывая съезд, Председатель Верховного Совета Российской Федерации Р. Хасбулатов, на момент начала работы форума высшей законодательной власти страны было зарегистрировано 984 народных депутата.

По традиции первые часы работы съезда посвящены были чисто организационной работе — сформированию рабочих органов съезда, дебатам вокруг повестки дня. Впрочем, именно обсуждение повестки дня, как правило, дает первую возможность для прогноза расстановки сил и, следовательно, принятия ... ствий, которые он считает неконституционными, депутат, в частности, назвал заключение соглашения о создании СНГ. Фактически с первых минут начала работы съезда оппозиция попыталась реализовать свою угрозу об импичменте президента. Однако, как показали результаты голосования, ...

Вердикт по «делу КПСС»: победила дружба

Отто ЛАЦИС, «Известия»

Теперь, когда решение объявлено, можно наконец обсудить политические аспекты слушаний Конституционного суда по «делу КПСС», не опасаясь упреков в давлении на суд, который в своей работе вполне справедливо стремился от политики дистанцироваться. Несмотря на это, политическое значение принятого решения по крайней мере не менее значительно, чем правовое, и его неизбежное обсуждение началось сразу же. Компромиссный характер вердикта признают, кажется, все комментаторы, да и мудрено не признать его, коли ни один из рассматривавшихся указов полностью не подтвержден и полностью не отвергнут, а по «румянцевскому иску» (о признании неконституционности КПСС) не принято ни «да», ни «нет» — производство по нему просто прекращено. Но компромисс компромиссу — рознь. В чью пользу нынешний?

О многом говорят комментарии, прозвучавшие в первые же часы после объявления решения суда. Сторона КПСС и КП РСФСР ...

... сказывания двух свидетелей со стороны КПСС из числа наиболее высокопоставленных. Николай Рыжков, как сообщает Интерфакс, удовлетворен решением суда, которое «позволит успокоить обстановку в стране». А Егор Лигачев сказал представителю того же агентства: «Мы ожидали большего — что Конституционный суд отменит указ президента, прекращающий деятельность партии и запрещающий КПСС».

На мой взгляд, Н. Рыжков близок к истине, хотя принятый ...

... ми признаны лишь первичные организации, имущество которых составляло ничтожную часть имущества КПСС. Наконец, в связи с третьим указом решение о роспуске организационных структур партии признано неконституционным лишь в части, касающейся первичных организаций.

(Окончание на 2-й стр.).

Забастовка авиадиспетчеров отменена

Виктор БЕЛИКОВ, «Известия»

Прекращения полетов в воздушном пространстве России 1 декабря не произошло.

По утверждениям руководства Минтранса РФ и департамента воздушного транспорта, крылатый флот страны работал в обычном режиме, без каких-либо ограничений и задержек, вызванных давно ожидаемой ... газеты обратился, было заявлено: за тридцать минут до десяти часов утра, расчетного времени начала всероссийской стачки авиадиспетчеров, принято решение об отмене забастовки.

РОССИИ НУЖНЫ РЕФОРМАТОР-ПРЕЗИДЕНТ, РЕФОРМАТОРСКИЙ ВЕРХОВНЫЙ СОВЕТ И РЕФОРМАТОРСКОЕ ПРАВИТЕЛЬСТВО

Выступление Б. Ельцина

Соглашение о вводе миротворческих сил СНГ в Таджикистан достигнуто

MOSCOW NEWS USA: US $ 1. № 16 (611)

19 апреля 1992 г.

МОСКОВСКИЕ МН НОВОСТИ

ЕЖЕНЕДЕЛЬНАЯ ГАЗЕТА

ВРЕМЕННО НЕ ПРАВИТЕЛЬСТВО

Фото Олега ИВАНОВА

Приняв постановление «О ходе экономической реформы в Российской Федерации», Съезд народных депутатов России определенно одержал победу, но пиррову, не над правительством и президентом, не над исполнительной властью в целом, а над собственным здравым смыслом.

Поразительно, что при обращении к экономике реальным экономическим мышлением в рассуждениях большинства депутатов даже не пахло. Нельзя было и заметить попыток элементарного хозяйственного счета — ни, как говорится, по мотивам голосования, ни по предусмотрению последствий. Что касается мотивов, то с самого начала в Кремлевском зале воцарилась некая ложь в виде утверждения о якобы «растущем спаде производства». И никому вроде бы не было дела до того, что спад, увы, еще продолжается, но темпы его не растут, а замедляются. Таким образом, «углубление кризисной ситуации» как основной довод к тому, чтобы, по выражению Хасбулатова, «свергнуть правительство», похоже, кем-то инспирирован, но никем серьезно не разобран. О следствиях же этого постановления, если его действительно придется выполнять, можно сказать одно: прощай, реформа.

Всю жизнь господствовавшая над нами затратная экономика, видимо, сформировала и затратный способ мышления депутатов. По сути, постановление предъявило правительству административно-командный ультиматум: «Вынь да положь!» Одна только индексация заработной платы съест 700 миллиардов рублей. Вместе с другими финансовыми изобретениями законодателей это приведет к дефициту государственного бюджета в 1,5 триллиона рублей, что составит 80 процентов от общего объема доходов. Дефицит потянет к ускоряющемуся росту цен, инфляция к концу года, по сравнению с нынешним уровнем, может составить 300 — 400 процентов, а по сравнению с периодом прошлого года — 1600 — 2000 процентов. Жизненный уровень населения, о котором народные избранники пролили море «крокодиловых слез», начнет стремительно падать, гиперинфляция начисто подорвет стимулы к производительному труду, возврат к методам внеэкономического принуждения станет неизбежным. Определенно, и 24 миллиарда долларов западных инвестиций нам больше не улыбнутся: ведь давали-то их под вход в рыночную экономику.

Но если не экономический разум, то что же тогда водило народными депутатами, принимавшими подобное постановление? Давно названо «низостью мысли» стремление решать вопросы из посторонних соображений — посторонних сути предмета. Перед нами развернулась удручающая картина ***политического самолюбования*** *депутатской массы. Они как бы все время хотели доказать правительству и президенту: дескать, знай наших! Чего стоит само назначение сроки жизни правительству (как привыкли давать «срока́», так и не можем отучиться). Что же — ИТЛ в правительственных кабинетах? В сущности мы присутствовали при демонстрации мускулов представительной власти перед властью исполнительной. Не приходится удивляться поэтому, что в момент правительственного кризиса, грозящего обернуться общественной катастрофой, депутаты с особой увлеченностью обсуждают «плохое поведение» прессы — отечественной и зарубежной.*

Апрель 1992 года перекликается с августом 1991-го. Агрессивно-послушное большинство российского съезда, как это ни парадоксально, предстает наследниками ГКЧПистов. В доводах иных народных депутатов обнаруживаешь трогательное совпадение с печально знаменитым текстом «Слова к народу». Одна и та же логика — логика оголтелых государственников.

Былой заговор высших союзных чинов на этот раз продолжен в сговоре средних и нижних чинов российских. Но социально родственных бывшим высшим.

Лен КАРПИНСКИЙ,
главный редактор «Московских новостей»

● 30 ноября 1992 года, понедельник
● Московский вечерний выпуск
● № 259 (23833)
В РОЗНИЦУ — СВОБОДНАЯ ЦЕНА

ИЗВЕСТИЯ

Газета выходит с марта 1917 года

«НЕТ ТАКОЙ ПАРТИИ!»

КОНСТИТУЦИОННЫЙ СУД РОССИИ ВЫНЕС СВОЙ ВЕРДИКТ ПО «ДЕЛУ КПСС»

Юрий ФЕОФАНОВ, «Известия»

Валерий ВЫЖУТОВИЧ, «Известия»

БУРБУЛИС СТАНОВИТСЯ ГЕНСЕКОМ?

ДО ЗАБАСТОВКИ АВИАДИСПЕТЧЕРОВ ОСТАЛИСЬ СЧИТАННЫЕ ЧАСЫ

УТВЕРЖДЕНО ПРАВИТЕЛЬСТВО ГРУЗИИ

ОТ НАШИХ КОРРЕСПОНДЕНТОВ И ИНФОРМАЦИОННЫХ АГЕНТСТВ

ВСТРЕЧА БОРИСА ЕЛЬЦИНА С ГЛАВНЫМИ РЕДАКТОРАМИ ВЕДУЩИХ ГАЗЕТ

В понедельник в Кремле прошла встреча президента России Бориса Ельцина с рядом главных редакторов газет.

В ней принимают участие также руководитель российской телекомпании Олег Попцов и бывший руководитель телекомпании «Останкино» Егор Яковлев. Президент подчеркнул, что кадровые перемещения, которые он провел в последнее время, нельзя трактовать как отставку того или иного деятеля. «Я ни от кого,— сказал он,— не отказываюсь. Это — осознанная политика кадровых перемещений». Президент подчеркнул также, что эти перемещения нельзя считать уступкой оппозиции, отметив, что он никого из своей команды «не намерен отдавать».

Интерфакс.

В ЦЕЛЯХ ПОДДЕРЖКИ ПРИВАТИЗАЦИИ

Президент России Борис Ельцин издал Указ «О недопущении дискриминации приватизированных предприятий при оказании государственной финансовой поддержки».

Об этом сообщила пресс-служба президента. Согласно Указу, на приватизированные предприятия распространяются порядок и условия предоставления льготных целевых государственных кредитов: на пополнение оборотных средств, инвестиционные нужды, осуществление программ конверсии военного производства, предприятиям и организациям агропромышленного комплекса, а также на другие нужды.

ИТАР — ТАСС.

ПРОГРАММНОЕ ЗАЯВЛЕНИЕ НОВОГО ПРАВИТЕЛЬСТВА ТАДЖИКИСТАНА

На сессии Верховного Совета Таджикистана председатель Совета Министров республики Абдумалик Абдуллоджанов изложил программу нового правительства.

Абдумалик Абдуллоджанов, в частности, заявил, что новое правительство отдаст предпочтение частному предпринимательству, малому и среднему бизнесу. Таджикистан, сказал он, за плавный переход к рыночным отношениям.

«Ховар»—ТАСС.

КРЫМЧАНЕ — ЗА «МЯГКИЙ» ВАРИАНТ РЕШЕНИЯ МЕЖНАЦИОНАЛЬНЫХ КОНФЛИКТОВ

Представители Русскоязычного движения Крыма на пресс-конференции в Москве представили вариант решения национально-территориальных конфликтов.

Основная идея — разрешить территориям референдумы по определению их статуса, но если будет провозглашена независимость — не считать ее основанием для немедленного признания нового государства. Мировой опыт говорит в пользу переходного периода, когда притязания на независимость либо будут обоснованы экономически, либо без всякого нажима отомрут.

Дмитрий ХРАНОВИЦКИЙ, «Известия».

РОССИЙСКАЯ ГАЗЕТА

Издание Верховного Совета Российской Федерации

ВТОРНИК, 15 декабря 1992 года ● Выходит с ноября 1990 г. № 268 (604) ● Цена 3 рубля, в Москве — 3 рублей

VII СЪЕЗД НАРОДНЫХ ДЕПУТАТОВ РОССИЙСКОЙ ФЕДЕРАЦИИ

ПОСТАНОВЛЕНИЕ VII Съезда народных депутатов Российской Федерации

О стабилизации конституционного строя Российской Федерации

День двенадцатый: ИЗБРАН ГЛАВА ПРАВИТЕЛЬСТВА

ПОСТАНОВЛЕНИЕ VII Съезда народных депутатов Российской Федерации

О дальнейшей работе над проектом новой Конституции Российской Федерации

ПОСТАНОВЛЕНИЕ VII Съезда народных депутатов Российской Федерации

НЕДЕЛЬНОЕ ОБОЗРЕНИЕ

Катастрофа могла состояться. Съезд предотвратил ее

ЭКСПЕРТИЗА

БЛАГОРОДНЫЙ ПОЛИТИК ДУМАЕТ О ДОЛГЕ. НИЗКИЙ—О ВЫГОДЕ

ПОСТАНОВЛЕНИЕ Съезда народных депутатов Российской Федерации

Вчера, сегодня, завтра

РЕФОРМАМ СКАЗАНО «ДА»

ВЧЕРА ПОЗДНО ВЕЧЕРОМ ЗАВЕРШИЛСЯ СЕДЬМОЙ СЪЕЗД НАРОДНЫХ ДЕПУТАТОВ РОССИЙСКОЙ ФЕДЕРАЦИИ, КОТОРЫЙ РАБОТАЛ В КРЕМЛЕ С 1 ДЕКАБРЯ.

Оценивая итоги Съезда в заключительном слове, Председатель Верховного Совета Руслан Хасбулатов подчеркнул, что высший законодательный форум «сказал «да» реформам, но повернул их к человеку».

Следующий, восьмой Съезд назначен на апрель 1993 года.

СОЗДАН ВОЕННЫЙ СОВЕТ

ВОЕННЫЙ СОВЕТ СОЗДАН ПРИ ГЛАВЕ ВРЕМЕННОЙ АДМИНИСТРАЦИИ НА ТЕРРИТОРИЯХ СЕВЕРО-ОСЕТИНСКОЙ ССР И ИНГУШСКОЙ РЕСПУБЛИКИ СЕРГЕЕ ШАХРАЕ.

Цель создания совета — выработка согласованных решений по поддержанию режима чрезвычайного положения, обеспечение правопорядка и защиты прав и интересов граждан.

ОСВОБОЖДЕНЫ ИЗ-ПОД СТРАЖИ

ВЧЕРА ГЕНЕРАЛЬНЫЙ ПРОКУРОР РОССИИ ВАЛЕНТИН СТЕПАНКОВ УТВЕРДИЛ ОБВИНИТЕЛЬНОЕ ЗАКЛЮЧЕНИЕ ПО ДЕЛУ О ЗАГОВОРЕ С ЦЕЛЬЮ ЗАХВАТА ВЛАСТИ.

При утверждении обвинительного заключения Генеральным прокурором принято решение об изменении меры пресечения на подписку о невыезде ряду обвиняемых. Из-под стражи освобождены В. И. Варенников, В. В. Генералов, А. И. Лукьянов, Ю. С. Плеханов. Дело ГКЧП направляется в Военную коллегию Верховного суда Российской Федерации для рассмотрения по существу.

ПРИГОВОР ОГЛАШЕН

ВЧЕРА В НАРОДНОМ СУДЕ ЗИЕМЕЛЬСКОГО РАЙОНА РИГИ ЗАВЕРШИЛСЯ ПРОЦЕСС ПО ДЕЛУ СЕРГЕЯ ПАРФЕНОВА.

Заместитель командира бывшего Рижского отряда ОМОН приговорен к 4 годам лишения свободы с отбыванием наказания в исправительно-трудовой колонии общего режима, но с учетом закона об амнистии этот срок сокращен ему наполовину и отсчитывается со дня ареста—8 октября 1991 года.

«УТЕЧКА» УМОВ ПРОДОЛЖАЕТСЯ

НА ЭКСПОРТ СВОИМ ХОДОМ

РЖАВЫЕ ПОСЫЛКИ ИЗ ВОЙНЫ

ОГРАБЛЕНИЕ РАСКРЫТО

ПОСЛЕДСТВИЯ ВЗРЫВА БУДУТ ЛИКВИДИРОВАНЫ

ПОСТАНОВЛЕНИЕ Съезда народных депутатов

МИШЕНЬ ОКАЗАЛАСЬ МАЛА

Едва трагически не завершились учебные стрельбы на одном из военных полигонов, расположенном на самой границе Атырауской области.

Выпущенная военными ракета, как сообщает газета «Казахстанская правда», прошла в восьми километрах от мишени и взорвалась всего лишь в 80 метрах от домов, в которых живут коневоды совхоза «Гурьевский». К счастью, обошлось без жертв и разрушений. Тем не менее возмущению местных жителей нет предела. Как заявил глава кзылкогинской районной администрации Е. Нуршаев, военные, судя по всему, ничуть не обеспокоены случившимся и не собираются даже принести напуганным людям извинения за учиненный кошмар.

Олег СТЕФАШИН (Караганда), «Известия».

Рис. А. ЗУДИНА.

СЕНТЯБРЬ 1993

ЭТО МЫ

Фонд «Общественное мнение» решил выяснить политические пристрастия российских граждан. Вопрос был построен так: «А ВЫ ЛИЧНО ХОТЕЛИ БЫ, ЧТОБЫ РОССИЯ СТАЛА КАПИТАЛИСТИЧЕСКОЙ СТРАНОЙ ИЛИ ОСТАВАЛАСЬ СОЦИАЛИСТИЧЕСКОЙ?»

Мнения россиян разделились:

За капитализм	26%
За социализм	39%
Мне это безразлично	21%
Затруднились ответить	14%

За Россию социалистическую больше всех ратуют пожилые люди с незаконченным средним образованием. Строить капитализм намеревается молодежь с законченным высшим. Женщины к социализму тяготеют сильнее мужчин. А печальнее всего тот факт, что две трети опрошенных по-прежнему находятся в плену идеологемы «капитализм — социализм». По-видимому, связывать надежды на возрождение России надо с теми, кто проявляет завидное безразличие к этой абстрактной альтернативе.

ПОЗИЦИЯ

Одним из самых стойких строителей капитализма в России по праву считается Егор ГАЙДАР. В долгожданном июньском номере «Искусства кино» опубликован весьма интересный диалог бывшего и. о. премьера с писателем Александром Гельманом. Воспоминания Гайдара о хождении интеллигента во власть заслуживают цитирования.

«Я сидел в кабинете Брежнева тире Черненко и могу вообразить, как они жили, как они работали. Это была прекрасная, восхитительная жизнь, чудо, а не жизнь: ходить по ковровым дорожкам, сладко есть, пить и так далее. Но нам всего этого не удалось испытать, хотя фактически мы ходили по тем же самым дорожкам. Власть, которую мы «взяли», была предельно опасным и очень неприятным делом. Ведь что такое наслаждение властью? Ты идешь, а все говорят тебе, какой ты гениальный, хороший, великий. Вот это Власть. А когда все говорят, что ты отвратительный и все делаешь безумно глупо, что именно ты развалил экономику, разорил народ... эффекта наслаждения не возникает».

Думается все же, что история будет к Гайдару благосклоннее его современных критиков. «Эффект наслаждения» возникнет в потомстве...

НАШИ ДОСТИЖЕНИЯ

В Федеральном ядерном центре России создана «подушка безопасности». Предназначенная для водителей-дальнобойщиков. Предотвратить аварию предмет не в силах. Однако для шофера, заснувшего за рулем, удар при столкновении будет смягчен. Срок гарантии «подушки» — 5 лет. Количество аварий не оговорено.

* * *

А еще в Арзамасе-16 разработан новейший градусник, позволяющий измерить разницу температур врача и пациента, а также обнаружить участки тепловых аномалий на коже больного. Теперь, узнав заодно и температуру врача, больной сможет более адекватно оценить его рекомендации.

ДОМОЙ!

Александр Солженицын намерен отправиться во Францию. 17 сентября он примет участие в телепередаче «Культурный бульон». Автор и ведущий «Бульона» Бернар Пиво уже в третий раз беседует с писателем и склонен считать эфир 17 сентября «событием мирового значения». Солженицын побывает также в Вандее на праздновании двухсотлетия роялистского восстания времен Великой французской революции. Более того — виднейший роялист современности будет председательствовать на открытии мемориала жертвам Вандейского восстания. Слово «Вандея», доселе нарицательно-отрицательное в нашем лексиконе, стремительно меняет окраску. Комментаторы склонны расценивать визит Солженицына как «прощание с Европой» перед возвращением в Россию. Нет сомнений, что свое 75-летие (в декабре) писатель встретит на родине.

* * *

В Воронежском облсуде завершилось разбирательство по делу Артура Манукяна. Бухгалтер из Батуми специализировался на регистрации фальшивых фирм и подделке финансовых документов. Похоже, это первый в России случай, когда полностью доказана причастность подсудимого к хищениям по фальшивым авизо. Не имея точного представления о том, что такое авизо, мы можем лишь молчаливо благоговеть как перед масштабами деятельности Манукяна, так и перед упорством следствия. Приговор суров: 8 лет усиленного режима. Для всех, кто знает, что такое авизо и как его подделывать, это послужит грозным предостережением.

* * *

В городской суд Петербурга передано дело бакинцев Тамерлана и Марины Мусаевых. В феврале они угнали из России пассажирский самолет ТУ-134. Самолет следовал рейсом Тюмень — Петербург, а приземлился в Стокгольме. Шведские власти выдали угонщиков России. Террористы взяли с собой «на дело» малолетнюю дочь. Родители просили ее оставить в Швеции, но им было отказано. Следователями МБ установлено, что Тамерлан и Марина намеревались бежать

● 24 сентября 1993 года, пятница
● № 182 (24037)
В РОЗНИЦУ — СВОБОДНАЯ ЦЕНА

ИЗВЕСТИЯ

Газета выходит с марта 1917 года

ДОСРОЧНЫЕ ВЫБОРЫ ПРЕЗИДЕНТА РОССИИ НАЗНАЧЕНЫ НА 12 ИЮНЯ 1994 ГОДА

Досрочные выборы президента России будут проведены 12 июня 1994 года. Эта дата названа в указе президента РФ Бориса Ельцина от 23 сентября, подписанного в рамках осуществления конституционной реформы.

В соответствии с указом «О поэтапной конституционной реформе в РФ» Б. Ельцин предлагает новому законодательному органу — Федеральному собранию принять Закон РФ «О выборах президента Российской Федерации» не позднее 1 февраля 1994 года.

ПОСЛЕДНЕЕ СЛОВО БУДЕТ ЗА НАМИ

Мы скажем его 11—12 декабря

Эдуард ГОНЗАЛЬЕЗ, «Известия»

Егор ГАЙДАР: НОВОГО ШОКА НЕ БУДЕТ

Михаил БЕРГЕР, «Известия»

Первое появление Егора Гайдара с командой в российском правительстве сопровождалось шоком либерализации цен. Второй приход Гайдара, на этот раз без команды и в несколько ином качестве, не предвещает, судя по его собственным высказываниям, шоковых решений, хотя общая либерализация экономики будет продолжена.

Вместе с милицией охрану порядка на улицах будут нести народные дружины и внутренние войска

Сергей ТАРАНОВ, «Известия»

22 сентября премьер-министр России Виктор Черномырдин подписал постановление, которое кардинальным образом должно усилить борьбу с уличной преступностью.

ОТ НАШИХ КОРРЕСПОНДЕНТОВ И ИНФОРМАЦИОННЫХ АГЕНТСТВ

ПОСТАНОВЛЕНИЕ РОССИЙСКОГО ПРАВИТЕЛЬСТВА ОБ ИСПОЛНЕНИИ БЮДЖЕТОВ

В соответствии с Указом президента России «О поэтапной конституционной реформе в Российской Федерации» правительство России в принятом постановлении поручило Министерству финансов, финансовым органам республик в составе РФ, краев, областей и автономных образований, городов Москвы и Санкт-Петербурга продолжать исполнение бюджетов в соответствии с распоряжением президента Российской Федерации от 12 августа 1993 г. Центральному банку с 22 сентября 1993 г. поручено осуществлять операции по счетам Верховного Совета, подведомственных ему организаций и предприятий только по согласованию с Министерством финансов Российской Федерации и дать соответствующие указания территориальным управлениям Центрального банка и коммерческим банкам.

ИТАР—ТАСС.

●

ГУМАНИТАРНАЯ МИССИЯ ЧЕРНОМОРСКОГО ФЛОТА

На помощь беженцам, спешащим покинуть замкнутое огненное кольцо боев в грузино-абхазском конфликте, пришел Черноморский флот.

В четверг командующий ЧФ адмирал Эдуард Балтин по просьбе грузинского правительства и по согласованию с российской и украинской сторонами направил в район Сухуми отряд кораблей ЧФ для осуществления миротворческой гуманитарной миссии.

ИТАР — ТАСС.

●

НОВЫЕ ПОПЫТКИ ПРОРВАТЬ ТАДЖИКСКО-АФГАНСКУЮ ГРАНИЦУ

В ночь на 23 сентября две группы боевиков численностью до 30 человек каждая совершили с территории Афганистана попытку прорыва таджикско-афганской границы на участке Пянджского погранотряда.

По информации пресс-центра погранвойск России, первая группа попала на заминированный участок и, потеряв двух человек, вернулась на сопредельную территорию.

Вторая группа, вступив в бой с пограничным нарядом, позднее отступила обратно в Афганистан. Среди российских военнослужащих пострадавших нет.

Интерфакс.

«ЛЕТНЕЕ» ВРЕМЯ СКОРО ЗАКОНЧИТСЯ

В соответствии с порядком исчисления времени, определенным правительством Российской Федерации, 26 сентября заканчивается период действия «летнего» времени в 1993 году.

В связи с этим стрелки часов на всей территории Российской Федерации в 3 часа 26 сентября 1993 года переводятся на один час назад. Об этом сообщает межведомственная комиссия по времени и эталонным частотам.

ИТАР — ТАСС.

Независимая народная газета

ВЕЧЕРНЯЯ МОСКВА

ЦЕНА ДОГОВОРНАЯ.

ГАЗЕТА ВЫХОДИТ С 6 ДЕКАБРЯ 1923 г.
№ 184 (21080)
СРЕДА
22
СЕНТЯБРЯ
1993

ПРЕЗИДЕНТ ПРЕКРАЩАЕТ ФУНКЦИИ СЪЕЗДА И ПАРЛАМЕНТА.

ВЫБОРЫ В ФЕДЕРАЛЬНОЕ СОБРАНИЕ НАЗНАЧЕНЫ НА 11-12 ДЕКАБРЯ

Обращение Б. Н. ЕЛЬЦИНА по телевидению

Конституция не позволяет это сделать. Действующая Конституция не предусматривает также процедуру принятия новой Конституции, в которой был предусмотрен достойный выход из кризиса государственности. Будучи гарантом безопасности нашего государства, я обязан предложить выход из этого тупика, обязан разорвать этот губительный порочный круг.

Учитывая многочисленные обращения в мой адрес руководителей субъектов Российской Федерации, групп депутатов, участников Кон-

В соответствии с Указом Президента, который уже подписан, с сегодняшнего дня прерывается осуществление законодательной, распорядительной и контрольной функции Съезда народных депутатов и Верховного Совета Российской Федерации, заседания съезда более не созываются. Полномочия народных депутатов Российской Федерации прекращаются. Конечно, их трудовые права будут полностью гарантированы, депутаты вправе вернуться на предприятия, учреждения, где они работали до избрания

© *Владимир Филонов / ИТАР-ТАСС*

MOSCOW NEWS № 39 (685) 26 сентября 1993 г.

МОСКОВСКИЕ НОВОСТИ

ЕЖЕНЕДЕЛЬНАЯ ГАЗЕТА

ВОЙНА ОБЪЯВЛЕНА И МОЖЕТ СОСТОЯТЬСЯ

Вечером 21 сентября в Обращении к гражданам России президент Российской Федерации Борис Ельцин сообщил, что своей властью распустил съезд народных депутатов и Верховный Совет. Однако статья 121.6 действующей Конституции гласит: «Полномочия Президента Российской Федерации не могут быть использованы для... роспуска либо приостановления

С. А.: Начнем так. XIX партконференция приняла решение о плюрализме, разрешила многопартийную систему. Страна была готова к этому или нет?

А. К.: Я был готов.

С. А.: Я со своей стороны могу сказать, что не была готова. Плюрализм мнений ввели, а централизованное управление одной партией оставили. Ну как это может быть? Значит, ЦК КПСС принимает все решения, все обязаны исполнять, но можно критиковать. Точно так сегодня. Это не многопартийность, если управляет одна партия.

А. К.: Знаете, в чем отличие сегодняшней однопартийной системы от той старой, советской? Тогда партию критиковали, и она на это реагировала. А сейчас партию критикуют, а она на это не реагирует.

Но вернемся к моему вопросу. Меня просто интересует технология. Вот если можно было сохранить Союз, то как можно было сохранить в нем прибалтов, например? Они же вплоть до вооруженного восстания готовы были идти. Значит, уже нельзя было сохранить.

С. А.: Я не говорю, что в изначальном виде можно было его весь сохранить. Что касается прибалтов, то при Рыжкове уже было совершенно понятно, что их удержать невозможно. И хотя он тактику поменял, и разговаривал с ними крайне любезно, и пытался решать все их вопросы...

А. К.: Все равно они все поуходили бы. Это были не экономические решения.

С. А.: Я подчеркиваю, что, когда я в Киеве последний раз собрал всех министров, прибалты-министры тоже приехали. И они все согласились, что нельзя разрывать хозяйственные связи. Да, конечно, они ушли, но у них не было наработано других связей. А другие республики хотели остаться. Они хотели кооперации, они не видели другого выхода...

П. А.: Мне кажется, мы обсудили все, что хотели. Может, еще раз о Гайдаре?

С. А.: Он был ни с кем не сравнимый человек, не то что экономисты — члены Российской академии наук. Он знал, что надо делать, а все остальные рассуждали.

П. А.: Да. И не боялся делать.

Владимир Машиц: *«Мы были как буржуазные специалисты в Гражданскую войну»*

Историческая память несовершенна. Она зачастую сохраняет имена малозначимых персонажей, притом что из нее стираются имена и фамилии тех, кто действительно важен. Я это отчетливо понял на примере Владимира Машица. Он был единственным полноправным членом двух конкурирующих команд — Явлинского и Гайдара, причем пользовался абсолютным доверием обоих лидеров. В нашей команде он играл одну из ведущих ролей. Это естественно, так как Володя — вдумчивый, прекрасно образованный экономист, способный не только к теоретическому анализу, но и к делу. Неудивительно, что и продержался в министрах он чуть ли не больше нас всех — около пяти лет. Однако помнят его куда меньше, чем наших предыдущих собеседников — Чубайса, Нечаева, Шохина.

Я думаю, дело не только в скромности и нелюбви Володи к публичности, но и в редкой основательности: поверхностные журналистские интервью не жанр Машица. (Он, кстати, и внешне такой серьезный, несуетливый купец-старообрядец.) После наших с ним встреч он несколько раз перезванивал и уточнял даты, последовательность событий, чужие цитаты. Память у Володи исключительная. И оценки точны — он вообще человек очень спокойный и, на мой взгляд, редкостно объективный. Поэтому нам было с ним так интересно.

Петр Авен

Петр Авен (П. А.): Володя, мы обычно начинаем с воспоминаний. Но вот сейчас мы сидим с тобой в то время, когда в Египте и Тунисе разворачиваются революции. Ты можешь сделать какие-либо сравнения с нашей революцией или, если угодно, недореволюцией 1991 года? А уже от этого мы перейдем к воспоминаниям.

Альфред Кох (А. К.): Как ты догадываешься, не исключено, что аналогичные события могут и у нас случиться.

Революция – это импульс

Владимир Машиц (В. М.): Революция – импульс, который дает развитие, но, как любой импульс, он со временем затухает. К сожалению, очень часто одиночных импульсов не хватает. А революционеры оказываются не в состоянии накладывать импульсы на импульсы...

А. К.: А где революционный импульс, по-твоему, имел долговременные последствия? Во Франции не имел, в России не имел. Как писал Троцкий, уже к середине 20-х революционеров заменили бюрократы. Где? В Соединенных Штатах? Но это была не вполне революция. Это была скорее война за независимость. Революционный порыв везде очень кратковременный.

В. М.: Не обязательно революционный. Вот, например, смена нашей системы, которая была в 1953–1957 годах. Формально это не революция.

П. А.: Под революцией мы с Аликом понимаем две вещи. Во-первых, смену общественного строя. Во-вторых, смену элиты. Кардинальную. В России в 1991 году строй сменился, а элита осталась старая. Так что это не вполне революция. А в 1917 году произошло и то и другое.

В. М.: Да. А в 1929-м?

П. А.: В 1929-м смены элиты не произошло. Она немножко подчистилась, но в целом это была та же самая советско-большевистская элита. И строй фундаментально не поменялся, если понимать под общественным строем то, что понимали марксисты.

После смерти Сталина, конечно, «правила игры» сильно поменялись. Но основы строя остались незыблемы. И элита тогда поменялась минимально.

В. М.: Термин «строй» с позиций сегодняшнего дня кажется не до конца понятным, потому что сейчас как-то описывают типологически более подробно, чем во времена «единственно верного учения». Сейчас слово «революция» вообще стало интересным, потому что от каких-то привычных старых концептов, видимо, надо переходить к новым определениям. Потому что в старом понимании революция — это когда бунт сносил власть. А сейчас что происходит?

А. К.: «Мятеж не может кончиться удачей, в противном случае его зовут иначе».

П. А.: А что же сейчас происходит? Если взять то, что происходит сейчас, и 1991 год, то какие ты видишь аналогии и какую ты видишь разницу?

В. М.: Между Россией 1991 года и арабами сегодня?

П. А.: Ну да.

В. М.: Есть несколько принципиальных различий. Первое различие в том, что к событиям 1991 года привел мощный и долгий процесс распада системы, которая соревновалась с Западом. Процесс начался особенно явно с 1987 года. Тогда уже появились яркие признаки развала. Россия в 1991 году — это страна, которая прошла примерно через три года тяжелейших политических уступок властей народу, которая «подсела» на политически обусловленные кредиты, то есть впала в зависимость от Запада, причем в очень серьезную. В обмен на кредиты СССР брал на себя политические обязательства — неприменение силы к Восточной Европе, разоружение.

П. А.: То есть в отличие от Туниса и Египта, в СССР это была не стихийная разовая акция, а долго идущий процесс.

В. М.: Причем Египет и Тунис — это все-таки относительно периферийные страны, а здесь шел процесс распада империи! Ставки были принципиально другие. Все-таки один из крупнейших мировых блоков сыпался в достаточно мирном режиме, и к 1990 году уже были выработаны многие решения, которые предопределили закономерный финал: вывод войск из Афганистана, роспуск советского блока, объединение Германии...

Итак, первое главное наше отличие от Египта и Туниса — это то, что рушилось противостояние двух систем. Второе — то, что этот процесс был запущен Горбачевым. Система стала абсолютно неэффективна, и он понял это. То есть вся перестройка была, видимо, начата...

П. А.: От безысходности.

В. М.: Совершенно верно, от безысходности, но сознательно.

А третье, чего нет, конечно, в этих странах, — это наличие нескольких тем, которые мировое сообщество волновали по-крупному: прежде всего ядерное и другое оружие массового уничтожения. В нашем случае были затронуты фундаментальные интересы всего человечества.

Еще, наверное, серьезное отличие в том, что у нас рушилась идеология, которая была такой светской религией. Причем благодаря гласности рушилась очень быстро. У арабов такого идеологического крушения не наблюдается.

А. К.: Давай поговорим о сходствах.

В. М.: А сходства тоже понятны. Нельзя в современном мире допускать ситуацию, когда людям становится, мягко говоря, не на что жить.

П. А.: Не вполне согласен. В Тунисе был чуть ли не самый большой темп роста ВВП среди всех арабских государств.

В. М.: Все равно. Темп-то был, а с какого уровня рост начался? А какова была дифференциация? Правящий режим Туниса, я так понимаю, загубило то, что у молодежи, которая составляет большую долю населения и которая стала уже получать нормальное образование, не оказалось средств к существованию.

А. К.: И наличие абсолютно таких же арабов в соседней Италии и во Франции, где они каждый свой уик-энд могли проводить. И они видели, как люди живут в свободных странах. И как могут жить.

В. М.: У нас ведь было похоже. В СССР многие считали, что через образование можно выйти на нормальный уровень жизни, занять достойное положение в обществе. Получали образование и... не поднимались.

П. А.: Ты сейчас говоришь как обычный реакционер: типа нечего их было учить. Не учили бы, и не шли б они на улицы. Образованием породили в них избыточные надежды.

В. М.: С другой стороны, если не учить, то вообще ничего не будет у страны.

А. К.: Для того чтобы управлять танком, нужно иметь среднее образование. Особенно современным танком. А если бы у Сталина не было танков, он бы проиграл. Значит, он должен был учить...

П. А.: Дело не в формальном образовании, а в адекватном представлении о мире. Образование его формирует. Но в 80-х к тому же рухнули информационные и цензурные барьеры, и страну захлестнула волна правдивой информации о жизни за рубежом, о нашей истории и т. д. Это и сделало 1991 год неизбежным. Давай теперь к нему и перейдем. Володя, как ты считаешь, почему именно наша команда пришла тогда в правительство?

Почему Гайдар?

В. М.: До какого-то момента, наверное, до зимы 1990/1991 года, без нас всех очень даже спокойно обходились. Но после того как все эти программы типа «500 дней» не прошли, Явлинский ушел в отставку. Абалкин стал другой какой-то после того, как его программу конца 1989-го начали заматывать...

А. К.: Программу Абалкина утвердили, просто выполнять не стали.

В. М.: Да, не стали выполнять...

А. К.: Ну, абалкинская программа была, это очевидно, программой полумер.

В. М.: Что значит «полумер»? Любая программа всегда будет «полумер», если у тебя страна рассыпается, а ты хочешь сохранить власть и все-таки что-то немножко подмазать, подремонтировать, модернизировать. Страшно на что-то резкое решиться. Не могли они наверху на это пойти.

П. А.: Ты правильно говоришь, что до зимы 1990/1991 года без нас всех легко обходились. Больше того, если ты помнишь, мы впервые заговорили о том, что может так случиться, что мы войдем в правительство, только весной 1991-го.

В. М.: Да, с весны начало что-то вызревать. Худо-бедно пошел новоогаревский процесс, Горбачев опять понял, что надо что-то со страной делать. Но и потом просто, я так понимаю, начались какие-то вещи, которые ну уж совсем не афишировались. То, что называется «номенклатурная приватизация», когда втихаря, без всяких документов, начали создавать кучи всяких подставных фирм...

А. К.: Как мы потом ее называли «Приватизация а-ля Святослав Федоров[116]».

В. М.: Самые разные варианты. Помнишь скандал с кооперативом АНТ*? Потом еще что-то было. Потихоньку поднимался вал ползучей

---

* В начале января 1990 года в порту Новороссийска была задержана партия танков, которые кооператив АНТ собирался поставить за границу под

нелегальной приватизации. Директорат и номенклатура начали страну растаскивать, стали из министерств делать концерны типа «Газпрома».

И я думаю, вот в это время появилось желание выйти из этого тягучего процесса, потому что банкротство страны они уже ощущали. Чуяли, что скоро. И тут произошло, наверное, какое-то разделение ролей. Одни ребята стали лихорадочно выводить активы, имея в виду всякие схемы, как потом устроить свою жизнь.

У других встал вопрос, а кому выручать страну, если что. Кто будет это делать? Я думаю, мы оказались во власти не только из-за того, что мы что-то знали и были пусть во втором ряду, но все-таки уже известны, а потому, что были не укоренены внутри этой системы. Мы не представляли опасности для каких-то бизнес-интересов.

П. А.: Так они считали.

В. М.: Да так оно и было. Мы точно были далеки от «распила» собственности — это первое. И второе то, что формирование правительства и назначения должностных лиц происходили уже совсем в критический момент — с 6 ноября 1991 года, когда уже действительно надо было принимать окончательные решения. Если мне память не изменяет, Чечня объявила о независимости 1 ноября. Уже Татарстан к тому времени суверенитет объявил.

П. А.: В тот момент ты уже был плотно у Гайдара, а с Явлинским не кооперировался? Ты же с Гришей был близок?

В. М.: С Гришей я довольно плотно работал. Но! Моя работа с Гришей была по договору об экономическом сообществе, который в октябре был подписан. Стал формироваться новый МЭК, который Силаев возглавил, а я как-то уже с этого времени отдалился. Я же был замом Гайдара в институте.

Вот я сделал эту работу для Гриши и поехал на 15-ю дачу к Егору. Это был мой второй приезд. Я-то уже понимал, что играть непонятно во что не имеет смысла. Уже к тому моменту почти все уже пообъявляли о независимости. Уже стало ясно: все, край. Страна разваливается.

А. К.: Объявление Чечней независимости осенью 1991 года тогда прошло как-то незаметно. Но на самом деле с этого вся эта чеченская история и началась. Или нет?

видом тягачей. Было возбуждено уголовное дело о контрабанде военной техники, закончившееся ничем.

В.М.: Ну как незаметно...

А.К.: Расскажи поподробнее.

В.М.: Первого они объявляют независимость. По-моему. Борис Николаевич вводит...

А.К.: Верховный Совет?

В.М.: Нет, не Верховный Совет, Ельцин вводит чрезвычайное положение, и туда летит спецназ. Летит спецназ, но его блокируют.

А.К.: Прямо на аэродроме?

В.М.: То ли на аэродроме, то ли в каком-то здании. Я уж деталей не помню. После этого Борис Николаевич пытается через Верховный Совет протащить соответствующие бумаги о введении всяких мер, и они не поддерживаются. И он был вынужден отступить.

П.А.: А почему тогда появился Гайдар, а не Явлинский? Вообще, я думал, что у Явлинского будет самый большой шанс. Он харизматичный, в отличие от Гайдара...

А.К.: У Егора тоже была своя харизма. Но Явлинский к тому моменту был более раскрученный. Может, это и насторожило Ельцина?

В.М.: Я свечку не держал, но мне кажется, Гриша на тот момент еще питал иллюзии по поводу того, что можно сделать союзную скоординированную экономическую реформу. А это, по-моему, уже противоречило тому, что хотел делать Борис Николаевич...

А.К.: Черномырдин рассказывал историю о том, что он как-то у Бориса Николаевича спросил: «Борис Николаевич, а вот если бы вы на месте Горбачева были в 1991 году, вы бы позволили Советскому Союзу распасться?»

В.М.: Нет, конечно!

А.К.: Именно! Ельцин так и сказал ему: «Никогда».

В.М.: Я тоже знаю об этом.

А.К.: А ведь это человек, который приложил много усилий для того, чтобы СССР распался.

В.М.: И, кстати, я вам хочу сказать, я-то с Борисом Николаевичем общался тогда. Я же был постоянным членом делегаций на всех этих переговорах. По крайней мере то, что он говорил вслух, свидетельствовало о том, что он был сторонником сохранения максимально возможного единства...

Публичная политика

П. А.: А если бы вместо Гайдара Ельцин привлек кого-то другого, кто думал бы иначе и имел другие амбиции и цели? Могло у нас сформироваться широкое и мощное либеральное движение? В Восточной Европе либералы создали влиятельные партии и союзы. Целый мир создали! А у нас такого не получилось...

В. М.: А Егор не хотел. Вот я глубоко в этом убежден!

А. К.: У Чубайса есть на этот счет позиция, что без Ельцина было бессмысленно создавать такое движение, а Ельцин не хотел нас брать в свою партию, которая состояла из одного человека, Ельцина.

В. М.: Не совсем так.

А. К.: Ельцин публично не выступал в поддержку гайдаровской партии «Демократический выбор России». Ни разу.

В. М.: Егор понимал, что политически Борис Николаевич будет стремиться дистанцироваться от «грабительских реформ» и людей, которые их персонифицируют. То есть та политическая крыша, благодаря которой все это и началось, она не безусловна и абсолютно ненадежна. Но я думаю, дело не только в этом. Егор понимал свои недостатки как публичного политика...

П. А.: В 1991 году не очень понимал.

В. М.: Мне кажется, понимал. Он как-то очень не любил все это. Я много с ним на эту тему говорил уже потом. Ну не нравилось ему заниматься публичной политикой.

А. К.: Егор мне дал одно из последних своих интервью больших, для «Медведя», мы его-еле в два номера уместили, огромное интервью. Он мне сказал: «Я как политик равен нулю». Это, наверное, самое главное. То есть его самоидентификация определила и отношение к этой роли.

В. М.: Ты знаешь, мне кажется, он и по культурно-психологическому типу был скорее одиночкой, чем вождем...

А. К.: Скорее советник, чем лидер. Ответственный, образованный, умный, готовый отвечать за свои слова. Но не трибун, не лидер, не вождь...

В. М.: Не принижай Егора Тимуровича, не принижай. Я думаю, он себя позиционировал в интервале от Кейнса до Эрхарда, но Кейнс ему был ближе как типаж. Хотя роль, которую он в конечном итоге выполнил, была скорее типа Эрхарда.

А. К.: Можно спорить о чем угодно, но я вам рассказываю, как Егор сам себя позиционировал в моих разговорах с ним. Он говорил: «Я отдаю себе отчет, что мне больше нравится работа советника. Я готов проводить необходимые исследования, давать советы, причем ответственные советы и т. д. Но так сложились обстоятельства, что я оказался лидером, а не советником. Я должен был это все делать сам. Понимая свою ответственность, я это делал».

В. М.: Алик, назови дату, когда это было.

А. К.: Это было за пару лет до смерти, в 2007 году.

В. М.: Это уже не то... Ты помнишь, каким он был в 1993-м? И раньше?

А. К.: Конечно.

В. М.: Ну что? Это был советник?

П. А.: Он хотел быть премьер-министром. Только!

В. М.: Я тебе больше скажу. Я, например, в 1992 году с ним очень сильно ругался, когда он отказался остаться первым замом. У Черномырдина. Он же ведь не хотел, чтобы мы оставались. Потому что хотел быть только премьером. Хотя с точки зрения дела это было неправильно.

А. К.: Вот все теперь удивляются, почему Егор не создал дееспособную либеральную оппозицию. Но как он мог оппонировать новому правительству, если почти все его соратники в нем остались?

Петя, пожалуй, единственный, кто ушел вслед за Егором. А остальные-то нет! Мне ты, Петя, как-то давно рассказывал, что вы все договорились написать заявления. И ты, Петя, придя домой, честно его написал, будучи в полной уверенности, что в это же время все остальные делают то же самое. А утром выяснилось, что заявление написал ты один.

В. М.: Не было такого, чтобы все так говорили!

П. А.: Конечно, было. Сколько нас человек было на той встрече, сразу после того, как Егора прокатили?

В. М.: Меня не было, для меня это было вообще непонятно, потому что я вошел в самую подготовку встречи глав государств СНГ, и вдруг он мне говорит: «Ты тоже уходи, не отсвечивай». Я ему говорю: «Слушай, надо ж закончить хоть что-то!»

П. А.: Каждый в тот момент думал в том числе и о себе. А что касается Егора, то мне кажется, он колебался: оставаться — не оставаться. И решил уйти. Как ему казалось, для будущего взлета. Поэтому и увести хотел всех — пусть он за бортом, зато с командой. Но Егору не хватило запала, чтоб стать лидером в большой политической борьбе, не хватило...

В. М.: Но почему он тогда после этого партию не стал создавать?

А. К.: Он начал создавать партию. Она называлась «Выбор России». Уже через год эта партия имела крупнейшую фракцию в Думе после выборов 1993 года. Формально она имела столько же мест (64), сколько и ЛДПР, но с учетом шохинской ПРЕС (22) и независимых депутатов, тяготеющих к Гайдару, де-факто она была крупнейшей фракцией.

П. А.: Володя, а когда ты ушел?

В. М.: Я одним из последних ушел. По сути, остался Чубайс и я. Я оставался исполняющим обязанности аж до марта 1995 года. Потом еще год отсидел первым замминистра и только потом ушел на Межгосбанк. Я зато добил ту тематику, которую мы начинали. Она была все-таки закрыта. Худо-бедно, но СНГ, между прочим, до сих пор существует. Можно к нему как угодно относиться, но структура-то есть!

П. А.: Володя, давай чуть в сторону. Ты единственный, точнее, ты и Боря Федоров, кто был и у Явлинского, и у нас в команде. Что бы было, если бы был Гриша, а не Егор? Борис Николаевич как-то притерся бы к Грише? Или они бы разошлись быстрее?

В. М.: Весь 1990 год шла игра, про которую мало знают. Что такое программа «500 дней»? Это некий компромисс между союзным и российским руководством на предмет того, как делать реформы. И Гриша там играл огромную роль, хотя активно в ней участвовал и Николай Яковлевич Петраков, будучи помощником Горбачева. В этой всей конструкции Гриша, я так понимаю, мыслил себя главным координатором. Если не премьером, то по крайней мере, чтобы за реформу отвечать. Ну, типа Бальцеровича, наверное. Я думаю, это правильно: не Мазовецкий, но Бальцерович. И в Польшу он поехал не случайно, мы ж тогда вместе с ним ездили.

П. А.: Ты был, еще кто?

В. М.: Я был, Алексашенко[117], Костя Кагаловский, Боря Львин... Почему я потом спокойно относился ко всяким шоковым терапиям? Мне показалось, что у нас будет, наверное, медленнее, но то же самое. А в Польше это все было совсем не страшно.

Чем отличался бы Гриша и чем он вообще отличается по жизни? Он более социал-демократичен, чем Егор. Егор — настоящий правый. Без дураков.

П. А.: Явлинский действительно социал-демократ.

В. М.: Он долго работал в Госкомтруде. У него тематика труда была такая серьезная. В этом смысле он был более народный, что ли. Что он бы не так стал делать? Не знаю. Жизнь бы заставила примерно то же самое делать. Потому что, когда цейтнот и обстоятельства припрут... Мне кажется, здесь вопрос даже не в экономических предпочтениях, а чисто в политических.

П. А.: Он был бы готов быть у Бориса Николаевича просто исполнителем, которого в нужный момент просто сдадут, чтобы выиграть время? Гриша ведь более взрослый был, более самостоятельный. Он под Ельцина не ложился бы.

А. К.: Поэтому и не был назначен. Вообще, назначение Явлинского в тот момент было уже невозможно. Бурбулис нам это достаточно подробно и логично объяснил.

В. М.: Я так понимаю, что Гриша обставил бы свое участие таким количеством условий, что и половины их хватило бы для того, чтобы Ельцин прекратил с ним всякие контакты. А вот у меня в то время в голове постоянно присутствовала такая модель, которая могла, как мне казалось, неплохо сработать. Это Явлинский во главе МЭКа, Егор во главе российского экономического блока, а я там, где был: представитель России в союзных структурах. В принципе могло такое произойти? При всех «но» мне кажется, что вполне.

А. К.: Гайдар с Явлинским? Ну, таких пар в то время можно было много наконструировать. Главное, что был неработоспособен тандем Горбачев—Ельцин. А поэтому вся эта структура была мертворожденной.

В. М.: А в моем сознании они так парами и стоят: Горбачев—Ельцин, Явлинский—Гайдар.

Распад Союза

П. А.: Володя, ты у нас был главным по СНГ. Что там происходило? В 1992 году республики вообще верили, что они смогут устоять, что они независимые государства? Или им казалось, что это такой вот сон?

В. М.: В вопросах самоопределения была своя собственная динамика. Три прибалтийских страны отвалили сразу со словами: «Никаких СНГ, никаких конфедераций. Пошли вы на… вот и все». Было три страны, в которых начались внутренние разборки. Это Молдавия с Приднестровьем, Грузия с Южной Осетией и Абхазией и Таджикистан.

А. К.: Плюс застарелый конфликт между Азербайджаном и Арменией за Карабах.

В. М.: Карабахский конфликт до сих пор очень хитро выглядит. Потому что Карабах – это же вроде внутренний вопрос Азербайджана и формально это не Армения. Как это назвать? Межгосударственный армяно-азербайджанский конфликт либо это армяно-карабахский сепаратизм внутри Азербайджана? К осени 1991 года этому конфликту уже было несколько лет.

Как вообще развивался процесс самоопределения? Начиналось вроде с экономики. Когда о выходе из СССР еще не было и речи, когда само существование Союза не оспаривалась никем, в Эстонии возникла концепция территориального республиканского хозрасчета. Эта концепция запала в голову всем. А потом уже пошли разговоры и о политической самостоятельности. Сначала республиканский хозрасчет, потом сепаратизм и народные фронты.

Еще во времена Андропова начали размышлять, как бы перекроить территорию страны для спасения единства. Вольский у Андропова этим занимался. Уже при Горбачеве стали придумывать, не поднять ли статус автономных республик. Оттуда и пошла, в частности, татарская волна независимости.

П. А.: Поднять статус автономных в качестве противовеса сепаратизму союзных республик? Нетривиально.

В. М.: Да. Но народные фронты в республиках все равно росли. Причем в некоторых республиках стало нарастать и акцентироваться то, что их с центром разделяло. Ну, например, следственная бригада Гдляна–Иванова, узбекское хлопковое дело. Когда они там переборщили и начали огромное количество местных кадров сажать, это было воспринято уже не просто как борьба с коррупцией или еще что-то, а как национальное унижение узбеков Москвой.

А. К.: В Узбекистане это наверняка считывалось однозначно: просто расправа, невинных людей сажают.

В. М.: Нарастала такая ненависть к центру, порожденная просто ощущением несправедливости, которая идет из Москвы. Я помню процесс согласования всяких интересов в рамках программы «500 дней». Ой, там столько выливали обид всяких, а это 1990 год еще. Так что к середине 1991 года, еще до ГКЧП, все к центру уже очень настороженно относились.

П. А.: Анисимов нам рассказывал, что вплоть до ГКЧП все республики ходили на все совещания, хотели договариваться. Никто и не помышлял о развале Союза. Кроме Прибалтики, естественно.

В. М.: Ты знаешь, я думаю, что в 1990 году — еще да.

П. А.: Весной 1991-го все посыпалось?

В. М.: А вот после того, как весной пошел так называемый новоогаревский процесс, который должен был завершиться заключением нового союзного договора, с каждым месяцем становилось все хуже и хуже.

А. К.: Может, новоогаревский процесс послужил катализатором разложения? Как, знаешь, зачастую люди думают: «Раз с нами разговаривают, значит, нам не могут приказать. Значит, можно выламываться бесконечно».

В. М.: Но важнее даже не это. Республиканские вожди и без этого видели, что Союз слабеет. Они видели, как мы себя ведем в Восточной Европе, они поняли, что мы повязаны какими-то соглашениями о неприменении силы с Америкой, с Европой. Гуманитарная помощь уже пошла. В 1990 году 26 000 тонн привезли. А в 1991-м уже в 10 раз больше. В один Питер, между прочим, 26 600 тонн за первую неделю января 1992 года привезли. А что такое 26 000 тонн? Это хороший транспорт такой, мощный. Помню, как мы с республиками на этом самом МЭКе все это распределяли... И пайки бундесвера, и еще какую-то еду...

П. А.: У меня есть ощущение, что республики не сразу поверили, что они независимые. Думали, что в конце концов, как в 1922 году, силой вновь сгонят в Союз и не отпустят. Я считаю, украинский референдум поставил точку.

В. М.: Украина… Декабрь 1991 года у меня был тяжелейший. До Беловежской Пущи я назывался Полномочным представителем Правительства РСФСР по делам Экономического сообщества. И Россия была как бы лидером формирования этой новой структуры. Мы тратили огромное время на согласование, на синхронизацию реформ. Украина все время просила отсрочки. У них, видимо, уже шла подготовка к независимости. А 8 декабря стало ясно, что никакой координации в реформах не будет. Егор рассказывал, что Кравчук приехал в Пущу с однозначной позицией ничего не подписывать, ничего в дальнейшем не координировать.

В каждой из этих республик элита была двух типов. Те, кто делал карьеру в союзных ведомствах, и те, кто делал карьеру на местах. Между ними не всегда было все хорошо. Но когда встал вопрос о самоопределении наций, все предпочли занять одну позицию — независимость.

П. А.: А у тебя самого какие были ощущения?

В. М.: Мои ощущения были такие: вот представь себе, дивизия попала в окружение и есть три варианта выхода из положения: разбежаться, выходить подразделениями либо прорываться в полном составе. Для каждого из этих вариантов нужны условия. Если ты хочешь пробиваться в полном составе, нужно, чтобы был командный состав, комиссары бегали с оружием, особисты, дисциплина. Необходимо достаточно боеприпасов, топлива. Много чего нужно. Вот этого не было точно уже в тот момент.

Разбежаться по одному? Так это и реализовывалось. Все уезжали, кто хотел. Кто в Штаты, кто в Израиль, кто в Германию, кто еще куда-нибудь. Но в пределе — это сценарий полной государственной дезинтеграции.

Поэтому оптимальным оказался единственный рабочий вариант — это выходить подразделениями, что называется. Вот одна группа пошла — потом дает сигнал: все, мы вроде прорвались. Тогда следующие пошли. И так далее.

А. К.: Так и было. Сначала прибалты отвалили. Вроде все у них срослось. Потом следующие…

В. М.: Правильно ты говоришь: прибалты отвалили, потом следующие сказали, что мы тоже независимые. А после путча уже просто бегство началось. Самое главное, что к тому моменту уже стала подтаскиваться идеология. Ведь у всех своя национальная интеллигенция. У всех очень много людей, которые сразу почувствовали, что это новые должности, всякие МИДы, послы и прочее. Они сразу поняли, что можно раздуть статус, занять должность, плюс нельзя списывать накопившиеся обиды на Россию.

У нас сейчас много развелось всяких там государственников, державников и т. д. Но и в республиках тоже есть свои государственники и державники. Такие же, как наши, которые точно так же транслируют своему народу свою державную философию...

У меня была огромная простыня, где мы выписали по всем темам вопросы, которые требуют урегулирования. От стратегического оружия до признания пенсий, дипломов, стандартов, винтиков, шпунтиков, маркировок. Огромная простыня! План работ выглядел ужасающе. Столько вопросов! Ведь это не политические и внешнеторговые отношения. Это с какой-нибудь страной в мире может быть всего каких-нибудь пято́к позиций: торговля и больше почти ничего, никаких точек пересечения. А здесь же что ни возьмешь — везде огромное море проблем. Плюс повязаны (где мы с тобой, Петя, пересекались) темой внешнего долга, когда делили его.

П. А.: Свои валюты?

В. М.: Они тоже начали потихоньку появляться. В 1992 году.

А. К.: В Казахстане в 1993-м появилась.

В. М.: Где-то в 1993-м, но разделение корсчетов произошло с середины 1992 года.

А. К.: Хорошо, тогда что же послужило основным толчком к развалу Советского Союза?

В. М.: Я думаю, что в СССР пошел необратимый процесс вместе с распадом социалистического лагеря.

А. К.: То есть в 1989 году?

В. М.: Просто СССР, как более монолитная структура, дольше держался. Сначала вынуждены были определяться с выводом войск из Афганистана, определяться по отношению к «Солидарности» в Польше, определяться, что делать с теми, кто ломает Берлинскую стену...

А. К.: Это 1989 год.

В. М.: Ну, так 1988–1989-й — это и есть те события, которые послужили первотолчком к распаду СССР. Параллельно шли серьезные военно-стратегические подвижки. Мы пошли на уничтожение ракет средней и малой дальности, мы сидели в переговорном процессе, который кончился подписанием соглашения об обычных вооружениях. Военные очень плохо к этому относились, считая, что мы идем на неоправданные уступки. То есть внутри элиты начался раскол...

П. А.: Когда Ахромеев[118] покончил с собой?

В. М.: Сразу после путча, 24 августа. Но дело даже не в Ахромееве, дело в том, что к 1989 году Горбачев снял практически весь старый высший комсостав. Сначала он воспользовался Матиасом Рустом, который в мае 1987 года посадил самолет на Красной площади. Министра обороны Соколова сменили тогда на Язова, а тот стал свою команду ставить, как обычно новый министр обороны и делает.

А. К.: Разрядка вообще началась еще при Хрущеве. Тот тоже какие-то договора начал с Западом подписывать, мы приняли доктрину мирного сосуществования и т. д. Это же не было свидетельством того, что Советский Союз должен распасться?

В. М.: Нет, я другое имею в виду. Просто именно в 1987-м был парализован возможный военный вариант сохранения Союза, когда ГКЧП был бы не вялый, а энергичный и жестокий...

А. К.: Анисимов, который в 80-х работал в союзных структурах, нам рассказывал, что тогдашние руководители очень подробно изучали опыт Китая и даже западных стран по регулированию рынков, освобождению цен и т. п. Ездили туда в постоянные командировки, что-то выясняли. И ничего не делали. Почему? Правильно ли я понимаю, что наши вожди были в этом отношении даже большие ортодоксы, чем китайцы?

В. М.: Нет.

А. К.: Или интеллектуальная деградация той управленческой элиты была глубже, чем в Китае и Восточной Европе?

В. М.: Думаю, и не это тоже.

А. К.: Но тогда почему?

В. М.: Очень боялись непопулярных решений. Плюс в 1988–1989-м они еще на что-то надеялись. Процесс только пошел.

А. К.: Либерализация цен правительством Мазовецкого была проведена еще при Ярузельском, правильно, Петя?

П. А.: Да. Ярузельский еще был президентом.

А. К.: То есть польская коммунистическая элита оказалась на это способна, а наша — нет. Китайская коммунистическая элита способна, наша — не в состоянии.

Нельзя считать вменяемыми людей, которые в 1984 году выбирают Черненко лидером государства. Нельзя их считать дальновидными и ответственными. Они просто хотели сохранить статус-кво любой ценой. Им было наплевать на страну, на ее перспективы, на перспективы их собственных детей, лишь бы сохранить сегодняшний статус-кво. Глупо. Эта элита была обречена. Она не могла принять никакого решения — ни рыночного, ни мобилизационного, никакого.

В. М.: Горбачев, насколько я понимаю, пытался привести во власть новых людей.

А. К.: Очень робко. И ему неоткуда было черпать. Это то, о чем мы с Петей все время говорим: альтернативы этой элите не было. Новая, сегодняшняя российская элита — это все лучшее и молодое, оказавшееся способным хоть на какое-то обновление страны. Но это не новая элита — это кусок старой, который просто выжил.

А с начала тысячелетия происходит серьезная деградация и этой российской элиты. Возвращаясь к арабам, мы просто глупее тех же самых египтян.

В. М.: Позволь мне с этим не согласиться.

П. А.: Элита элитой, но многое зависело и лично от лидера, от Горбачева. Как мы видели из разговора с Анисимовым, никто даже в высшем руководстве не понимал, что собирается и будет делать Горбачев. Не было никакой системы принятия решений. Ни политических, ни экономических. Так вот, возвращаясь к нашей основной теме: если бы все-таки полномочия главного реформатора получил Явлинский, что бы пошло по-другому? Чем вообще Григорий отличался от Егора?

Команда Гайдара – военспецы

В. М.: Гриша был более авторитарным. Егор демократичнее, снисходительнее к людям. Явлинский очень обидчив, с ним трудно восстанавливать отношения после любой размолвки.

А. К.: Явлинского я видел практически только по телевизору. Но мне кажется, что его ключевое отличие от Егора состоит в том, что Егор не очень беспокоился по поводу своего интеллектуального лидерства и чувствовал себя уверенно в любой компании. А у Гриши были большие внутренние сомнения на этот счет, и поэтому он подчищал вокруг себя. Вот в его партии кто остался? Смешно…

П. А.: Одним из факторов выбора был тот, что Егор мог собрать значительно более широкую и сильную команду. У вас кто был на «500 днях»? Кроме тебя и Бори Федорова, одни молодые, никому не известные студенты. Не хочу никого обидеть, но мы бы их тогда в свою команду не взяли.

В. М.: Если бы Гришу назначили, думаю, команду он смог бы собрать. Кроме того, ему помогали известные люди с Запада — Стэнли Фишер[119], например.

А. К.: Может, он и мог привлечь разных квалифицированных людей, но серьезный рабочий коллектив так и не построил. Егор создал мощный институт, а когда Явлинский выстроил «ЭПИцентр», никто за ним не пошел.

П. А.: Кроме его мальчиков… Кстати, по поводу ухода. Если вернуться назад, то ты сказал, что в ответ на предложение Гайдара уйти вместе с ним ты ему ответил: «Нельзя уходить, надо доделать то, что мы не доделали». А что доделать?

В. М.: Надо было, во-первых, закончить весь комплект документов, после которого организация под названием СНГ могла начать полноценно работать. Шел тяжелый переговорный процесс…

П. А.: Так ли это было важно? Гайдар тебе предлагал крутой поворот, большую ставку, реальный уход в борьбу за власть…

В. М.: Вот представь себе единую фабрику, в которой мы жили. Несмотря на все эти хозрасчеты, торги бюрократические, такие-сякие, технологически это была единая фабрика. Очень узкая специализация заводов, очень высокая разбросанность. Сам знаешь, Волжскому автозаводу нужно было 240 заводов, которые комплектацию для «Жигулей» делали. Кто-то коврики делал, кто-то еще что-то…

А. К.: И что, как ты мог этому помочь? Что, без тебя бы вазовцы не договорились со своими смежниками? Я тебя умоляю… Я там жил 10 лет!

В. М.: Ты там жил 10 лет?

П. А.: У Алика папа был как раз главным на ВАЗе по смежным производствам, фактически на нем была вся комплектация.

А. К.: Да он эти заводы-смежники по всему Союзу строил! Могу тебе твердо сказать: сшивая СНГ, ты никак ни помогал, ни мешал этому процессу. Заводы сами между собой договаривались, машины как производились, так и производятся...

П. А.: Итак, почему нельзя было уходить из правительства? Володя, ответь более толково!

В. М.: Слушайте! У меня был план работы, совершенно понятный для меня, и я видел: после того как я его выполню, мне действительно здесь уже нечего делать. Но пока я его не выполнил, почему я должен уходить? Что, тот, кто придет на мое место, его сделает лучше? Нет, потому что он потеряет время на вхождение в курс дела! Значит, мой уход принесет не пользу, а вред...

А. К.: К тебе приходит Гайдар и говорит: «Х...ня все это. СНГ не СНГ... Пошли вместе со мной! Если мы сейчас возьмем паузу, то потом заберем всю власть».

В. М.: Не так это было.

А. К.: А если бы он так сказал?

В. М.: Тогда б я встал и пошел.

П. А.: А он как сказал?

В. М.: А он ничего не сказал. Он сказал что-то типа: «И тебе тоже там делать нечего». И все. Почему я с ним не то чтобы поругался, но как-то так у нас после этого...

П. А.: Пути разошлись? То есть ты с ним после этого разошелся?

В. М.: Разошелся. Вообще, Егор тогда вел себя странно и нелогично. Почему это он решил, что Чубайсу нужно оставаться, потому что он приватизацию не кончил, а я должен уходить, потому что СНГ — это фигня? Так, что ли?

А. К.: Я могу тебе объяснить почему. Я сейчас скажу, правда, потом на меня опять все обижаться будут.

В. М.: Давай говори.

А. К.: Тот же Чубайс начнет обижаться. А там все проще. Личностно Чубайс сильнее Егора, поэтому Егор не стал с ним конфликтовать, чтобы сохранить хотя бы подобие команды. Чтобы было из чего ее потом строить, если что. И он также знал, что все (включая и Чубайса) уходить не хотят. Но он думал, что личностно сильнее тебя, а потом, когда оказалось, что это не так, то он вообще, наверное, обиделся...

В. М.: Ты знаешь, он, по-моему, не сильно даже обиделся.

А. К.: Уверен, что обиделся. Он думал: я сейчас уйду, и все за мной уйдут. Но — ни хера! Почти никто не ушел! И ему стало обидно. Только на Чубайса он забоялся обижаться, а на тебя обиделся.

В. М.: Не знаю, я бы так не сказал. Мне так не показалось.

А. К.: Вот заглянем чуть позже, в 1995–1996 годы. Чудесная история с поддержкой/неподдержкой Ельцина «Демвыбором России». Егор не хотел поддерживать Ельцина, я знаю. Из-за Чечни, из-за бесконечной позорной пьянки, из-за всей этой херни, которую он натворил с этим Коржаковым, типа Национального фонда спорта и всяких других прелестных вещиц. Не буду сейчас врать, но мне даже кажется теперь задним числом, что он мне говорил: «Уж лучше мы Гришу поддержим». И знаешь, Чубайс его переборол. Не убедил, а передавил. Вот этими своими фирменными силлогизмами и «черно-белыми конструкциями».

В. М.: Я думаю, что Чубайс убедил его по другим соображениям.

А. К.: По каким? Просто Толя передавил его по-пацански, личностно. Поставил Егора перед фактом неотвратимости персонального конфликта. А Егор таких вещей не выдерживал. Особенно с близкими людьми.

В. М.: Мне кажется, передавил он его по другим соображениям. Самое главное соображение было такое: «Иначе сдаем страну коммунистам».

А. К.: А почему не сделать всю ставку не на Ельцина, а на Явлинского? Да, мы потеряем власть (а была ли она у нас), но не сдадим страну коммунистам!

В. М.: А такая альтернатива обсуждалась?

А. К.: В том-то и дело, что нет! Вот почему она не обсуждалась?

В. М.: А я не знаю...

А. К.: А я — знаю. И я могу тебе объяснить, почему. А потому, что тогда у нас, тех, кто был при власти в 1995–1996 годах, была бы другая дилемма: «Может, если мы поддержим Явлинского, мы и не сдадим страну коммунистам, но мы точно потеряем власть». Мы — это Чубайс и его команда, включая меня. И я об этом честно говорю.

П. А.: Ты в этом не участвовал. Ты же не работал в штабе.

А. К.: Я в этом не участвовал напрямую, но некоторые поручения Чубайса выполнял. Но важнее другое: если бы меня тогда спросили, я бы выступил как Чубайс. Поэтому правда, что выбор был, конечно же, между коммунистами и демократами, но правда еще и в том, что внутри этого выбора был еще один выбор: остаемся мы или не остаемся при власти.

Только не подумайте, что я кого-то осуждаю. Бороться за власть — это нормально, по-мужски. В конце концов, мы просто самцы, пытающиеся в борьбе доказать, что мы альфа-самцы. И поэтому понятен объективный конфликт между Егором (который вне власти) и Чубайсом (который внутри нее). Для Егора это была чистая дилемма «коммунисты — демократы». А для Чубайса (и меня, чего уж греха таить) все было сложнее.

В. М.: Ой, ты знаешь, мне кажется, у нас, если брать 90-е годы, таких выборов было не один и не два...

А. К.: Правильно. Этот выбор первый раз встал именно в конце 1992-го, после отставки Егора. Второй — в конце 1993-го, когда Гена Бурбулис призывал выступить на выборах в Думу, не ища поддержки Ельцина (которую тот не хотел давать), а даже слегка оппонируя ему. Третий — в конце 1994-го, когда эти алкаши начали первую чеченскую войну. И в четвертый — на президентских выборах 1996 года. А дальше судьба не дала нам никаких выборов. Нас всех пинком под зад выгнали — и все.

П. А.: Ты знаешь, это правда. Во всех этих развилках было больше личностного, чем мы пытаемся всех (в том числе и себя) убедить.

А. К.: И у Ельцина этот личностный элемент был на все 100%. Вернее, 90% было личного, а 10% — для страны. Мне даже иногда кажется, что ему было все по херу: если бы он в борьбе с Горбачевым мог победить, эксплуатируя возвращение к коммунизму, Ельцин бы возвращался к коммунизму. А поскольку электоральные настроения в тот момент требовали перемен и движения к свободе, то он оседлал эту лошадку.

В. М.: Нет!

А. К.: Да!

В. М.: Стоп! Подожди, объясни мне тогда, почему он позвал нас?

А. К.: А потому что электоральные настроения были в ту сторону, в рынок, в демократию. И потом, объективно, в тот момент не было другого выхода, кроме как отпустить цены и разрешить свободное хождение товаров и капиталов. А для этого были нужны специалисты.

П. А.: Да это просто: именно мы могли принести успех.

В. М.: Я вообще считаю, не совсем корректно, когда мы пытаемся про наш вклад что-то там вякать. Что такое команда Гайдара, на мой взгляд? Это просто то, что сейчас называют «антикризисная управляющая команда». Которую наняли на короткий, вполне определенный промежуток времени. Ну, оказался этот промежуток чуть больше, чем наниматель предполагал. Что с того? А вот команда, засидевшись больше положенного, возомнила, что она может претендовать еще и на кусок политической власти. Эту иллюзию Ельцин очень быстро рассеял.

А. К.: То есть ты так же, как все остальные, кого мы спрашивали, за исключением разве Гены Бурбулиса, считаешь, что стать политической самостоятельной силой у нас не было шансов?

В. М.: Не было. Ни в коем случае.

А. К.: То есть мы все 90-е были просто придатком Ельцина?

В. М.: Ну, «придаток» — это вульгарно. Не «просто придатком», а вот такая вот нанятая команда, которая может быть уволена...

А. К.: В любой момент?

В. М.: Да. И которой, кстати, не заплатили, так, если разобраться. Не заплатили. Что? Да, не заплатили, и все. Потом повыкидывали всех без выходного пособия по сути дела.

П. А.: Некоторые, напротив, считают, что переплатили...

А. К.: Просто некоторые из членов команды сами взяли свое. Без спросу.

В. М.: Нет, то, что потом кто-то из команды прошустрил как сумел, — это уже другое, это как бы другой проект. То, что Петя стал предпринимателем, — это проект Пети Авена.

А. К.: И Бори Федорова.

В. М.: Или Бори Федорова. Кого хочешь называй. Так вот, возвращаясь к теме политики. Я просто к чему это говорю? Оттого что мы занимали высокие посты, это не значит, что мы были политическими величинами...

П. А.: Но могли попытаться?

В. М.: Нет, я думаю, бесполезно.

П. А.: А почему Бальцерович в Польше стал политической фигурой? Почему Клаус стал в Чехии политической фигурой? Он стал президентом страны! Почему в Венгрии молодые экономисты стали значимыми фигурами?

В. М.: Я думаю, по нескольким причинам. Скажем, если бы мы делали реформу в небольшой стране, которая вырвалась из пут Большого Брата, например в Грузии, мы бы стали национальной элитой. Вот на территории СНГ практически в любой республике мы стали бы уважаемой элитой.

П. А.: Мы не были национальной, народной силой, ты это хочешь сказать?

В. М.: Мы были как в Гражданскую войну буржуазные специалисты, военные спецы, как хочешь нас называй, да. Некая группа чужаков, которую народная власть вынуждена некоторое время терпеть рядом с собой.

А. К.: А Лобов с Полтораниным были вроде комиссаров? Шаг влево, шаг вправо...

В. М.: Комиссаров было значительно больше. Вы даже не подозреваете, сколько их было. Думаю, что каждый наш шаг очень серьезно анализировался. Даже в ближайшем известном нам окружении. Тот же Шахрай из государственно-правового управления администрации президента. В государственно-правовом управлении проверяли, я так понимаю, каждую бумажку.

Я нормально отношусь к Шахраю, он тоже что-то хотел и пытался делать, только он был контролер по отношению к нам. Вице-премьером он стал уже потом. А первый отрезочек он жестко стоял напротив.

Помнишь нашу первую структуру правительства? Сколько под Руцким было контрольных структур! Там на каждый чих было по контролеру!

А. К.: Руцкого с его знаменитыми чемоданами компромата я еще застал. Он весь 1993 год нам всем голову морочил. Кошмарил: «Вот я вас всех посажу».

В. М.: В 1992-м еще не было этих его чемоданов, но уже было просто под каждого из нас, по сути, по контрольной структуре.

А. К.: Сколько нас трясли! Это уму непостижимо, сколько дармоедов наели себе морды, годами выискивая всякую чушь, лишь бы только подловить нас на чем-нибудь!

В. М.: Мы не стали частью «народной власти». Это основная причина, я думаю. И вторая причина в том, что за нами действительно не было сильной партии.

П. А.: По поводу партии. Если ее нет, а она нужна, отчего же не заняться ее созданием. Сразу, в 1992 году. Мне кажется (я все время Алику про это твержу), в тот момент мы могли хотя бы пытаться стать самостоятельной политической силой.

В. М.: Ну, если бы этим специально кто-то занимался...

А. К.: Давайте посмотрим на вещи трезво. В 1993 году, на выборах, сразу после принятия новой конституции, после октябрьского путча, гайдаровская партия «Выбор России» имела крупнейшую фракцию в Государственной думе — 14,2%. Плюс ПРЕС Саши Шохина имела 6%. Фактически проправительственные партии имели в Думе больше 20%. Второй раз такой результат был достигнут только в 1999 году.

В. М.: Как сейчас «Единая Россия».

А. К.: Нет, к сожалению. «Единая Россия» имеет конституционное большинство. А тогда это было от силы 25–30% вместе с мелкими сателлитами и независимыми депутатами. Но это был хороший задел, чтобы двигаться вперед. Вместо этого мы сами объявили выборы 1993 года поражением. Поэтому переговоры о слиянии с ПРЕС, насколько мне известно, даже не вели и т.д. А на выборы 1995 года вообще пошли враскоряку, имея уже параллельно идущий «Наш дом — Россия» и мелкие партии Бори Федорова, Кости Борового и Иры Хакамады.

П. А.: Я прекрасно помню, как в 1993 году я гулял с Гайдаром и Чубайсом. Около Тверской, переулками. Чубайс еще работал в правительстве, а мы с Егором уже ушли. Когда мы вставали на светофорах, нам прохожие аплодировали! В это поверить сейчас невозможно. Мы были вполне популярные, поддерживаемые обществом молодые люди. Либеральная идея еще не была дискредитирована — это произошло во второй половине 90-х. Но мы даже не попытались создать нормальную политическую партию. Я считаю одной из причин то, что у нас просто не оказалось лидера.

Почему мы не сумели стать политической силой? Мы что, были антинародные какие-то, интеллигенты в очках? Я на тебя сейчас смотрю, Володя, вот ты внешне типичный русский купец. Ты не латыш, не еврей, не немец, не таджик с узбеком в одном лице...

В. М.: У меня фамилия нехорошая. У меня белорусская фамилия.

П. А.: Белорусская фамилия — это нормально... Чем ты не народный человек? Мы с Кохом не народные, ладно. Чубайс — тоже (как он нам сам признавался). А вот чем ты-то не годишься? Нечаев, Шохин? Сам Гайдар — Голиков вообще-то. Почему мы не попытались бороться за власть? Были большие ребята, почти под 40 лет уже.

А. К.: Боря Федоров, кстати, был одним из лидеров «Выбора России». А потом создал свою карликовую партию «Вперед, Россия!». Вполне себе харизматичный русский человек. Тоже народу не пригодился...

В. М.: Мне кажется, беда заключается в том, что наш народный тренд все время туда-сюда прыгает так, что его нужно вычислять тяжелыми аналитическими усилиями. И вообще непонятно, есть какой-то тренд или это просто хаотичная вибрация нации? Может, народ качнулся тогда к свободе просто в надежде на какое-то чудо? А когда чудо не состоялось, началось то, что началось. Поэтому о стабильной политической поддержке либералов можно забыть. А еще, мне кажется, что те, кто мог нас поддерживать, с какого-то момента от тяжелой жизни стали уезжать. Это, кстати, во многих республиках произошло.

А. К.: В статистически значимых масштабах этого не было. Столько народу не уехало. Общий выезд в 90-х годах составил всего 1 млн человек.

Нет, эмиграции в статистически значимых масштабах не было. Интеллектуально она, конечно, чудовищный урон нанесла, но электорально никакого. Интеллектуально, потому что, конечно, уехали лучшие. Из миллиона биологов, условно говоря, уехали всего 10 человек, но это были 10 лучших биологов страны. Но тем не менее миллион-то остался! Структура нации осталась прежней.

П. А.: Давай вернемся к нашему правительству.

А. К.: Как у тебя с ключевыми его членами строились отношения? С Егором, Петей, Чубайсом?

В. М.: По-рабочему. Каждый занимался своим делом. Например, Пете я спокойно передал всю тематику внешних долгов СССР. Вот это право преемственности. Там ведь еще до нас, 28 октября, был подписан Меморандум о солидарной ответственности.

А. К.: Что за меморандум?

В. М.: Где-то у меня написано правильное название. Я уже на свою память перестал рассчитывать. Называлось это так: Меморандум о взаимопонимании в отношении задолженности СССР и его правопреемников иностранным кредиторам. Понедельник, 28 октября 1991 года, Москва.

А. К.: Кто подписал?

В. М.: СССР плюс восемь республик.

А. К.: А кто не подписал?

В. М.: Украина, прибалты, Грузия, Молдавия, Армения. Это последний документ, которым занимался Григорий Алексеевич.

А. К.: Долг делился пропорционально?

В. М.: Нет, это была солидарная ответственность. То есть долг вроде бы делился, но имелось в виду, что если кто-то не заплатит, то Россия должна будет заплатить.

А. К.: Как интересно. А почему Россия подписала такой договор?

В. М.: Это был ультиматум «Большой семерки»: не подпишете — остановим помощь. А наши руководители боялись гуманитарной катастрофы — зерно и медикаменты-то шли в ежедневном режиме.

А. К.: Зря я на Петю ругался. Я-то думал, что была сначала пропорциональная схема, а потом Россия под давлением Запада уже при Гайдаре взяла долг на себя. А оказывается, еще до Гайдара российское правительство подписало бумагу, по которой конечным плательщиком фактически является Россия. Тогда последующее Петино решение взять долг на себя было уже явно лучшим решением. Мы хотя бы получили все имущество СССР за рубежом, место в Совете Безопасности ООН и т. д., а по меморандуму от 28 октября вообще ничего не получали. Мы были конечными терпилами такими.

П. А.: Спасибо, Алик. Мы, кстати, вместе с Володей только в декабре отжали то, что делятся не только долги, но и зарубежные активы бывшего Союза. Кстати, в этой истории с долгами отчетливо отразилась вся мелочная и близорукая позиция Запада в отношении как России, так и нашего правительства.

А. К.: Я так понимаю, что Запад развел Россию на фу-фу. Он ей дал некие интеграционные намеки, мы побежали впереди паровоза и с опережением расписания. А когда пробежали всю дистанцию, Запад нам сказал: «Вы знаете, но с интеграцией и помощью придется подождать». — «А почему?» — «Ну так вы уже пробежали дистанцию бесплатно. Зачем же мы будем вам за это платить?»

В. М.: Запад мог занять по отношению к нам значительно более жесткую позицию.

А. К.: Куда жестче? Я прекрасно помню, как Костя Кагаловский безуспешно выбивал в МВФ $3 млрд. НАТО пошло на Восток. Ни в Евросоюз, ни даже в ВТО (до последнего времени) не интегрировали. Что им, оккупировать нас надо было?

П. А.: Мы сами не слишком рвались интегрироваться. Если бы мы сказали: «Мы готовы отдать Восточную Германию при условии, что сами вступаем в НАТО, и отпускаем Прибалтику при условии интеграции в ЕЭС» — это было бы здорово. Но мы же «самостоятельный игрок». Сами остались в логике двух блоков. И своего «особого пути»... Володя, давай несколько заключительных слов. Про Егора.

В. М.: Это был крупный человек, что тут говорить. Человек крупный, бесстрашный, далеко вперед видевший многие процессы, которые другие не видели даже вообще, не понимали. А он понимал и, несмотря ни на что, держал удар. Всю жизнь.

К сожалению, на долю Егора выпало очень много несправедливости. На него повесили много того, чего он не делал. И вообще попытались на него списать проблемы, которые от него не зависели, на которые он даже повлиять никак не мог. Мы же прекрасно понимаем, что, пока мы делали экономическую реформу, все остальные реформы не делались. Надо было параллельно делать судебную реформу, военную, административную, конституционную. Надо было параллельно делать много-много реформ, потому что завалилась вся система государства. Вот, грубо говоря, место Егора в системе власти — это некая клеточка большой системы...

А с тезисом, что все на свете не удалось, я в принципе не согласен.

Андрей Козырев: *«Настоящий камикадзе»*

Среди соратников и поклонников Гайдара бытует мнение, что отставка Егора в декабре 1992 года знаменовала собой если не смену курса, то серьезное торможение реформ, начатых Ельциным после прихода к власти. Однако после нашей беседы с Андреем Козыревым я стал понимать, что отставка министра иностранных дел в начале 1996 года была, вероятно, более знаковым событием.

Действительно, основные направления реформ Гайдара (приватизация и макроэкономическая стабилизация) были продолжены и без него, а уже сделанное им (конвертируемый рубль или свободные цены) никто не отменял. Серьезной альтернативы экономическим реформам Егора попросту не было — речь могла идти о темпах реформ, но не об их сути.

Другое дело — внешняя политика. Козырев попытался кардинально изменить сам вектор внешней политики России — перейти от отношений пусть мирного, но противостояния с Западом к отношениям союзническим. Как сам он блестяще сказал при своем утверждении Верховным Советом: «Демократическая Россия должна быть и будет таким же естественным союзником демократических стран Запада, как тоталитарный Советский Союз был естественным противником Запада».

У Козырева не получилось. Российская элита и российский президент не были готовы к такому повороту. Не вполне к этому оказался готов и Запад. Россия не стала частью западного мира и с приходом в МИД Евгения Примакова вернулась к традиционному курсу на противостояние и «сотрудничество».

Возможно, Козырев оказался слегка наивен. Возможно, опередил свое время. Так или иначе, за свой выбор он заплатил судьбой. В свое время мы говорили о команде Гайдара как о правительстве «камикадзе». Для большинства из нас (не для Егора) это определение оказалось явным преувеличением. Настоящим «камикадзе» стал Андрей Козырев. Обвиняемый в предательстве «национальных интересов», отринутый большинством бывших коллег, живущий под фактическим запретом на профессию...

Нам с Кохом Андрей очень понравился. Блестящий, тонкий рассказчик, он помнит происходившее 20 лет назад так, будто это было вчера. Нам хотелось с ним беседовать еще и еще. Я жалею, что мы мало разговаривали раньше. И, надеюсь, рассказанное Козыревым будет интересно не только нам.

Петр Авен

Петр Авен (П. А.): Андрей, давай начнем с твоей карьеры. С МИДа СССР, где ты, как я помню, был настоящей звездой. Молодой звездой.

В МИДе СССР

Андрей Козырев (Ан. К.): Я профессиональный дипломат и действительно сумел сделать очень успешную карьеру в союзном МИДе. Сначала все у меня развивалось медленно, однако к 1990 году я стал начальником управления международных организаций. Раз уж мы хвастаемся (а почему — нет?), то я был самый молодой начальник управления в МИДе.

П. А.: При этом никакого особенного блата за тобой не было?

Ан. К.: Блата никакого не было вообще.

П. А.: И внешность у тебя не вполне русская, для МИДа это было важно.

Ан. К.: У меня при такой внешности (а твои намеки частично небезосновательны) совершенно идеальная анкета. А в Советском Союзе анкета все-таки была на первом месте. Били по морде, а назначали по анкете. Оба родителя были коммунисты. Анкета моя, естественно, очень сильно проверялась, еще при поступлении в МГИМО. Я и сам был сначала убежденный коммунист и пережил такую внутреннюю революцию года примерно с 1976-го.

П. А.: А в МГИМО ты как поступил? Это тоже без блата было почти невозможно.

Ан. К.: МГИМО — это отдельная история. Я после школы сознательно пошел не в институт, а рабочим на московский машиностроительный завод «Коммунар». Мне было реально интересно посмотреть, что такое быть заводским рабочим. Мои родители из интеллигенции, а я решил — сначала на завод, а потом — в армию (у меня был год до армии). На заводе мне, с одной стороны, очень понравилось, а с другой — очень не понравилось, что понятно. И к весне следующего года я все-таки решил поступать в институт.

П. А.: То есть первый год ты никуда не поступал?

Ан. К.: Никуда. А на заводе я занимался общественной работой, я ею вообще всю жизнь занимался. Устраивал капустники, КВН. Было очень весело. И когда я решил все же поступать в институт, мне парторг цеха сказал: «Тебе самое лучшее — получить у нас рекомендацию. Я тебе от завода дам рекомендацию, и тебя примут в любой институт». Я говорю: «Нормально. Очень даже здорово». Обрадовался.

Альфред Кох (А. К.): А что делал завод «Коммунар»?

Ан. К.: Он делал пылесосы. Но это в одном цеху, а всего цехов было 50 с лишним. И в других цехах делали совсем даже не пылесосы. Оформиться туда на работу было как на выезд за границу. А я был рабочим. И получил эту рекомендацию. Но куда идти? Я же прозевал нормальную подготовку, потом особо не подготовишься на заводе, работать тяжело было. Пока втянулся, измучился. Куда поступать? Без серьезных знаний. И кто-то мне умно подсказал, может даже в парткоме: «Есть такой Университет дружбы народов имени Патриса Лумумбы, куда принимают исключительно по рекомендации. А что ты там знаешь, не знаешь — это никого не волнует, главное, чтобы ты мог общаться с иностранцами. У нас завод режимный, поэтому тебе доверие, на этой теме и можно поступить». Я очень обрадовался, пошел в этот университет Патриса Лумумбы, а там вообще экзаменов не было, там были собеседования. Со мной побеседовали, сказали, что все очень хорошо, потом вдруг прибегает парторг и говорит: «Слушай, неприятность. У нас такая степень допуска на заводе для рабочих, что тебе три года нельзя выезжать за границу». А оформление в Патриса Лумумбу — это как прямой выезд за границу.

А. К.: Прямой контакт с иностранцами.

Ан. К.: Да. У меня была секретность, а там прямой контакт с иностранцами. Ну вот такой облом, а мне уже деваться некуда, июнь, то есть поезд ушел, причем я туда все-таки готовился, математикой занимался, хотел почему-то на физико-математический поступить. Но, видимо, ребята в парткоме, а я думаю, не только в парткоме — была организация, которая за всем этим следила: за секретностью и прочими вещами — просто оказались нормальные люди и на самом деле ко мне испытывали какую-то симпатию. И стали они куда-то звонить и что-то узнавать. Вот тут-то МГИМО и всплыл, потому что это был второй институт, в который принимали по таким рекомендациям.

А. К.: Но в МГИМО все равно экзамены сдавать надо было! Особенно язык!

Ан. К.: Надо, но язык у меня был хороший.

А. К.: Откуда?

Ан. К.: А я учился в испанской спецшколе. Испанский язык — редкий, и, кстати, думаю, было достаточно трудно оценить знание испанского. То есть целый ряд факторов сложился очень удачно, и в общем-то эти ребята, прямо скажем, из КГБ, сами, по-моему, мои документы перенаправили к своим в МГИМО. Не знаю, представляет сейчас это государственную тайну или нет, в МГИМО была параллельная структура управления институтом. Декан, например, и дядька там на курсе — начальник курса.

А. К.: Это и были настоящие начальники?

Ан. К.: Настоящие. Они были отставного возраста в основном. Мы их очень хорошо знали, они нас очень хорошо знали, то есть это была вторая структура управления. Через них все это и произошло. Не знаю, какая их роль была при принятии экзаменов, но экзамены я сдал очень хорошо. Вообще, начальник нашего курса был порядочным человеком, как и многие другие из этой системы, с кем мне доводилось работать. Особенно на среднем уровне...

П. А.: Ты когда закончил МГИМО?

Ан. К.: В 1974-м.

П. А.: Попасть в МИД, наверное, тоже было очень трудно?

Ан. К.: Трудно. У нас на курсе было много студентов (и среди моих друзей), у которых были весьма влиятельные родители. В общем, был канал, через который меня вытащили из распределения и посадили в МИД. И все. Это сделали люди, которым это ничего не стоило, и по своей инициативе.

П. А.: То есть в МИД ты попал фактически через друзей.

Ан. К.: Да. Но дело в том, что я тогда, с одной стороны, как всегда в жизни бывает, радовался, а с другой стороны — сильно расстраивался потому, что я предполагал уже, что они не будут следить за мной. Это одноразовое мероприятие.

А. К.: И можно сгнить где-нибудь клерком.

Ан. К.: Я потом шесть лет сидел в самой младшей должности, потому что на меня никто не обращал внимания. Я понимаю человека в управлении кадров. Он как бы ждет, что кто-то проявится. Вот как Петя догадался, что так просто в МИД не попадешь? Так и там человек, кадровик, сидел и понимал, что так просто не попадают, да? Читал анкету, ответа нет. Значит, какой-то должен быть ответ. Он, как любой чиновник, ждал, когда будет какой-то сигнал. А мне к тем, кто помог, идти было совершенно неудобно, хотя это были дружеские отношения, но они специфический характер носили в тот момент, а потом этот специфический характер прервался, и у меня не было возможности опять туда идти, и я попал в подвес. И поэтому начало у меня было очень тяжелое. Я защитил диссертацию за это время.

П. А.: Что послужило изменению твоего статуса?

Ан. К.: В МИДе, да и во всей советской системе был элемент отбора кадров не только по принципу блата. По этому принципу у нас все ребята давно уехали, получили должности атташе сразу. К тому времени, когда я получил пост атташе, большинство наших ребят уже были третьими секретарями, если не вторыми. Но потом начинается история, что надо работать. Управление-то большое, человек 60–70, а реально работают человек пять-шесть. Нужно записки в ЦК готовить, их много, есть и другая работа, которая требует знаний, умения написать, сформулировать и т. д. Поэтому начальник начинает ценить людей, которые в состоянии эту работу сделать быстро и качественно. Потихонечку я начал расти, а потом мне страшно повезло. Такой почти анекдотический случай, я, наверное, уже был первым секретарем или типа этого, и заболел человек, который вел запись заседания коллегии, и меня начальник мой вызвал и сказал: «Будешь сидеть в углу зала коллегии, чтоб тебя никто не видел, потому что тебе нельзя. По уровню должности нельзя присутствовать на коллегии и записывать. Главным образом записывай то, что скажет министр». А это был наш вопрос, рассматривались итоги работы международных организаций. «Значит, записывай, что скажет министр, и потом надо будет очень быстро это дело оформить». Министр был уже в возрасте, говорил без бумажки, очень схематично. Я надиктовал бумагу, которую от лица министра направил вверх. Компьютеров тогда не было.

П. А.: Министр был Громыко[120].

Ан. К.: Начальник мой посмотрел запись, может, что-то поправил, в общем, мы очень быстро это дело отдали в секретариат. Я чуть ли ночью не спал, потому что ответственное дело, причем начальник мой был очень порядочный человек, я знал, что он никогда себе не присвоит, если скажут, что хорошо. Шанс был такой: если не понравится — получить по шапке, но не очень сильно, потому что это не мое дело, а если понравится, то начальник не присвоит, по крайней мере, все лавры. И действительно, «наверху» очень понравилось, министр это дело утвердил и бумагу эту напрямую отправил в Политбюро.

С этого момента у меня жизнь просто изменилась. Я стал ходить на коллегии, записывать слова министра, попадать к нему на беседу, в общем, совершенно другая жизнь. Такое участие в делах министерства обычно начинается с начальника управления. Ну, и дальше быстро пошел вверх. Потом пришел Шеварднадзе, и все это продолжалось еще с большим успехом. Помогло мне и то, что в 1989 году я опубликовал в «Международной жизни» статью, где резко критиковал нашу внешнюю политику. Смысл ее состоял в том, что надо пересмотреть точку зрения на наших так называемых революционных друзей, на Запад и т.д. Ее сразу перепечатала *New York Times* и даже рассматривали на Политбюро. Сначала в ЦК партии меня жутко раскритиковали, Хонеккер[121] написал против меня от имени СЕПГ письмо. Но Шеварднадзе, очевидно, сочувствовал моим идеям. Я при нем и стал начальником управления.

П. А.: Расскажи про эволюцию твоих взглядов.

Ан. К.: В 1975 году я впервые оказался на Западе и сразу в США. У нас было управление международных организаций, и мы ездили на сессию Генассамблеи ООН, которая проходит каждый год в Нью-Йорке. Там я попал в супермаркет. У меня был шок не от того, что я увидел на полках, а от того, что покупателями оказались не какие-то там капиталисты, а обычные люди. Латиносного типа или афроамериканского, явно не «белые воротнички». И они набирали полные корзины.

А. К.: Как это было не похоже на закрытый распределитель для советской номенклатуры!

П. А.: Я знаю со слов Самотейкина — референта Брежнева, как Брежнев первый раз приехал в Америку и его Никсон привел в супермаркет. Они там были пару часов, а на выходе Брежнев сказал: «Женя, с ширпотребом они вопрос решили, а с продовольствием — привезли к нашему приезду. Так быть не может».

Ан. К.: Ребята, кстати, наши в миссии рассказывали, что до этого еще кто-то из членов Политбюро был и его не удалось переубедить в том, что супермаркет — это не потемкинская деревня. У Ельцина, кстати, тоже был шок. Он в США после супермаркета матом ругался, хотя вообще он не ругался.

П. А.: Такой же шок был у Хрущева, который после поездки в США начал огромную жилищную программу — он только там понял, что вся страна может жить если не в отдельных домах, то в своих квартирах. Удивительно, что и сейчас наши люди, даже самые образованные, мифологизируют Запад, совсем не понимая западную жизнь. Хотя супермаркеты уже не удивляют.

Ан. К.: Культурная несовместимость очень большая. Ну хорошо, супермаркет — это первый удар, который я почти пережил, а второй удар сильнее. Я пошел в книжный магазин. Долго там лазил и смотрю — написано Russian Classics. Чехов, Достоевский, Толстой, то есть все как надо. И «Доктор Живаго». Прочитать «Доктора Живаго» в Москве не было возможности, я взял книжку, пошел в Централ-парк и там целый день читал, правда, на английском языке. Потом вспомнил, что эта книга запрещенная, поэтому, дочитав до края, я так и оставил ее на лавочке. Потом месяца три я мучился, уже приехав в Москву: «Что там антисоветского?»

А. К.: Это всех мучает... Но, насколько я понимаю, там же основная претензия была не по содержанию книги. Там претензия была в том, что Пастернаку отказали в издательстве здесь, и он, никого не спросив, издал ее на Западе.

Ан. К.: Артикулировалось, может, и так, но я пришел несколько к другому выводу. Я пришел к выводу, что там проблема в том, что он не с нами, не с коммунистами, не с партией. Он не против партии...

П. А.: Но и не за.

Ан. К.: Но это даже хуже. Это хуже, то есть система тоталитарная не в состоянии терпеть не то что отрицания, а...

А. К.: Людей, идущих отдельно.

Ан. К.: Именно! Я пришел к выводу, что система не терпит вообще никакой личной свободы. И вот это обстоятельство привело меня к абсолютнейшему внутреннему диссидентству. У меня не хватило ни смелости, ни пороха стать настоящим диссидентом. Я продолжал работать в МИДе, но все больше вдумывался, чем я занимаюсь, что у нас за внешняя политика, и постепенно у меня все это стало разрушаться, как карточный домик, и я в конце концов стал просто антисоветчиком. Работу свою хорошо знал, делал очень хорошо, наверное, но в то же время очень четко отдавал себе в этом отчет.

Когда пришел Горбачев, когда началась гласность и перестройка, мы на это смотрели с большим подозрением. В МИДе еще несколько ребят было примерно моего возраста, мы друг друга знали, представляли себе, что все находятся в близком к моему состоянии.

Молодежь в МИДе, выбившаяся в люди, занималась в то время такими, например, вещами. Скажем, Горбачев собирался куда-нибудь в командировку. Мы ему готовили речи, бумаги и т.д. Вот он, например, говорит: «Гласность». Мы собираем отклики на эту поездку и пишем ему, якобы истолковывая эти отклики, следующее: «Гласность — это хорошо, а вот в ООН есть Всеобщая декларация прав человека 1948 года. Там говорится не про гласность, там говорится про свободу слова, свободу печати, мнения, собраний и все такое. Вот если бы это сказать, то было бы совсем здорово, потому что это общепринято, это в декларации». Вот долбили, и потом Горбачев в конце концов сказал про свободу слова. Кажется, это произошло году в 1989-м, мы были очень счастливы. Мы ему подготовили выступление, он это в ООН произнес, и тут же нашлись хитроумные диссиденты, «Московские новости» и другие, которые стали на это ссылаться. Как же, Горбачев сказал: «Свобода слова», поэтому вообще никаких ограничений нет, что хочу, то и пишу.

Мы сознательно делали такую подрывную работу, но дальше нас не хватало. Потом появился российский Верховный Совет — значительно более радикальный, чем советский, особенно когда председателем избрали Ельцина, который шел на выборы с очень радикальными лозунгами и поддержкой «Демократической России». Тут у меня уже не выдержали нервы, как и у многих. Мы подумали: «А вдруг это правда шанс на реальные преобразования?» Горбачева мы не считали таким шансом, а Ельцин, показалось, — это действительно шанс. Ну вот, я стал копать землю, чтобы каким-то образом представиться Борису Николаевичу.

Переход в МИД России

П. А.: Какой был год?

Ан. К.: 1990-й. Лукин[122] мне помог. Он стал народным депутатом РСФСР, а до этого какое-то время работал у нас в МИДе. Увидев, что он стал депутатом, да еще к тому же председателем комитета по международным делам, я пришел к нему как к единственному знакомому и сказал, что готов на все, хочу к вам. Он на меня посмотрел, сказал: «Хорошо, хорошо». И порекомендовал.

П. А.: А чем в то время занимался российский МИД?

Ан. К.: Если человеку в пенсионном возрасте не могли дать место хорошего посла, то МИД РСФСР был одним из очень хороших вариантов. Там был особнячок на проспекте Мира, который я успешно унаследовал, и делать там было нечего абсолютно, но в то же время все было как бы нормально — там была вторая вертушка, персональная машина.

А. К.: Поездок за рубеж не было?

Ан. К.: Бывали, но это были очень легкие, приятные поездки — по хозяйству, по каким-то культурным связям. Ну, например, в какую-нибудь канадскую Альберту или, скажем, в какую-нибудь землю ФРГ, которая была побратимом с Российской Федерацией. Я один раз только в такую поездку попал, потому что она была ранее согласована. Мне очень понравилось. Такой приятный отдых, пиво попить и все.

П. А.: Но тебя назначал Верховный Совет России уже совсем для других целей. Когда это было?

Ан. К.: Осенью 1990 года. Вместе с Шойгу, которого, как это ни смешно, тогда с первого раза не утвердили. А меня утвердили.

П. А.: Ты понимал, что тебя ждет?

Ан. К.: Я понимал, что иду в оппозицию, потому что в этот момент отношения между центром и РСФСР были ужасные. 12 июня Верховный Совет принял декларацию о государственном суверенитете, и с этого момента, собственно, Ельцин — председатель Верховного Совета и правительство России — это была такая, по сути, легальная оппозиция.

П. А.: У тебя было ощущение, что рано или поздно вы захватите власть?

Ан. К.: У меня было очень большое желание, чтобы это произошло. Не то, что мы захватим власть, а то, что вообще весь этот проект как-то удастся, что появится какая-то динамика. Я просто не мог устоять перед соблазном поучаствовать в этом.

А. К.: Но скепсис был?

Ан. К.: Скепсис был страшнейший. Я вообще, честно говоря, и Ельцину-то особо не верил. У меня было меньше сомнений в отношении Ельцина по сравнению с Горбачевым, но все же... Я с Ельциным до своего утверждения толком и не говорил. Но меня утвердили как-то сразу, с первого раза, хотя я говорил эту свою радикальную ахинею, прямо впервые сказал публично: «Демократическая Россия должна быть и будет таким же естественным союзником демократических стран Запада, как тоталитарный Советский Союз был естественным противником Запада». Вот эта моя формула, она так по всей жизни и сохраняется.

А. К.: Только Запад так не считает.

Ан. К.: Я так считаю. И Запад считает. Просто в этой формуле заложена пропорциональность. Еще раз. Демократическая Россия будет таким же естественным союзником западных стран, западных демократий, каким противником для них был тоталитарный Советский Союз.

А. К.: А что, они при Ельцине считали нас естественным союзником?

Ан. К.: А мы были демократической Россией?

А. К.: Ну, при Ельцине вполне. И я могу назвать массу так называемых «естественных союзников» Запада, в которых демократии и сейчас существенно меньше, чем не только было в ельцинской России, но даже и в нынешней, путинско-медведевской.

Ан. К.: В таком случае мы жили где-то в разных местах. По-моему, мы так и не стали демократической страной. Мы не долго стремились стать настоящим, искренним союзником Запада. Оттого и не стали.

А. К.: Это софистика: «Поскольку Россия не стала по-настоящему демократической страной, Запад ее не принял». По-настоящему демократических стран не бывает.

Ан. К.: Неправда. Нет идеальных, но настоящие есть. Они в основном и называются Западом.

А. К.: При Ельцине свобода слова была? Была. Свободные выборы? Были. Разделение властей? Было. Принцип «сдержек и противовесов» работал? Еще как! И так далее. Где тут «недемократия»?

Ан. К.: Это когда?

А. К.: В 1995 году, например.

Ан. К.: Так я должен сказать, что в 1995-м нас неплохо принимали на Западе. Война в Чечне мешала.

А. К.: Что-то я внешнего проявления такого хорошего приема не обнаружил. Не было распростертых объятий. В отличие, скажем, от Прибалтики, которую к себе они сразу приняли.

П. А.: В Прибалтике был внутренний консенсус в элите по поводу движения на Запад. У нас такого консенсуса никогда не было. Как отнеслись твои прежние коллеги по МИДу СССР к тому, что ты ушел, поменяв политическую ориентацию?

Ан. К.: Я пошел к Шеварднадзе буквально в тот же день, когда меня Верховный Совет утвердил, и сказал: «Эдуард Амвросиевич, такая ситуация». Он не знал об этом. Он говорит: «Ну хорошо, а кого можете порекомендовать?» Я ему говорю: «Сережу Лаврова». Действительно, Сережу он назначил, и все, там началась своя жизнь.

П. А.: Тебя кто-то отговаривал в министерстве или ты просто поставил перед фактом?

Ан. К.: В министерстве об этом никто не знал, кроме моих близких друзей, молодых ребят, которые ушли со мной. МИД СССР очень быстро объявил нам бойкот, мне отрубили все, что можно, никто со мной не общался. А ребята в маленьком МИДе оказались порядочными, стояли против ГКЧП.

Смена курса

П. А.: Обыватели всегда считают, что у политиков есть большое окно возможностей: можно пойти налево, направо, туда можно пойти, сюда. Те, кто действительно работал во власти, хорошо понимают, что на самом деле обычно имеется очень узкий набор возможных решений и очень редко бывает ситуация, когда действительно можно выбирать из принципиально разных стратегий. Скажем, любое разумное правительство на месте правительства Гайдара делало бы в экономике почти то же самое.

Тебя обвиняют, как и нас, в антироссийской деятельности. Насколько твоя линия была задана, во-первых, уже Горбачевым? Можно ли говорить, что внешняя политика Ельцина действительно была другая, чем у Горбачева? Для меня, непрофессионала, внешняя политика Ельцина и Горбачева почти неразличимы.

Ан. К.: Мы совсем по-новому ставили задачу. Мы хотели (и Ельцин это полностью поддерживал) перейти от разрядки отношений между противниками к партнерским отношениям между союзниками.

П. А.: Ты считаешь, у Горбачева и Бессмертных[123] (а до него у Шеварднадзе) не было такой задачи?

Ан. К.: Никогда. У Горбачева никогда такой задачи не было, у Бессмертных, естественно, тоже.

П. А.: Да, ты озвучиваешь совершенно две разные позиции. Первая — мы враги, но мы пытаемся жить мирно, и вторая — мы друзья и стараемся стать частью вашего мира. Это действительно фундаментальный поворот. В каких практических шагах он выразился?

Ан. К.: Реализация любой политики требует времени. Наиболее ясная ситуация — это так называемое гарантированное взаимоуничтожение, то есть все эти ракетно-ядерные средства, созданные Советским Союзом, Америкой, НАТО. Нынешняя Россия и Америка могут взаимно друг друга уничтожить в любой момент времени. И на этом существует мир, потому что предполагается у нас, что они могут на нас напасть и хотят даже, а у них предполагается, что мы можем или даже хотим напасть на них. И для того, чтобы себя от этого оградить, нужно иметь возможность уничтожить другую сторону гарантированно и довольно быстро при любых условиях. Это вопросы вокруг ПРО, до сих пор разногласия продолжаются, вы все знаете.

Наша логика была очень простой: Россия осталась ядерной державой, это нормально и хорошо, но можно быть ядерной державой, например, как Франция, у которой тоже есть ядерные ракеты, но она не ставит перед собой целью гарантированное уничтожение Америки. Она вообще в этих категориях не мыслит. Для нее наличие ядерного оружия — это просто вопрос обороны против всех. Кто нападет — тот получит. Достаточно несколько бомб, чтобы никто не напал. Так почему бы нам не перейти в то же положение стратегическое, как Франция или та же Англия? Даже

Китай не ставит перед собой цель иметь арсенал, способный уничтожить Соединенные Штаты при любых условиях.

Это было наиболее характерное наследие холодной войны, противостояние двух систем, мы его хотели убрать. Прежде всего надо было убрать идеологически. Сначала я говорил, потом Ельцин, что США и НАТО нам не потенциальные враги, а союзники, потом мы подписали Вашингтонскую хартию о партнерстве и дружбе с американцами летом 1992 года, где это заявили уже обе стороны. Одновременно мы работали над договором СНВ тогдашним, который должен был это противостояние минимизировать. Все убрать нельзя сразу.

А.К.: Андрей, это все равно продолжение горбачевской традиции. Это продолжение традиции жить дружно. А где новая тенденция?

П.А.: В отношении разоружения вы пошли дальше Горбачева?

Ан. К.: Значительно дальше. Хотя многое мы не успели сделать.

А.К.: То есть интеграционного прорыва не было, интеграционный этап должен был начаться позже.

Ан. К.: Интеграционный прорыв еще состоял в том, чтобы присоединиться ко всем международным организациям — от Всемирного банка до МВФ... Мы это сделали. Попытались вступать во все организации, в какие мыслимо.

А.К.: Я помню, в МВФ у нас уже был наблюдатель от Советского Союза.

Ан. К.: Я же не говорю, что мы шли в противоположную сторону, конечно, это было продолжение... Попытка более радикально все это сделать, но и сделать, в конце концов, то, чего Горбачев не хотел.

П.А.: Для Запада, ты считаешь, Горбачев все равно был противником? И Запад для него?

Ан. К.: Да, конечно. Он недавно повторил вроде того, что при Козыреве МИД был филиалом Госдепартамента. То есть мы просто не должны становиться на одни позиции как часть Запада или союзники.

А.К.: А Ельцин противником Запада не был?

Ан. К.: В тот момент нет.

П.А.: Правильно я понимаю, что для вас с Ельциным экономические ограничения не имели большого значения? То есть вы действовали из идеологических соображений, а не потому, что денег на иную политику не было?

Ан. К.: Да, совершенно верно.

А. К.: Ты имеешь в виду уход, например, с базы во Вьетнаме?

П. А.: С Сокотры в Йемене, с Кубы. В доктрине Козырева Лурдес и Камрань были не нужны.

Ан. К.: Мы бросили всех «старых друзей». Перестали поддерживать сирийцев... Но Камрань я хотел сохранить как базу для отдыха и ремонта. От нее отказались после меня.

П. А.: Не из-за денег? Мне-то казалось всегда, что больше нечем было за все это хозяйство платить.

Ан. К.: Про деньги вы лучше знаете. Но, например, в том, что касается ядерного потенциала, никогда не было никакой проблемы с деньгами. В 1992 году не было никакого вопроса в отношении того, что все это полетит. Все было под контролем, все было в наших руках. Ядерный потенциал, который был создан для уничтожения противника, был расположен в четырех республиках: РСФСР, Казахстане, Белоруссии и Украине.

Причем в Казахстане и на Украине были очень серьезные ракеты, так называемые СС-18, или «Сатана». Это тяжелые ракеты с разделяющимися головными частями, каждая могла нести до 10 индивидуально наводимых боезарядов очень большой мощности. На самом деле любой ракеты достаточно для того, чтобы практически покончить с США. А их были сотни. Но в этих условиях возник интересный вопрос. Мы хотели, чтобы ядерное оружие осталось только в руках России. Украинцы и казахи видели это совершенно по-другому на основании международного права. Согласно международному праву, при распаде любого государства на отдельные части все части становятся правопреемниками этого государства и должны собирать международную конференцию, которая с участием других государств будет делить это наследство. Принципиально подход всегда бывает такой: все, что у тебя на территории, — это твое, все, что у другого на территории, — это все его. Внешние обязательства делятся по-разному. В зависимости от экономического потенциала, вклада...

А. К.: Численности населения.

Ан. К.: Егор так считал, да. Не знаю, Петя участвовал в этом?

П. А.: Участвовал.

Ан. К.: Соответственно, ядерное оружие — это такой же кусок, как и все остальное, и он остался на территории Казахстана, Украины и Белоруссии. Под воздействием Чернобыля белорусы объявили, что ядерного оружия не должно быть на их территории. С ними спорить про ядерное оружие почти не пришлось. А остальные — нет.

Этим вопросом мы занимались три года. Назарбаева уломали в течение 1992-го. Украину уломали окончательно, документ последний и, как говорил профессор Преображенский, настоящий документ был подписан аж в 1994 году. Подписывали Ельцин, Кравчук и Клинтон в Москве. Это к вопросу о том, как вели себя западные страны. В вопросе ядерного оружия — безусловно, партнерски по отношению к нам. А ведь могли хотя бы пошантажировать потенциального противника.

Отношение Запада

П. А.: Чисто рационально американцам, конечно, лучше было бы, если бы оружие все было в России. Контролировать много стран невозможно, договариваться с большим количеством стран трудно. Поэтому они помогали и уговаривали Украину и Казахстан...

Ан. К.: Не то что уговаривали...

П. А.: Заставляли, я понимаю, но мне кажется, что в этом ничего дружеского нет. Это политически очень рациональное решение. Лучше иметь дело с одним, чем параллельно еще с тремя. Думаю, что все дело было в этом. А вообще для нас — команды Гайдара — было шоком, что никакой реальной помощи мы от Запада не получаем. Мы думали, что мы — первое за десятилетия прозападное правительство России — сможем получить разнообразную экономическую поддержку: кредиты МВФ, списание долгов и т. п. А получили за год — миллиард долларов и, с огромными усилиями, разумную реструктуризацию внешних долгов. Все.

Ан. К.: Да, это правда.

П. А.: На личном уровне, как мне показалось, им было значительно комфортнее общаться с людьми Горбачева, они и по возрасту были им ближе, и опыт имели. Для них Бессмертных был значительно более понятный, чем ты, Андрей. Они его хорошо понимают, они его знают, он солидный, не мальчик, есть история отношений и доверие.

Ан. К.: Кстати, западные лидеры были категорически против развала Союза.

П. А.: У меня такое ощущение, Андрей, что твои идеи интеграции слегка наивны. Проблема, безусловно, лежит с обеих сторон. В России — тоже, но и Запад нас интегрировать в себя — хотя бы экономически — совсем не спешил и не спешит. Для нас понимание этого было большим разочарованием. Наступило оно быстро. Мы осознали, что наши друзья — профессора, скажем, Джефф Сакс[124] и Стэнли Фишер — очень хотят нам помочь. А западная бюрократия — совершенно нет. Бюрократы умеют иметь дело с СССР, абсолютно не понимают, что у нас происходит, и чихать хотели на нас и на твою смену парадигмы «от противостояния к интеграции». Они что, относились к Ельцину лучше, чем к Горбачеву? Этого же не было.

Ан. К.: Потом было. Во-первых, они привыкли к Горбачеву, во-вторых, мирный, более спокойный, более вменяемый противник в момент перехода, в кризис (который, они понимали, будет продолжаться довольно долго) психологически удобнее нового и трудного союзника. То, что я — министр иностранных дел — уговорил Ельцина интегрироваться и быть с Западом союзниками, а не держать пистолет, — это правда. Но чтобы из первой точки попасть во вторую точку, нужно пройти очень большой путь.

П. А.: Верно, в наш поворот они не успели поверить.

Ан. К.: Мы ведь не были однородны. Оттого, что появился такой министр иностранных дел, оттого, что появился такой премьер-министр, как Гайдар (мы с Гайдаром это подробно обсуждали), оттого, что появились еще 15 хороших министров, — от этого страна не меняется. Ракеты как стояли, так и стоят. С того момента, когда Авен решил создать банк, до того момента, когда этот банк способен выйти на IPO, должно пройти определенное время, как ни говори, в один день даже Авен не сделает.

П. А.: Согласен.

Ан. К.: И это требует очень и очень больших усилий. Даже если это делать в авральном режиме, все равно на это уйдет, я думаю, несколько лет. Для этого нужно, как я себе представляю, чтобы был аудит, чтобы была международная отчетность, нужно пару лет посмотреть, что эта отчетность — действительно отчетность, а не просто нарисована на бумаге.

То же самое, абсолютно, со страной. Самый простейший аудит до 1993 года показал бы, что в этой стране нет никакой нормальной конституции, никакого нормального разделения властей, съезд превратился в реакционную силу и меняет эту конституцию как хочет, приватизация хоть и заявлена, но не началась, и вообще, все процессы изменений только заявлены, но реальность от этих заявлений еще очень далека... Интересно, кто же даст кредит Альфа-банку, если там нет аудита, международной отчетностью близко не пахнет и, более того, если у него в совете директоров сидит Руслан Имранович Хасбулатов, председатель совета директоров, и говорит: «Кто вот этот мальчишка в коротких штанах, в розовых? Да мы его завтра на хер погоним из банка». И что, ему дадут хоть какой-нибудь кредит или на него откроют хоть какой-нибудь лимит в каком-нибудь банке?

П. А.: Убедительно.

А. К.: Неубедительно абсолютно.

Ан. К.: Это почему? Потому что западные банки ненавидят Россию? Дальше. Почему на Западе не рады, если появится нормальная Россия? Если Америка, после Второй мировой войны оккупировав, а фактически освободив Западную Европу, позволила Германии стать реальным конкурентом, стать абсолютно независимой страной, позволила Франции создать атомную бомбу, позволила Англии создать атомную бомбу, интересное дело, почему бы им не радоваться, что появится вторая Канада?

Я видел эту ситуацию очень просто. Если нам повезет и мы что-то сумеем сделать нормально, то мы можем стать Канадой. От сырьевой зависимости никуда не денешься, это наше преимущество, и, может быть, это не такая большая проблема на первом этапе. Но можно быть Канадой, а можно — Венесуэлой.

А. К.: Горбачев мне сказал очень интересную вещь — он чувствовал, что в году 1988–1989-м от Запада он мог получить все, что хотел. Но по мере того как мы слабели, экономически прежде всего, тон общения с ним все более ужесточался. Появлялись все новые и новые условия, и каждый раз принятие окончательного решения по любой помощи отодвигалось далее и далее. Конструкция Горбачева тоже имеет право на существование. Пока мы были сильные, нас хотели интегрировать, а как только мы стали слабые, то стали им безразличны, и они хотели просто убрать опасность. Как только они опасность убрали, они просто забыли, что такая страна существует.

Ан. К.: Это только Горбачев считает, что опасность мы убрали.

А. К.: Ну, существенно снизили. Бомба есть и у Пакистана, Индии, Израиля, в конце концов. Тоже опасность. Но вполне терпимая.

Ан. К.: Нет, это разная опасность. Кстати, пакистанская бомба в противовес Индии. Украинская могла бы быть в противовес нам, особенно если бы наши патриоты потребовали Крым. Здесь нашлось бы поле для США поиграть, если бы они нас ненавидели.

А. К.: Я еще раз говорю, что, когда вы говорите о том, что нужно провести аудит, потом переаудит, потом убедиться в солидности клиента и т. д., я никак не могу до сих пор понять, почему мы 18 лет вели переговоры о вступлении в ВТО? А Украину приняли за год. Во времена Юлии Тимошенко кто там аудит проводил? Или, может, конкурентоспособность или кредитоспособность тщательно посмотрели? Изучили независимость судебной системы?

Ан. К.: Я не занимаюсь переговорами по ВТО.

А. К.: Вот-вот. Это было и всегда будет абсолютно политическим решением.

П. А.: Алик, ты упрощаешь. Украина значительно более договороспособная была, чем мы.

А. К.: Прибалтийские республики были приняты не только в НАТО, но в Евросоюз, в ВТО и т. д. Будем, например, проводить аудит Латвии?

Ан. К.: Они все выполнили.

А. К.: Что они выполнили? Чем занимались банки латвийские и, кстати, до сих пор занимаются? Отмыванием денег, и все это знают, никого это не интересует. К нам без конца какие-то претензии, все новые и новые взамен старых. Я помню, когда я еще участвовал 14 лет назад в переговорах о вступлении в ВТО, там был перечень вопросов, как они говорили, последний, окончательный.

П. А.: Частично ты прав. Они от нас требуют существенно больше, чем от Прибалтики. Это тоже историческая данность. Это плохая кредитная история, поэтому, безусловно, отношение к нам действительно серьезнее. Глядя на Прибалтику, на многое закрывают глаза. На нас — нет. Вообще они изначально считали Латвию, Литву и Эстонию частью Запада. В этом и разница.

А. К.: Я думаю, что у них очень четкие представления о границах Запада и Россия не входит в эти границы.

П. А.: А Украина входит?

А. К.: А Украина входит. И Турция входит.

Ан. К.: А почему?

А. К.: А я не знаю.

Ан. К.: Потому, что ненавидят русский народ.

А. К.: Я этого не утверждал.

Ан. К.: Ну а как? Почему тогда? Существует международный заговор, поэтому к нам относятся предвзято?

П. А.: На самом деле Андрей говорит простую вещь. У Запада плохой опыт общения с Россией. Если не вспоминать более далекое прошлое, то Россия на деле пыталась стать частью Запада в начале века и три-четыре года при Ельцине и Козыреве. Потом эта попытка закончилась. У них естественное предубеждение и страх.

А. К.: А мне кажется, чтобы преодолеть стереотип, что Россия – не Запад, нужны совершенно другие лидеры.

Ан. К.: Лидеры чего?

А. К.: Западные. Лидеры, у которых есть воображение и масштаб. Иначе любой интеграционный порыв со стороны России умрет. Нужно воображение, как у Черчилля, который увидел в Сталине своего союзника. А таких людей нет. Большая проблема состояла в том, что Буша, человека с опытом и воображением, который, собственно, мир с Китаем заключил, сменил Клинтон, человек абсолютно циничный, прагматичный и мелкий. К тому же довольно трусливый, занимающийся только своими делами. И Строуб Тэлботт, отвечавший у Клинтона за Россию, – банальный, недалекий человек, причем с огромным самомнением и апломбом.

Ан. К.: Совершенно верно. Буш-старший и Джим Бейкер, мой первый партнер в Америке, очень хорошо понимали Советский Союз.

А. К.: Его масштаб. И масштаб задачи интеграции России в Запад и те колоссальные выигрыши для всего мира, которые эта интеграция сулит.

Ан. К.: Буш был директором ЦРУ, был послом в Китае, они очень хорошо нас знали, они шли с Горбачевым последние три года, как нянька. Каждый день общались. Горбачев удивляется, что ему перестали кредиты давать...

А. К.: Ему не давали их вообще.

Ан. К.: Под конец.

П. А.: Горбачев, по сути, создал наш внешний долг. Не катастрофический, но все же $100 млрд. И ничего не делал. Когда все идет к развалу, какие деньги можно давать?

А. К.: Слушай, я тебя уверяю, если бы они дали хотя бы $50 млрд в 1992 году, правительство Гайдара точно бы устояло и для Америки это было бы намного выгоднее. Мексике, когда там случился кризис в 1994 году, Запад моментально отвалил $50 млрд.

П. А.: Легко давать в долг соседу или родственнику, но малознакомому человеку, который к тому же много лет был твоим врагом... Чтобы дать $50 млрд, нужна поддержка этого действия общественным мнением. Американское общество нас в 1992-м (как и сейчас) не знало и боялось. Американская бюрократия — тоже. Поэтому, как бы велик ни был Буш, дать нам серьезные деньги было невозможно. После войны немцы получили беспрецедентную помощь. Однако они официально капитулировали, начали денацификацию, и к власти пришел посидевший в лагере Аденауэр, а не бывший первый секретарь обкома КПСС Ельцин. Посмотрел бы я на возможный план Маршалла, если бы у власти в Германии оказался Геринг или Борман. Мы даже не осудили большевизм — ни в 1992-м, ни до сих пор. Так что ни о каком плане Маршалла для нас не могло быть и речи.

Ан. К.: У меня был многочасовой разговор с Бейкером в Брюсселе сразу после путча. Меня отправили 20 августа 1991 года из Белого дома с полномочиями объявить правительство в изгнании, если дело до этого дойдет. До этого, к счастью, не дошло, но я встретился с Бейкером в Брюсселе. Я ему сказал: «Джеймс, ситуация очень простая. Это холодная война наоборот». Разговор все время возвращался к Черчиллю, и я сказал: «Мы ждем, что либо Буш, либо ты, либо не знаю, кто там у вас, произнесет Фултонскую речь наоборот».

А. К.: Занавес поднимается?

Ан. К.: Да. Советский Союз исчезает, к власти в России пришли нормальные ребята, хорошие, дураки, идиоты — кто угодно, но они хотят с вами просто быть в одном месте. Нужно их поддержать, нужен новый план Маршалла, нужно закрыть на все глаза и выделить деньги, оказать политическую, идеологическую поддержку, помогать на полную катушку. После этого разговора прошло много всякого, и в декабре 1991 года после Беловежского соглашения Бейкер выступил в конгрессе США и сказал ровно это, слово в слово. Вот была Фултонская речь, вот было объявление холодной войны, а вот сейчас я объявляю Крестовый поход в помощь демократам, которые пришли к власти в бывшем Советском Союзе. Мы, конечно, будем смотреть, насколько они демократы, насколько их слова отвечают делам, это все нормально, но вообще… помощь и т.д. И начало обсуждаться (Егор в этом участвовал), как это все делать. Вот эта ситуация конкретно историческая.

А.К.: Детально расскажи.

Гуманитарная помощь

Ан. К.: Это очень важно, потому что нет никакого антирусского заговора. Надо понимать, как это происходило. Начали мы с Бейкером с того, чтобы отвести хотя бы пистолеты друг от друга, от виска. Стали обсуждать, как это сделать. Договариваться о понижении уровня угроз и т.д. Потом стали обсуждать помощь. Бейкер прилетел сразу после Беловежской Пущи, в середине декабря. Это был страшный месяц по объему работы с бывшими республиками. И тут еще приперся Бейкер. В этот момент он был совершенно ни к чему, потому что мы в своих делах разбирались. Ну, приперся и приперся. Однако он все повторил, что сказал в Америке. Пришел Борис Николаевич с Бейкером на беседу с нами. Ну, конечно, у нас порядка никакого не было. Все с колес делалось. Ни правительства нормального, ничего. Егор был по уши завязан в своих делах, мы с ним где-то на бегу переговорили насчет выступления Бейкера. Но я ожидал, что Егор заранее прорвется к Боре с этим вопросом об экономической помощи. Я никогда не был великим экономистом, я исходил из того, что это все Егор делает. Я ему сказал: «Я тебя полностью поддержу, если хочешь, я могу сам к Ельцину прийти». У меня тогда были более близкие отношения с Ельциным, у меня и потом были более близкие, наверное, отношения, поэтому я Егору это часто предлагал. Я говорил: «Егор, если ты не можешь прорваться, ты мне расскажи, что надо сказать, я заучу, приду к Ельцину и скажу». Гайдар тогда ответил: «Хорошо, ты в двух словах Борису Николаевичу скажи, чтобы Егору дали слово». Это было логично, потому что я перепутаю, Ельцин перепутает и потом не соберешь. Логично и замечательно. Но так получилось, что Бейкер пошел заниматься балетом каким-то дипломатическим с Горбачевым, который еще в Кремле сидел.

А.К.: Он еще чемоданчик не отдал.

Ан. К.: И возникла страшнейшая неразбериха, и за всей этой суетой на беседу с Ельциным осталось мало времени. Ельцин понес какую-то ерунду. Что он чувствует себя полным хозяином в Кремле и т.д. Это называется «смол ток», в принципе это нормальная часть дипломатического общения, но тогда она просто все вытеснила. Непонятно почему у Бейкера затянулась беседа с Горбачевым, Горбачев уже был не при власти. Ельцин тоже был как бы не совсем при власти, вот в таком нашем бардаке Бейкер пытался понять, что надо и вообще в каком мы состоянии. Короче говоря, вся наша беседа закончилась очень просто, когда Бейкер, наконец добившись какого-то серьезного разговора и какой-то серьезной минуты, сказал прямо, конкретно, очень четко: «Ну, ребята, в конце концов, — обращаясь, естественно, к Борису Николаевичу, — что мы должны для вас сделать первоочередно? Понятно, что все мы сделать не можем, миллиарды не отвалим, это конгресс, но мы будем заниматься, скажите, что вы хотите?» Ельцин ему сказал: «Гуманитарную помощь». Это зафиксировано.

А. К.: Ничего не скажешь! Масштабно.

Ан. К.: Да, гуманитарную помощь. Бейкер спросил: «Только вам?» Ельцин ответил: «Нет, почему? Украине, всем республикам гуманитарную помощь». Мы с Егором чуть не выскочили из штанов во время этой беседы. Я ему говорю: «Егор, это то, что ты хотел?» Он говорит: «Нет, это не то». Я говорю: «Дайте Егору сказать». Борис Николаевич царственным жестом: «Какой такой Егор будет говорить?» Никто не говорил, когда он говорил. На этом все встали, пошли, Бейкер так и уехал с моей шапкой, которую я ему на аэродроме подарил: был холод собачий, и я ему дал мою бобриковую шапку из распределителя, которая еще мне в союзном МИДе досталась. Они объявили гуманитарную помощь и созвали Лиссабонскую конференцию, по-моему, в мае (очень быстро, за пять месяцев), и гуманитарной помощи стало поступать еще больше, чем раньше.

В Лиссабоне мы приняли важнейшую декларацию с Бейкером и Геншером[125] — это называлось КГБ — Козырев, Геншер, Бейкер — о нераспространении ядерного оружия, о том, что Россия остается единственной ядерной державой. Тогда в первый раз украинцы это дело подписали.

А. К.: Геншер? С какой стати? В Германии ведь нет ядерного оружия.

Ан. К.: Не в этом дело, просто тяжеловесы западные давили и додавили Украину. В Лиссабоне по сговору с Егором я сказал Бейкеру: «Да, конечно, Борис Николаевич сказал про гуманитарную помощь, конечно, гуманитарная помощь очень важна, но нам нужна не гуманитарная, а экономическая помощь, то, что ты говорил в своей речи, условно говоря, план Маршалла. Вот это где?» — «Да-да, это я знаю, я понял, ты думаешь, я такой дурак?» [У нас были очень хорошие отношения.] Мы этим тоже занимаемся, но это не так просто, это большой пакет, тем более, раз он сказал "гуманитарная", мы должны организовать сначала гуманитарную помощь». Короче говоря, пока мы хороводили с этой гуманитарной помощью, в Америке у Буша начались большие проблемы. Для нас он был идеальный, и Бейкер был идеальный, но в это время появился наш друг Клинтон, которому мы были до лампочки. У него России не было ни на каком горизонте, да Европы и НАТО — тоже. С Клинтоном ассоциировался лозунг: «It's the economy, stupid». Клинтона вообще волновала только economy.

А. К.: Его даже это не волновало, он лично сам себя персонально волновал.

Ан. К.: Согласен.

П. А.: Могу подтвердить, что личное вмешательство Буша и его друга — посла в Москве Боба Страусса — фундаментально помогло нам на переговорах с Парижским клубом. С Клинтоном такого уже не было.

Ан. К.: С Бушем и Бейкером можно было сделать гигантские вещи. Бейкер был партнером и мне, и Гайдару, так как он разбирался в экономике, был министром финансов. Но Бейкер стал начальником штаба президентской гонки. Он ушел с поста госсекретаря. Было ясно, что они проигрывают Клинтону, и все, с этого момента ни о каком пакете никто ничего не говорил, потому что им стало не до этого. Значит, действующая администрация с начала лета 1992 года оказалась в обороне, толком мало что могла, а потом Клинтон стал президентом. В первое время ему было наплевать на Мексику и Канаду, а уж какая-то там Россия, которая хрен знает, где находится...

П. А.: Мне кажется, ты сказал одну фундаментальную вещь. Была плохая кредитная история, потом начались изменения. Нужно было время доказать и себе, и им прежде всего, что здесь, в России, действительно строится другая жизнь. Сближение — это процесс взаимный. Но тут на смену Козыреву пришел Примаков[126]. И Примаков уже к интеграции в Запад вовсе не стремился. Реализация плана Маршалла сопровождалась и денацификацией Германии, и фундаментальной либерализацией германской экономики. А когда этого нет — надеяться на помощь очень трудно.

А.К.: Абсолютно с тобой согласен, но мне кажется, эти вещи сильно между собой взаимосвязаны. Предположим, Эрхард начал либеральные реформы, а Аденауэр — денацификацию. Представь, что при этом в Америке сменилась бы администрация и плана Маршалла не случилось: захлебнулись бы и Аденауэр, и Эрхард.

Внутренние противоречия

Ан. К.: Примаков меня сменил в январе 1996 года, но до этого все годы он был начальником СВР, называл себя другом Саддама Хусейна. Кто-нибудь может предположить, что американский президент и другие руководители западных стран не знали, что в нашей разведке те же лица продолжают заниматься тем же самым. Вот он сидит и знает, что мои агенты, как Чапман очаровательные или козьи морды, конкретно против него работают. Я к нему прихожу и говорю: «Билл, ты на это не обращай внимания, это же нормальная ситуация. Мой наган к тебе приставлен, я продолжаю его чистить каждое утро, заряжать каждое утро, но это тоже ерунда. Дай мне, пожалуйста, план Маршалла».

А.К.: Андрей, не так. Можно было прийти и сказать: «Ты видишь, у нас в стране две России. Одна Россия — это та, которую представляю я, а другая — которая чистит наган и ведет эту подрывную работу».

Ан. К.: Я представлял всю Россию, я — министр иностранных дел России.

П.А.: Алик, надо иметь очень большую смелость, чтобы поставить на тех, кто не может справиться со своей собственной страной.

А.К.: А можно вопрос? Зачем поставили Примакова руководить СВР?

Ан. К.: Это Борис Николаевич.

А.К.: Ты его хорошо знал, расскажи, зачем он это сделал?

Ан. К.: А зачем Борис Николаевич многое другое сделал? Выкинул Гайдара.

А.К.: Допустим, это был компромисс по отношению к съезду, но по Примакову даже вопроса не было.

Ан. К.: Компромисс по Гайдару на том съезде был невынужденный. Это мое глубокое убеждение. Я говорил об этом Борису Николаевичу.

П.А.: Конечно, он мог сохранить Гайдара. Вопреки съезду.

А. К.: Тогда зачем он его сдал?

Ан. К.: Бывший секретарь обкома приехал в Америку, увидел супермаркет, потом к нему пришли люди из «ДемРоссии» типа Сахарова и Бурбулиса, потом Гайдар, козыревы всякие и т.д. — вся эта шпана демократическая, которая ему навешала лапши на уши. Он честно в этот момент поверил. К тому же это был инструмент борьбы с Горбачевым.

А. К.: Вы уж определитесь: либо честно поверил, либо как инструмент.

Ан. К.: И то и другое. Элемент честности есть. Потом, когда он сам стал царем, когда боролся с Верховным Советом, ему тоже это все было надо, потому что демократия была как бы знаменем. Но конечно, Гайдар его раздражал, и я, хотя у нас с ним были очень близкие отношения долгое время, раздражал тоже.

А. К.: Не вписывался в его представление о госслужащем.

Ан. К.: Мы просто были люди с совершенно разным кровообращением. Можно терпеть, но любить нельзя. Вот мы с Пашей Грачевым приходим к дяде Боре на ужин, например, или на ланч. И что? Паша подходит к Борису Николаевичу, обнимает его и целует, как отца родного, а я — не могу. Вот заставь меня сейчас Петю поцеловать, я даже за деньги этого не сделаю, даже если он мне денег даст, понимаешь? А если за большие деньги, то, может, и сделаю, но это будет не то. Он сразу почувствует, что это не от души.

П. А.: А с алкоголем ты как справлялся?

Ан. К.: Чудовищно, точно так же. Ты понимаешь, это же не лезет, и это видно, этого не спрячешь. Ты можешь делать все, что угодно, но если ты начинаешь после первой рюмки, после второй пропускать, значит, ты не тот. Все сидят, отдыхают, а человек явно мучается или явно пропускает.

А. К.: Ему нехорошо с нами.

Ан. К.: Нехорошо, подыгрывает. Это нормально? Нет.

П. А.: Это я рассказывал про себя.

Ан. К.: Это тоже важная часть всех этих обстоятельств. Пришел Клинтон, которому это все было до лампочки, по крайней мере сначала, кроме того, Руслан Имранович Хасбулатов решился на активную игру. Плюс личное, и я оказался следующим в очереди за Гайдаром. Я усидел во время съезда только по той причине, что выкинул номер в Стокгольме, вот и все.

А. К.: Какой номер?

Ан. К.: Я поехал в Стокгольм, там было совещание министров иностранных дел стран ОБСЕ во время VII съезда. В самолете написал речь на основе статьи наших друзей из весьма умеренной оппозиции, на основе программы Гражданского союза. Я оттуда конкретно выписал кусок и его зачитал, как будто это моя речь, не объясняя ничего. До этого я договорился с председателем этого Совета, шведкой, что смогу выступить два раза. Первый раз — очень коротко, но потом, минут через 40, пожалуйста, дай мне еще одно слово, хотя это и против процедуры. И первый раз я зачитал вот эти два абзаца из программы Гражданского союза. Это вызвало чуть ли не холодную войну. Все средства массовой информации встали на дыбы.

А. К.: Что именно ты сказал?

Ан. К.: Я сказал очень простую вещь, то, что сейчас является официальной политикой, что нам с НАТО, в общем-то, не по пути, не то что там враги, но нам они не нужны, как и в целом Запад. А что касается бывшего соцлагеря, в особенности СНГ, то это наша сфера влияния и хотелось бы, чтобы поменьше сюда совали нос. Все в очень культурных выражениях. Вот два тезиса было.

А. К.: И кому это понравилось? Ельцину или съезду?

Ан. К.: Никому это не понравилось. Это вызвало в мире взрыв страха.

П. А.: Борису Николаевичу после этого трудно было тебя снять.

Ан. К.: Абсолютно правильно. А я 40 минут подождал, пока буря достигла 40 градусов примерно температуры, и во втором выступлении сказал: «Это (мой первый текст) так, как если бы на съезде в России победила умеренная оппозиция. Однако поскольку умеренная оппозиция не победила, то я вам сейчас скажу то, что действительно хочу сказать и что реально представляет точку зрения российского правительства и президента». Это было воспринято как хулиганство, но, во-первых, я хотел разбудить Запад, в том числе Клинтона. А во-вторых, я хотел, чтобы Ельцин оказался в ситуации, когда ему нужно сказать очень простую вещь: «Нет, у нас такого поворота не происходит». И действительно, на него все навалились со всех сторон, Кремль стали осаждать корреспонденты, послы и прочая империалистическая свора с вопросами, ну и наши, конечно, корреспонденты: «Борис Николаевич, то, что Козырев первый раз сказал, — это действительно такой поворот происходит?» На что он ответил: «Козырев — паникер, ничего такого не происходит. Откуда он это взял?» Этого мне и надо было. «Какая была политика, такая и осталась». — «А Гайдара зачем сняли?» Как раз в этот день сняли Гайдара. Он сказал: «Гайдара сняли, но политика меняться экономическая не будет тоже. Ничего не будет меняться». Другое дело, что я-то рассчитывал, что удастся всех сохранить, вообще все сохранить, а не только то, что Ельцин вынужден будет оправдываться.

А. К.: Из того, что ты говоришь, следует, что у Б. Н. не было серьезных политических убеждений. Или все-таки какие-то были? Вот Чубайс считает, что Ельцин был человек, который стоял одной ногой в старом мире, другой — в новом, и это новое было в нем так же искренне, как и старое. А Сережа Шахрай придерживается той точки зрения, что Б. Н. всю эту новую риторику использовал всего лишь как средство для прихода к власти и удержания ее.

П. А.: Существует и еще одна разумная, по-моему, точка зрения, что у Ельцина не было продуманных идеологических предпочтений (ни в экономике, ни во внешней политике), но у него была вера в демократию. Несмотря на авторитарные замашки, у него были глубокие демократические инстинкты. Поэтому он не ограничивал СМИ в критике режима и себя лично; поэтому он и прислушивался так внимательно к съезду народных депутатов. Для него это был голос народа. Народ не хотел Гайдара — он готов был Гайдара снять, даже если не был с этим согласен. Когда народ не хочет его, тут, конечно, он уже слушает менее внимательно, но во всем остальном, кроме вопроса личной власти, он готов прислушиваться к мнению народа.

Ан. К.: Я согласен, отчасти.

А. К.: А я — нет. Я считаю, Ельцин сам не хотел Егора.

П. А.: И — в продолжение. Народ не был готов к тому повороту во внешней политике, о котором говорит Андрей. Армия не готова, где в каждой части на плакатах потенциальный противник — США и НАТО. Разведчики не готовы, дипломаты. В России не произошла смена элиты. А значит, и доминирующие в элите взгляды не изменились. Ты, Андрей, опередил свое время. И реванш был неизбежен. Его бы не было только в случае, если бы Б. Н. искренне и твердо верил в то же, что и ты. А он не верил и слушал «народ».

Ан. К.: Мне кажется, здесь правы все — и Чубайс, и Шахрай, и Петя. Говоря о Ельцине, важно ввести периодизацию. Сережа верно говорит, что начиная с 1994 года Борис Николаевич целиком замкнулся на удержании власти, начал вести чисто оппортунистическую политику, и случился аппаратный реванш. Но в 1991-м и частично в 1992-м это было не так.

У Ельцина произошла большая внутренняя эволюция — он стал наслаждаться властью. У него сначала был искренний порыв к каким-то изменениям, но элита эти стремления не разделяла. Там были либо политически нейтральные люди, либо люди из прошлого вроде Примакова. Силовики в основном были совершенно нейтральные, смелые, лично очень неплохие люди. Но без идеологии и понимания того, что надо реформировать. В революционной ситуации это неправильно. Начальники должны быть идеологически и политически подготовлены. Заместители и аппарат — уже необязательно, могут быть и военспецы, но лидером должен быть политический вождь — Троцкий. И нужна партия, из которой можно рекрутировать комиссаров для контроля за военспецами. А у Ельцина не было партии.

А. К.: И он сознательно отказался ее строить.

Горячие точки

Ан. К.: То, что у силовиков не было понимания, что делать, заставляло меня постоянно общаться с военными и мотаться по горячим точкам. Приднестровье, Таджикистан, Карабах. Мне надо было самому убеждать наших пограничников защищать афгано-таджикскую границу. Приезжать чуть не каждый месяц и говорить: «Ребята, вы защищаете Россию». А это просто советские войска, которым мы объявили, что они стали российскими.

Я летал, потому что считал, что это нужно этим ребятам-пограничникам, и для того, чтобы все остальные военные видели, что Козырев, которого называют американским ставленником, не боится: вместе с нами ходит под пулями во время боевых действий. А открыть границу, когда там шла гражданская война, — да нас бы просто разнесли здесь, потому что в Россию пошли бы миллионы беженцев из Таджикистана. А за ними следом идет кто? Узбекистан и далее везде, потому что границ-то нет никаких. Эти новые государства еще слабее были, чем мы с вами. Единственно мало-мальский оплот стабильности в первые несколько месяцев — это Туркменбаши, который очень быстро стал диктатором и установил у себя тишь да гладь, а потом это сделал Ислам Каримов. Когда меня наши правозащитники и либералы на Западе начинали клевать, мол, вы поддерживаете диктаторов, я молился на то, что по крайней мере

Узбекистан и Туркменистан хоть под каким-то контролем. Когда я туда приезжал, там было хоть что-то цивилизованное. Люди просто ходили по улицам, и я не переживал, что все эти русские, все эти узбеки, у которых тогда были те же самые, что у нас у всех, советские паспорта, завтра окажутся в Москве, беженцами, и тогда… Начнется гражданская война по всему Союзу. Потом я в Таджикистане встретил одного директора совхоза. По имени Эмомали Рахмонов. Он был в какой-то мере политической фигурой, у него были идеи популистские, хотя, если честно, его просто поддерживала одна банда. И, в общем, народ его поддержал, и как-то с нашей помощью стало налаживаться.

П. А.: А ведь были предложения активнее вмешиваться в дела республик, не только защищать границу, но и использовать наши войска во внутренних конфликтах. Ты был категорически против. Расскажи об этом.

Ан. К.: В Верховном Совете с апреля 1992 года уже начались разговоры о том, что нужно действовать силой и не только в Таджикистане (помните, Руцкой и компания). Мы весь 1992 год были на грани югославского сценария, применения силы против республик, а по сути войны в бывшем Советском Союзе. Я летал в разные точки, чтобы сказать: «Да, я против начала войны по милошевичскому сценарию» — то есть против того, чтобы Россия пробовала военным путем установить контроль, не знаю, над Крымом…

А. К.: Было такое желание?

Ан. К.: Да, вот только сейчас мэр ушел Москвы, который любил крымскую тему.

А. К.: Это болтовня все.

Ан. К.: Это опаснейшая болтовня. Руцкой, который был афганским героем, являлся, между прочим, вице-президентом.

А. К.: И что он говорил?

Ан. К.: Ту же Грузию, например, он собирался бомбить. Могу рассказать такой яркий эпизод. Пока я торчал в Таджикистане, на какой-то площади в каком-то селении случайно услышал радио (у меня не было ни связи, ничего) типа «Маяк», где говорят, что Руцкой находится в Приднестровье, и включают кусок из выступления Руцкого. Выступление такое. Он обращается к огромной, судя по описанию, толпе народа, там же находится офицерский состав лебедевской 14-й армии, и говорит по сути, что дурацкая была идея разваливать Советский Союз, надо его восстанавливать. Это значит — идите, военные, в Кишинев и наводите там порядок. Это ровно то, что делал Милошевич: «Какие тут суверенитеты, есть великая Сербия, есть великая Югославия, мы ее сейчас танками восстановим — и вперед».

Я очень внимательно следил за югославской ситуацией, это был кошмар, который меня преследовал. Я понимал, что мы каждый день можем туда вступить, причем это происходит незаметно, вот начинается в одном месте — и все. Югославская народная армия была переподчинена Белграду, а подразделения этой армии находились в республиках, так что не надо было никакой интервенции, они там находились. Вопрос был такой: «Вмешаются они в это дело или нет? А если вмешаются, то на чьей стороне?» Как только они вмешаются, дальше сразу включаются бандиты со всех сторон, и начинается все то, что и произошло в Югославии. Это страшнейшее кровопролитие. В наших условиях — это ядерная война. Тактическое ядерное оружие было везде, вернее, никто не мог точно сказать, где оно есть, а где его нет. Югославия была бы детским садом по сравнению с тем, что могло быть у нас.

Итак, Руцкой выступает с такой речью. Я звоню с телефона-автомата через межгород Ельцину в Москву и говорю: «Вот такая ситуация» — «Ну и что?» Я говорю: «Как — ну и что? Это война!» Притом в это время Верховный Совет обсуждает вопрос о том, что нужно забрать Крым. Конечно, Украина это воспримет как первый шаг к нашему походу туда. Чисто югославский сценарий. Начинается с какого-то района и дальше везде. Ельцин это все послушал и говорит: «Да, действительно. Что вы предлагаете?» — «Отозвать Руцкого». — «Как я его отзову? Я, собственно, его туда не направлял». Неправда, направлял, я потом узнал, но устно, он ему дал согласие. Руцкой его где-то подловил, буквально в коридоре, и сказал: «Борис Николаевич, я поеду туда наводить порядок». Ну, Б. Н. сказал: «Поезжай». Он хотел, чтобы Руцкой отвалил вообще хоть куда-нибудь, и, конечно, никакая политическая позиция не обговаривалась, ничего. Я с Ельциным обговорил основные элементы, что армия должна сохранять нейтралитет, максимум, что армия может сделать и что хотелось бы, чтобы она сделала, — это сыграть миротворческую роль, то есть встать посередине между конфликтующими сторонами, как в Таджикистане, и принять беженцев, например. Ни в коем случае никаких походов на Кишинев или еще куда-то. Я беру Ту-134 и лечу с остановками, с дозаправками и т.д., бросив все в Таджикистане, ничего не закончив, лечу в этот самый, как его...

А.К.: В Тирасполь.

Ан. К.: В Кишинев, потому что в Тирасполе даже сесть было трудно, там тоже шли боевые действия или черт знает чего. Значит, прилетел я в Кишинев, переговорил с президентом Мирчей Снегуром и сказал ему: «Мы тебя не будем, конечно, завоевывать, я сейчас все это дело остановлю, но вы тоже остановите своих бандитов. Ты, наверно, толком тоже ничего не контролируешь, но, в общем, отводите войска, иначе я ничего не гарантирую», — говорю ему. Ну, он куда-то побежал, стал этим заниматься. Не то что он от политических своих взглядов отошел, но во всяком случае полицию, которая там действовала, они отвели. Теперь я рванул на вертолете, или не помню на чем, в Тирасполь.

Меня там, естественно, уже встречают. Руцкой буквально за несколько часов до этого уехал оттуда. Собирают митинг, примерно такой, на котором выступал Руцкой. На митинге, думаю, тысячи три народу, в основном бабы в возрасте от 25 до 55, и там такая демагогия крутая: «Руцкой — молодец, а это кто приехал?» Потому что он в своей речи поливал правительство, мальчиков в розовых штанишках, включая, естественно, Гайдара и вас всех, и министра иностранных дел, который вообще неизвестно что там продал американцам. Моя охрана, которых человек пять или шесть всего-навсего, говорит: «Андрей Владимирович, надо отваливать, мы вас не в состоянии защитить от этой толпы. Даже если стрелять начнем, это бесполезно, потому что они задавят просто».

Выхожу я из вертолета к этой публике с красными флагами — агрессивной, заведенной, наверное, сильно на газах. И что — обратно лететь? Я говорю своим ребятам: «Можете вообще со мной не ходить: естественно, не можете ничем помочь, и мне жалко, если вас побьют или убьют». Иду прямо в толпу: «Ну, давайте, где у вас тут трибуна? Дайте сказать». Выхожу на трибуну, где какая-то тетка громит предателей в Москве. Что я буду сейчас про югославский сценарий объяснять? Ну, я им просто сказал: «Знаете, женщины, тут женщины большинство (хотя были и военные наши в этой толпе, они как бы слились с народом), вот поднимите руку, кто готов своих детей отправить на войну, на гражданскую?» И это каким-то образом подействовало. Не знаю, кто мне подсказал, как я это ляпнул. И они как-то раз — и растерялись. Они не ожидали такой постановки вопроса. Тут, к счастью, выскочила какая-то другая тетка, которая вдруг сказала: «А что, он правильно говорит. Вот вы, бабы, подумайте, о чем мы тут орем? Мы что, хотим войны?» И как-то попритихло.

Вот настроение народа в зоне конфликта. С одной стороны, он агрессивный, а с другой — он слушает, с ним можно разговаривать. Через три часа военные собрали офицерское собрание. Лебедь[127] был в Москве, интриговал против Паши Грачева. Может, мне повезло, может, нет, но, наверное, если б Лебедь был, не было бы такого бардака. Армия была неуправляема в тот момент. Я вхожу, и они так наполовину лениво встают, хотя командующий, который был замом Лебедя, командует: «Встать, приветствовать». Они встают непонятно, то ли ко мне, то ли к нему больше, то есть дисциплина уже почти потеряна. Начинается у нас с ними тоже митинг — на несколько часов. Эти военные профессионалы, полковники, майоры, генералы даже — это и представители народа, в какой-то степени, и армия. Вопросы агрессивные. Потом я начал рассказывать про Югославию, люди были в состоянии слушать, им надо было объяснять, с ними надо было разговаривать. Они слушали Руцкого и поддерживали, уже готовились в поход. Они послушали меня, они отменили все эти решения, и с этого момента началась миротворческая миссия 14-й армии. Офицерское собрание решило: не участвовать в конфликте, не становиться на сторону демагогов от русскоязычного населения, хотя офицеры были исключительно русскими. Это для них было колоссальным решением: там действительно были погибшие, там действительно были с другой стороны и бандиты, и зверства, поэтому этнический момент был сильный, но они все поняли, они взяли себя в руки и приняли резолюцию: в конфликт не вступать, гражданское население защитить, миротворческую миссию выполнять.

Я уехал оттуда спокойно. Я знал, что эта армия никуда не двинется, а если бы она двинулась, между прочим, я бы сейчас здесь не разговаривал. Думаю, что вся история была бы другая. Гражданская война, которая была в России, — детский лепет.

А. К.: Детский лепет?

Ан. К.: Да, детский лепет, хотя там людей живыми в землю зарывали, но тогда не было атомных электростанций, не было ядерного оружия, не было химических заводов по всей стране...

СНГ и НАТО

П. А.: Существует мнение, что в Беловежской Пуще Ельцин мог поставить вопрос о Крыме. И Кравчук был готов его обсудить.

Ан. К.: Если бы Ельцин только заикнулся об этом, не было бы СНГ. Обсуждать Крым было безнадежно. А то, что удалось подписать документ по СНГ, о котором все забыли и который мы с Гайдаром, как два вшивых интеллигента, писали всю ночь... Три страницы, а на этих трех страницах написано очень много: отсутствие границ для граждан, единое экономическое пространство, единая армия и т. д.

П. А.: Это не состоялось.

Ан. К.: Часть этого не состоялась, но то, что произошел не просто мирный развал, а сразу же была заложена идея сотрудничества, какой-то близости, интеграции, – это было очень важно. Между республиками не только не возникла война, а продолжался диалог, и диалог шел в контексте этого соглашения о содружестве. Создание СНГ зря недооценивается.

П. А.: Скажи несколько слов о твоей позиции по отношениям с НАТО. Насколько я понимаю, НАТО и Югославия – две самые больные темы, по которым тебя атаковали твои противники и по которым тебе более всего пришлось «бодаться» с Ельциным.

Ан. К.: НАТО – принципиальный вопрос. Я считал, что НАТО – наш потенциальный союзник. Что такое НАТО? Это Лондон, Париж, Мадрид. Если это нам имманентно враждебный блок – то все, гаси свет. Я не ставил вопрос о вступлении России в НАТО, потому что это нереально, это как построение коммунизма (хотя отдельные горячие головы у нас были за это). Но иметь с НАТО дружеские, партнерские, может, даже союзнические отношения можно и нужно.

А. К.: А о вступлении в НАТО новых членов?

Ан. К.: Я всегда выступал против ускоренного, слишком быстрого расширения НАТО. Я считал, что сначала нам надо построить с НАТО новые отношения, а потом уже пусть расширяются. Но я не был против расширения в принципе – против этого выступать абсурдно. НАТО не может не принять Польшу, если она хочет туда вступить.

А. К.: У нас были подписаны бумаги, что расширение НАТО на восток не будет.

Ан. К.: У кого это? С кем?

А. К.: У нас с Бушем.

Ан. К.: Никто не давал таких обязательств. В жизни.

П. А.: Были устные слова...

Ан. К.: Которые могли звучать максимально так: «У нас сейчас таких планов нет». И никаких юридических документов.

П. А.: И тем не менее в 1995-м наша официальная политика сползла к тому, что мы против любого расширения НАТО (что глупо, так как мы на это не влияем), НАТО вновь было объявлено противником, а ты ушел.

Ан. К.: Да. Я по ускоренному расширению НАТО публично озвучил формулу: «Это ошибка партнера». А Ельцину я сказал, что покрывательство преступников в Югославии, если это сербы, — наша временная ошибка, она пройдет, а НАТО — это фундаментальная ошибка, ошибка курса.

В отставке

П. А.: В определенном смысле твоя отставка была более значима, чем отставка Гайдара. Она означала реальную смену внешнеполитического курса, хотя какая-то интеграция с Западом и продолжалась. В случае же Гайдара никто не отменял ни свободную внешнюю торговлю, ни свободные цены, ни конвертируемый рубль. Торможение реформ было, серьезного отката — нет.

Можно теперь немного о личном? Ты стал министром в 39...

Ан. К.: Когда ушел в отставку, было 44.

П. А.: И оказался фактически под запретом на профессию. Как это переживается? Гайдара это убило. Мы вот с Аликом нашли себе применение — деньги зарабатываем, интервью берем. А как это было у тебя?

Ан. К.: Очень тяжело. Я действительно профессиональный дипломат, ничего в жизни не делал другого. Я, правда, сначала в 1995-м избрался в Думу, и у меня с Ельциным был разговор в сентябре. Я был к нему лоялен, но сказал: «Участвовать в реализации "нового курса" не хочу. Я считаю, что это ваша личная ошибка, что вы перечеркиваете свою историческую роль, это колоссальная ошибка для страны, просто роковая ошибка, я в этом участвовать не хочу. Я пойду в Мурманске избираться. Вот заявление, вы должны меня по закону на шесть дней отпустить». По конституции нельзя было совмещать депутатство с министерством. Ельцин говорит: «Дай мне подумать». Неделю думал, через неделю мне надо избирательную кампанию начинать. Ельцин не отвечает, позвонил Илюшину. Витя пошел к нему, через день звонит: «Есть добро на твое заявление, езжай, занимайся выборами». Принципиально вопрос о моей отставке этим был решен. Но формально он меня отпустил только 5 января 1996 года. До этого времени я занимался избирательной кампанией, ушел в отпуск, уже не работал, но считался министром. А 5 января он мне позвонил и сказал: «Андрей Владимирович, вы, наверное, правы. Останемся друзьями и т.д.». Я просто до потолка подпрыгнул. Может, это было не очень красиво, просто заорал в трубку: «Большое спасибо»...

А. К.: А потом?

Ан. К.: В Думе я оказался в полной изоляции. Пытался что-то сделать для своего округа, но много сделать не мог. Четыре года мучился и ушел, меня пригласили в международную фармацевтическую корпорацию. Стал заниматься самообразованием. Так теперь и занимаюсь бизнесом, постепенно врубаюсь.

П. А.: Мы, когда искали тебя, Андрей, не нашли твоих телефонов ни в приемной Лаврова, ни у Игоря Иванова[128], просто ни у кого из твоих бывших коллег. Ты потерял с ними контакт? Почему?

Ан. К.: Причина идеологическая, как я понимаю. Им некомфортно со мной общаться официально. Они были моими замами, мы вместе работали, но после моего ухода они стали проводить иной, во многом старый курс. Сначала с Примаковым, потом политика по сути не менялась. МИД – вообще-то неидеологическая организация. Когда я работал, то считал, что 15% меня полностью поддерживает, 15% – идейные враги, а 70% – просто технократы-профессионалы. Мои бывшие замы, будущие министры – блестящие профессионалы. Но старая-новая линия идеологически разошлась с моей. И ничего личного.

Сергей Шахрай: *«После этих событий Ельцин стал более замкнутым, более злым и мстительным»*

Сергей Шахрай, как и Андрей Козырев, не был членом гайдаровской команды. В публичную политику он пришел на полтора года раньше и к ноябрю 1991 года уже был, как теперь модно выражаться, «политическим тяжеловесом». Это обстоятельство не могло не сказаться на некоторой первоначальной атмосфере недоверия, которая возникла между ним и командой. Его воспринимали как «смотрящего» от Ельцина, и это президентское недоверие, конечно же, обижало и коробило. Я думаю, Егора прежде всего.

Но существует что-то такое, чему трудно подобрать название. Раньше я думал, что атмосфера твоей молодости — музыка, книги, события и кумиры школьных и студенческих лет — делает тебя членом некоего невидимого братства, объединяющего людей одного круга и одного поколения. Поэтому легко было бы объяснить возникшее впоследствии чувство локтя и солидарности с Сергеем этой принадлежностью к виртуальному ордену «семидесятников». Тогда казалось, что аспирантура МГУ и 1956 год рождения — это достаточные условия, чтобы считать человека своим. Но жизнь показала мне, что никакого такого братства не существует и что люди, выросшие на Deep Purple, могут легко предать пресловутые «идеалы молодости».

Видимо, значение имеет не только горизонтальная связь людей одного поколения, но и вертикальная связь с родителями. Твои корни, предки, твой род. И в этом отношении у Сергея Михайловича Шахрая корни были правильные, казацкие, солдатские.

Еще большое значение имеет мотивация. Как говорится, что ты любишь больше: «искусство в себе или себя в искусстве»? Готовность Сергея ради пользы дела играть вторым номером очень мне симпатична. Это его роднит и с Чубайсом, и конечно же с Гайдаром. Все мы не лишены изрядной доли честолюбия. И я, и Петр здесь не исключение. Но мы всегда были готовы играть на команду и, спокойно стоя в сторонке, глядеть, как в лучах славы (которая по праву должна была достаться тебе) купается какое-то ничтожество. Нам казалось, что для пользы дела можно эти свои амбиции кое-куда засунуть. Хотя, может, мы были и не правы...

Так или иначе, но весь этот комплекс черт сделал Сергея намного ближе к гайдаровской команде, чем любого из ельцинской команды старых аппаратчиков. Хотя только потом выяснилось, в общем-то, очевидное: что с этой командой солидных и вполне себе бессмысленных дядек у него ничего общего нет, как и у всех нас. И что они ненавидят его и считают выскочкой точно так же, как и нас, и пить с ними он, как и мы, не научился.

Будучи юристом (в отличие от всех нас — экономистов), он, конечно же, в большей степени, чем мы, был психологом. Он лучше чувствовал мотивацию людей, в большей степени понимал, «как наше слово отзовется». Может быть, поэтому он был не так радикален, как многие из нас. Но всякий раз, когда Ельцину было трудно, бороться с возникшими проблемами он поручал то Гайдару, то Чубайсу, то Шахраю. Как это было, в частности, во время осетино-ингушского конфликта. Сначала послал «матерого товаропроизводителя» Хижу, тот не справился, вот и оказалось, что «мальчики в розовых штанишках» куда как полезнее всех этих аксакалистых импотентов.

Сергея столько раз выдвигали-задвигали, что он, наверное, уже перестал понимать, в фаворе он в тот или иной момент или в опале. Не нужен — тут же в Кремле про него забывали, а потом раз: нужно конституцию писать! Где Шахрай? Давай скорее его сюда! Садись — пиши. Гайдар как-то сказал мне, что он посчитал: у него было шестнадцать взлетов-падений. И всякий раз приходишь на какое-нибудь совещание и сразу видно, в каком ты сегодня статусе. Если люди толпятся вокруг, улыбаются, хвалят и спрашивают о семье — значит, ты «на ярмарку». Если даже в переполненном зале вокруг тебя пустой круг диаметром два метра — значит, все, «с ярмарки». Ты «сбитый летчик», лузер.

У Сергея взлетов-падений было даже больше, чем у Егора. Поэтому мудрость, которая к нему пришла теперь, она очень высокой пробы. Сократ как-то сказал: «Обязательно женись. Если попадется хорошая жена — будешь счастлив, если плохая — станешь философом». То же самое можно сказать и про государственную службу. Любой успешный царедворец мне скучен. Он интеллектуально вял, успех сделал его примитивным обскурантом. Другое дело — человек, переживший и взлеты, и падения! Такой собеседник больше знает про людей, про высокое благородство и про мерзкую низость, про страх и про трусость. Про мужество и про стойкость. Он больше знает про жизнь. И больше про смерть. С ним интереснее, у него есть чему поучиться. Предлагаем вашему вниманию наше с Петром интервью с Сергеем Михайловичем Шахраем. Сразу скажу, нам было интересно.

Альфред Кох

Альфред Кох (А.К.): Сергей! Мы с Петром делаем книгу. Изначально замысел был, что мы делаем книгу про Егора Гайдара, но, как часто в жизни случается, она вышла за рамки чисто формального пребывания Егора в правительстве, и мы затронули сюжеты, которые были до этого.

Мы неизбежно зашли и чуть дальше. Мы коснулись и путча 1993 года, и первой чеченской войны. Мы не заходили во второй президентский срок Ельцина. Там уже следы Гайдара, как говорится, не так видны, хотя выборы 1996 года тоже нами были затронуты. И мы не уходили совсем рано, в застой до прихода Горбачева.

Петр Авен (П.А.): Мы в основном говорили с экономистами, за исключением Гены Бурбулиса и Андрея Козырева. Нам интересны и ты, и Гена как люди не из команды Гайдара. Нам интересен взгляд на команду Гайдара извне. Почему она появилась? Как она появилась? Что она делала?

Потом, безусловно, ты играл фундаментальную роль в событиях Беловежской Пущи, в конституционном процессе. Эти вещи чрезвычайно важно сейчас вспоминать.

А.К.: Первый вопрос. Каким образом ты познакомился с Ельциным и как развивались ваши отношения?

Работа в парламенте

Сергей Шахрай (С.Ш.): Ельцина я увидел на I съезде российских депутатов, но тогда лично еще не познакомился.

А. К.: Летом 1990-го?

С. Ш.: Это была еще весна. I съезд открылся 16 мая.

П. А.: Ты избирался от кого?

С. Ш.: Московская область, 10-й национально-территориальный округ, примерно 1 350 000 избирателей. На тех выборах были нарезаны территориальные округа — максимум по 450 000–500 000 избирателей и национально-территориальные — в среднем по миллиону. Мне достался, похоже, самый большой. В него входили все города Подмосковья. Я долго не мог понять, что это такой за бублик — без Москвы, но вокруг всей Москвы. А это было оборонительное кольцо, где сплошь стояли воинские части. И там должен был стать депутатом заместитель командующего войсками ПВО генерал Литвинов Владимир Васильевич. Естественно, что для агитации нас в военные части не пускали. Мы через заборы иногда лазили, по гарнизонам...

П. А.: А кто еще был конкурентом?

С. Ш.: Алевтина Федулова, бывшая главная пионерка СССР, пара космонавтов. Известный спортсмен — штангист Власов. В общем, у меня было 16 конкурентов.

П. А.: Они не ожидали, что ты можешь выиграть?

С. Ш.: Я, наверное, и сам не ожидал. Меня выдвинул тогда город Калининград — ныне Королев, где есть оборонные предприятия: «Звезда-Стрела», «Компомаш», «Энергия». Я читал там лекции по линии общества «Знание», и они меня знали уже пару лет как преподавателя юридического факультета Московского университета. Ученые на этих предприятиях подошли к процессу по-научному. Записали в список 26 кандидатов. Потом было несколько встреч в огромных залах по полторы тысячи человек, прямая дискуссия, по сути, такие первые «праймериз по-русски». Я оказался в итоговом списке.

А. К.: Оборонщики передавили солдат?

С. Ш.: Передавили. Потом я вышел во второй тур и во втором туре уже стал депутатом. До этого я не был знаком ни с Ельциным, ни с «Демократической Россией».

А дальше пригодились мои знания. Во-первых, как юриста, который профессионально занимался парламентами, в том числе в федеративных государствах. Во-вторых, как эксперта, который создавал в Верховном Совете СССР у Анатолия Ивановича Лукьянова[129] систему электронного голосования. «Создавал» — это, конечно, громко сказано. Делали все ребята-программисты, а я писал для них алгоритм, потому что знал, что такое регламент, кто за кем выступает, какой режим голосования: мягкое, жесткое, квалифицированное. Надо было все варианты предусмотреть, чтобы заложить в систему. Я сидел в зале Совета национальностей рядом с этим огромным электронным ящиком и следил, чтобы регламент не сбоил. И еще моя задача была в том, чтобы результаты голосования становились известны избирателям в тот же день или на следующий.

Получалась удивительная вещь: когда депутаты знали, что итоги голосования никому не будут известны, они голосовали одним образом, а когда они знали, что поименные результаты будут завтра в газете, голосовали прямо противоположно, невзирая на фракционную принадлежность. В общем, электронное голосование изменило всю политическую систему.

С учетом всей этой истории съезд поручил мне возглавить комиссию по регламенту. Мы создали для российского парламента систему электронного голосования и сделали так, чтобы результаты голосования появлялись в открытом доступе в тот же день. Информационные агентства, газеты — все сразу получали. Депутаты пытались запретить это дело, но ничего не вышло.

В принципе, с некоторой натяжкой можно сказать, что и Ельцин стал Председателем Верховного Совета РСФСР, и многие важные решения были приняты депутатами только потому, что результаты поименного голосования были открыты и всем доступны и ничего с этим сделать было нельзя.

А лично я познакомился с Ельциным уже после I съезда, когда начал работать Верховный Совет. Меня утвердили председателем комитета по законодательству. Ключевую роль сыграло, наверное, то, что самые известные на тот момент юристы ушли в союзный парламент, а я остался «первым парнем на деревне». В российском Верховном Совете было не так много юристов, особенно тех, кто профессионально занимался проблемами парламентаризма. Вдобавок и до съезда я отметился — написал большую статью в «Известиях», каким должен быть российский парламент с точки зрения принципов его устройства и механизма работы. Собственно, этим и обратил на себя внимание.

После назначения на пост председателя комитета я и познакомился лично с Борисом Николаевичем и Геннадием Бурбулисом.

А.К.: Понятно. Ну, и дальше как развивались ваши отношения? Ты в исполнительную власть когда перешел?

С.Ш.: В исполнительную власть я перешел в декабре 1991 года.

П.А.: Когда уже было наше правительство.

А.К.: Понятно. Может быть, мы вернемся чуть-чуть назад, к августовскому путчу?

С.Ш.: Здрасьте. До августовского путча был еще 1990 год, там много было интересного!

А.К.: Рассказывай тогда!

С.Ш.: Все говорили об экономических реформах, но никто особенно не задумывался об их политической защите. В 1990 году, не будучи специалистом в экономике, я понимал, что в ситуации крутых перемен возможно всякое: либо будет гражданское столкновение с революцией, либо не будет.

И я считаю своей главной заслугой, что, когда все депутаты после I съезда разъехались, я забрал двух-трех экспертов, несколько членов комитета по законодательству и вот на той самой легендарной 15-й даче в Архангельском написал за полтора месяца Закон о референдуме. Я считал и считаю этот закон главным для смены политической системы и выигрыша всей ситуации.

П.А.: А у тебя действительно было такое твердое впечатление, что все может кончиться революцией?

А.К.: И когда у тебя это ощущение появилось?

С.Ш.: Когда съезд начался. Когда избрали Ельцина.

Логика была простая — если ситуация резко напрягается, то лучше отправить людей на избирательные участки, чем на баррикады. Но для этого надо создать систему, создать механизм, который в мире называется «референдум». И я считаю, что эта придумка не раз спасала ситуацию. В том числе и с экономическими реформами.

П.А.: С Борисом Николаевичем ты уже тогда плотно взаимодействовал?

С.Ш.: Мы в 1990-м еще лично не взаимодействовали, просто встречались время от времени как члены Президиума Верховного Совета.

П.А.: А кто тебе дал 15-ю дачу, чтобы вы там этим занимались? Это же должно было быть какое-то административное решение.

С. Ш.: Да я сам себе ее дал. С марта по апрель 1990 года я проверял Верховный Совет старого РСФСР, его Управление делами — ХозУ. Я же знал, что власть реальная там, где гаражи, дачи и т. д. Ну, в итоге дачу для комитета я организовал сам. Надо было экспертов отключить от внешнего мира, чтобы их не дергали звонками, встречами. Чтобы сидели и писали. Ну и автономия определенная должна была быть — залы для совещаний, комнаты для работы, для отдыха. Вот я и выбрал эту дачу.

П. А.: Понятно.

С. Ш.: В общем, я свой тезис буду как дятел долбить: Закон о референдуме спас политическую, экономическую систему, дал президенту время для каких-то маневрирований, переговоров...

П. А.: Сереж, у тебя было ощущение, что, возможно, будет революция. Но ведь революция бывает разная. Бывает по причине отсутствия свободы, бывает — справедливости. Бывает революция бедности, когда люди выходят на улицы, потому что есть нечего. Как тебе кажется, какие тогда были главные причины?

С. Ш.: В России, на мой взгляд, все происходит циклами. А циклы, этакие волны, возникают, естественно, оттого, что у нас ничего не происходит до тех пор, пока ситуация не дойдет до крайней степени напряжения. Я всегда студентам говорю: «Илья Муромец тридцать лет и три года лежал, пока не появился Соловей-разбойник, и тогда Илье нужно было спасать страну. Только по этой причине он с печки и слез. А так не слез бы никогда». Революция 90-х годов была рождена лишь частью общества. Собственно, только Горбачев и команда Политбюро понимали, что ситуация зашла в ту самую задницу, и начали действовать. А населению было до лампочки. Тут не было революции в классическом понимании: верхи не могут, низы не хотят. Только верхи.

А. К.: А верхи-то почему этого хотели?

С. Ш.: Они обладали информацией и понимали, что, условно говоря, в следующий понедельник все накроется медным тазом.

П. А.: И тогда уже пойдут низы им кишки выпускать?

С. Ш.: И пойдут низы. Верхи просто пытались сыграть на опережение.

П. А.: Какая, ты считаешь, главная была проблема? Бедность, справедливость, свобода — что могло поднять людей на революцию?

С. Ш.: Отсутствие перспективы и бедность. Вырождение номенклатуры из-за отсутствия социальных лифтов. Не было перспективы ни для молодых, ни для старых, ни для инженеров, ни для поэтов...

А. К.: Так это значит, что и сейчас у нас может быть революция именно по тем же самым основаниям? Сейчас вот американцы выкинули на нефтяной рынок 60 млн баррелей. Цена на нефть шлепнется, еще выкинут, еще шлепнется. Американцы от этого выигрывают, а мы проигрываем. Вот тебе и бедность.

С. Ш.: Ну, в принципе, я думаю, что и тогда низы не зашевелились бы, если бы не стали отбирать водку. Еще долго бы не шевелились. В деревне хозяйство натуральное, есть там деньги, нет — не имеет значения. Самогон есть — и ладно...

А. К.: К этому времени большинство населения уже жило в городах. Сельское население уже ничего не решало. Оно, кстати, до конца оставалось пассивным.

С. Ш.: Не каждый горожанин куда-то уехал насовсем. Еще предки в селе жили, еще дом стоял неразвалившийся. Огороды, дачи, приусадебные участки... Я не про массовость, я про то, что, когда начали реформу в середине 80-х, речь шла не о революции, а о том, что ситуация в понимании руководства дошла до края и надо что-то делать.

А 1990 год тем и отличался от предыдущих, что уже провалилась алкогольная кампания, уже кончалось продовольствие, уже тотально талоны начались. Тем не менее в обществе, прежде всего в его политической части, было некое равновесие. Большинство было заведомо не у демократов. У демократов была только инициатива, ветер дул в их паруса.

Вот, к примеру, Воротников[130] докладывал на Политбюро, что никогда не было такого представительства коммунистов, как на съезде народных депутатов РСФСР, — 96%. Воротников, значит, оценил наш съезд как коммунистически монолитный и идеологически выдержанный.

П. А.: Ситуация начала кардинально ухудшаться осенью 1990-го и зимой 1991 года. У тебя такое же было ощущение?

С. Ш.: Ухудшаться она стала физически, это я по себе знаю. У меня уже двое детей было, попробуй прокорми, когда ничего нет. Каждый стал на себе это ощущать. И люди стали политизироваться...

А. К.: Нарушился неписаный социальный договор между властью и народом о том, что вы нас кормите, а мы не лезем в ваши дела. Помнишь этот замечательный анекдот про Горбачева? Я Горбачеву, кстати, его рассказывал. Горбачева ночью будит звонок из какого-то сибирского обкома. Секретарь обкома криком кричит: «Привезите эшелон водки!» — «Вы что, с ума сошли? У нас антиалкогольная кампания!» — «Тогда я ни за что не отвечаю». — «А что случилось?» — «Мужики проспались, спрашивают: "Куда девали царя?"»

С. Ш.: Хорошо! Я уж про это и забыл! В общем, для меня важно зафиксировать, что я, не будучи в экономической команде, пытался создать какие-то инструменты политсистемы.

П. А.: И продолжал заниматься этим в 1990 году и в начале 1991-го?

С. Ш.: Я это называл политическим обеспечением реформ. Их надо было юридически и политически обеспечить, создать инструменты реализации, потому что до этого было просто «бла-бла». Собрались, поговорили или на улице, или на кухне, и ничего не произошло.

Команда Ельцина

П. А.: Правильно я понимаю, что с осени 1990 года ты был плотно в команде Бурбулиса и Ельцина?

С. Ш.: Да.

А. К.: А какая внутри этой команды была иерархия? Какую роль там играли, например, Лобов, Скоков и т. д.?

С. Ш.: Можно сказать, что у Ельцина было несколько команд. Но мне почему-то ближе конструкция, что команда у него была одна, но, кроме этой команды, у него была куча связей, обязательств, любимых людей, каждый из которых был сам по себе, без команды. Не было у Лобова команды, не было у Скокова команды.

А. К.: Петров там еще был, Илюшин, Корабельщиков...

С. Ш.: Петров, да. Ну, Илюшин — это другое, это аппаратчик, управленец, это святое. А команда у него была одна: это Бурбулис, Гайдар, Шахрай. Со всеми противоречиями, с неорганизованностью, с прочими вещами. Это и была его команда. Остальных он держал для противовеса...

А. К.: Своей собственной команде?

С. Ш.: Своей собственной команде.

А. К.: Вот это меня в Ельцине всегда поражало.

С. Ш.: И сейчас ничего не изменилось.

П. А.: А ты лично ощущал, что есть этот противовес?

С. Ш.: Тогда это не ощущалось. Мне было 34 года. Я просто пытался что-то делать хорошо. И потом Гена выступал своеобразным диспетчером и амортизатором...

А. К.: Ты имеешь в виду, что так было и до Гайдара, когда рассказываешь ситуацию?

С. Ш.: Да, и до прихода вашей команды так было.

П. А.: А у Гены конкурентов внутри не было?

С. Ш.: Можно сказать, что аппаратно ему интуитивно сопротивлялся Илюшин.

А. К.: И он его и схарчил в конечном итоге.

С. Ш.: Это не он его схарчил. В чем была проблема Гены? Я ему это объяснял как человек, чуть-чуть разбирающийся в конфликтологии, в психологии: не канализируй все на себе. Ты становишься единственной пуповинкой, которую перерезать легко, и все рушится. Не бойся создавать параллельные каналы информации, просто их отслеживай. А он всех людей замкнул на себе и нес полученные в результате мозговых штурмов знания Бэну*, интерпретируя все по-своему, считая, что только он один может Ельцина убедить, мотивировать. В итоге это погубило его, это погубило команду, это погубило правительство Гайдара!

П. А.: Давай остановимся на команде того времени. До появления команды Гайдара кто входил в политбюро Ельцина, условно говоря? Ты, Бурбулис, сам Борис Николаевич — кто еще?

С. Ш.: Думаю, это был Гена, но все-таки у него была подчеркнуто диспетчерская роль. И это было психологически правильно. Все-таки само решение он не принимал. Он готовил ситуацию так, чтобы решение было принято Бэном. Он не говорил нам: «Это царя такое решение. Борис Николаевич сказал так». Нет. Гена нас слушал, собирал мнения, иногда вместе шли, рассказывали, кто как мог, и Ельцин принимал решение. Иногда Гена его готовил заранее, иногда не готовил...

---

* Бэн — от Б.Н. Ельцин, аппаратное прозвище Ельцина. Еще его называли Дедушка и реже Царь. — *А. К.*

П. А.: Бурбулис, ты, кто еще? Станкевич[131]?

С. Ш.: Нет, Станкевича не было. Всегда присутствовал Илюшин. Потому что надо было все решения аппаратно оформлять. Был Лев Суханов[132]...

А. К.: Полторанин?

С. Ш.: Полторанин всегда был в то время. Сейчас почему-то стал все немножко по-другому озвучивать, но тогда он активно участвовал. Силаев? Нет.

П. А.: Из депутатов кто-то еще?

С. Ш.: Да, из депутатов. Рыжов Юрий Алексеевич...

А. К.: Собчак?

С. Ш.: Появлялся эпизодически. Он ведь ушел на Питер.

А. К.: Гаврила Попов?

С. Ш.: Попов приезжал на заседания президентского совета.

А. К.: Хасбулатов?

С. Ш.: Нет. Членом команды он все-таки не был.

А. К.: Не был?

С. Ш.: Он никого не любил, и его не любили...

А. К.: А зачем избрали?

С. Ш.: Ну, как? Примитивное соображение, что Россия — государство многонациональное и что Россия — государство левое. Поэтому от левых появился Руцкой, а от национальностей — Хасбулатов.

А. К.: Но есть татары, башкиры. Почему именно чеченец?

С. Ш.: Когда случился ГКЧП, в первый же день президенты всех наших автономных республик сидели через час в приемной Янаева — и татары, и башкиры, и все остальные. Поэтому из них кого-то уже брать Ельцин не хотел. А чеченцы не сидели...

П. А.: Гена сказал, что для него было шоком, когда он встречался с Ельциным и тот сказал, что вице-президентом будет не он, Гена (о чем они давно договорились), а Руцкой! Для тебя это тоже было удивительно?

С. Ш.: Это вообще отдельная история. Начнем с того, что закон о президенте написал я и у меня там никакого вице-президента не было. В России же самое страшное — это двоевластие. В это время Гена с Борисом Николаевичем были во Франции, а у меня утром — сессия, нужно выходить перед депутатами и доказывать там первое, второе, проводить закон. Ночью — звонок сначала от Гены, потом от Бориса Николаевича: «Впиши вице-президента». На мое вяканье, что нам нельзя этого делать, никто не прореагировал. В личном контакте, может быть, я убедил бы, но по телефону не смог убедить.

А. К.: Гена себе рисовал?

С. Ш.: Ну, естественно. В общем, к утру вписал статью про вице-президента. Естественно, Геннадий видел себя на этом месте, потому что он тогда был рядом.

А. К.: А Ельцин так не считал!

С. Ш.: Он всегда по ситуации действовал... К вечному вопросу об «ошибках — не ошибках». Бэн часто медлил, был далеко не таким решительным, как его представляют. Но из-за этого пропадали месяцы! Драгоценные месяцы, ситуация усугублялась, а он все медлил, медлил... Все могло пойти по-другому...

П. А.: А почему пропадало время? Он что, запивал, исчезал?

А. К.: Вот и я хотел это спросить. Он бухал уже тогда?

С. Ш.: Он, по-моему, и до этого любил выпить. Но! У него было одно особое качество организма, наверное, до самых 1996–1997 годов — быстро перерабатывать алкоголь. У биохимиков, по-моему, это называется «активная алкогольдегидрогеназа». Он через час, через два был как стеклышко. С возрастом это, естественно, исчезло. А в самом начале 90-х Бэн был орел. Все остальные еще долго болели, а он уже через час выходил в новой рубашке и говорил: «Ну, что вы тут? Давайте дальше работать!»

П. А.: Рассказывай, как выбирали вице-президента.

С. Ш.: Когда стали готовиться к выборам (а времени было очень мало), стали срочно выбирать Ельцину пару, потому что голосовать надо было сразу за президента и вице-президента. Тут все начали говорить, что, поскольку важно забрать голоса у коммунистов, надо взять в пару какого-то левого лидера. Приглядели Руцкого. К тому времени российская компартия себя сильно дискредитировала, а Руцкой, будучи членом ее ЦК, создал более-менее вменяемую фракцию «Коммунисты за демократию». Вдобавок он был летчик, молодой Герой Советского Союза, усатый, симпатичный. Должен был увести много голосов женщин... В итоге Гена оказался без вице-президентства, что несложно было предугадать.

А. К.: Видишь, все были очень наивные тогда.

П. А.: Гена ужасно расстроился.

А. К.: Понимаешь, в чем дело, он бы не расстроился, если бы Ельцин ему эту должность не обещал. А Ельцин ему ее обещал. Потом была для Гены изобретена должность госсекретаря, как я понимаю, но это уже была полумера.

С. Ш.: Госсекретарь — это не полумера. Государственный совет — это вариант коллегиального совещательного органа. У КПСС это называлось Политбюро. А в 1991 году ни партии нет, ни другой какой-либо организации, а где-то надо было объединить 5–7 человек, которые принимают решения. Вот и появился Госсовет.

А. К.: Почему Ельцин так до конца и не создал партию для себя? Ведь она бы ему сильно помогала.

П. А.: Ну, он это не понимал. Он считал, что он связан с народом напрямую, без всякой партии. Как монарх.

А. К.: Концепция «президент всех россиян» — это же глупость несусветная. Ты, как человек, который занимался парламентаризмом, должен это хорошо понимать.

С. Ш.: Я-то это понимаю, но я также понимаю и другое. На дворе 2011 год. И что? Кому-то у нас удалось партию создать?

П. А.: Никому.

С. Ш.: И Бэну не удалось.

А. К.: Неправда! Ельцин и не пытался. А вот Путин (точнее — Березовский) создал «Единую Россию».

С. Ш.: Это не партия! Это механизм.

А. К.: Замечательно. Вот такой бы механизм и мог создать Ельцин.

С. Ш.: Такой не мог. Тогда не было государственного аппарата. Союзные чиновники отошли в сторонку и ждали, что это все грохнется, а они тогда с чистыми руками вернутся.

А. К.: Нормальных партий у нас действительно до сих пор не создано. И мне кажется, потому, что Путин тоже придерживается темы «президент всех россиян».

С. Ш.: В общем, да.

А. К.: Но это ошибочный, тупиковый путь.

С. Ш.: Лучше Черномырдина не скажешь: «Какую партию ни создавай, а все равно КПСС получается».

Путч 1991-го

А. К.: Теперь все-таки про августовский путч 1991 года. Сереж, давай про путч.

С. Ш.: Слышу, слышу. Я могу прожевать иногда?

А. К.: Как нерационально устроен человек. Он и ест, и говорит ртом.

С. Ш.: В принципе, нам тогда казалось, что ситуация с союзным центром как-то разрулилась, есть нормальные механизмы — референдумы, согласительные процедуры, президент. Казалось, политической борьбы в таком виде, как путч, уже не будет. Но, оказывается, была в этом всем своя пружина...

П. А.: То есть для вас это было неожиданно? Или нет?

С. Ш.: В том конкретном историческом контексте неудивительно. Удивительно то, что вроде бы напряжение уже было снято, так почему оно все равно взорвалось?

П. А.: Когда ты узнал о путче, то для тебя, как политического аналитика, это было удивительное событие, что они еще могут что-то силовое сделать?

С. Ш.: Черт его знает. Тогда мне было просто страшно.

П. А.: Ты удивился?

С. Ш.: Да. Сейчас объясню почему. Было два знаковых пленума ЦК КПСС — в декабре 1990 года и апреле 1991-го. Они были интересны и тем, что происходило публично, и тем, что происходило «под ковром». А главной темой «под ковром» на этих мероприятиях был снос Горбачева. Горбачев уже перестал устраивать партийное руководство и считался предателем — в президенты ушел, от партии откололся...

А. К.: У вас была система информирования, что там в кулуарах происходит?

С. Ш.: И система информирования была, и очевидцы рассказывали.

В общем, в апреле было принято решение: 3 сентября 1991 года провести съезд КПСС для замены Генсека, а 4 сентября — съезд народных депутатов СССР для замены президента СССР. Вот в этом промежутке между апрелем и сентябрем у Горбачева был выбор: сложить крылышки или попытаться дожать свою линию. А у него неплохие были советники — Шахназаров, Ревенко[133] и другие.

А. К.: И он решил подписать новый Союзный договор?

С. Ш.: Да. Состоялась встреча с четырьмя республиканскими лидерами.

А. К.: Четыре лидера. Это кто?

С. Ш.: Назарбаев, Ельцин, Дементей[134], Кравчук. Конструкция похожа на Беловежье, но вместе с Горбачевым. Это происходило в июле 1991 года, за месяц до ГКЧП.

П. А.: Идея была вместе с Горбачевым и с этими четверыми делать новое государство?

С. Ш.: Да.

А. К.: То есть это ты хотел сделать все это?

С. Ш.: Да не я. Это придумала команда Горбачева.

П. А.: Союзный договор — это была их идея? Горбачев вместе с лидерами делает новую конструкцию: сам уходит из-под удара ЦК КПСС, окончательно рвет с коммунистами и ортодоксами?

С. Ш.: Да. Полностью меняется вся конструкция власти, новый Союзный договор, новая конституция. Михаил Сергеевич даже соглашался, по сути, быть президентом почти немецкого типа.

А. К.: Ну, понятно, как английская королева.

П. А.: Не совсем.

С. Ш.: Для России это невозможно, но он отдавал большинство полномочий союзным республикам. Создавалась реальная конфедерация.

А. К.: И?..

С. Ш.: Крючков эти разговоры записал и продемонстрировал другим членам Политбюро: «Ребята, нас в этой схеме уже нет! И что, мы все садимся на автобус и уезжаем? Выбор прост: или мы все предатели великого Советского Союза, или нужно что-то делать!» Вот и появился ГКЧП. Было принято решение, что в таком виде Горбачев не нужен: он предатель, пошел на поводу у «сепаратистов». В конце июля текст Союзного договора был согласован. Подписание назначено на 20 августа. Поэтому все и началось накануне.

Поздно вечером 18 августа мы встречали Ельцина во Внукове, он прилетел из Казахстана. Встретили, отправились в Архангельское — мы там все жили. Договорились с Илюшиным утром 19-го уехать пораньше на работу. А в 7 утра Архангельское уже было блокировано. Мы потопали на дачу к Ельцину и начали думать, что делать.

П. А.: Ты уже в аэропорту знал, что все произойдет? Или нет?

С. Ш.: Нет, только утром 19-го. Для всех нас этот фокус с ГКЧП был полной неожиданностью!

П. А.: Но давай закончим с новоогаревским процессом. Ты видел, что это нерабочая конструкция?

С. Ш.: Я многократно был в Ново-Огареве, участвовал в совещаниях. Новоогаревский процесс все время заходил в тупик из-за автономий. В составе России было 16 автономных республик, и с ними все время заигрывали Горбачев и его команда. Я потом нашел в 1992 году в особой папке ЦК КПСС бумаги с планом так называемой «автономизации». Чтобы осадить Ельцина, союзный центр собирался сделать автономии полноправными участниками нового Союзного договора.

А. К.: То есть через голову Ельцина с ними напрямую разговаривать и делать их полноценными субъектами нового союза?

С. Ш.: Была такая «бомба» юридическая в виде статьи 72 Конституции СССР, где записано право свободного выхода у союзных республик. И у Горбачева, а я думаю, у Шахназарова возникла идея вместо 15 республик с правом свободного выхода сделать новый союз примерно из 35 субъектов, но уже без права выхода. То есть 15 союзных республик плюс 20 автономных (кроме России еще были автономии в Узбекистане, Грузии и Азербайджане).

И вот эта бодяга продолжалась бесконечно. Ельцин все время спрашивал: «Я один подписываюсь от всей России или я подписываюсь – Ельцин, а все мои 16 республик подписываются отдельно?» Ему союзные власти говорили: «Ты и все твои 16 республик». «Нет», – отвечал Ельцин. Он ведь понимал, что юридически при таком раскладе эти 16 республик как бы выходят из РСФСР. А это 20 млн населения, 51% территории и почти все стратегические ресурсы.

В итоге был найден какой-то странный компромисс: договор подписывает Ельцин, а российские автономии хоть и тоже ставят подписи, но не рядом с ельцинской, а под ней! Все 16 республик.

Так или иначе, но 17 августа Ельцин парафировал проект Союзного договора. Я собственными глазами видел. Это было при мне.

А. К.: Но он не был подписан и не вступил в силу?

С. Ш.: Да, он не вступил в силу. Это было, как вы понимаете, накануне путча. Вот поэтому и путч начался 19-го – ни раньше, ни позже. Может, они и не очень готовы были, но началось подписание...

Я к чему про автономии-то? Объявление российского суверенитета – это был вынужденный шаг. Главное было переиграть центр с их планом автономизации. В Декларацию о суверенитете даже статью записали, что расширение прав автономий должно происходить на базе российского законодательства, то есть без вмешательства извне. Почему 96% коммунистов на съезде народных депутатов РСФСР проголосовали за эту Декларацию? Да потому что понимали, что заигрывание Горбачева с автономиями ведет к развалу России. А теперь вот говорят – во всем виновата эта Декларация.

П. А.: Горбачев пытался, действительно, построить конструкцию: он, союзный центр и республики кругом. Но вместе с тем мы много раз слышали, что именно Россия эту модель постоянно ломала.

Нам рассказывал Станислав Анисимов, как проходили экономические совещания. Все союзные республики на эти совещания присылали первых лиц (Анисимов был тогда союзный министр), приезжали президенты, а от России – выше Лобова никто не приходил...

Ельцин сам как к этой горбачевской конструкции относился? Бурбулис говорил, что с 1990 года Ельцин вел курс на отделение и хотел полной независимости России от всяких союзов. Или это неточно? Как это было у вас?

С.Ш.: Ельцин не делился со мной такими мыслями... Лично у меня ощущение было немножко другое...

А.К.: Все-таки давайте вернемся к хронологии по путчу. Вот утром вы пришли на дачу Ельцина в Архангельском, так?

С.Ш.: Белая рубашка, спортивные штаны, по-моему, даже тапочки, еще не причесанный: «Что делаем?»

А.К.: Кто был конкретно в это время на даче?

С.Ш.: Сначала были Бурбулис, Илюшин, и пока все. А потом уже появился Собчак, Хасбулатов, еще кто-то. Полторанин подошел...

А.К.: И когда появилась идея занять активную позицию неприятия ГКЧП? Громогласного противостояния?

С.Ш.: Там же, в течение 20–30 минут.

А.К.: То есть никаких сомнений не было?

С.Ш.: Сомнения были. Там же в Архангельском речушка течет, знаете, наверное... Ну, была идея попытаться уйти бродом и через соседний санаторий. Но наша охрана доложила, что там уже все блокировано, гэкачепистские ребята сидят, и нечего позориться, лезть в воду и быть арестованными...

А.К.: И?..

С.Ш.: Тогда решили по-русски...

А.К.: Прорываться?

С.Ш.: Просто сесть в машину и поехать в Белый дом. И те не решились на воротах нас остановить! То ли команда не прошла, то ли еще что, но мы выехали за территорию и поехали в Москву!

П.А.: А была ли эта команда об аресте вообще?

С.Ш.: Кто знает?

А.К.: Может, ее не было... Или путчисты оказались ненастоящие.

С.Ш.: Да... Но ощущение от этих танковых колонн по МКАДу, по Кутузовке, вокруг Белого дома, когда они там располагались, — это, конечно, дорогого стоит... Танки-то настоящие.

П.А.: А ты потом летал за Горбачевым? В каком он был состоянии?

С. Ш.: Было ощущение, что он только что вышел из прострации...

А. К.: А кто еще летал?

С. Ш.: Руцкой.

А. К.: А Примаков?

С. Ш.: Примаков, как он рассказывает, летел с Горбачевым обратно, потому что там же отдыхал рядом.

Я в первом салоне не был, сидел сзади. Лично Примакова не видел. Когда мы прилетели в Москву, уже была ночь. С нами прибыли Крючков[135] и Язов. Их интернировали, и наша задача была развозить их по дачам, чтобы они в Московской области не могли друг с другом общаться. Они вроде считались под арестом, но под домашним.

А. К.: Их арестовали?

С. Ш.: Это потом. А в тот момент задача была снять их с трапа в аэропорту Внуково и развезти на машинах под домашний арест. Мне повезло с Язовым пообщаться...

А. К.: Он потом был мой сосед. В соседнем доме жил на Тверской-Ямской. Достойный вполне дед. Сам в магазин ходил, в очередях стоял. Нормальный такой пенсионер, ветеран войны.

П. А.: Какое у него было впечатление, как он вообще все это комментировал?

С. Ш.: Матерился. Материл Горбачева, но был спокоен, никуда не дергался, не был пьян. Нет, он держался мужественно. Я же говорю — повезло.

П. А.: А Янаева[136] он не материл? Только Горбачева?

С. Ш.: Что ты! Янаева прежде всего ругал. Но и Горбачеву доставалось.

Распад СССР

А. К.: У меня есть комментарий относительно вопроса, имел ли Гена Бурбулис далекоидущие планы с Ельциным на пару развалить Советский Союз и уйти к полной независимости. У меня такое ощущение, в том числе и из того, что Сергей сейчас рассказывает...

С. Ш.: Прости, перебью. Я хочу, чтобы вы услышали мысль: мы все время находимся в своеобразной психологической ловушке, поскольку используем глагол «развалить». «Развалить» — это значит активно и целенаправленно действовать в этом направлении. Но посмотрите иначе: было ли хоть у кого-нибудь желание его сохранить или всем было безразлично и все были готовы отдать этот Союз на волю стихии? Ведь только группа гэкачепистов (из вполне себе, мягко выражаясь, личных интересов) и еще Горбачев (может, из более возвышенных, но тоже в значительной мере личных интересов) что-то делали для того, чтобы его сохранить. Но подавляющему большинству Союз в тот момент был абсолютно безразличен! Он умер не потому, что его развалили. Он умер потому, что он был никому не нужен! Никто не вышел на улицу, не поднял бучу в парламенте, не выступил в прессе. Всем был все равно. Такой Союз не имел шанса.

А. К.: Важная мысль. Согласен.

Так вот, у меня такое ощущение, что у Гены желание полного российского суверенитета, конечно, было. Но мне кажется, они не решились бы на одностороннюю денонсацию Союзного договора. Ни он, ни Ельцин. Ключевым моментом стало то, что Кравчук победил на выборах и одновременно украинцы на референдуме выбрали полный государственный суверенитет и выход из всякого союза.

П. А.: Алик прав. Ни Гена, ни Бэн не имели четкой и ясной идеи будущего.

А. К.: У них была концепция получить как можно больше полномочий. А накануне Беловежской Пущи им повезло: хохлы все за всех решили. И они с облегчением сказали: «Ну, делать нечего: давайте тогда его похороним. Раз он уже помер». Потому что, как Гена рассказывал, как только они начинали в Беловежской Пуще говорить о каких-то конструкциях строительства объединительной, союзной структуры, сразу же Кравчук говорил: «Ребята, вы можете при мне ничего не обсуждать, я ничего подписывать не буду».

С. Ш.: Это было, правда...

А. К.: А без Украины Союза нет. Это очевидно. На этом все и закончилось.

С. Ш.: Было еще несколько важных обстоятельств. Мы же с вами понимаем, что на бумаге СССР — это была федерация, а в реальности государственным механизмом был партийный механизм, КПСС. Если механизм, который называется КПСС, перестает работать, то рушится вся конструкция.

А. К.: Ну да. Все остальное — советские структуры, Совмин были такие рахитичные, недоразвитые...

С. Ш.: Михаил Сергеевич приехал обиженный с Фороса, и первое, что он сделал, как Генеральный секретарь ЦК КПСС, — сложил с себя полномочия и обратился ко всем коммунистам послать на фиг эту партию. И все лидеры союзных республик, первые секретари республик и обкомов сказали: «И правда, на фиг нам ваша Москва с вашей демократией?» Они-то сохранили свою власть, свою собственность на своей территории, пока в центре усиливалось безвластие.

А. К.: У меня в тот момент такого ощущения не было, что партия и есть госмеханизм. Я в 1990–1991 годах был председателем райисполкома, и у меня через стенку сидел райком партии...

С. Ш.: В Ташкенте?

А. К.: Нет, в Питере, в Сестрорецке...

С. Ш.: Правильно, а я говорю про Алма-Ату, говорю про Ташкент, про Ашхабад...

А. К.: Понимаю. Но дай я закончу мысль. Я хочу тебе сказать, что тогда уже райком практически ни во что не ставили, хотя Советский Союз был еще и все более-менее работало. Мы, райсовет и райисполком, перестали райком партии слушаться значительно раньше — сразу после того, как Горбачев исключил из конституции вот эту статью о партии как руководящей и направляющей силе.

С. Ш.: Правильно, вы райком уже ни во что ни ставили, но другого же тоже не создали!

А. К.: Поэтому была такая власть, какая осталась после отстранения КПСС, — советская.

С. Ш.: Да не было никакой власти. Брось ты...

А. К.: Нет, ну как-то советские структуры работали. Ты уж краски-то не сгущай.

С. Ш.: В реальности было фактически безвластие. Но я хотел другое подчеркнуть. Первые секретари, из которых до сих пор кое-кто президент, удирали от Москвы и боролись за свою независимость.

П. А.: Совершенно верно!

С. Ш.: Последний удар, конечно, нанес Кравчук, но, в принципе, казахстанские лидеры, узбекские спрятались за суверенитет не менее эффективно.

А. К.: Понимаешь, они с азиатским коварством не говорили ни да, ни нет. Де-факто были независимыми, а де-юре все реверансы делали в адрес центра. И Кравчук был единственным, кто сказал: «Я ничего не подпишу. Украина стала независимым государством. У нас по этому поводу прошел референдум. Точка».

С. Ш.: Де-факто они тоже делали по-всякому, тюбетейки дарили, но де-юре они все до 8 декабря вышли из состава Союза.

П. А.: Нет, Назарбаев не вышел...

С. Ш.: Назарбаев 16 декабря ушел. А все остальные объявили независимость сильно раньше Беловежья. Мы их теперь поздравляем с днями независимости, начиная с лета и по 1 декабря (Украина) и 16 декабря (Казахстан).

А. К.: Подожди, а Декларация о независимости России, которая была 12 июня 1990 года принята?

С. Ш.: Ты говоришь про Декларацию о суверенитете? Слово «независимость» там ни разу не прозвучало. Там написано: «демократическое правовое государство в составе обновленного Союза ССР». Это все мифы, что нашей декларацией мы начали процесс развала СССР...

Беловежская Пуща

П. А.: Перейдем к Беловежской Пуще. Вот я буквально накануне узнал от Гены, что он думает про союз. Он рисовал мне картинки. Говорил, что путч многое расставил по своим местам. Говорил о четырех государствах в будущем государственном союзе. Прежде всего — об Украине и Белоруссии. О, возможно, более мягкой ассоциации с Казахстаном и, может быть, с Киргизией. Это то, что рассказал мне Гена. Он говорил, что если не получится, значит, мы пойдем другим путем. Было ясно, что четкого плана не было... Скажи про себя в этой истории и вообще про эту историю как таковую.

С. Ш.: Мы уехали на день раньше, потому что это был официальный визит в Минск. Гена и Егор приехали на следующий день.

П. А.: А ты ехал с кем?

С. Ш.: С президентом. Был официальный визит. Там вообще ничего не планировалось. Про Кравчука никто не знал: будет он, не будет... Потом вечером, после ужина, раз — и ставится такая задача! А у нас с собой ну ничего не было: ни каких-то идей, ни заготовок. Когда добрались из Минска до Вискулей на следующий день, то Кравчук уже сидел там. Он с утра был на охоте, его долго не было. Потом он пришел с мороза, сели ужинать, стали обсуждать...

А. К.: А вы знали, что там Кравчук?

С. Ш.: Ну, когда мы из Минска приехали в Вискули, то конечно...

А. К.: А кто его туда позвал? Он сам приехал?

С. Ш.: Шушкевич позвал.

П. А.: Была назначена встреча на троих с возможным участием Назарбаева.

С. Ш.: И зазвучала тема (не помню, кто озвучил, но она как-то так ласкала слух) — «славянский союз» Хотя быстро дошло, что эффект будет обратный. Когда поняли, что это не годится, Бэн и Шушкевич стали наутро звонить Назарбаеву.

А. К.: Назарбаев так и не доехал.

С. Ш.: Остановился в Москве посоветоваться с Михаилом Сергеевичем.

П. А.: А когда стало ясно, что Украина будет четко на своем настаивать?

С. Ш.: Когда стали обсуждать формулу, как будет все это называться. Союз никто не хотел — никаких союзов. Быстро остановились на слове «содружество». Правда, до этого была еще «ассоциация». Но «ассоциация» Бэну не нравилась, он, наверное, не понимал, что это такое.

А. К.: Иностранное слово.

С. Ш.: Сначала это был общий ужин. Обсуждали формулу: «Ну что, может, давайте на троих?»

П. А.: Без Горбачева?

С. Ш.: Да, без Горбачева...

П. А.: Без центра. То есть каждый сам по себе. Как единое руководство осуществлять, у вас обсуждалось?

С. Ш.: Обсуждали сначала форму. Слова «конфедерация», «ассоциация» отпадали – их нельзя в наших условиях положить на бумагу. Единое государство – нереально. Никто не был готов, никто не хотел. Остановились на «содружестве». Этакое «облако в штанах». Юридически-то это, конечно, конфедерация. Но это не по-русски.

А. К.: По-русски как раз и есть содружество.

С. Ш.: Содружество. Потом стали переделывать слова, которые были в Ново-Огареве. Получилось «Содружество Независимых Государств». Больше ничего тем вечером не обсуждали. Нам сказали: «Сделайте к утру текст». И вот к утру Егор и я сделали текст.

П. А.: А вот что такое содружество? Единая армия, единая внешняя политика? Вот это как? Кроме экономики, про которую Егор все знал, что вообще писать?

С. Ш.: Егор писал, я помогал. Мы чувствовали, что в содружестве должно быть единым, а что не может быть единым.

П. А.: Что должно быть единым?

С. Ш.: Ядерные силы – единые, валюта, в смысле денежная единица, – единая, эмиссия денежная...

П. А.: А внешняя политика?

С. Ш.: Скорее – координация внешней политики. Все остальное – самостоятельно.

П. А.: Армия?

С. Ш.: Только ядерные силы, все остальное как-то не обсуждали... Нет, у нас штаб был, единый штаб совместный.

А. К.: В конечном итоге единую валюту не создали...

С. Ш.: В конечном счете мало из того, что там было написано, создали. Я буквально через месяц ездил, вытаскивал из Казахстана наши боеголовки. Так же, как потом из Украины.

П. А.: Получается, что с самого начала конструкция была очень противоречивая: это уже не конфедерация, если только координация внешней политики, а не единая внешняя политика. Конфедерация – это один эмиссионный центр, одна внешняя политика, одна армия.

А. К.: Ты имеешь в виду Швейцарию?

П. А.: Это такой классический вариант.

С. Ш.: Швейцария только формально называется конфедерация. По факту это очень прочная федерация.

П. А.: По определению, в чем разница между конфедерацией и федерацией?

С. Ш.: Федерация — это единое государство. Конфедерация — это союз государств, вот нас так учили. СНГ сразу формулировало, что Украина, Белоруссия, Россия — независимые государства, а СНГ — это объединяющее их содружество.

П. А.: Почему ты называешь это конфедерацией? Конфедерация предполагает добровольное делегирование полномочий единому центру. Обычно — обороны, денежной эмиссии, внешней политики. Однако то, что вы написали, еще Горбачев в Ново-Огареве прописал как Союзный договор. Ядерные силы? Это же было прописано у Горбачева?

С. Ш.: Да, все было прописано.

П. А.: И про единую валюту было прописано? Тоже ведь Горбачев и Ельцин уже подписали?

С. Ш.: Слово «эмиссия» Егор потом вычеркнул, заменил. Но, в общем, единая валюта была записана.

П. А.: Координация внешней политики?

С. Ш.: И координация внешней политики. Кстати, я вписал в соглашение еще статью 5, что существующие границы между участниками СНГ признаются, пока они все в Содружестве. Имелся в виду Крым и все остальные вещи. Хочешь проблему с Крымом, выходи из СНГ. Или, наоборот, входишь в СНГ — не будет проблемы границ. Хотел привязать всех участников СНГ: пока в Содружестве, никто не делит, где Крым, где что...

П. А.: Это осталось?

С. Ш.: Это просуществовало год, а потом Козырев с Лукиным и все прочие подписали двусторонний договор о границе России с Украиной. Ну, нельзя было этого делать!

А. К.: Почему?

С. Ш.: Потому что отсутствие внутренних границ в Содружестве — это такая политическая скрепка.

П. А.: А я так и не вижу принципиальной разницы между новоогаревским документом и беловежским. Все фундаментальные вопросы решены одинаково. Какие тогда конкретные претензии к Борису Николаевичу? Фактически одно и то же, а сопровождается очень разным толкованием...

С. Ш.: В Беловежской Пуще собрались три из четырех государств, которые создавали СССР в 1922 году. Четвертый участник — Закавказская Федерация, но она в 1936 году разделилась на три республики. Поэтому и родилась формула, что государства — учредители СССР фиксируют его смерть и создают новое содружество. Король умер, да здравствует король. А единое государство кончилось еще на новоогаревском процессе...

А. К.: Насколько я понимаю, в этом состоит, как говорится, пафос истории, что они вообще ехали в Минск без этой повестки дня. Вопрос вырос сам по себе уже за ужином. Они ехали просто повстречаться?

С. Ш.: Да. Пообщаться. Типа: мужики, что делать? По уму, наверное, надо было что-то пообсуждать и разъехаться. Но все понимали, что, может быть, уже больше и не соберемся. Было именно такое ощущение, поскольку у каждого домика стоял офицер из 9-го управления союзного КГБ и докладывал каждую минуту в Москву, что вот они сидят, разговаривают. Формально они нас вроде бы охраняют, а в реальности — под колпаком держат...

Мы все были под конвоем. Но как по недоразумению нас в августе выпустили из Архангельского, так же и здесь — они бездействовали...

А. К.: Значит, и им этот Союз был уже до лампочки.

П. А.: Встреча в Беловежской Пуще дала толчок к распаду или зафиксировала то, что уже было?

С. Ш.: Я бы сказал по-другому: она ускорила развал того, что еще к тому моменту не развалилось, потому что государства без единого политического центра не бывает. В этом и состоит отличие Беловежья от новоогаревского процесса.

А. К.: Ты говоришь правильную вещь, что государства без единого политического центра не бывает. Но я бы сказал больше: не бывает государства, если у разных частей разные задачи. Без общей задачи единое государство не нужно. Оно искусственно. А у этого государства уже не было единой задачи...

С. Ш.: Без единой миссии... К тому моменту ее уже не было.

А. К.: У Средней Азии одна миссия, у Закавказья — другая, у Прибалтики — третья.

С. Ш.: До 19 августа было 7–8 республик, которые готовы были реально собраться в виде конфедерации. А потом — уже нет.

П. А.: Я, кстати, очень много понял для себя из разговора с Сережей. Картина очень ясная.

С. Ш.: На самом деле я все время хотел одну мысль до вас донести, как министров-экономистов.

П. А.: Алик был даже вице-премьером...

С. Ш.: Выигрыш времени для экономических реформ надо было обеспечить юридически. Я этим и занимался.

П. А.: Какая была общественная реакция на Беловежскую Пущу?

А. К.: Парламент ведь подавляющим количеством голосов проголосовал за?

С. Ш.: Практически единогласно.

А вообще в ощущениях было три слоя. Первое — ясность и, в определенном смысле, облегчение: что случилось, то случилось. Второе. Какой-то страх и беспокойство: что дальше будет? А третье (может, с первым связано?) — постоянные разговоры, что «все друг друга объедают». Когда не переставая говорили, на кухне, на улице, — Грузия объедает, Средняя Азия объедает, Москва объедает, Прибалтика объедает... Прямо «информационный вирус» какой-то. И начинало казаться, что если ты ни за кого не отвечаешь, уж сам-то точно выживешь. Все эти разговоры и воплотились в экономические реалии. Жалеть об СССР особо никто не жалел. Я же смотрел особую папку Политбюро: тогда 88 копеек с каждого рубля шло на оборонку.

А. К.: Советский Союз переродился в машину по перемалыванию денег в железо, причем никому не нужное. Они клепали этого оружия вообще непонятно для чего.

С. Ш.: В Пермской области есть город Чайковский. Красивый город. Три километра отъедешь... танков стоит — до горизонта!

А. К.: Да, это нам Нечаев хорошо рассказывал. Танки, пушки. Бессмысленное, идиотическое расходование денег, ресурсов, человеческого труда.

С. Ш.: А подземные города? Их и разрушить нельзя, и содержать невозможно... Экономический тупик. Просто мы пупок надорвали...

П. А.: Кому это сейчас объяснишь?

С. Ш.: Наше дело сейчас — все эти документы поднять и положить на стол, а говорить должны другие, не мы, как участники. Фактам не верят, когда их озвучиваем мы, потому что мы в этом деле участвовали. То есть надо разорвать персону и информацию. Тогда, может быть, услышат.

О правительстве

П. А.: Сергей! Давай ближе к нашей команде, команде Гайдара. Ты когда обнаружил, что там, на даче в Архангельском, новые ребята появляются?

С. Ш.: Я уже говорил, что мы там давно жили, законы писали. Я просто в один из вечеров пришел к вам на эту дачу, и мы начали параллельно работать.

П. А.: А тебя в декабре 1991-го ввели в правительство в качестве...

С. Ш.: Вице-премьера...

П. А.: У тебя никакой настороженности к нам не было?

С. Ш.: Наоборот, потому что я к этому времени уже насиделся во всех комитетах в союзном парламенте, в Совете национальностей с его импотенцией, я обрадовался: я впервые увидел людей, у которых горят глаза, и они хотят что-то делать...

П. А.: Ну да, ты же тоже из Московского университета, ничего другого и быть не могло. У тебя никакой изжоги от нас не было. Я очень хорошо помню, когда мы во вторник сидели на очередном чаепитии у Бурбулиса. Ты пришел, и Бурбулис сказал, что есть предложение назначить Сергея Михайловича Шахрая вице-премьером правительства. Все захлопали. Это было в декабре. А почему тебя не раньше назначили?

С. Ш.: У меня есть своя версия. До этого у меня был период, наверное, с лета, когда я был госсоветником и по своим служебным обязанностям должен был ходить на заседания правительства. И была все время двусмысленная ситуация, когда я пришел, как комиссар, наблюдать за правительством. У меня и у всех было ощущение такой двусмысленности.

П. А.: Как комиссара мы тебя сначала и воспринимали. Смотрит со стороны, что-то записывает…

С. Ш.: А в сентябре 1991-го меня приглашал на работу Горбачев председателем союзного Госкомитета по делам национальностей. Я сказал, что уже поздно, и отказался. Рассказал Бэну, но он все равно почему-то на меня обиделся… А в декабре, когда кончились союзные структуры, надо было выбирать: либо продолжаешь сидеть в депутатах и госсоветником, либо работать…

П. А.: У нас в правительстве были очень разные люди: была команда Гайдара, но были и Полторанин, и Лобов и т. д.

Во-первых, насколько личная несовместимость, личная разноплановость, как тебе кажется, влияла на нашу работу? А во-вторых, насколько это соответствовало ментальности Бориса Николаевича? Это говорило о том, что у него нет собственных представлений о правильном и он поэтому таких разных людей выбирал? Или он хотел, чтобы люди, входящие в разные команды, сталкивались и ему это нравилось? Что общего у Гайдара с Полтораниным? Как они могли быть вместе? Как это связано с личностью Бориса Николаевича?

С. Ш.: На 90% эта ситуация связана именно с личностью Бориса Николаевича.

На мой взгляд, в первую очередь он не понимал до конца суть экономических предложений Егора. Нутром чувствовал, что они в тот момент были не просто необходимы, а, наверное, единственно возможны, потому что все другие возможности уже проехали в 1990-м и 1991-м. Но понимал это интуицией, головой не понимал. Ему нужны были постоянно переводчики, трансляторы, интерфейсы — люди, которые, с одной стороны, могли его успокоить и сказать, что ребята предлагают все правильно и грамотно. С другой стороны, ему нужны были и те, кто в случае неудачи этой команды его правительства могли бы подхватить ситуацию и не дать ей грохнуться.

А уже во вторую очередь для него был важен все-таки великий принцип «разделяй и властвуй». Первый секретарь обкома, прошедший все уровни, дошедший до Политбюро ЦК КПСС, никогда не закладывался и не мог закладываться на одну команду, на один канал информации.

А. К.: То есть «разделяй и властвуй» на втором плане?

С. Ш.: В этой ситуации — да. Потому что до этого он уже многих людей перебрал. Он попробовал Силаева, он попробовал Явлинского…

П. А.: Не получалось...

С. Ш.: Не получалось. Потом, во второй половине 90-х, может быть, эти факторы поменялись местами. Но в этот момент, который мы обсуждаем, было именно так. Естественно, как у нас в России? Горбачев — значит ставропольские, Брежнев — значит днепропетровские, Ельцин, крути не крути, на важнейшие посты руководителей пришли свердловские — Петров, Лобов... Такой страховочный механизм. Единой команды, конечно же, не было. В истории не так много было случаев, когда приходил лидер и ситуация экономически и политически была такова, что у него несколько лет был карт-бланш и он ставил кого хотел. Обычно все происходит в ситуации либо выбора, либо кризиса, и лидер просто маневрирует разными людьми, разными структурами.

А. К.: Но эта, альтернативная гайдаровской, команда «свердловских аппаратчиков» не имела более широкой электоральной базы, чем Гайдар. То есть нельзя сказать, что она была плодом компромисса с парламентом, например, с общественным мнением...

С. Ш.: Хочу два момента просто дополнить. Сначала никто вообще не задумывался над электоральным потенциалом тех или иных фамилий в правительстве. Ельцин сам пришел, сам победил. Он — харизматический лидер. Все остальные — это за его спиной.

Но! Уже в 1992–1993 годах ему приходилось из-за того, что власть оказалась между Верховным Советом и им с его командой, идти на приглашение разных промышленников, «красных директоров», на рейтинговые голосования, на появление Черномырдина и т. д. То есть периода чистого «правительства реформ» практически не было.

П. А.: Этот период кончился в апреле 1992 года.

С. Ш.: И второе: мне кажется, что мы свои воспоминания построили несколько линейно. А ситуация была такова, что даже если и найдена команда со своими взглядами, с предложениями и даже с законопроектами (в чем было главное отличие гайдаровской команды от других), то этого недостаточно. Не было аппарата, чтоб все это реализовать. Партийный аппарат разбежался, кто в бизнес, кто в оппозицию. Советский аппарат, крупные фигуры, предпочли остаться в тени, может, и научные руководители ваши тоже поэтому были в тени.

В результате наше правительство висело без среднего этажа. Правительство есть, народ есть, кризисная ситуация в экономике есть, идеи, как это исправить, — тоже есть, а приводных механизмов нет.

Я почему весной 1992 года ушел, поругавшись с Бурбулисом и Гайдаром? Я ж все время твердил: «А кто работать будет?» У меня было предложение: сначала надо на свою сторону перетянуть чиновников, бюрократов из советского аппарата, написал соответствующую концепцию.

Реализовывать же реформы было некому. Каждый раз срабатывали только те находки, которые работали напрямую сразу или на Ельцина, или на людей. А аппарата не было, и очень долго не было...

А. К.: В этом, кстати говоря, заслуга Чубайса и состоит: в том, что он выстроил вертикаль Госкомимущества.

С. Ш.: Точно. Это была первая новая вертикаль.

А. К.: До каждого района в каждом городе она дошла. Это Саша Казаков делал.

С. Ш.: Причем она получилась и дошла потому, что этого раньше не было. А старую вертикаль нельзя было использовать — она не работала.

А. К.: Чубайса зауважали старые аппаратчики, потому что на их сленге это звучало солидно: «Отрасль создал». Мы тогда смеялись над этой фразой, а теперь я понимаю, что это означает...

С. Ш.: Ельцин, как любой человек такого масштаба, если ему в голову что-то втемяшится, это становилось его кредо. Вот, например, свобода слова. Его клюют, долбят, а он говорит: «Не трогать». Пустил рынок, частную собственность. Несколько вещей, в которые поверил и материализовал...

А. К.: Риторика про свободный рынок оказалась тем коньком, на котором он обскакал Горбачева.

С. Ш.: Да. И когда это перестало работать на его популярность, он перестал использовать эту терминологию, не поменяв внутри себя ничего.

А. К.: Я с этим абсолютно согласен.

А все-таки скажи мне, пожалуйста, почему он так до конца и не доверился Гайдару? Все время какие-то противовесы ему придумывал. Это такое традиционное русское крестьянское недоверие к интеллигенции вообще?

С. Ш.: Можно и так сказать. Примерно об этом я вначале говорил, только назвал это по-другому. Слово «чужие» уже имеет оттенок неприятия. У него этого не было. Он, наоборот, нас принял, но он не понимал до конца ни наших идей, ни наш менталитет...

А. К.: Не доверял?

С. Ш.: Да. Не понимаю, значит, не доверяю.

А. К.: То есть здесь дело не в Ельцине. Это стандартное отношение русского народа вообще к интеллигенции и к разного рода умникам. Вот чем Путин, например, берет? Тем, что он свой парень в доску. Он не интеллигент, но при этом люди уверены: наш Вован этих очкариков за пояс заткнет. Ишь как по-немецки чешет! Орел!

С. Ш.: Думаю, эта ельцинская двойственность, противоречивость и метания приводили к тому, что он в итоге удержал власть. Если б он уперся и в лоб проводил одну-единственную линию, он натолкнулся бы на социальный протест, на снос, на революцию, на заговор. А с ним было все время непонятно. Он вроде бы начал, а потом отступил, вроде бы вперед, а потом — назад. Он был гибок.

А. К.: Идеология у него носила обслуживающий характер.

С. Ш.: Ситуативный характер.

А. К.: Базовая задача была удержание власти. Любой ценой.

С. Ш.: Но это же реальная политика. Тут везде, когда мы смотрим, помимо разного рода плюсов-минусов, чистоты концепций есть такая конкретная вещь, как фактор времени. Если ты из точки А вовремя дополз в точку Б, то, как бы ты по дороге идеологически ни метался, главное — ты достиг цели, ты выиграл этот фактор!

П. А.: А у кого, кроме Гайдара и нашей команды (мы были, безусловно, очень идеологизированы), имелась ясная идеология? Например, у Хасбулатова была какая-то идеология?

С. Ш.: Абсолютно никакой, даже меньше, чем у Бэна.

П. А.: А у Зорькина? Известна же оппозиция Зорькина во всех этих историях и вообще политика Конституционного суда?

С. Ш.: Ну, по закону Конституционный суд вообще вне идеологии и вне политики.

Но прежде чем что-то говорить на эту тему, я скажу, что в итоге у нас Конституционный суд сыграл роль историческую, потому что решал задачу, нигде в мире не решаемую. Противостояние Ельцин—Госдума (уже после Хасбулатова) привело к тому, что у нас шесть лет не принимался ни один нормальный закон в области государственного строительства, федеративных отношений, других сфер общественной жизни. И Конституционный суд в это время, толкуя конституцию, разъясняя законодателям, какие принципы должны быть реализованы в законах, временно заполнял дыры в правовом пространстве своими решениями. В этом плане ему надо поставить памятник.

А в первоначальный период, когда у Ельцина была «молодая команда» — правительство Гайдара, Конституционный суд действительно сыграл довольно трагическую роль. Он не только похоронил целую серию указов президента, он юридически подыгрывал его оппонентам. Помните, был указ об особом порядке управления? Ельцин его даже еще не подписал, только выступил по телевидению. И Конституционный суд на запрос Хасбулатова моментально ответил: «Ельцин действует неконституционно». Заклеймил президента за неподписанный документ.

А. К.: А какой это год?

С. Ш.: Это март 1993 года после VIII съезда, когда депутаты отказались от компромисса с президентом, от продолжения реформ и настал полный паралич. Ельцин тогда обратился напрямую к народу и сказал, что надвигается реванш партноменклатуры и потому он принял решение об особом управлении страной.

А. К.: Это до референдума «Да-Да-Нет-Да»?

С. Ш.: Да, это ему предшествовало. В продолжение этого и возник апрельский референдум, потому что Конституционный суд фактически дал Хасбулатову подачу, с которой тот заявил, что «есть все основания для импичмента президента», и собрал под это дело IX внеочередной съезд. Конституционный суд превысил свою нормативную роль, влез в политику…

А. К.: А какое решение должен был принять суд?

С. Ш.: А никакое. Конституционный суд по закону не занимается политикой. Он проверяет на соответствие конституции уже принятые документы. А нет документа, так и нечего обсуждать, нечего решать.

Поскольку было принято политическое, а не юридическое решение, то это дало иллюзию Хасбулатову и его команде, что можно объявить импичмент. И почти получилось. Не хватило шести голосов. Компромиссом стал апрельский референдум «Да-Да-Нет-Да», когда поставили вопрос о доверии одновременно и президенту, и парламенту. Это вообще был один из самых трагических периодов.

А. К.: Все равно все стрельбой кончилось.

С. Ш.: А может, ее и вообще бы не было! Ведь мало кто помнит, но 1–2 октября у патриарха в Свято-Даниловом монастыре проходили переговоры противостоящих сторон. Там сидели представитель Хасбулатова Воронин Юрий Михайлович и представитель Ельцина Филатов Сергей Александрович. И мы там участвовали. Мы ведь тогда убедили Ельцина пойти на нулевой вариант – на одновременные и досрочные выборы и президента и депутатов. Вот с этим нулевым вариантом Воронин Юрий Михайлович уехал в Белый дом на Краснопресненскую и... не довез эту бумагу.

А. К.: Почему?

С. Ш.: Вопрос не ко мне. Мирные варианты были до последнего момента, до самой стрельбы... Одновременно еще, насколько я помню, и Бурбулис с Хасбулатовым вел прямые переговоры...

П. А.: Значит, Воронин вез-вез и не довез?

С. Ш.: Может, он довез и даже Хасбулатову показал, а тот это предложение спрятал, и вопрос не стал предметом обсуждения ни на президиуме, ни на сессии со свечами. В принципе, люди могли и не погибнуть, если б пошли на одновременные досрочные выборы всех через три месяца, как там было прописано.

О Гайдаре и Ельцине — личное

П. А.: О Гайдаре еще что-нибудь хочешь сказать? Как ты с ним познакомился, как его оцениваешь, какую роль он сыграл?

С. Ш.: У меня в воспоминаниях получается два, если не три Гайдара.

Один – это такой вот «головастик» во главе реформаторской команды, которая на 15-й даче сидела. С горящими глазами, что-то постоянно объясняющий и объясняющий понятно. Это редкое качество – будучи ученым, говорить понятные вещи для депутатов. Это, я скажу, нетривиальная задача.

Второй Гайдар оказался соседом у меня по даче. Наши жены – моя Татьяна и его Маша – постоянно общались, делились женскими семейными заботами и, разумеется, пересказывали нам, своим мужьям. У нас с Егором была еще и эта семейная ипостась общения. Это продолжалось и позднее, когда мы попали в один и тот же дом на Осенней улице.

А третьего Гайдара я помню, когда уже работал в Счетной палате. Я к нему часто наведывался в институт, как правило, за какой-нибудь аналитической запиской. Мы все время, и я, и Степашин, запрашивали его мнение по поводу бюджета, брали заключения. А он всегда с удовольствием нам это писал. Когда я с этим к нему ездил, мы разговаривали, пили чай. Это была уже такая аналитическая работа с ученым Гайдаром.

А. К.: Ну и какие у тебя впечатления от этих трех Гайдаров?

С. Ш.: Все позитивные. Мы с ним одногодки. Он мартовский, я апрельский. Знаки зодиака разные, но тем не менее между нами было что-то такое. Мне казалось, что я ему симпатичен.

П. А.: Егор к тебе и правда очень хорошо относился. Гайдар, кстати, говорил, что существовало два Бориса Николаевича. До 1994 года и после. А ты про Бориса Николаевича можешь такое же сказать? Ты его видел после 1996-го? Или после 1994-го ты уже с ним не общался?

С. Ш.: Я с ним общался до 1998 года.

П. А.: Он действительно сильно поменялся?

С. Ш.: Поэтому у меня получилось тоже целых три Ельцина.

А. К.: Мы говорим о Ельцине до осени 1993 года — до стрельбы по Белому дому и после стрельбы. Там еще был такой напряженный период принятия конституции, а потом он отправил в отставку Федорова и Гайдара и начал формировать свою власть на базе каких-то других принципов...

С. Ш.: У меня были совершенно другие этапы изменения Ельцина. Я считаю так: после событий вокруг Белого дома он стал более замкнутым и более злым, но во власти он укрепился. Он применил силу — и стал сильнее.

А. К.: Все поняли, что он может идти до конца, и перестали с ним полемизировать.

С. Ш.: Более замкнутым стал, более злым и более мстительным. Я на себе это по сюжету с амнистией почувствовал. Для меня события 3–4 октября всегда были эпизодом гражданской войны, когда нет ни правых, ни виноватых. И я предложил для умиротворения ситуации провести политическую амнистию для Хасбулатова, Лукьянова и прочих. Я это

Ельцину объяснил, он вроде бы аргументы услышал, сидельцев отпустил. А потом через Коржакова мне передал, что не простит мне этого никогда.

П. А.: Кем ты был в этот момент по должности?

С. Ш.: Я был вице-премьером и возглавлял фракцию в первой Госдуме. У меня 33 депутата было.

А. К.: Вместе с Сашей Шохиным?

С. Ш.: Да, и Шохин у меня там был, и Калмыков, и Меликьян. Это была Партия российского единства и согласия (ПРЕС). Вот наша фракция и провела через Думу постановление об амнистии.

П. А.: Саша Шохин тогда зампредом правительства был.

С. Ш.: Да, он зампредом тоже был. У нас была солидная фракция — два вице-премьера.

Может быть, 1994-й был важный для трансформации Ельцина год, но в моем понимании Бэна все-таки рубежным для него стал 1996-й. Он тогда даже внешне изменился...

А. К.: Этому есть очень простое объяснение: болезнь перешла в другое качество. Раньше, как все нам рассказывают, он пил-пил, а утром был как огурчик...

С. Ш.: Какое утро, через два часа.

П. А.: А у тебя был период очарования Ельциным или не было? Когда я приехал в Москву и начал работать с Борисом Николаевичем, у меня не было от него восторга. Но я вот с Чубайсом начал беседовать, а он говорит, что они с Егором были в совершенном восхищении... У тебя было такое очарование?

С. Ш.: У меня очарования и влюбленности не было по двум причинам. Во-первых, в силу моего характера, отец меня так воспитал. А во-вторых, так получалось, что Борису Николаевичу постоянно надо было в мелочах меня где-то сдавать, что он с удовольствием, а может, и без удовольствия делал.

Сначала сам предлагал, например, меня на заместителя Председателя Верховного Совета. А в день голосования, который совпал с годовщиной смерти Сахарова, 118 депутатов-демократов увозят на кладбище. Подогнали автобусы, и только они отъехали от Кремлевского дворца, как ставится на голосование вопрос о моих выборах. Понятно, что раз «свои» уехали, то голосов не хватает. Ну что это, случайно, что ли?

Но при этом у меня никогда не было глубокой обиды. Потому что он — реальный политик. Я знал его потолок, понимал его возможности и роль, кстати, историческую тоже.

П. А.: Если коротко, какая историческая роль была у Бориса Николаевича?

С. Ш.: Ему пришлось управлять страной в период слома экономической, политической и социальной системы. По российским меркам этот слом произошел по минимальной цене. Потому что у нас такие сломы происходили довольно кроваво, если не сразу, то потом. Что такое сам Октябрьский переворот? Это всего лишь несколько человек побегало по площади, зато потом — гражданская война!

А. К.: Которая до сих пор не кончилась.

С. Ш.: В принципе — да. Ни по расколотым судьбам, ни по менталитету, ни по той шизофрении, которая царит в головах.

А. К.: По базовым вещам, конечно, у огромных групп народа разные взгляды и разные цели.

С. Ш.: Самое страшное, что гражданская война и последовавшие потом годы отрезали память историческую у масс. В семьях что-то сохранилось, отдельные люди сохранили, уехавшие эмигранты сохранили. А я, например, своих так и не смог заставить вспоминать. Притом что деда одного репрессировали, а второй жил долго...

П. А.: Расстреляли?

С. Ш.: Нет, просто в Сибирь отправили.

П. А.: Выжил?

С. Ш.: Нет, в 28 лет все закончилось. Но я не мог заставить ни отца, ни бабушку ни с той, ни с другой стороны рассказать, что было после 1917 года. Они боялись, что это помешает мне в университете учиться.

П. А.: Они казаки?

С. Ш.: Нет. Казаки у меня по мужской линии. Мама у меня из-под Рыбинска, село Савинское. Дед Алексей пришел в Питер в 1914 году, работал на Путиловском заводе, потом попал в отряд 25-тысячников, которых в 1928 году отправили из города в село укреплять колхозы. Участвовал в создании МТС как технарь, кузнец. Он был мастер на все руки. И эта память утеряна. Целое поколение без памяти, без корней.

А. К.: Сереж, что еще не обсудили?

С. Ш.: Ну, для меня вокруг референдума «Да-Да-Нет-Да» еще интересный сюжет остался. Я тогда говорил Борису Николаевичу, что надо идти на референдум не просто с «любишь — не любишь», «доверяю — не доверяю». Давайте обнародуем проект нормальной конституции.

П. А.: С Олегом Румянцевым[137] работал вместе?

С. Ш.: Мы работали вместе географически, в одной комиссии, но совсем не по содержанию, не по идеологии...

А. К.: А новую конституцию ты писал?

С. Ш.: Новую конституцию написали мы с Сергеем Сергеевичем Алексеевым[138] вдвоем.

А. К.: А Румянцев тут при чем?

С. Ш.: По большому счету ни при чем. Дело ведь не в том, чтобы текст написать. В комиссии Румянцева этих текстов было великое множество. Это все были варианты Верховного Совета. А президентскую конституцию написали мы с Алексеевым. Для того чтобы ее принять, было созвано Конституционное совещание. На этом Конституционном совещании я брал проект конституции, созданной Конституционной комиссией, где Олег был секретарем, и давал возможность выбрать между той, которую я написал с Алексеевым, и той, которую написала конституционная комиссия.

П. А.: Постатейно?

С. Ш.: Постатейно и по пунктам. И в ряде случаев мы, конечно, взяли наработки Конституционной комиссии, признали, что там текст получился лучше. Я об этом уже много говорил и писал, хвалил комиссию, потому что там работали высококвалифицированные юристы.

А теперь люди сидят и считают, сколько процентов от какого из текстов вошло в действующую конституцию. Специалисты же знают, что абсолютно новый основной закон просто невозможно написать — ключевые принципы и идеи уже отчеканены веками.

П. А.: Все-таки у тебя с Ельциным были личные отношения?

С. Ш.: Да какие там отношения? Если я на даче у него и бывал, то, как правило, на совещаниях каких-то...

А. К.: То есть ты для него тоже был чужой?

С. Ш.: Наверное. Это сейчас мы ему стали почти ровесники, а тогда нам было между 30 и 40. Мы для Ельцина были другое поколение, другая цивилизация, другая планета.

Павел Грачев: *«Мне удалось удержать армию от распада»*

Министр обороны Павел Грачев был не более популярен, чем команда Гайдара. В чем его только ни обвиняли и каких дурацких прозвищ ни напридумывали. И это притом что Грачев — настоящий боевой генерал. Пять лет в Афганистане — от майора до генерал-майора. Герой Советского Союза. Самый молодой командующий ВДВ.

Армия рассыпалась вслед за страной. Неизбежное и резкое сокращение численности, отсутствие жилья, тяжелейшие (и не Грачевым созданные) проблемы вывода войск из стран Варшавского договора, попытки втянуть Российскую армию в конфликты на территории бывших республик. Оставшиеся на улице офицеры неизбежно становились активной частью оппозиции режиму Б.Н. Ельцина. Как тут было остаться популярным ельцинскому министру обороны?

При этом управляемость армии Грачев полностью сохранил. И нигде российские военные (вопреки призывам, скажем, А. Руцкого) не вмешались в разборки внутри государств СНГ. И новый вектор в отношениях с многолетним «предполагаемым противником» тоже был задан при Грачеве.

Пройдя Афганистан, Павел Сергеевич действительно мало чего боялся. Хотя жизнью своей рисковал куда как больше других и после афганской войны. Например, имея все шансы пойти под трибунал за отказ от штурма Белого дома в августе 1991-го и за непосредственное участие в подавлении путча в 1993-м. Уж Грачева путчисты в случае своей победы расстреляли бы одним из первых.

Зная все про войну, Грачев, в отличие от многих никогда не нюхавших пороха гражданских, очень не хотел воевать. И был главным противником начала первой чеченской войны — об этом уже мало кто помнит. Хотя именно он разговаривал с Дудаевым, вывозил (сколько мог) оружие из Чечни, пытался уговорить Ельцина на переговоры. Не уговорил. А многое в современной российской истории тогда могло пойти по-другому.

Мне всегда с ним было легко. И в правительстве в 1992-м (мы пересекались по вопросам торговли оружием, которую я курировал), и сейчас во время нашего с Кохом интервью. Легко потому, что Павел Сергеевич не только очень смелый, но и очень серьезный, самостоятельный и вдумчивый человек. Именно благодаря этим качествам паренек из тульской деревни Рвы стал генералом армии. И еще — Грачев человек открытый. Потому нам было с ним так интересно беседовать.

Петр Авен

Петр Авен (П. А.): Павел Сергеевич, Паша! Ты у нас последний, кого мы наметили себе в собеседники. Все знают, что на момент путча ты командовал ВДВ, но все же скажи несколько слов о твоей биографии до августа 1991-го. С момента путча мы уже начнем задавать конкретные вопросы. Может, ты нам скажешь доселе неизвестную правду?

Павел Грачев (П. Г.): Я могу всю правду ответить. Дело в том, что я тоже заканчиваю написание книги. Сначала думал сделать одну книгу. Потом появилось столько людей, желающих дать интервью, что превратилось из однотомника в трехтомник... А что касается 1991 года... Ну, в 1990-м я закончил Академию Генерального штаба и был назначен на должность первого замкомандующего воздушно-десантными войсками...

Служба до 1991 года и путч ГКЧП

П. А.: Ты прошел Афганистан?

П. Г.: Да. Я к тому времени уже два раза был в Афганистане. В общей сложности пять лет. С 1981-го по 1983-й и с 1985-го по 1988-й. Там я дослужился от майора до генерал-майора и в 1988 году получил звание Героя Советского Союза. Поступил в Академию Генерального штаба и в 1990 году ее успешно закончил. Решался вопрос, куда же меня поставить — командующим армией в Чернигов или первым заместителем командующего ВДВ. Начальником Главного управления кадров был тогда бывший мой командующий, как бы второй отец, Дмитрий Семенович Сухоруков. Он пригласил меня на беседу где-то за два-три месяца до окончания академии и предложил вернуться в ВДВ. Это было в июле 1990 года. Пробыл я первым замкомандующим буквально полгода, и, после того как командующий Ачалов Владислав Алексеевич[139] ушел в замы министра обороны Советского Союза, где-то в марте месяце 1991-го я усилиями Ачалова и Язова был назначен на должность командующего воздушно-десантными войсками. Я, конечно, не ожидал такого быстрого назначения...

Альфред Кох (А. К.): А в Афганистане вы тоже по линии ВДВ были, да?

П. Г.: В Афганистане я начал (тогда — после окончания Академии имени Фрунзе) первым замкомандующего отдельного 345-го парашютно-десантного полка. С 1981 по 1983 год. С 1983-го по 1985-й я был начальником штаба воздушно-десантной дивизии в Каунасе, а в 1985-м меня опять пригласили и сказали, что, кроме меня, никто не может воевать в Афганистане. Давай, говорят, дуй в Афганистан хотя бы на год. Пообещали и звание, и должность, и т. д. Они все обещания выполнили, но вместо одного года я пробыл там более трех лет.

А назначение командующим ВДВ для меня было неожиданно... Я был с инспекцией на Дальнем Востоке, в Уссурийске, когда мне позвонил Ачалов и приказал срочно прибыть. Я у него спросил: «К чему такая спешка?» Он говорит: «Тебя ждет хорошая новость». На следующий день я прибыл к нему в кабинет. Он говорит: «Я назначен заместителем министра обороны, ты назначен командующим ВДВ. Поедем к Язову». Язов меня поздравил, я, как всегда, как военный, говорю: «Постараюсь оправдать ваше доверие». В то время я не знал, что готовится такое грандиозное мероприятие, как ГКЧП.

А. К.: А разве оно уже готовилось в тот момент? Думаю, что нет еще...

П. Г.: Язов мне интересно сказал тогда, что вот такие события серьезные сейчас в России, ты у нас лучший десантник, ты боевик, ты, надеюсь, мол, выполнишь любой приказ по обеспечению безопасности государства.

Ельцин тогда был в опале, и Язов, и Ачалов, и тем более партийная верхушка отрицательно относились к его деятельности. Я Ельцина знал только понаслышке. Однажды, это был конец марта, насколько я помню...

А. К.: Вы уже командующий?

П. Г.: Да, я уже командующий. И вот мне звонят, говорят: «С вами будет говорить Борис Николаевич». «Павел Сергеевич, здравствуйте, я о вас знаю, слышал и т. д., я хочу посетить Тульскую воздушно-десантную дивизию». Я говорю: «Тут надо разрешение министра обороны». — «А что, вы сами не можете?» Я говорю: «Сам, конечно, не могу, но я позвоню, спрошу». — «Позвоните Язову, Ачалову». Я позвонил Ачалову, говорю: «Владислав Алексеевич, так и так, Ельцин хочет побывать в воздушно-десантных войсках, в частности в Тульской воздушно-десантной дивизии». Он задумался, говорит: «Сейчас посоветуюсь с Язовым». Минут через пятнадцать звонит и говорит: «Ну что, Язов разрешил, только ты уж его аккуратнее встречай. Не надо там хлеб-соль, не надо там перед ним прыгать и т. д. Прими его так, холодно, не корми, не пои особенно, ничего не разглагольствуй». Я за сутки уехал в Тулу, начали мы готовить показные занятия, на следующий день приезжает Ельцин со своей свитой. Я его встретил с докладом. «Ну, покажи, что ваши десантники». Ну, я и показал и стрельбу, и прыжки с парашюта, и технику. И в процессе этого знакомства мне показалось, что это довольно-таки приятный, умный, самостоятельный человек. Честно говоря, уже тогда мне он понравился, хотя мне неоднократно звонил Ачалов и говорил: «Ты смотри, как мы инструктировали, так себя и веди». Ну, я ему ответил: «Владислав Алексеевич, он нормальный человек. Почему я должен показывать не то, что есть в воздушно-десантных войсках?» — «Ну, смотри, только не корми и не пои его». Ну, я пострелял, поводил, потом Ельцин говорит: «Ну, чего, обед?» А я уже дал команду начальнику тыла, чтобы в палатке хороший обед сделали. Одну палатку как бы для начсостава, а другую — для сопровождающих и журналистов. После всех показов завел я его в палатку, он посмотрел — стол ему, естественно, понравился. Я спросил: «Как насчет спиртного?» Он: «С удовольствием!»

Естественно, сразу на меня стуканули, что я его слишком хорошо встречаю. Опять позвонил Ачалов, говорит: «Ну, это тебе так просто не сойдет». Я говорю: «Владислав Алексеевич, вы решайте как хотите. Я, как гостеприимный хозяин, просто обязан так встречать».

Мы с ним хорошо посидели, выпили, а там рядом озеро было, только ото льда отошло. Он мне предложил искупаться. Мы разделись и прыгнули с ним. За нами прыгнула вся охрана...

А. К.: И Коржаков?

П. Г.: А куда он делся бы? В то время Коржаков был никто, подобранный на улице старший лейтенант, которого вытеснили его же ребята. Вот так мы, после знакомства, обнялись и расстались уже товарищами.

После меня вызвали Язов с Ачаловым. Выразили неполное удовольствие встречей с Ельциным и сказали, что так делать нельзя. Я говорю: «Я не политик, я военный, мне как прикажут, а я обязан свое дело делать честно и добросовестно». Ну а дальше пошло-поехало. Я нечасто встречался с Ельциным, но со мной очень близко познакомился, Петь, ты помнишь это, Скоков Юрий Владимирович, очень хороший товарищ...

А. К.: А он тогда был в составе делегации, когда первый раз Ельцин приезжал?

П. Г.: Он был в составе делегации, и он в то время наравне с Бурбулисом Геной, наравне с Петровым был такое приближенное лицо к Борису Николаевичу...

А. К.: Ты считаешь, они тебя сознательно обхаживали?

П. Г.: Безусловно! Это было непросто, но Ельцин решил — и познакомился. Мы связь в основном держали со Скоковым Юрием Владимировичем.

Ельцин был мудрый, хитрый, умный, он постоянно интересовался, как дела в ВДВ, какие проблемы, то-се. Ну, я как бы прикидывался, что не обращаю внимания, не замечаю, что меня обхаживают: он мне просто понравился, и я решил дружить.

Ну а что дальше? Дальше где-то июнь-июль 1991 года, вызывает меня Ачалов, поехали мы к Язову. Язов спокойно встретил, говорит: «С тобой хочет познакомиться Крючков». Я говорю: «А это зачем?» — «Ну, вот ты такой толковый командир, вот он хочет с тобой познакомиться». Я думаю: «Это неспроста: председатель КГБ хочет с каким-то командующим встретиться и познакомиться». И отвечаю: «Когда надо ехать?» «Сейчас езжай, он тебя ждет». Приезжаю туда, на Лубянку: неуютно, конечно. Ты бывал там?

П. А.: Бывал...

П. Г.: В кабинете у него бывал? Неуютно, конечно.

П. А.: Я бывал уже в другое время — у Путина, у Патрушева...

П. Г.: Меня быстро встретили у ворот, так любезно на лифте подняли, любезно в приемную, не успел я в приемную зайти, как открывается дверь и сам меня встречает. Такой мне показался: тихенький, скромненький...

А. К.: Рыцарь плаща и кинжала...

П. Г.: Да-да-да. Ну, завел в кабинет, какого-то зама еще пригласил. Я сижу, дрожу. Я хоть и десантник, но неуютно, конечно. Такой кабинет тяжелый...

А. К.: С Феликсом, небось?

П. Г.: Да-да-да, все там было. Чай там, все это. «Пить будешь?» — «Нет, не буду». — «Обстановка в стране непонятная. Михаил Сергеевич некстати заболел. Политбюро без руководителя. Начинается некоторое брожение в народе». Я так слушаю внимательно. «Понимаете, возможна такая ситуация, когда...» Издалека начал и говорит: «Я, типа, спросить хотел у вас, возможно, возникнет такая ситуация, когда необходима будет поддержка Вооруженных сил». Я говорю: «Чья?» — «Ну, как? Чтобы не допустить смуту». Я говорю: «При чем здесь ВДВ? Есть Язов, есть Вооруженные силы. При чем здесь ВДВ?»

А. К.: Внутренние войска есть...

П. Г.: Он говорит: «ВДВ наряду с внутренними войсками наши элитные войска, поэтому как бы могут пригодиться». Я говорю: «С какой целью?» — «Ну, может, народ будет не понимать вот это дело. Нужно будет взять под охрану наиболее важные объекты. Ну, вообще-то, я пригласил вас для того, чтобы отработать возможный план мирного перехода власти от Горбачева к Политбюро в случае его невозможности продолжать работать». Я еще удивился. Я говорю: «Я таких планов не знаю. Я умею стрелять, воевать». — «Ничего страшного».

А. К.: Хорошая история: использовать армию для мирного перехода. Для мирного перехода она-то как раз и не нужна...

П. Г.: Говорит: «Мы вам дадим еще двух человек и отправим вас в загородную резиденцию. Вы там заодно отдохните и составьте возможный план действий. Они умные ребята». Я звоню Язову, говорю: «Так и так». Он: «Выполняй, что скажет Крючков». — «Ну, есть». На следующий день условились, где встретиться. Там на углу, в Химках, короче говоря, стояла машина, два парня молодых. Одну фамилию помню — Жижин. Он земляк мой.

П. А.: Заместитель начальника 1-го Главного управления КГБ. Активное участие принимал.

П. Г.: Два приятных парня...

А. К.: В чем принимал?

П. А.: В планировании ГКЧП.

П. Г.: Да-да-да. Я пересел к ним в машину. Свою машину отпустил. Они говорят: «Возможно, мы там и ночевать будем».

А. К.: Молодые ребята?

П. Г.: Молодые.

П. А.: Где-то моего возраста, помоложе Паши...

П. Г.: Приехали мы на шикарную дачу в лесу. Стол накрыт, одна лишь официантка, никого нет. «Вот здесь будем работать». Я говорю: «Что надо?» Они сказали: «План мирного перехода». Я говорю: «А я при чем?» — «Если что, втиснем роль воздушно-десантных войск». — «Понятно». Думали они, гадали, достали свои документы по переходу власти в различных странах Африки, примеряли: ничто не подходит. Я сижу, молчу. Смотрю, ребята не очень активно себя ведут, потому что сами, в принципе, растеряны...

А. К.: А может, они неким эзоповым языком пытались подвести вас к тому, чтобы вы сами себе поставили задачу: разработать план, как захватить Москву быстро и по возможности бескровно? А вы прикидывались, что не понимаете, что они от вас хотят?

П. Г.: Безусловно!

А. К.: Понятно...

П. Г.: Короче, мы трое суток там работали, работали и ничего умного придумать не могли. Единственное, роль, как я настоял, ВДВ должна была заключаться в том, что при возможности войти в Москву и взять под охрану, чтобы не разбили основные здания, как в 1917 году...

А. К.: Почту, телеграф, телефон, мосты...

П. Г.: Телевидение, радио, телеграфы, почтамты, служебные здания мэрии, Белый дом и т. д. Через три дня они доложили эту бумажку своему Крючкову. Я говорю: «Дайте мне копию, я своему доложу». Буквально через несколько часов недовольный Язов звонит: «Ну и чего вы там делали?» Я говорю: «Ну, вот так нарисовали, я же не знаю, что они хотят...» — «Нет, этот план не пойдет, не то». — «Ну а что — то, я не знаю». Короче, он остался недовольный. «Ну, будь готов ввести дивизии». Я говорю: «Прикажете, введу, куда я денусь?» Ну, на этом вроде как бы успокоилось. Прошло недели две после этого. Я думал, это все. Ну а потом уже, какого это было августа-то?

П. А.: Это было 19-го.

П. Г.: За сутки до этого мне звонит Ачалов, говорит: «Приказ. Подготовь две дивизии для возможного ввода в Москву, слушай радио и смотри телевизор». Я дал команду Тульской дивизии подготовиться к маршу своим ходом и Болградской дивизии садиться на аэродром «Чкаловский».

А. К.: Какой дивизии второй?

П. Г.: Болградской. Болград — это город под Одессой. Болградская 98-я дивизия.

Когда заиграли по телевизору Чайковского, звонит мне Ачалов: «Вводи Тульскую дивизию». Я говорю: «Для какой задачи?» — «Взять под охрану наиболее важные объекты и т. д.». Эти объекты были заранее нарисованы. Я дал команду: «Вперед». Дивизия быстро справилась. Через некоторое время звонок Ельцина: «Где у тебя войска?» Я говорю: «Одна дивизия идет в Москву, а другая в Одессе, в готовности десантироваться посадочным способом на аэродром Чкаловский. «Ты, — говорит, — в меня стрелять будешь?» Я говорю: «Борис Николаевич, а при чем здесь стрельба? Ничего подобного: стрелять никто не будет». — «Вы можете меня информировать по ходу дела?» — «Пожалуйста». — «Через сколько мне позвонить?» ...Такой разговор нормальный. В то время он боялся, что...

А. К.: Стрельба будет?

П. Г.: Не-е-е... Он боялся, что будет дана команда его захватить. Персонально его. Подошли мы к Москве, встали (в том числе и у Белого дома, где Ельцин располагался), взяли под охрану мэрию. Тут Лужок развоевался. Звонит мне... Я говорю: «Ты успокойся, что ты орешь?» Он: «Что за войска?» Я говорю: «Твое здание, мэрию, под охрану взяли». — «Мне не нужна эта охрана, мы сами справимся». — «Ну, что ты хочешь?» — «Отведи». — «Хорошо, не хочешь — не надо. Только не пеняй на последствия, когда начнут тебя громить и все прочее».

П. А.: Солдаты, которые задавили троих ребят, — это ваши были?

П. Г.: Нет. Командующий Московским округом Калинин Николай Васильевич по приказу Язова ввел Таманскую и Кантемировскую дивизии. Танки БМП задавили, которые Кантемировской дивизии...

Ну, дальше события вам известны.

П. А.: И тебе больше никто никаких команд не давал? Как стоял, так и стоял? То есть команды захвата Ельцина или еще кого-то не было?

П. Г.: Нет, команды «захватить» мне никто не давал. Все это время я с Борисом Николаевичем через Скокова вел разговоры. Он мне поверил, что я не буду штурмовать его этим своим батальоном у Белого дома...

П. А.: Ну, так ведь и команды не было?

П. Г.: И команды не было, да...

А. К.: А почему не было команды?

П. Г.: Потому что они испугались... Поняли, что события разворачиваются не так, как они хотели. Они думали, что будет всеобщая поддержка, а их не поддержали, ничего и никто.

А. К.: А как же они так облажались-то?

П. Г.: А вот облажались...

А. К.: КГБ же все время мониторил общественное мнение?

П. Г.: А толку-то? Это был неподготовленный акт.

П. А.: Паш, ты Борису Николаевичу в этой ситуации сильно помог. Ты вел переговоры со Скоковым, но, в принципе, выполнял команды, которые получал. Ты никаких команд о захвате не получал от своего командования?

П. Г.: Нет, была команда утром: «Захватить Белый дом».

П. А.: Была команда?

П. Г.: Была, да, утром следующего дня.

П. А.: 20-го?

П. Г.: Вру, была команда накануне, 19-го вечером. Ачалов позвонил, говорит: «Ну, вот такая ситуация, надо будет все-таки захватить Бориса Николаевича». Я говорю: «Давайте письменный приказ. Это же кровь, это же стрелять начнут везде. Они его без боя не отдадут». — «Будет тебе письменный приказ». — «Будет — буду выполнять, не будет — значит не буду». После этого я сразу в штабе ВДВ, тут в Сокольниках, мужиков своих собрал, замов, говорю: «Так и так». Они люди опытные, все афганскую войну прошли. Короче, мы потолковали и наше решение свели к тому, что, какой бы приказ ни был, кровь не проливать и ничего не штурмовать.

А. К.: Сами между собой договорились?

П. Г.: Сами... Да... Вызвали свой спецназ, обложили, чтобы нас не захватили. Юрий Владимирович Скоков пришел к нам. Я говорю: «Юр, передай Борису Николаевичу, что, даже если мне будет приказ штурмовать вас, я не буду. Потому что прольется кровь, это все равно будет неуспех вот этого пьяного Политбюро, а я главный боевик. Мне погибнуть запросто, но у меня есть семья, есть дети. Их же тоже начнут захватывать и прочее. Нет, у нас у всех есть семьи, я не буду». Он говорит: «Спасибо». Я туда Лебедя отправил вместе с ним. Говорю: «Если надо, Лебедь будет вместе с вами находиться». Лебедь несколько себя неправильно повел с Борисом Николаевичем. Юрий Владимирович мне звонит, говорит: «Убери Лебедя оттуда, потому что он уж слишком решительно ведет в том плане, что, если будет приказ, он лично будет захватывать и т. д.».

П. А.: Будет захватывать?

П. Г.: Я тогда вызвал его назад и отправил на аэродром Чкаловский. «Александр Иванович, ты незаменимый человек по приему десанта 98-й Болградской дивизии». Потом мне опять звонят: «С утра надо захватить. В 7 часов». Я опять свое гну: «Если не будет письменного приказа, я никаких действий предпринимать не буду». Подходит 7 утра, я никаких действий не предпринимаю. Тут начальник штаба Подколзин[140], генерал, знаешь, наверное, такого, говорит мне: «Павел Сергеевич, мы-то все за то, чтобы не штурмовать, но вы все же позвоните министру обороны, спросите: будет приказ или не будет. Уточнить задачу надо, по-военному, чтобы потом недоразумений не было». Я звоню в приемную. Там в приемной какой-то мужичок отвечает, что министр обороны отдыхает и просил его не будить. Я думаю: «Ничего себе, такое время, а он отдыхает». Позвонил Ачалову, там тоже приемная говорит: «Вячеслав Алексеевич отдыхает, просил его не тревожить». Я говорю: «Передайте, что это Грачев, мол, насчет письменного приказа. Мы вроде договаривались, ждем сидим...» Говорят: «Передадим». Я говорю: «Все, штурмовать не будем, будем ждать».

А. К.: То есть они не дали письменного приказа?

П. Г.: Точно! Они даже не уточнили устно задачу в 7 утра. А в 8 утра звонок. Ачалов: «Ну что, командующий, вы там все захватили уже?» Я говорю: «А я даже не пытался». — «Как, почему?» — «Потому что я вам говорил, дайте мне письменный приказ. Ничего нет, никаких подтверждений. Вы спите, министр обороны спит. Вы меня подставляете под трибунал. Под расстрел!» — «Ну ладно, тебе так просто это не пройдет». Мы так с облегчением вздохнули: не пройдет... Сдрейфили они.

Значит, все к утру с ними ясно стало, понятно стало, что приказа не будет. Ну, мы с мужиками выпили там коньяку.

А. К.: Коньячку не жалея?

П. Г.: Не жалея! А уже где-то в 9–10 утра они сдались окончательно.

А. К.: Мы знаем, что случается с теми, кто не сдается. Вон вчера одного несдавшегося на куски толпа порвала…

П. Г.: Это кого?

А. К.: Каддафи.

П. Г.: Ну да… Тут дальше уже Язов объявил, что он дурак старый, втянулся и т. д. Ну, дальше вам известно, что было…

П. А.: Паш, ситуацию с путчем ты действительно очень четко описал. Путч прошел. Как ты оцениваешь состояние Вооруженных сил в 1991 году? Страна разваливалась. Экономика разваливалась…

На посту министра

П. Г.: В 1991-м соединения и части на территории России еще были боеспособны. Особенно вот эти московские части: Кантемировская дивизия, Таманская дивизия, воздушно-десантные войска, другие, ПВО — все в целом еще было в хорошем состоянии. Зарплату еще месяцами не задерживали…

П. А.: А за пределами России? Таджикистан, Украина?

П. Г.: За пределами России — да, развал уже начался. Но Вооруженные силы на территории России — это были войска второго стратегического эшелона. Похуже вооружены, послабее офицерский состав и т. д. Потому что все войска первого стратегического эшелона, которые должны встречать противника у границы, — это Прибалтийский округ, Белорусский округ, украинские округа, Закавказский, — они все были в руках независимых государств, а они не все были даже в составе СНГ.

П. А.: Это позже…

П. Г.: Это позже, но все самые сильные войска были, конечно, вот в этих республиках. А у нас что? Один только Московский округ и Дальневосточный, может быть…

П. А.: В принципе, вся Советская армия функционировала нормально?

П. Г.: В то время еще Вооруженные силы функционировали.

П. А.: В России – да. А на Украине, в Белоруссии?

П. Г.: Да и там были боеготовы, не надо ничего говорить, укомплектованы, нормально обеспечены...

А. К.: Вот у меня такой вопрос. Я читал много всевозможных интервью разного рода героев и антигероев относительно того, когда началось ползучее, как говорится, утекание оружия в руки чеченцев на территории Чечни. Насколько я понимаю, это начало летом 1991 года происходить?

П. Г.: Это позже, когда мы, наше правительство (в которое входил и Петр Олегович) усилиями наших друзей Сережи Шахрая и Андрюхи Козырева убеждали Бориса Николаевича не разговаривать с Дудаевым. И особенно Руцкой Саша кричал: «Зачем с ним разговаривать, кто он такой?» Вот Дудаев, когда его избрали президентом, и начал говорить о независимости. Он начал говорить о независимости не оттого, что он хотел отделиться от России. Его, как горного человека, просто задело то, что с ним, всенародно избранным, не считаются, не приглашают в Кремль и говорят, что ты отброс общества на 100%. А он был генерал Советской армии, прекрасный летчик, командир дивизии. Я же с ним много беседовал. Он говорил: «Паш, со мной никто не хочет разговаривать. Я же президент, какой бы я ни был плохой и т. д. Меня избрал народ. Коль не хотят со мной разговаривать, тогда и черт с вами. Я буду ставить вопрос перед народом об отделении от России». Я сколько раз на правительствах информировал. Я говорю: «Надо с ним разговаривать». Все в штыки: нечего Борису Николаевичу принимать Дудаева!

А. К.: Почему именно по отношению к Дудаеву была такая избирательная неприязнь? Почему всех остальных, которые говорили о сепаратизме, того же Шаймиева, спокойно принимали? Того же самого Муртазу Рахимова?

П. Г.: Их сепаратизм был такой мягкий, легкий. Никто из них не ставил вопрос об отделении.

А. К.: Ну, во-первых, ставил. Тем не менее я хочу понять последовательность: с Дудаевым перестали хотеть встречаться после того, как он стал заявлять о сепаратизме, или он стал заявлять о сепаратизме, потому что с ним никто не хотел разговаривать?

П. А.: Это все шло параллельно.

А. К.: Тем не менее. Что было раньше? Курочка или яичко?

П. Г.: Вначале он начал заявлять о более обширной автономии. Он не говорил о полном отделении.

А. К.: То есть в этом смысле он мало чем отличался от других региональных вождей?

П. Г.: Абсолютно, абсолютно. Но этих региональных вождей принимали, с ними разговаривали. А с ним — нет.

А. К.: Вот я и спрашиваю: почему было принято решение не принимать именно Дудаева?

П. Г.: Не знаю. Я всегда считал, что это была глупость.

П. А.: Тут многие поработали. В том числе Хасбулатов.

А. К.: Хасбулатов считал себя главным чеченом и был против переговоров с Дудаевым?

П. Г.: Да и Сашу Руцкого можно спросить, почему его назначили ответственным за Чечню, а он не ездил туда. Он сказал: «На фиг мне нужен Дудаев какой-то. Я, вице-президент, поеду с каким-то Дудаевым разговаривать». Вот это очень отрицательную роль сыграло в поведении Дудаева. Я же к нему ездил, когда хотел выводить учебный центр в 1993 году из Чечни, когда уже напряженно все там было. Они не захватывали еще никого, ничего, но уже искры проскакивали. И русских начали в Чечне притеснять.

А. К.: У них оружие к 1993 году уже было. Все эти склады были растащены. Нет?

П. Г.: Не были еще.

А. К.: В Интернете можно найти даже какие-то документы, ксерокопии всяких приказов вывешены...

П. Г.: Да в Интернете чего только не напишут. Когда я приехал в 1992 году, я говорю: «Джохар, ты что?» Мы пошли к нему домой. Там все эти ребята, Басаев и все прочие сидели. Нормально ко мне отнеслись.

А. К.: А вы были не знакомы до этого?

П. Г.: Я только с Дудаевым был знаком.

А. К.: Вы были с ним знакомы еще по Афганистану?

П. Г.: Да. Они меня посадили, стол накрыли «с прогибом». Я говорю: «Джохар, вы что там х...ей занимаетесь?» Он говорит: «Никто со мной не хочет разговаривать. Руцкой меня вообще на х...й послал по телефону. Если я никак не прореагирую, мои ребята меня не поймут и народ не поймет». Я говорю: «Ты знаешь, я приехал, мне надо вывести войска от тебя». — «Зачем? А чем им плохо здесь живется?» Я говорю: «Знаешь, уже начали стрелять по нашим войскам, уже есть раненые, начался террор против наших семей и т.д.».

А. К.: В Грозном было много русских, всех выселили, а некоторых и убили...

П. Г.: Я говорю: «Я войска, наверное, выведу». — «Нет, я не дам тебе вывести». Я говорю: «Как не дашь? Я стрелять буду». — «Ты будешь стрелять, и мы будем стрелять». — «Да ты чего?» Короче говоря, если подводить итог, его обида на наше к нему отношение вот ко всему этому и привела.

П. А.: Он тебе дал вывести войска?

П. Г.: Дал. Но без оружия. Нет, часть оружия мы вывезли. Мы решили с ним разделить его 50 на 50, за что на меня уголовное дело заводили: «Почему ты все не вывел?» Собаки эти наши прокурорские не понимали, что спасибо, что я столько вывел и что полсклада вывез оружия стрелкового. Ну, конечно, много оставил...

А. К.: Это какой был год?

П. Г.: Или конец 1992-го, или начало 1993-го. Это надо посмотреть, там же есть эти документы. На меня начали нападать: «Вот ты все оставил Дудаеву». — «Скажите спасибо, что я тяжелое вооружение все вывел». Я сначала вывез всю артиллерию. Клинья затворов у всех орудий вышиб и потихонечку их вывез. Дальше: все радиостанции подвижные я тоже потихонечку вывез. Все, что нужно, я вывез.

А. К.: То есть вы реально вывод войск из Чечни осуществляли?

П. Г.: Под видом учений.

А. К.: По факту, отдавая себе отчет, что вы находитесь на вражеской территории?

П. Г.: Как-то не верилось, что вражеская. Мне было обидно за наше руководство, которое Борису Николаевичу внушало, что путь вражды — правильный.

П. А.: Ты же был очень близок к Борису Николаевичу. Ты и Козырев были самые близкие политические советники...

П. Г.: Да ладно, Козырев не самый был близкий!

П. А.: А к кому в тот момент Ельцин больше всего прислушивался?

П. Г.: Из министров?

П. А.: Да!

П. Г.: Ни к кому!

А. К.: А не из министров? Персонально кто был самым близким? Коржаков?

П. Г.: Коржаков еще силы не набрал.

П. А.: Тогда кто?

П. Г.: Ну, с Петровым он очень считался, со Скоковым...

П. А.: Лобов?

П. Г.: С Лобовым нет, кто такой Лобов? Тогда это были: Петров, Скоков, Гайдар, Галя Старовойтова, покойная, да. Ну, в принципе, Ельцин еще советовался со мной. Но только когда мы уезжали на охоту в Завидово и там вдвоем двое суток проводили и все вопросы обсуждали. Потом уже потихонечку начали приглашать Петрова. Тот с радостью приехал, увидел стадо оленей и со своего автомата расстрелял штук пятнадцать. Ельцин нас собирает и говорит: «Среди нас убийца. Петров, выйти из строя. Вон отсюда, больше ты никогда с нами на охоту не поедешь».

П. А.: Паш, нам Козырев много рассказывал, что главная проблема была в том, что Руцкой подталкивал Ельцина к вмешательству во внутренние дела республик. Руцкой пытался залезть в Приднестровье войсками, в Таджикистан войсками и везде хотел вмешиваться с помощью Российской армии. Козырев говорит, например, что он остановил поход армии Лебедя на Кишинев.

П. Г.: Ну, может быть, я не знаю.

П. А.: Будто Руцкой пытался направить российские части в Приднестровье на Кишинев.

П. Г.: Нет, конечно. Какой поход, когда 14-я армия подчинялась только мне?

П. А.: Да, а Козырев говорит, что Лебедь там тебя интриговал, пытался играть в собственные игры...

П. Г.: Лебедь собирался на Кишинев? Ты что?

П. А.: Не было такого, ты считаешь?

П. Г.: В Приднестровье стояла драная, разрушенная 14-я армия. На Кишинев?! Нет! Кем он там мог воевать?

П. А.: Вот ею — 14-й армией.

П. Г.: Ты шутишь. Там воевать некому было. Ну, может быть, по линии дипломатической, конечно, Андрей предпринимал какие-то шаги...

П. А.: А в Таджикистане? Он говорит, что еще одна задача у него была — удержать армию от разбегания. В Таджикистане все готовы были разбежаться, пограничники, прежде всего, и армия. Он рассказывал нам, что он туда приезжал, уговаривал всех оставаться на своих местах. Что по этому поводу скажешь?

П. Г.: Про пограничников я не знаю, но про свои войска и в Таджикистане, и в Туркмении, и в других республиках...

П. А.: Никто не разбегался?

П. Г.: Никто даже не пытался разбегаться. Я приезжал, с войсками беседовал, что касается других, типа погранцов, то они мне не были подчинены...

П. А.: Это я понимаю. Но армия оставалась под полным контролем?

П. Г.: Армия была под полным контролем. Под полным. Ни одного шевеления влево-вправо не было.

П. А.: Никаких попыток вмешательств во внутренние дела Таджикистана, Узбекистана или еще кого-то не было? Ничего такого, да?

П. Г.: Не было.

А. К.: Итак, вы вывели войска из Чечни, в Чечне осталось стрелковое оружие, и это сильно осложнило ситуацию в том смысле, что у Дудаева появились уже собственные вооруженные формирования, которые были верны только ему. Дальше процесс эскалации был делом времени.

П. Г.: Да. Это так и было.

П. А.: Козырев нам рассказывал, что он спас страну от югославского сценария. Ты считаешь, не было такой угрозы вообще?

П. Г.: Ну что ты! Конечно, не было.

А. К.: Мне тоже кажется, что это некая, так сказать, алармистская теория о том, что у нас был шанс сползти к полномасштабной войне за восстановление СССР. Я не вижу серьезных социальных групп, которые бы в то время за это готовы были воевать.

П. А.: Но это ведь то, что нам сказал Козырев. Мы же не специалисты, мы экономисты и вообще про это ничего толком не знали. Кстати, Козырев нам сказал и другую вещь: что он пытался поменять внешнеполитическую доктрину. Прежний, горбачевский курс состоял в том, что мы враги с Америкой и с Западом, но идем на разрядку, а Козырев пытался стать союзником Запада, даже больше — частью Запада. Вот в вашей практической деятельности было какое-то изменение оборонительной доктрины и отношений с НАТО или не было?

Отношения с НАТО

П. Г.: Конечно, доктрина поменялась.

П. А.: В сторону большего союзничества?

П. Г.: Мы взяли курс пока еще не союзничества с НАТО, а как бы более близкого взаимопонимания.

П. А.: Идея называлась...

П. Г.: «Партнерство ради мира». Я лично несколько раз в Брюссель ездил. Мы решали вопрос о так называемых фланговых ограничениях, сколько там должно техники быть...

П. А.: Козырев уверяет, что тема нерасширения никогда толком не стояла.

П. Г.: Нерасширения НАТО? В то время не стояла. Хотя говорилось о том, что государства, которые пытались войти в НАТО, никуда не денешься, пусть входят. Но должна быть буферная зона между границами нашими и прежними границами НАТО. А вот эти страны, даже если они будут пытаться войти в НАТО, — это буферная зона. Натовские войска не подвинутся никогда на эту территорию.

П. А.: Это имеется в виду Украина?

П.Г.: Нет. Прибалтийские республики прежде всего.

П.А.: То есть был такой разговор?

П.Г.: Да, конечно.

А.К.: И они обещали не входить, не вводить войска?

П.Г.: Да. Мы об этом договорились.

А.К.: И были бумаги подписаны?

П.Г.: При мне — да.

А.К.: И как же они теперь объясняют, почему НАТО оказалось на территории Прибалтики?

П.Г.: Ну, это вы спрашивайте у других министров. При мне этого не было.

П.А.: Козырев говорит, что никаких юридических обязательств не было. Он говорит, что никогда западные страны не обещали не расширять НАТО.

П.Г.: Как не обещали? Обещали!

П.А.: Обещали?

А.К.: И бумаги на эту тему были подписаны?

П.Г.: Ну да. Соглашения.

П.А.: Козырев говорит, что никаких документов подписано не было на эту тему.

П.Г.: Письменные обязательства есть. Ты ему скажи, скажи о Соглашении о фланговых ограничениях, о Соглашении о количестве вооруженных сил на различных стратегических направлениях. Это я по памяти называю. Их наверняка даже больше, этих соглашений. Там четко сказано, где и какое количество натовских войск должно стоять. Еще раз подчеркну: это не обязательство не принимать эти страны в НАТО. Таких обязательств натовцы на себя действительно не брали. Это обязательства не размещать там войска вне зависимости от того, являются эти страны членами НАТО или нет.

П.А.: Хорошо, а о новых членах?

П. Г.: О новых членах не было ничего подписано, не стоял даже этот вопрос.

П. А.: Значит, самый важный вопрос: «Будет ли Польша членом НАТО» — не стоял?

П. Г.: При нас, Петя, не стоял этот вопрос.

А. К.: Ну, Польша могла быть членом НАТО, но могла не быть членом военной организации НАТО, как Франция, например.

П. Г.: По Польше такого серьезного ничего не было, я вам так скажу. Вообще, мысли даже у нас в то время не было о новых членах НАТО. Это уже потом...

А. К.: И поэтому можно сказать, что никаких обязательств всерьез на себя Запад не брал?

П. Г.: Никто не брал. Ни мы, ни они. Не стоял этот вопрос. Ни по ПРО не стоял вопрос, ни о чем-то другом.

А. К.: Но договор об обычных вооружениях в Европе продолжал работать?

П. Г.: Продолжал.

А. К.: Но он же не работает!

П. Г.: Ну, это уже другое дело. При мне он работал. Когда натовцы начали продвигаться, тогда наши в одностороннем порядке вот этот договор ликвидировали. Потому что Запад молча продвигался...

П. А.: А ты участвовал во внешнеполитических дискуссиях? В том числе по НАТО? То есть Козырев там тер в Брюсселе.

П. Г.: Конечно, я с ним там бывал. Мы с Козыревым часто вместе ездили. Но со мной велись разговоры только по чисто военным вопросам. Что касается политики, конечно, я глубоко не вникал.

П. А.: Козырев сам вел эти переговоры?

П. Г.: Да.

П. А.: А у него были неблизкие, ты считаешь, отношения с Борисом Николаевичем? Близких не было?

П. Г.: Были, не такие, как у меня. Но Борис Николаевич его уважал, любил... Но близких отношений у президента ни с кем не было. Может, кроме меня?

П. А.: Ты был одно время самый близкий человек к нему?

П. Г.: Как мне говорили: «Ты не первый в России, но и не второй».

П. А.: Правильно. Так для тебя было неожиданно, что тебя в отставку отправили?

Отставка и после

П. Г.: Вообще-то, да. Когда Россия фактически получила свою независимость в августе 1991-го, после этих событий, мы собрались у него, пошли в лес. Человек шесть-семь было. Борис Николаевич сам предложил: «Давайте брататься. Я вас в жизни никого не кину, и давайте клясться на крови». Взяли нож, порезали друг другу руки, лизали кровь...

П. А.: Это кто был? Ты был. Кто еще был?

П. Г.: Я, Коржаков, Козырев...

А. К.: Козырев тоже резал? Ничего не рассказывал!

П. Г.: Этот, как его, покойный Виктор, КГБ? Вспомнил: Баранников[141], Руцкого не было. Скоков и еще кто-то, человека два...

П. А.: Гены Бурбулиса не было?

П. Г.: Не помню. Надо у него спросить. Мы нашли там покрышку, разложили выпить-закусить. Покрышка, видимо, от трактора «Беларусь», сели и на крови поклялись по его инициативе. А он нас потом всех кинул. Неожиданно. Неожиданно почему? Потому что, когда Ельцин первый тур не выиграл в 1996 году, эта команда под руководством...

А. К.: Как не выиграл? Он же выиграл первый тур...

П. Г.: Как он выиграл первый тур, если он пошел на второй? Он же не набрал 51% голосов! Второе место занял Зюганов, а третье — Лебедь. И тогда его команда во главе с Витей Илюшиным, Юмашевым и Таней[142], вот эта троица, плюс там остальная мафия, они решили перетянуть на свою сторону голоса Лебедя, хотя Лебедь всегда был против Бориса Николаевича. Вызвали они Лебедя и говорят: «Лебедь, вот так и так, ты отдаешь голоса».

П. А.: Это Березовский придумал.

П. Г.: Березовский? Может быть. «Ты, — говорит, — отдаешь голоса, мы тебе должность». — «Какую?» — «Секретаря Совета безопасности». —

«Хорошо, на тебе голоса». Но он поставил условие о том, что... Лебедь на меня был обижен, я же его уволил, после того как он там, в Тирасполе, распоясался...

Они уговорили Лебедя (видимо, недолго уговаривали) и сказали, что Лебедь отдаст свои голоса в пользу Бориса Николаевича во втором туре против Зюганова. Дали ему должность. Однако Лебедь настоял, что он имеет право отдавать приказы силовым министрам, в том числе министру обороны. После того как они договорились, Борис Николаевич меня вызвал. Я сразу понял, что что-то не то. Пошли во вторую комнату, там накрыто было уже все, выпили по одной рюмке, по второй, по третьей, и он говорит: «Павел Сергеевич, вот я Лебедя решил назначить секретарем Совета безопасности». Я говорю: «Как это так?»

А. К.: По второй, по третьей... У него же уже инфаркт был, у Ельцина!

П. Г.: Да, он уже плохо управляемый был, пьянел быстро. Уже им командовали Юмашев с Татьяной. Татьяна в основном даже... Она-то ему и подливала больше всех. Я это сразу заметил: ей надо было, чтобы он всю дорогу пьяненький был. Но в тот раз мы были одни. И его не развезло, он был вполне трезвый. Я говорю: «Как это, Борис Николаевич секретарем? Он же против вас на выборы пошел!» — «Но он обещал отдать голоса». — «Как это можно отдать? Вынуть из кармана и вам сказать: "На голоса". Может, люди, которые голосовали за него, будут голосовать за Зюганова?» — «Нет, ну, Лебедь обещал». — «Ну, Борис Николаевич, плохо ваша команда работает. Ладно, это ваше дело. А что от меня-то надо?» — «Ну, вы понимаете, я же недавно вас назвал лучшим министром всех времен и народностей». Я говорю: «Ну, зря это вы сказали». — «Почему зря? Ну ладно... Дело такое, понимаешь, вы согласны подчиняться Лебедю?» — «С чего это? По всем документам я только вам подчиняюсь, а как член правительства еще председателю правительства, и то только в пределах полномочий правительства». — «Ну да, знаю, а что ж будем делать?» Я говорю: «Борис Николаевич, я все понял. Не мучайтесь. Я ухожу». Да... Я видел: он ждал этого ответа: «А как же мы придумаем? С какой формулировкой?» Я говорю: «Борис Николаевич, ну, что выдумывать?» Он говорит: «Не справляешься с обязанностями? Я только недавно вас назвал лучшим. По болезни?» Я говорю: «Борис Николаевич, побойтесь Бога. Я здоровый как бык, спортсмен». — «Да». Я говорю: «Не волнуйтесь». Мы выпили бутылки две, наверное, с ним, простились, обнялись, расплакались, у него слезы потекли. Я вышел за дверь, а там ребята уже стоят ельцинские: Таня, Юмашев и еще. Дали бумагу и карандаш: «Рапорт напиши». И пишу: «Верховному главнокомандующему, президенту рапорт».

И пишу ему: «Прошу освободить меня от должности министра обороны в связи...» И думаю, с чем же «в связи»? Потом, пьяный, но иногда мозг работает, и пишу: «В связи со сложившимися обстоятельствами». И поставил точку. Подписался. «Отдайте». Они обрадовались, побежали вечером уже выпускать указ об освобождении меня от должности в связи со сложившимися обстоятельствами.

П. А.: Смешная формулировка.

П. Г.: До сих пор некоторые адвокаты, особенно дочка Лукьянова Лена, стараются...

А. К.: Нет такой статьи?

П. Г.: Говорят: «Павел Сергеевич, давайте мы отсудим все это дело. Однозначно, это незаконное абсолютно увольнение. Что за обстоятельства? По какой причине?» До сих пор она мне говорит: «Вы до сих пор де-юре являетесь министром обороны. Столько бабок заработаем и все прочее». — «Да ладно, Лен, не надо ничего».

А. К.: Давайте немножко вернемся к началу. Павел Сергеевич! А какие у вас отношения с Гайдаром были?

О правительстве Гайдара

П. Г.: Хорошие. Мы с ним как-то сразу поладили. Он же из семьи военного. Я его уважал, конечно. Конечно, его недостаток, что он не знал производства, но то, что он был подкован вот этими новыми рыночными мыслями, — это однозначно. И он выдавал умные вещи. Единственное, я часто не понимал его речь, он так немножко захлебывался, и плюс еще со своими умными экономическими терминами...

П. А.: Если ты Егора не понимал, меня, значит, вообще не понимал никогда.

П. Г.: Хорошо я с Галькой Старовойтовой все время сидел. Галька — та груди положит, а я ей говорю: «Какие у тебя груди!» А она мне: «Дурак, слушай, что умные люди говорят». А я ей в ответ: «А я все равно не понимаю ничего из того, что он говорит». После нескольких заседаний она пожаловалась ему, нас рассадили.

Гайдар мне нравился. По крайней мере у него было стремление. Может, мало практики? Не было источника в России, из которого черпать, видимо, он из Запада черпал, из несвойственных России источников.

Но то, что у него было стремление, действительно рыночную экономику в России построить и иметь государство мощное, сильное, — это да. Это я хоть сейчас могу подтвердить.

П. А.: Решительный был, смелый?

П. Г.: Смелый, да. Он не боялся ничего, хотя и молодой был. Он, по-моему, моложе тебя, да?

П. А.: На год.

П. Г.: И Петр Авен мне нравился...

А. К.: Петя всем нравится...

П. Г.: Петя — молодец, такой красавец. С женой его мы ездили в командировки часто. Нет, молодец, он с этим Дойче-банком хорошо разговаривал. Единственное, как умный человек, он был несколько рассеянный. И мог оставить в гостинице где-то свой пиджак, туалетные принадлежности...

А. К.: Просто богатый очень.

П. Г.: Сумку мог оставить...

П. А.: Тогда еще не был богатым.

А. К.: Но замашки уже появились!

П. Г.: Я ему пару раз бритву давал, чтобы он побрился. В Дрездене, по-моему. Но это нормальный недостаток всех умных людей. Они все рассеянные. Почему я с удовольствием сейчас согласился говорить? Был бы другой, я не пошел бы. Я Петра очень уважал и уважаю.

П. А.: Спасибо, взаимно.

П. Г.: У нас не было никогда ссор.

А. К.: А вот есть вопрос насчет декабря 1992 года. Есть, например, мнение, что у Ельцина не было другого выхода, как сдать Гайдара. А есть другая точка зрения, что была возможность его не сдавать и Ельцин просто не поборолся за Гайдара. Вот вы какой точки зрения придерживаетесь?

П. Г.: Я думаю, что не поборолся за Гайдара. Потому что Гайдар в связи с этими многочисленными реформами новыми и многим непонятными населению сильно не нравился. Из-за того еще, что плохо средствами массовой информации доводилась точка зрения правительства. То, что у него команда вот этих информаторов была х..., — это однозначно.

П. А.: Полторанин главный был.

П. Г.: Ну что Миша? Может, Миша сам это не очень допонимал. Если б народу доводили нормально, тогда бы меньше на него катили. Но когда уже «Вот, Гайдар, все беды от Гайдара, все плохое от Гайдара», то деваться было некуда. Может, это специально все было так устроено, чтобы Миша Полторанин это дело вел? Чтобы с себя снять ответственность, а потом Гайдара скинуть и сказать: «Опять беленький»! Да конечно, специально. Я теперь понимаю: фюрер есть фюрер, конечно, до конца его трудно просчитать. И я не мог его (Ельцина. — *Ред.*) уловить, когда он даже меня снял...

П. А.: А ты с Ельциным после этого не общался? После того, как он тебя снял?

П. Г.: Ну, как не общался? Он же мне должность обещал. Говорит: «Хорошую ему дать должность!» Дали? Ни х...я не дали. Где-то через два-три месяца меня пригласил этот бородатый, по кадрам-то заведовал? Савостьянов[143]! Говорит: «Павел Сергеевич, Борис Николаевич сказал должность вам подходящую найти». Я говорю: «Ну и что? Какую вы нашли мне должность?» А я (уже три месяца прошло) позабыл про это. «Мы вас хотим послом направить». Я говорю: «Отлично! Я немецкий язык знаю неплохо, пожалуйста, готов в Германию, Австрию, даже в Швейцарию». — «Нет, — говорит, — эти места уже давно на долгие годы забиты». Я говорю: «Куда же ты мне предлагаешь?» Он говорит: «Ну, вот, допустим, в Новую Зеландию». Я говорю: «А где это такая страна?» — «Ну, как, это прекрасная страна». — «Далековато, нет, не поеду». — «Ну, тогда есть несколько африканских стран и несколько латиноамериканских». Я говорю: «Засовываешь меня? Что ж, понимаю: начали издеваться. А что вы так далеко меня пихаете-то?» И он мне выдает фразу: «Вас надо на пару-тройку лет спрятать от народа». — «От какого народа?» — «Ну, как: всем же известно, что вы главный идейный вдохновитель войны в Чечне». Я говорю: «Что?!»

А. К.: Это не так. Все знают, что это не так!

П. Г.: «Что?! Давайте поднимать тогда архивы, все мои выступления! Дорогой Савостьянов! Уже даже чеченцы знают, что я был главный противник этой войны и практически единственный!»

Поход в Чечню

А. К.: Это он глупость сказал.

П. Г.: Тогда вот он сказал так.

А. К.: Тогда даже в прессе было, что это не вы были инициатором. Вице-премьер Егоров, покойник, был инициатором.

П. Г.: Ну, это, знаешь, в прессе было осторожно: Егоров и еще несколько товарищей...

А. К.: А кто еще, кстати?

П. Г.: Доку Завгаев[144].

А. К.: Нет, ну, это понятно, но он был клерком, начальником отдела...

П. Г.: Егоров и Доку в основном. Ну, я же все равно не скажу, кто еще, это же мои все товарищи. Неважно кто. «Нет, — говорю, — тогда передайте Борису Николаевичу, что не нужны мне ваши должности». Я ушел, через месяц где-то мне позвонил Женя Ананьев[145] и говорит: «Хватит болтаться, иди ко мне советником». Я говорю: «Правильно, с маршальской должности на сержантскую. Ну что мне остается делать? Давай, пойду». Вот так я ушел на сержантскую должность. Ничего. Пересилил себя, гордыня ушла, поэтому сейчас чувствую себя нормально. Потом оказалось, что я очень многим нужен.

П. А.: Сейчас чем занимаешься?

П. Г.: На рязанском заводе я председатель совета директоров, на омском заводе я член совета директоров и главный советник... Помогаю им как могу, не жалуюсь особенно. А ты меня хочешь взять к себе на работу, что ли? Пока нет нужды. Когда мне будет херово, я тебе позвоню.

П. А.: Тебе не будет херово, ты не из таких...

П. Г.: Так что будем дружить пока...

А. К.: Собственно, вот начало чеченской войны меня интересует.

П. Г.: Что тебя интересует?

А. К.: Вот эта вот история со степашинскими добровольцами, с Автурхановым[146] и т. д. Почему она закончилась неудачей? Ведь они же фактически дошли до президентского дворца. Почему их не поддержали?

П. Г.: А кто их должен был поддержать?

А. К.: Ну, я так понимаю, Ерин[147] их должен был поддержать внутренними войсками. Или нет?

П. Г.: Насколько я знаю, они с Ериным тоже не советовались. Это Сергей Вадимович со своими спецслужбами действовал. Опять же Доку Завгаев его спровоцировал на все это. Потом, конечно, друг-то мой краснодарский Коля Егоров, когда стал вице-премьером. Вот эти ребята втихомолку решили организовать поход на Грозный. Сформировали батальон, Министерство обороны только дало им танки, сколько им надо: Борис Николаевич мне приказал. Бронетранспортеры. Если офицеры отслужившие, солдаты желают добровольцами, таких оказалось много, пожалуйста. Наспех сформированный, неправильно информированный батальон спокойно пришел в Грозный и… расслабился. В это время ребята дудаевские сорганизовались, дали им пи…ды как следует. Еле ноги унесли…

А. К.: Они-то, по-моему, все там и остались.

П. Г.: Часть-то убежала, ну а на 80% они были уничтожены. Это был необдуманный шаг. После этого похода уже деваться некуда было: началось стремление быстро-быстро развязать войну.

А. К.: То есть после этой аферы вы считаете, что уже пути назад не было?

П. Г.: Как не было? Можно было признать, что неправы, что нельзя было насилие применять. Ведь никто не объявлял войны, никто не давал команду штурмовать… Нужно было пригласить делегацию во главе с Дудаевым к себе и начинать переговоры. Никто не захотел. Я один там только летал однажды и перед входом второй раз. Короче, все отказались от мирного решения. Унизительно им было. Все отказались. Иди, говорят, штурмуй. Вначале-то все на меня вешали, пока чеченцы сами не сказали: «Грачев здесь ни при чем, он единственный был против войны». Меня сделали козлом отпущения. И долго это клеймо на мне висело. И до сих пор некоторые думают, что это я эту войну придумал…

А. К.: Гайдар перед смертью дал мне интервью, где он абсолютно определенно сказал: «Я знаю, что Грачев тут ни при чем».

П. А.: У нас, у нашей команды, с Павлом Сергеевичем были идеальные отношения.

П.Г.: Да, идеальные. Когда на меня начали накат, что это я развязал войну, я с Лобовым встречаюсь, говорю: «Слушай, Лобов, на меня катят, ты чего молчишь?» — «А чего я должен делать?» — «Давай, тогда из архива документы поднимаем, мое выступление и т.д., и мы их опубликуем. Пусть народ знает, что это Виктор Степанович и вы решили войну развязать!»

А.К.: А Степаныч был за войну?

П.Г.: Конечно, он меня снимал с должности. На этом совещании, когда я сказал «нет», Виктор Степанович встал, хотя мы друзья тоже были еще с тех времен, и сказал: «Борис Николаевич, нам такой министр обороны не нужен. У меня есть предложение освободить его от должности, назначить другого». Тогда Ельцин сделал перерыв на этом совещании. Они удалились: он, Лобов, Шумейко, Борис Николаевич и Рыбкин[148]. Решать мой вопрос. Через десять минут Борис Николаевич выходит и говорит: «Павел Сергеевич, мы вас освобождать от должности не будем, но в десятидневный срок подготовиться к ведению боевых действий». Тогда я сказал: «Борис Николаевич, уже зима на носу и т.д., какие могут быть боевые действия в тех условиях, когда не пройти, не проехать, туманы, авиация не летает, артиллерия не знает, куда бить, и т.д.?» — «Когда вы предлагаете?» — «Весной, а до этого вести переговоры». Я хотел оттянуть время: может, успеем договориться. Ни х...я. Я говорю: «Виктор Степанович, вы будете лично отвечать за это дело». После этого мы с ним стали холодные друг к другу...

П.А.: Это новое что-то...

А.К.: Новость, да. Нам Степаныч всегда говорил, что был против.

П.Г.: Главный был зачинщик. Остальные его поддержали. Серега Шахрай молчал...

А.К.: Главный был зачинщик Черномырдин? Ни за что не поверю.

П.Г.: Черномырдин, да. Поддержал его Лобов. Я Лобову говорю: «Давай опубликуем мои выступления». Он говорит: «А я не знаю, в архивах, по-моему, эти выступления не сохранились».

А.К.: Ой-ой-ой. Врет. Все есть. До сих пор.

П.Г.: Я говорю: «Что? Все выступления должны сохраняться, дорогой мой». — «Ну, мы можем их не найти». Я говорю: «Все с вами понятно». Потом уволили меня. Главный, конечно, был Виктор Степанович.

А.К.: Вот, Петь, еще один взгляд на проблему.

П. Г.: Что взгляд? Это не взгляд. Это правда.

П. А.: Слушай, Паш, наши интервью очень многие читают, книжка будет. То, что ты говоришь сейчас, очень важно. А что еще ты считаешь важным сказать, чтобы народ знал про тебя, про то время, про армию?

А. К.: Особенно начало 90-х. Самое важное.

Армия и путч 1993 года

П. Г.: Что важное? Ну, первое — это, конечно, неудавшийся ГКЧП и переворот, почти гражданская война. Она уже была вот-вот, как в 1991-м, так и в 1993 году. Однозначно. Особенно в 1993-м. Потому что тогда уже стихийно во всей стране складывались группировки. В 1991-м первые — за ГКЧП, вторые — за Ельцина, в 1993 году одни за Хасбулатова — Руцкого, а другая, противоположная группа — опять за Ельцина. Поэтому страна стояла на краю гражданской войны. И только, я считаю, решительные действия Вооруженных сил не позволили разразиться этой войне.

П. А.: Уточни, в чем роль Вооруженных сил в 1991 и 1993 годах?

П. Г.: 1991 год. Вооруженные силы не позволили... Нет, правильно сказать: не стали пленять Бориса Николаевича. Вот это самое главное.

П. А.: То есть не стали участвовать в конфликте вообще?

П. Г.: Не стали участвовать в конфликте и тем самым предотвратили драчку сначала местную, а потом во все более расширенном масштабе на территории всей России. Хотя она могла и не быть такой сильной, потому что Ельцина еще не очень знали. А в 1993 году только решительные действия Вооруженных сил в плане удара из танка шестью инертными снарядами по Белому дому и пленение всех этих ребят: и Руцкого, и Хасбулатова, и других, и Дунаева[149], и Баранникова и т. д. — предотвратили начало всероссийской гражданской войны. Почему? Потому что руководители на местах да и некоторые военные были в то время в режиме ожидания. Кто победит? И если бы другая сторона победила, началась бы сразу драка.

П. А.: Ты был уверен? Вот смотри, Руцкой звонил, попытался эскадрильи поднимать на Кремль. Ты был уверен в своих, что никто не будет атаковать Кремль?

П. Г.: Уверен, конечно! Потому что я к этому времени имел хороших главкомов. Дейнекин Петр Степанович, мой друг, — главком ВВС, Семенов, мой товарищ, — главком сухопутными войсками, Прудников — главком ПВО, флотом командовал тоже наш человек. Командующий ВДВ был Подколзин Евгений Николаевич. Я успел расставить во главе всех своих ребят, поэтому был уверен, что никто не предаст.

А. К.: Как принималось решение начать стрельбу по Белому дому?

П. Г.: Элементарно. В ночь со 2-го на 3-е, где-то часа в три ночи, ко мне приехал в Министерство обороны Борис Николаевич с Коржаковым, там еще несколько человек. Ну так, чуть-чуть поддали...

А. К.: Накануне был штурм «Останкино», там солдаты внутренних войск погибли...

П. Г.: Да.

П. А.: Вы чуть поддали, ты говоришь...

П. Г.: Чуть-чуть поддатые, такие возбужденные. Борис Николаевич говорит: «Павел Сергеевич, вот тут мэрию и "Останкино" захватывают. Чтобы успокоить и не допустить дальнейшее развитие, надо взять этих ребят в Белом доме». Ну, я, как обычно, говорю: «Борис Николаевич, письменный указ, и я готов на все». Тут Коржаков выступил: «Какой письменный указ? Борис Николаевич, я знал, что они начнут тоже трусить!» Я говорю: «Слушай, ты, заткнись». Ну, Ельцин тут рассвирепел: «Будет вам письменный указ». Наврал, кстати: его так и не было. Он мне потом, немножко протрезвев (я уже был готов, конечно, к штурму), часов в пять утра позвонил и говорит: «Понимаешь, Павел Сергеевич... Ты видишь, обстановка какая...» Бе... ме... В том духе, что вроде надо устный выполнять...

А. К.: Я, кстати, до сих пор не понимаю, чего они все так ссали письменный приказ дать?

П. Г.: Вот именно. Ну, я говорю: «Борис Николаевич, конечно, выполню. Что надо сделать-то?» — «Захватить всех этих ребят». Ну, я ему говорю: «Борис Николаевич, у меня 119-й полк стоит парашютно-десантный у Белого дома. Проблем нет». Хотя снайперов много там и справа, и слева. Там дома кругом, а крыши все были заняты этими снайперами...

П. А.: Их снайпера?

П. Г.: Да, их. Я говорю: «Проблем нет, но понесем потери». — «Что ты предлагаешь?» Я говорю: «Я предлагаю пугнуть их». — «А как?» Я говорю: «Да я выведу танк на прямую наводку и инертными пиз...ану несколько раз. Они сами разбегутся кто куда. По крайней мере они опустятся вниз в подвалы, снайпера тоже убегут после этих снарядов, а там, в подвалах, мы их разыщем». — «Добро». Ну, я вывожу танк на этот мост около «Украины», сам подхожу к танку, сажаю как наводчика-оператора капитана, за механика-водителя старшего лейтенанта, подхожу к танку, пули так цокают — цок, цок, цок, цок. «На излете, — думаю, — не достанут». Я говорю: «Ребята, крыши видите? Отсчитывайте. Один, два, три, четыре, пять, шесть, седьмое окно. Это предположительно кабинет Хасбулатова, они там. Надо попасть туда в окно. Попадете?» — «Товарищ министр, только со стрельб танк, нормальный». — «А есть снаряды?» — «Боевые или такие?» — «Какие боевые? Ты чё, сдурел? Болванки давайте». — «Хорошо. Как раз есть: мы только со стрельбища, нас сняли прямо с боевых стрельб». Я говорю: «Ну, давай прицелься в это окно». А внизу-то народу полно уже. У нас же зеваки-то любят такое, как в театр пришли. Я говорю: «Мужики, смотрите, не попадете, народ погибнет. Тогда все, разорвут». Капитану говорю: «Попадешь?» — «Попаду! Подумаешь, меньше километра». — «А там видел сзади американское посольство? Смотри, бахнешь по посольству, будет скандал». — «Товарищ министр, все будет нормально». Ну, я и говорю: «Огонь, одним». Смотрю первый — бах, точно в окошко залетел. Говорю: «Еще есть?» — «Есть». — «Вот пять беглыми еще, огонь!» Он дюм, дюм, дюм. Смотрю, все загорелось. Красиво. Все сразу снайпера с крыш мгновенно разбежались, как рукой смахнули. Ну и когда снайперов смахнули, танки стрельбы свои закончили, я дал команду 119-му полку штурмовать. Они открыли двери, там постреляли. Ну, конечно, девять убитых у меня было, внутри-то стрельба была, но этих положили много...

П. А.: Сколько?

П. Г.: Много.

П. А.: Человек двести, говорят, в общей сложности.

П. Г.: Ну, может быть, так. Никто их не считал просто. Много.

П. А.: От двухсот до четырехсот называют цифру.

П. Г.: Много, короче говоря.

П. А.: Защитников Белого дома.

П. Г.: Защитников, да. Много.

П. А.: А они кто были? Солдаты срочной службы или кто? Ополчение просто?

П. Г.: Какие солдаты? Все это наемники, бандиты и все прочее.

А. К.: А откуда у них оружие?

П. Г.: И в правительстве, и в Верховном Совете, и в любом здании подобного рода есть оружейные комнаты, где находятся автоматы и боеприпасы для руководства, и в случае чего они разбирают их и идут защищаться. Поэтому там было разобрано оружие.

П. А.: И снайпера тоже были из них? Такая же шпана?

П. Г.: Ну, как? Может быть, и не шпана.

А. К.: Среди них были кадровые офицеры. Там же засел Союз офицеров тереховский.

П. Г.: Кадровые офицеры были, которые продавались или которые уволены были из Вооруженных сил. Они ж стрелять-то все могли. Ну, наваляли их много там.

П. А.: То есть офицеры-танкисты стреляли и выполняли приказ беспрекословно?

П. Г.: Беспрекословно.

А. К.: А вот эти разговоры, что им деньги какие-то платили?

П. Г.: Какие деньги? Это потом, может быть, уже. Какие деньги?

П. А.: На штурм Белого дома.

П. Г.: Нет!

П. А.: Насколько я помню, кто-то из близких к власти банкиров действительно объезжал все большие структуры и собирал деньги. Куда они потом девались — неизвестно.

А. К.: На ремонт провала, чтобы сильнее не провалился. Себе, небось, в карман положили.

П. Г.: Не видели мы никаких денег. Мы по-другому этих офицеров отблагодарили. Так или иначе, но хасбулатовцы руки подняли, когда увидели, что это серьезно. Что мы их все равно выковыряем оттуда.

П. А.: Капитана наградили?

П. Г.: Героя России дали. Старшему лейтенанту — орден. Фамилии сразу засекретили и отправили их служить в другие части. Красивая картина. А Белый дом потихонечку начал гореть, гореть, гореть. Пашка Бородин[150] мне потом говорит: «Павел Сергеевич, какой ты молодец». — «А чего?» — «Столько денег туда нам дали, я ремонт сделаю». Я говорю: «Паш, а сколько спи…дил?» — «Не-не-не, ни копейки». Я так понял, 20 млн затратили на ремонт?

А. К.: Сейчас это умалчивается. По нынешним временам это вообще не сумма…

П. Г.: По нынешним — да, а в 1993-м это были огромные деньжищи!

А. К.: Петь, хорошая история?

П. А.: Сильная история. Человеку есть что вспомнить. Это фундаментальные исторические события. Страна на грани гражданской войны, и вдруг все легко и просто решается. Ачалов, кстати, был там?

П. Г.: Да. Он там был. Его тоже арестовали. Да всех их поарестовывали. Но тут уже, конечно, Коржаков и Михаил Иванович Барсуков, когда все это опасное дело закончилось, ни одного выстрела уже не было, они вошли и пленили всех этих «защитников». Я стоял все время около «Украины» и наблюдал, как их ребята во главе с Коржаковым и Барсуковым вели к автобусу, который подогнали, и повезли в Матросскую Тишину.

П. А.: А вот еще муссировалась история по поводу того, что все то время, пока путч шел, войска вызывали в Москву, но что-то они вовремя не подходили.

П. Г.: Некоторые горячие головы думали, что у нас войска на «мерседесах» ездят, на «тойотах» и т.д., а там же танки, бронетранспортеры, БМП. У них скорость, тем более в колонне (там огромная колонна была, несколько километров в длину), где-то в среднем 20 километров в час. А этим орлам гражданским казалось, что это очень медленно, что это саботаж. Боевая техника — это не средство передвижения и не такси. Это средство поля боя: у нового танка моторесурс всего 200 километров! Ай, да что говорить! У нас же любят болтать языком! В нормальных странах их по дорогам грузовиками на специальных платформах возят к полю боя. Или железной дорогой. А у нас: давай гони по автотрассе на гусеницах! Что-то ты медленно, блин! Понимаете, ребята, что обидно: после 1991 года, да и после 1993-го, е… мать, столько победителей оказалось! Столько народу на себе рубашку рвали…

А. К.: Это же неудивительно.

П. Г.: Да знаю я: у победы много отцов, это поражение – всегда сирота... Сколько народу кричало в 1991-м: мы защитники Белого дома, движение организовывали... Столько рвани побежало потом из военных: «Нас незаконно уволили!» И сейчас же научреждали какие-то советы, профсоюзы... Я только успевал от них отбиваться. Женя Шапошников не мог отбиться, а я отбивался. Думаю: «Ребят, где же вы были в 1991-м, когда вот мои ребята там стояли и мы в штабе приняли решение не штурмовать в любом случае? Даже если письменный приказ будет? Это кто: я или вы должен был пойти под трибунал? Почему в 1993-м только армия была за Ельцина? Где спецслужбы? Где их "Альфа"? "Альфа" отказалась штурмовать. Где МВД? А потом все замахали руками: "Мы победители..."»

Третье такое грандиозное событие, которое, я считаю, в эти годы произошло в международном плане, – это начало переговорного процесса о партнерстве России с НАТО. Это уже конец 1992 года, когда натянутые, в принципе, отношения с НАТО начали перерастать по крайней мере в переговорные. И я мог с американским министром и генералом пить водку. Уже в нормальной, человеческой беседе быть на «ты», уже спорить, у кого какое оружие и где НАТО разместить, а где – нас. Да последний раз такое было у Жукова с Эйзенхауэром в 1945-м! А тогда ведь мы были союзники! Я в 1993 году раз шесть слетал в Брюссель, где мы встречались тет-а-тет. Вот это я считаю третье достижение.

Четвертое – это, естественно, мне, как министру обороны, удалось все-таки удержать армию от распада. Ну, это, конечно, не благодаря моим полководческим талантам, а благодаря моим подчиненным, особенно командующим на местах, которые меня понимали и верили, что рано или поздно все это дело установится. То есть не дали рухнуть армии, не дали растащить оружие, не дали захватить ядерное оружие.

А. К.: А были такие попытки?

П. Г.: Конечно, они до сих пор есть. Все надежно было сохранено. Вот это четвертое.

И пятое – это, может, кому как: мне – серьезное, а кому другому и несерьезное, но в эти годы мы подписали с нынешним патриархом Кириллом соглашение о сотрудничестве армии с церковью. Он тогда был министром как бы иностранных дел у РПЦ, и мы с ним тогда подружились...

П. А.: С моей женой они кум и кума. Они вместе крестили детей Шохина. Он крестный отец, а жена моя – мать. Так что моя жена – кума патриарха!

П. Г.: Он мужик классный...

А. К.: В этом ряду куда бы вы поставили чеченскую кампанию?

П. Г.: Чеченская кампания? По значимости, может быть, где-то после сохранения России, после того, что не развалили Вооруженные силы... Ты ж со мной летал тысячу раз, я тебя помню, у тебя только бороды не было...

П. А.: Ты считаешь своим достижением в целом чеченскую историю?

П. Г.: Конечно, нет. Это общий позор нашей внутренней политики.

А. К.: То есть ресурс для мирного решения проблемы был?

П. Г.: Да я мог уговорить! Я мог Дудаева сам лично привезти и сесть вот так: я, Борис Николаевич и Дудаев. Говорите!

А. К.: Ельцин отказался?

П. Г.: Ельцин уже был готов. Но ему шушукали, не знаю кто, какие-то ребята, девчата, которые отвечали за внутреннюю политику. Я же не знаю, с кем он там встречался.

П. А.: Кто же был тем мотором, который не давал реализоваться этому потенциалу мирных переговоров?

А. К.: Я вот никак не могу докопаться. Сколько уже всех расспрашиваю, все кивают на Егорова. Может, потому, что он умер? Теперь вот на Черномырдина. Может, тоже поэтому...

П. Г.: Черномырдин в плане войны?

П. А.: Для нас это новая информация.

П. Г.: В плане войны он поддержал это действие, хотя, по-моему, даже Козырев поддержал. Но он всегда робкий был, нерешительный.

П. А.: Ты сейчас с ним не общаешься?

П. Г.: Нет. Ну, несколько раз виделись, нормально. У нас с ним нормальные отношения. Он меня как-то звал жить в Америку.

П. А.: Что там делать?

П. Г.: Жить.

П. А.: Жить?

П. Г.: Там есть местный Совет министров обороны во главе с Перри[151]. Козырев мне письма присылал, чтобы я вошел в этот совет. Они готовы были предоставить мне квартиры, дачи, хорошую зарплату. После того как здесь меня освободили от должности. Первые два года вообще атаковали, писали такие письма, что вот видите, вас обидели, Павел Сергеевич, а вы столько сделали для сближения с НАТО...

П. А.: Ты очень много сделал для сближения с НАТО и Соединенными Штатами. Вы с Козыревым вдвоем сделали эти отношения совсем иными...

П. Г.: А после того, как меня сместили, буквально через месяц уже письма пошли за подписью и Перри, и Чейни[152], и Пауэлла[153]. Они конкретно писали: «Павел, ты сделал много для наших отношений. Ты сейчас изгой в вашей стране, ты никому не нужен. Мы приглашаем на постоянное место жительства». Я сказал: «Ребят, я вашу жизнь все равно не пойму. Там на х...й послать некого. Шашлык пожарить нельзя».

А. К.: У них это называется «барбекю».

П. А.: На родине часто бываешь?

П. Г.: Где?

П. А.: В деревне, откуда родом.

П. Г.: Да, часто, конечно. У меня сейчас времени полно. Что тут, два часа ехать.

П. А.: У тебя кто-то там остался?

П. Г.: Брат. Я ему там дом в деревне отремонтировал... А ты, Петя, когда ушел-то из министров?

П. А.: В декабре 1992-го с Гайдаром. Точнее, на неделю позже Гайдара.

П. Г.: Хорошие ребята были. По крайней мере наша команда, я ни в коем случае плохо не говорю о сегодняшней, но наша команда сильнее была намного. Она сильнее была даже духом.

П. А.: Духом и идеями. Ты, вообще, как относишься к нынешним реформам в армии?

П. Г.: Отрицательно.

П. А.: Почему? Считаешь, идея неправильная? Идеология неправильная?

П. Г.: Первое. Сократили армию до неузнаваемости. По всем военным канонам положено иметь армию (так имеют все страны, в том числе и Соединенные Штаты Америки) на шесть метров границы — одного солдата. По периметру если брать. Посчитайте, сколько нужно солдат, если шесть метров на одного солдата. Это первое. Второе. Необходимое количество техники переднего края для сдерживания: танки, артиллерия, в свое время у меня была и артиллерия ядерная, и т. д. Сейчас ничего нет. Третье. Округа зарезали, стали какие-то командования. Как можно командующему, вот нынешнему, восточной зоны от Тихого океана до Байкала командовать? Нет нигде такой территории. Даже Китай раза в два меньше. Потеряна система управления. Это однозначно. Ну и мелочовка, допустим. Но она не мелочовка: из-под влияния военных ушли практически все виды обеспечения: тыловое, вещевое… Всех заменили гражданские лица. Гражданские есть гражданские. Пришел на работу в девять, ушел в шесть. Там война не война — найди его, пожалуйста. А военный — он всегда есть военный. Вот это абсолютно я считаю неправильно. Ну и урезают те льготы, которые были раньше у военнослужащих. Это медицинское обеспечение, это санаторно-курортное обеспечение…

П. А.: Паш, ну хорошо. А кто придумывает эти реформы, как ты считаешь?

П. Г.: Не знаю. Генеральный штаб, наверное. Сердюков только утверждает. Он, как министр обороны, дает отправные точки. Министру обороны Верховный главнокомандующий дает отправные точки. А Генштаб уже детально разрабатывает. Вот допустим, поступила команда перейти на бригадный метод организации Вооруженных сил. А кто его знает, что это хорошо? Американцы. Вот все и идет по-американски…

А. К.: Как пел Высоцкий: «Это все придумал Черчилль в 18-м году».

П. Г.: Ну что, ребята, мне пора!

П. А.: Пока, Паша.

А. К.: До свидания.

П. Г.: Счастливо оставаться. Я пошел. Привет горячий.

Джеймс Бейкер: *«Вы так и не построили свободную рыночную экономику»*

Джеймс Бейкер сыграл огромную роль в советской и российской политике. Глава администрации и министр финансов во время президентства Рональда Рейгана (1981–1988), Государственный секретарь при Джордже Буше-старшем (1989–1992), он с энтузиазмом воспринял новый курс Михаила Горбачева. Благодаря перестройке Бейкер даже вошел в политическую географию: 1 июня 1990 года вместе с Эдуардом Шеварднадзе он подписал соглашение о передаче США части акватории Берингова моря, по разделительной линии Шеварднадзе–Бейкера.

Госсекретарь США поддерживал и российских реформаторов, часто в ущерб себе продвигая интересы независимой России. Первый министр иностранных дел России Андрей Козырев считал его самым надежным партнером нашей страны за рубежом. Однако даже усилий Бейкера и Джорджа Буша оказалось недостаточно, чтобы изменить вектор российско-западных отношений.

Петр Авен

Петр Авен (П. А.): Господин Бейкер, большое спасибо за согласие на эту беседу. Мы с моим коллегой Альфредом Кохом делаем книгу о событиях 1991–1993 годов в России, и роль Запада в этих событиях до сих пор не вполне ясна. Влиял ли Запад (и в первую очередь США) на процесс распада СССР; был ли он готов к этому распаду; насколько верными были решения западных лидеров о предоставлении (или, наоборот, о непредоставлении) помощи республикам бывшего Союза в этот период; как эти решения повлияли на нашу жизнь и т.п.

Джеймс Бейкер (Д.Б.): Вы читали мою книгу*? Я про многое из того, что вы обозначили, там пишу.

П.А.: Вашу книгу я обязательно прочту. Но пока она не переведена в России, было бы крайне интересно узнать ваше мнение по ряду постоянно обсуждаемых сегодня в России тем. Насколько американское правительство было готово к распаду СССР? Збигнев Бжезинский делал прогнозы о таком распаде задолго до того, как он случился, но как нам, правительству Ельцина, показалось, осенью 1991-го американская бюрократия была застигнута событиями в СССР врасплох.

Д.Б.: Я считаю, что мы были готовы, но все-таки, когда это случилось, мы были удивлены. Никто не ожидал, что распад Советской империи произойдет так стремительно. Никто и у вас, может быть, кроме Ельцина и нескольких его сотрудников, не предполагал того, что случилось в Минске, — я имею в виду декларацию о роспуске СССР и создании Содружества Независимых Государств. И все-таки мы оказались готовы реагировать. Мы быстро установили контакты с лидерами новых стран и в течение нескольких недель везде открыли посольства.

П.А.: Это верно. Но если мы вернемся назад — в 1989 или 1990 год, — вы обсуждали между собой возможность развала Советского Союза?

Д.Б.: О нет. Для меня во всяком случае это был сюрприз. Да и для всех в администрации. А разве в самой России этого кто-то ожидал?

П.А.: В нашем экономическом кружке мы пришли к выводу о неизбежности распада весной 1991 года и начали к этому готовиться.

Д.Б.: Весной 1991-го. За шесть месяцев.

П.А.: Да, за шесть. А вы о чем думали в это же время?

Д.Б.: Снова скажу: «К распаду СССР мы были готовы, но не ожидали его». В этом разница — между принципиальной готовностью и ожиданием конкретного срока. Мы уже хорошо понимали, что США останутся

---

* Baker J.A., DeFrank Th.M. The politics of diplomacy, 1995.

единственной сверхдержавой. В то время все пытались сближаться с Америкой. В том числе и Ельцин со своим правительством. По сути, он был готов соглашаться с большинством наших действий. У нас были разногласия, но не много. Между Ельциным и Бушем было очень немного разногласий.

П. А.: Как вы знаете, россияне верят в заговоры, в конспирологические теории. В частности, падение нефтяных цен весной 1986 года, которое стало катастрофой для Горбачева, объясняют происками американцев. Говорят, это вы (а именно ЦРУ) подтолкнули саудовских принцев к наращиванию добычи и тем самым к снижению цен. С целью развала СССР. Я обсуждал эту тему с Дональдом Рамсфельдом — бывшим министром обороны США. Он мне ответил, что мы крайне переоцениваем интеллектуальные способности американской бюрократии.

Д. Б.: Соглашусь с Рамсфельдом. В наших национальных интересах иметь более низкую цену на нефть — это помогает нашей экономике. Но мы никогда не толкали цены вниз ради развала Советского Союза*.

П. А.: Давайте вернемся к «неожиданностям» 1991 года. В частности, к августовскому путчу. У нас вовсю дискутируется вопрос — знал о подготовке путча Горбачев или не знал. Говорят, вы предупреждали Горбачева за два или три дня. Это так?

Д. Б.: Да, да. Я думаю, это было не за два дня, а еще в июне.

П. А.: А откуда у вас была информация? От ЦРУ?

Д. Б.: Я не очень помню, кому я звонил. Кажется, все-таки не Горбачеву, а Бессмертных. Еще до нас доходили слухи, что Горбачев может быть привлечен к уголовной ответственности после провала путча. Об этом гово-

---

* После беседы с Бейкером я обсудил падение нефтяных цен в 1986 году с самым известным мировым экспертом — Дэном Ергиным, автором бестселлера «Добыча» (The Prize). По его мнению, самих американцев падение цен застало врасплох. Решение резко нарастить добычу было принято Саудовской Аравией самостоятельно. Во-первых, саудиты считали, что их партнеры по ОПЕК мухлюют с объемами добычи, существенно превышая утвержденные организацией квоты. Во-вторых, быстро росла добыча вне ОПЕК, во многом обессмысливая жесткий контроль квот внутри ОПЕК. По мнению Ергина, лобби нефтяных компаний в США столь сильно, что правительство вряд ли посмеет когда-либо серьезно бороться за снижение цен на нефть. — *П. А.*

рили люди из его окружения. Встречаясь в декабре 1991 года с Ельциным, я сказал, что привлечение к ответственности Горбачева будет ошибкой.

П. А.: Мне не кажется, что у Ельцина были такие планы… И все же о вашей готовности к распаду Союза. Когда мы начали работать в правительстве, у нас, у команды Гайдара, у меня, отвечавшего за внешнеэкономические связи, сложилось твердое ощущение, что западные чиновники не хотят, боятся этого распада. Что им удобнее по-прежнему работать с Горбачевым. Желание иметь дело с СССР, которого, по сути, уже не было осенью 1991-го, отчетливо проявилось в рамках Парижского клуба. Ваши чиновники по инерции стремились взаимодействовать с межреспубликанскими структурами, на нас, правительство России, еще долго смотрели как на самозванцев… США в Парижском клубе представлял Дэвид Малфорд — он так себя и вел.

Д. Б.: Малфорд работал на меня, когда я был министром финансов.

П. А.: У нас было ощущение, что ментально западной бюрократии ближе Горбачев, чем Ельцин. Вы лучше Горбачева понимали, вы к нему привыкли. И Бессмертных был вам удобнее и понятнее Козырева. Андрей, кстати, беседуя с нами, с таким мнением согласился. Хотя и отметил свои исключительно близкие отношения лично с вами.

Д. Б.: А я не соглашусь. Начиная с июня 1991 года (Андрей — свидетель) я, посещая Россию, всегда встречался и с Козыревым, и с Ельциным. Поддерживали ли мы Горбачева? Да, потому что он был реформатор, мы имели опыт сотрудничества с ним и считали, что он не сойдет с пути реформ. Мы не хотели возвращения сторонников жесткого курса. Но мы также видели, что происходит. Поэтому в своих официальных поездках в Советский Союз я, госсекретарь США, всегда встречался с руководителями России.

П. А.: Козырев говорил нам, что когда вы приехали в Москву 16 декабря 1991 года, то провели много времени с Горбачевым. Это было бессмысленно, Горбачев уже не имел власти. Однако вы с ним были лично близки и хотели его поддержать. Андрей считает, что, потеряв много времени с Горбачевым, вы в тот визит не успели подробно обсудить с ним и Ельциным вопросы помощи России со стороны Запада.

Д. Б.: Я с этим не согласен. Я проводил много времени с Ельциным, я проводил много времени с Козыревым — мы регулярно общались с российским руководством задолго до распада Советского Союза. Весной 1991 года мы в Москве встречались с оппозицией, и это не приветствовалось администрацией Горбачева. Вместе с тем мы работали с Горбачевым несколько лет, мы видели его усилия и желали успеха его реформам. Мы не хотели, чтобы эти реформы захлебнулись... Мы работали и с Ельциным, и с Горбачевым. И когда стало ясно, что власть переходит к Ельцину, мы построили с ним и с Козыревым такие же близкие и эффективные отношения, какие у нас были с Горбачевым и Шеварднадзе.

П. А.: Хорошо, но вот когда мы начали переговоры с Парижским клубом в самом конце ноября 1991-го и в Москву приехала его делегация, она хотела иметь дело исключительно с межреспубликанскими структурами и Горбачевым. Это было за две недели до официального распада СССР.

Д. Б.: В конце ноября Горбачев еще был официальным лидером. И было бы ошибкой не работать с ним. Хотя, возможно, частично вы и правы — бюрократия не смотрит в будущее. Я же, как госсекретарь, в этот период всегда встречался и с советским, и с российским руководством.

П. А.: Я действительно считаю, что существует разрыв между позицией лидеров (в то время — вашей и Буша) и позицией бюрократов среднего звена. Дэвид Малфорд осознал, что долги надо обсуждать с российским правительством, а не со структурами Межреспубликанского экономического комитета с немалым опозданием.

Д. Б.: Вероятно. Моя близость с Ельциным может быть продемонстрирована нашим разговором в конце декабря 1991 года. Знаете, что сказал мне Ельцин?

П. А.: Он просил гуманитарную помощь...

Д. Б.: Что?

П. А.: По словам Козырева, Ельцин просил у вас гуманитарную помощь. А о другом вы не успели поговорить, так как вы задержались у Горбачева.

Д. Б.: Это Козырев так считает. И это чушь. Если вы посмотрите мои записи, то увидите, что у нас была серьезная дискуссия. И дайте я расскажу, что сказал мне Ельцин. Он с невиданной откровенностью рассказал мне, госсекретарю США, как будет развиваться ядерная программа и управление ядерным оружием в рамках Содружества Независимых Государств. Как будут размещаться новые ракеты; у кого будет кнопка и у кого ее не будет; что думают по этому поводу лидеры Украины, Белоруссии и Казахстана; как они считают, что у них будет ядерное оружие, а на самом деле у них его не будет. Это все говорил Ельцин, не Козырев... Так что я не согласен, что мы тогда всерьез не поговорили.

П. А.: Гайдар и Козырев вспоминают, что на этой встрече они хотели поставить вопрос о широкомасштабной западной помощи России. О чем-то, похожем на план Маршалла. И они не успели тогда это четко сформулировать, потому что не хватило времени.

Д. Б.: Это они так оправдывают себя.

П. А.: Возможно. Кстати, этот ваш визит в Москву имел место через неделю после Беловежской Пущи. И как мы выяснили, беседуя с участниками этой поездки в Пущу, Ельцин, отправляясь в Белоруссию, даже не был уверен, что увидит там Кравчука. Он прежде всего ехал на встречу с Шушкевичем. А в результате они там распустили Советский Союз. Не имея предварительно никаких заготовок, никаких документов...

Д. Б.: А вы говорите, мы должны были быть готовы. Они сами ничего не знали.

П. А.: Верно, но может быть, вы были мудрее и могли это предвидеть.

Д. Б.: Нет, это был сюрприз. И для нас, и для них. Хотя и мы, и они (Ельцин, Кравчук, Шушкевич) к этому как-то готовились.

П. А.: О ядерном оружии. Козырев говорил нам, что, по его мнению, вы были самой полезной фигурой среди всех западных политиков, с которыми ему пришлось иметь дело. Что вы лучше всех понимали реальность...

Д. Б.: Мы просто были хорошими друзьями и хорошо работали вместе.

П. А.: И он сказал, что благодаря вам США сыграли критически важную роль в выводе ядерного оружия с территории Украины и Казахстана.

Д. Б.: Это правда. Я потратил на все это три месяца. Особенно бился со... Зленко[154] — я правильно произношу фамилию?

П. А.: Зленко, да.

Д. Б.: Назарбаев в Казахстане, Зленко в Украине хотели оставить у себя ядерное оружие. Они не доверяли России.

П. А.: А почему вы хотели, чтобы ядерное оружие осталось только у России? Потому ли, что легче иметь дело с одной страной, чем с несколькими? Или потому, что вы доверяли России больше, чем, скажем, Украине?

Д. Б.: Доверие тут ни при чем. Мы действительно хотели иметь дело с одной страной, обладающей ядерным оружием, а не с четырьмя.

П. А.: Потому что легче контролировать и договариваться?

Д. Б.: Легче контролировать. Там, кстати, была проблема не только стратегических ядерных вооружений, но и тактического оружия. Мы делали все, чтобы это оружие тоже осталось только в России. По этой теме мы много работали вместе с Козыревым и с вашими учеными-ядерщиками. После закрытия ядерных программ ученым стало нечем заниматься. И мы боялись, что в результате они окажутся не там, где надо. Я встречался с вашими учеными в городе... Как он называется?

П. А.: Арзамас-16.

Д. Б.: Все это описано в моей книге. Это не просто мемуары. Там очень много документов.

П. А.: То, что ядерное оружие должно остаться только в России, — это была позиция США или всех западных лидеров?

Д. Б.: Все соглашались, что нехорошо после распада СССР получить четыре ядерные державы вместо одной. Хотя дискуссии были. И были дискуссии о том, кто должен получить советское право вето в Совете Безопасности ООН. Все эти вещи решились так, как мы хотели их решить. И я думаю, то, как был решен вопрос о ядерном оружии, полностью отражает интересы России и остальных республик бывшего СССР.

П. А.: Решение о правопреемстве России в ООН было все же единодушным решением?

Д. Б.: Всерьез это не ставилось под сомнение никем.

П. А.: Мы спрашивали Андрея Козырева: «В чем было отличие внешней политики Ельцина от политики Горбачева?» Козырев дал очень ясный ответ — при Горбачеве Запад (как и во все время советской истории) рассматривался как противник, пусть мирный, но противник; СССР и западные демократии по определению входят в разные блоки. А при Ельцине Запад стал рассматриваться как реальный партнер, Россия захотела стать частью западного мира. То есть Козырев попытался кардинально поменять традиционный вектор российской внешней политики. Чуть ли не первый раз в нашей истории.

Д. Б.: Я согласен, полностью согласен.

П. А.: А вы были готовы видеть Россию частью Запада?

Д. Б.: Ну да.

П. А.: Интегрировать Россию в НАТО? Не на словах, а на деле?

Д. Б.: Я написал в *New York Times* в 1993 году, что если Россия продолжит курс на построение демократии и свободного рынка, то мы должны обеспечить ее вступление в Североатлантический альянс. Меня очень жестко критиковали за эту статью.

П. А.: Вы действительно в этом смысле очень отличались от большинства западных политиков. Возможно, вы вообще были один такой. Вы и Джордж Буш. После прихода к власти Клинтона все поменялось. Мы помним не только вашу статью 1993 года, но и выступление в конгрессе в конце 1991-го.

Так или иначе, мы были первым посткоммунистическим правительством России. Придя к власти, мы очень надеялись на западную помощь. И были удивлены и разочарованы тем, что получаем крайне мало. В 1992 году мы получили $1 млрд от МВФ. И ничего — от западных правительств. Когда в 1994 году кризис случился в Мексике, она в течение нескольких дней получила от Запада более $50 млрд. Пятьдесят и один. Причем мы считали, что Россия — более важная страна, чем Мексика. Ядерная держава, на военное сдерживание которой только США тратят сотни миллиардов долларов в год. А мы сначала даже не могли договориться с Парижским клубом на нормальных условиях, похожих, скажем, на те, что получила Польша. Договорились только после непосредственного вмешательства американского посла в Москве Боба Страусса. Страусс сыграл очень важную роль — по моей и Гайдара просьбе он слетал в Вашингтон и сумел (встретившись то ли с президентом, то ли с вами) поменять переговорную позицию США. Позиция Дэвида Малфорда — крайне негативная сначала — была изменена на прямо противоположную в течение недели. Кстати, большого практического смысла американский негативизм в случае Парижского клуба не имел — США там мало что причиталось. Германия, наш основной кредитор, была настроена намного позитивнее.

Почему большинство западных лидеров не было готово к интеграции России в Запад? Простите за подсказку, но есть несколько вариантов ответа:

- они не хотели усиления России, вне зависимости от того, что в ней происходит;
- они не верили Ельцину;

- они не верили, что Ельцин удержит власть или что он способен поменять Россию;
- у них были внутренние политические ограничения.

Д. Б.: Мы, конечно, хотели Россию поддержать. Мы верили Ельцину и Козыреву. А политически да, вы правы, было очень трудно обосновать экономическую помощь России, с которой мы боролись 40 лет.

П. А.: То есть главными были внутриполитические ограничения?

Д. Б.: Да. Тем не менее мы понимали важность попыток включения России в европейскую или в евроазиатскую архитектуру. Мы (Козырев знает) в США хотели этого. Другие страны, быть может, были более осторожны. У Германии, например, осталась память о Второй мировой войне, у Франции были свои проблемы с Россией. Мы же твердо хотели сотрудничать с Россией, хотели перейти от конфронтации если не к партнерству, то во всяком случае к сотрудничеству.

П. А.: Не к партнерству — это очень важно. Козырев стремился именно к партнерству, вы же говорите о сотрудничестве. Партнерство ввиду вашего общественного мнения было невозможно. План Маршалла для России был невозможен.

Д. Б.: План Маршалла в то время был абсолютно невозможен. Американское общество не могло его поддержать — ни тогда, ни позже.

П. А.: Даже если бы Буш остался президентом?

Д. Б.: Кто знает... Наверное, если бы остался Буш, наше сотрудничество пошло бы лучше. Вообще, многое могло сложиться иначе. Если бы мы остались и не было покушения на Ицхака Рабина, то мирное соглашение между арабами и Израилем было бы почти наверняка подписано.

П. А.: Горбачев в своих интервью очень плохо отзывается о Козыреве.

Д. Б.: Естественно, Андрей был среди тех, кто лишил его власти.

П. А.: Горбачев говорит, что при Козыреве российский МИД был филиалом Госдепа США. Что вы на это скажете?

Д. Б.: При Ельцине и Козыреве позиции России и США были действительно очень близки. Но говорить, что российский МИД был филиалом Госдепа, несправедливо. Я так не думаю.

П. А.: Горбачев также говорит, что по мере того, как СССР слабел, он получал все меньше западной помощи. Он, вообще говоря, считает, что Запад его предал.

Д. Б.: На этот счет есть все документы. Нет ничего такого, что ему обещали и не дали.

П. А.: Это возможно, но, по его мнению, и обещали ему все меньше и меньше, и он все меньше кого-либо интересовал. По мере того как слабел.

Д. Б.: Не согласен. В своей книге я пишу, сколько денег он получил с нашей помощью, скажем, в Юго-Восточной Азии. Сколько я сам этим занимался вплоть до его ухода.

П. А.: А в чем вы видели разницу между Ельциным и Горбачевым? С кем вам персонально было легче работать?

Д. Б.: Вопреки мнению многих, я не вижу такой драматической разницы в работе с Ельциным или Горбачевым. Горбачев дольше был на верху партийной номенклатуры и, может быть, поэтому был менее решительным. Мы говорили о роспуске СССР в Минске, о том, что это было сделано без всякого предварительного плана, внезапно. Это типично для Ельцина. Горбачев так никогда бы не поступил. Он был осторожнее. И еще важно, что он был юрист. Я, кстати, тоже юрист. Юристы не торопятся.

П. А.: Кому вы доверяли больше?

Д. Б.: Мы доверяли обоим. Доверяли, но проверяли. Хотя я не припомню случая, чтобы Ельцин сказал что-то и не сделал. Ельцин и Козырев никогда нас не обманывали. Шеварднадзе — тоже. И Горбачев, хотя ему часто было трудно — он был все время под атакой — то ястребов, то либералов.

П. А.: Козырев считает ошибкой Ельцина то, что он не уволил людей, известных своим антизападничеством. Например, Примакова и ряд людей в КГБ. И это мешало выстраивать нормальные отношения с вами.

Д. Б.: Может быть, отчасти. Главное все же в том, что ни Горбачев, ни Ельцин не оказались способными всерьез реформировать вашу страну. Они были реформаторами и демократами. Но им так и не удались экономические реформы. Вы так и не построили свободную рыночную экономику.

П. А.: Я участвовал в экономическом реформировании и не согласен, что мы ничего не построили. Это все же не совсем так. Хотя обвинения в том, что построили «не то», мы слышим уже 20 лет.

Д. Б.: Я помню, как мы впервые разрешили советским гражданам выезд за 25-мильную зону от Нью-Йорка. И я пригласил Шеварднадзе с парой коллег полететь ко мне в гости. Он взял с собой одного экономиста, чтобы я рассказал ему о свободной рыночной экономике.

П. А.: Кто это был?

Д. Б.: Не очень молодой. Фамилия начинается на «Ш».

П. А.: Станислав Шаталин?

Д. Б.: Да, Шаталин.

П. А.: Он был моим учителем, а позже — начальником.

Д. Б.: А я рассказывал ему о рыночной экономике. В своей книге я вспоминаю, что Горбачев так и не решился на широкомасштабные рыночные реформы. Он все время колебался. Проблема была не в отсутствии идей, а именно в его нерешительности. Я знаю, что «План 500 дней» или «План Шаталина» был готов еще в августе 1990-го. Но после месяца размышлений Горбачев вышел с совсем другим планом, который вовсе не означал перехода к рынку. Фактически при премьере... Как его фамилия?

П. А.: Павлов.

Д. Б.: Да, при нем советская экономика стала не более, а менее свободной, более централизованной. Хотя я Шаталину в самолете с Шеварднадзе советовал другое.

П. А.: Увы... В какой-то степени получается замкнутый круг. Мы не провели необходимые реформы, а вы поэтому не предоставили необходимой помощи. Но без этой помощи уровень жизни (ввиду реформ) неизбежно падал, что вело к свертыванию этих реформ. Я по-прежнему считаю, что, если бы правительство Гайдара получило пусть даже не план Маршалла, а $10–20 млрд в 1992 году, у нас могла состояться действительно либеральная реформа. А так либеральных экономических реформ по сути не было, но во всем плохом винят либералов. Хотя экономика глубоко антилиберальна.

Д. Б.: Да, Россия сегодня антилиберальна. Но построить свободную экономику в стране, где ее никогда не было, вообще очень трудно. Вы не единственные, у кого процесс изменений пошел крайне медленно. Можно назвать Монголию, да и ряд других бывших коммунистических стран.

П. А.: И все же определенная финансовая помощь Запада (притом что сами реформы, конечно, должны были делать мы, и делать решительнее) могла в 1992 году изменить ситуацию. Мы уже вспоминали Мексику, получившую 50 млрд. Что бы было с Мексикой без вашей помощи?

Д. Б.: У нас с Мексикой не было сорока лет холодной войны. И мы с Джорджем Бушем, я уверен, делали все, чтобы вам помочь. В рамках своих возможностей. Но вы были не слишком готовы сами себе помогать. Хотела ли Россия вступать в НАТО, что я считал правильным?

П. А.: В России были разные на этот счет точки зрения.

Д. Б.: Именно. Мы, конечно, делали ошибки. Ошибки неизбежны. Но мы делали то, что могли, — и экономически, и дипломатически. После стольких лет холодной войны тратить на помощь России миллиарды долларов налогоплательщиков было невозможно.

Но главное — вы сами оказались не готовы. И сами не были уверены, куда идти.

П. А.: Спасибо. Я думаю, еще не все потеряно.

Д. Б.: Спасибо вам. И удачи.

Беседы с Гайдаром

Мы с Петром долго думали: ставить или не ставить в книгу интервью с самим Егором Гайдаром. Было много за и против. Но в конечном итоге мы решили, что это будет правильно — дать читателю услышать ответы самого Егора на те вопросы, которые обсуждали в книге его товарищи и коллеги по работе в правительстве.

Это интервью для журнала «Медведь»* я взял у Егора за два года до его смерти. Здесь интересны не только ответы на вопросы и размышления, связанные с этими ответами. Мне кажется, что в этом интервью виден Егор Гайдар как человек: деликатный, ироничный, добрый. Он никому (кроме себя) не дает уничижительных оценок, пытается «войти в положение» всех людей, которые так или иначе были затронуты в нашем разговоре.

В этом весь Егор, его сила и его слабость. Он слишком много своего потенциала потратил на «жаление» оппонентов, которые совсем не были склонны платить ему той же монетой...

Стала уже почти банальностью библейская истина о том, что «не бывает пророк без чести, разве только в отечестве своем и в доме своем» (Мф., 13:57). Люди (всегда!!!) не верят в талант, прозорливость или честность человека, который находится рядом с ними.

Но вот человек ушел. Его уже нет с нами. Может быть, теперь мы откроем свои уши и услышим то, что не хотели слышать, пока он был жив? Услышим голос настоящего патриота, то есть человека, для которого любовь к Родине не обернулась миллионами на счетах в швейцарских банках и который пожертвовал ради нее своей жизнью.

---

* Впервые опубликовано в журнале «Медведь» № 107, 108, 2007 г.

Его судьба могла быть счастливее и удачливее, если бы он был расчетлив и прагматичен. Но она у Егора оказалась такой, какой состоялась. И мы ему благодарны за то, что он нашел в себе силы прожить жизнь так, как он это сделал. Нам кажется, что, помимо прочего, своей историей он придал и нашим с Петром жизням еще какой-то особый смысл, которого без него бы не было.

Альфред Кох

Беседа первая. Об отставке

Альфред Кох (А. К.): Я никогда не беру интервью на злобу дня, а всегда — с точки зрения, говоря высокопарно, вечности. Поэтому я не буду ничего спрашивать обо всех этих историях с отравлениями, мы с тобой уже много раз это обсуждали «за кадром», меня интересует следующее: сейчас столетие Брежнева, и я пытаюсь сопоставить с его эпохой не ту эпоху, которая сейчас, а те времена, когда ты проводил реформы в России, и особенно тот период, когда ты оказался уже в отставке.

Мы выросли с ощущением, что политики высокого ранга, начиная от премьера и выше, уходят из власти каким-то естественным образом: либо просто умирают, как Брежнев, Андропов, Черненко, либо как-то еще, но все равно уже немолодыми людьми, пенсионного возраста. Ты, по-моему, был первым политиком, который был отставлен от управления страной в возрасте тридцати шести лет.

Ты оказался первым, кто после отставки должен был думать: «А что дальше делать-то?» Я не хочу предвосхищать твои ощущения, мне хочется, чтобы ты порассуждал на эту тему. Это довольно необычное состояние, ведь ты уже побыл в должности, которая играет роль достаточно сильного наркотика, а остальные должности такого адреналина, по определению, не дадут, разве что, я не знаю, прыгать без парашюта или заходить в клетку со львами. Поэтому мне интересно, что с тобой происходило, какими были «ломки», как ты «снижал дозу» и избавился ли ты от этого наркотика или и до сих пор есть это желание получить дозу?

Егор Гайдар (Е. Г.): Когда я уходил с должности премьера, ничего, напоминающего ломку, не было. Первое, что почувствовал, — безумную усталость. Еще, подсознательно, было чувство тревоги. Казалось, что вновь зазвонит телефон и снова нужно будет куда-то ехать, что-то решать, с кем-то ругаться, кого-то наказывать, заставлять, конфликтовать, что на меня опять выльют ведро помоев.

Умом я понимал, что больше не отвечаю за страну, телефон не зазвонит и мне не скажут, что произошло нападение на батальон ОМОНа на границе Осетии и Ингушетии, идут боевые действия, надо что-то делать. Умом-то я понимал, но тем не менее вздрагивал от каждого звонка. Дай вспомнить. Итак — усталость, тревога. Да вот, собственно, и все. Ломки не было. Обратно порулить не тянуло. Перед самой отставкой я занимался урегулированием осетино-ингушского конфликта. Это было тяжело, нужно было перебрасывать войска. Военные — они никогда не могут договориться, один говорит, что он не смог перебросить, потому что ему не дали самолетов, а другой еще что-то не смог, в общем, нужно было заниматься проблемой в режиме ручного управления. Одновременно улаживал ситуацию в Таджикистане — там гражданская война и более 100 000 русских, 201-я дивизия, погранотряды.

После отставки от каждого звонка вздрагивал. Хотелось отдохнуть. И главное — это возможность не отвечать за все.

А. К.: Абсолютно все замечают, что безумно сложно сразу после отставки заставить себя трудиться. Это самое главное — заставить себя снова работать.

Е. Г.: Это правда. Ты знаешь, я работяга: привык работать, читать много профессиональной литературы, делать пометки, писать. Вернуться в этот ритм работы тяжело. Пытался заставить себя, но посмотрел на происходящее трезвым взглядом: сажусь за стол, но лучше бы и не садился — когда перечитываю то, что написал, понимаю, это никуда не годится. Потому что голова отказывалась работать. И первое время безумная усталость: заметил, все время сплю — стоя, сидя, лежа...

А. К.: Затем усталость прошла.

Е. Г.: Не знаю, чем бы все кончилось с моей сонливостью, но мне особо отдохнуть не дали. Помню, вскоре после отставки уже решил, что хоть теперь-то смогу прожить спокойно, без звонков. Но рано утром меня разбудил телефонный звонок. Мне рассказали о сложной ситуации, требующей немедленного вмешательства.

А. К.: А что за ситуация стряслась?

Е. Г.: Дело в том, что, пока я пребывал в таком «сумеречном» состоянии, Виктор Степанович заморозил цены. В первые две недели, пока меня не было в правительстве, происходила какая-то вакханалия. Денег набухали в экономику столько, сколько не вливали никогда, ни за какие любые две недели предыдущего года. Потом заморозили цены, ну не совсем заморозили, а слегка приморозили. В результате недельная инфляция подскочила до уровня, на котором она никогда не была, и что самое страшное, вновь возник товарный дефицит, хотя казалось, что мы это уже все прошли! А я уехал под Питер, сплю, газет не читаю, радио не слушаю. Мне звонит Толя и говорит: «Ты знаешь, что здесь происходит? Ужас, кошмар».

Тут я проснулся. Понимаю, чем чревато произошедшее. Знаю, что имею возможность влиять на ситуацию, вмешаться в которую сочту нужным. Звоню Борису Николаевичу, говорю, что это важно, что пришлю ему короткую записку о том, что, на мой взгляд, нужно делать немедленно. Он записку прочитал, дал соответствующие указания. Короче, мало-мальски ответственную денежную политику и свободные цены удалось отстоять. Но не без потерь, не без потерь.

Процесс отставки носил «медленный» характер. Так, чтобы я проснулся и начал жить нормальной жизнью, не получалось. Да, я перестал работать и. о. премьера, нести ответственность и спрашивать с других, но при этом еще в полной мере оставался интегрированным в политическую элиту. Знал, что в любой момент, когда считаю нужным, могу сообщить о своем мнении президенту. Если напишу записку, она попадет к нему на стол, он ее прочитает. Ну и коллеги из экономического блока, что остались в правительстве, нередко заходили ко мне на дачу в Архангельском.

А. К.: То есть этой конструкции, что сразу отобрали дачу и т. д., — не было?

Е. Г.: Это было потом.

В другой раз, летом 1993 года, Андрей Вавилов звонит мне в панике: ЦБ изымает из обращения старые купюры, вводит новые. Это лето, люди в отпусках, им говорят, что теперь деньги недействительны, их можно обменять в пределах 10 долларов, что ли, а остальное пропадает. Он мне звонит и говорит, что Минфин никто не предупредил, а Ельцин где-то отдыхает. Пришлось влезать в эту драчку.

А. К.: Это Геращенко делал?

Е. Г.: Да. В это время позиция у меня, как ты понимаешь, была своеобразная. Я в отставке, но сказать, что полностью устранился от процесса принятия решений, нельзя. К тому же в это время нарастает конфронтация Ельцина с Верховным Советом, он пытается договориться, весной прошел референдум, в общем, весело. А потом президентский совет, и после него ко мне подходит Борис Николаевич и просит вернуться на должность первого вице-премьера. Ты помнишь, как было обставлено тогда мое назначение на эту должность?

А. К.: Нет, честно говоря.

Е. Г.: Я согласился, готовится указ. Решил, пока все еще не подписано, съездить в Ростов, давно обещал. Борис Николаевич должен был объявить о моем назначении на встрече с банкирами, что-то не получилось, а он накануне выехал в Таманскую дивизию и прямо в телекамеру, рядом с танком, объявил: «Первым вице-премьером по экономике будет назначен Гайдар».

Дальше вторая работа в правительстве. Там было уже все по-другому. Начало было совершенно безумное — события 3–4 октября, потом очень сложная ситуация конца 1993 года. После путча, но перед выборами в Думу. На меня многие смотрели как на следующего премьера: вот, сейчас будут выборы в Думу, у демократов будет большинство. Ты можешь себе представить, с каким энтузиазмом на меня смотрел Виктор Степанович. С одной стороны, он вроде действующий начальник... С другой, я — его бывший и будущий начальник.

А потом, когда мы эти выборы не выиграли... Хотя, честно говоря, я до сих пор не понимаю, почему считается, что мы в декабре 1993 года выборы в Думу проиграли. Наша фракция в Думе была крупнейшей. Демократы никогда больше не показывали таких результатов, как на первых выборах в Думу. У меня на этот счет есть свое мнение.

Но дело даже не в результате и не в предвыборной кампании. На мой взгляд, указ о роспуске Верховного Совета нужно было выпускать не в сентябре, а в апреле и выборы проводить не в декабре, а тогда же, сразу после референдума «Да-Да-Нет-Да». Тогда и результат был бы иной, и экономика бы пострадала меньше. Это, конечно, просчеты.

Но вернемся к моей работе в правительстве. Во второй свой приход в правительство на ситуацию я влиял мало, все делалось мимо меня...

А. К.: А почему это так произошло? Ты же первый вице-премьер по экономике! Почему все делалось мимо тебя? Это что, было прямое указание Черномырдина?

Е. Г.: Естественно. Хотя об этом никто вслух не говорил, но когда ключевые вопросы, которые стоят по $20 млн, выходят без моей визы... Ты же понимаешь, что это не могло быть случайностью.

Ты работал в правительстве и понимаешь, что по твоим вопросам без твоей визы или визы твоего зама документ выйти не может, если нет специального указания премьера. Значит, такое указание было. Ну а дальше аппарат с огромным удовольствием его выполнил. Я долго не хотел подключать Бориса Николаевича. В конечном итоге так и не объяснил ему суть происходящего.

После выборов продолжать работу в правительстве было бессмысленно, и я подумал, что правильнее будет пойти в Думу. Ведь мы тогда на деле получили парламент, который способен работать. Получили Конституцию, которая установила колоссальные полномочия для президента, который, в свою очередь, настроен реформаторски.

А.К.: Итак, начало 1994 года. Вы ушли вместе с Федоровым?

Е.Г.: Там все было более сложно: Федоров надеялся, что ему предложат серьезные полномочия за то, что он не уйдет. Поэтому сначала ушел я. Когда ему не предложили, ушел и он.

А.К.: И вот, наконец, ты — все, ноль без палочки.

Е.Г.: Ну, я еще не совсем «все», я еще в Думе. Лидер фракции как-никак.

А.К.: А кстати, ты же в Думе был и второй раз в период 1999–2003 годов?

Е.Г.: Во второй раз я не был лидером фракции. Мне не надо было выполнять все эти ритуалы: выступать на пленарном заседании, произносить пламенные речи...

Мне нужно было заниматься своим профессиональным делом. Которое тогда из-за моих отношений с правительством, из-за того, что правительство начало реализовывать ту программу, которую мы разрабатывали, было удовольствием. У меня была возможность за 2–3 дня получать ключевые документы за подписью лиц, принимающих решения, включая президента. Не надо было публично выступать, а возможности делать что-то полезное были, пожалуй, наибольшие за все то время, когда я работал во власти.

Потом, конечно, возможности стали быстро сокращаться.

А.К.: Но вернемся в 1994 год. Итак, «медленность» ухода из власти продолжалась. То есть, поскольку ты был лидером фракции, все эти встречи, вертушки, мигалки, дачи и т.д. оставались. И что самое главное — оставался статус «особо приближенного лица».

Е.Г.: Все это продолжалось до декабря 1995-го, пока мы не проиграли выборы в Думу. Однако хоть мы и не преодолели пятипроцентный барьер, но у меня прошло 11 депутатов-одномандатников в Думе, и я, как лидер партии, еще все равно публичный политик. Возможности уже, конечно, не те, но Чубайс вскоре стал главой администрации президента, и когда нужно было обсуждать действительно что-то важное, на узкие совещания меня просили подойти посоветоваться.

Дачу же отобрали раньше, после ухода из правительства. Сразу, без церемоний. Как и правительственные телефоны, машину. Аппарат тогда сразу сообразил, что Ельцин в это вмешиваться не будет. Я о себе не напоминал. Классическая ситуация с молчащими телефонами и шараханьем бывших «друзей» — это действительные реалии конца 1995 года. Тут уже все честь по чести.

А. К.: Ну да, конечно. Аппаратчики — люди тонкие. Они знали, что Ельцин не скажет, чтобы дачу отобрали, но и чтобы не отбирали, тоже не скажет. А Гайдар такой человек, который не будет звонить Ельцину и жаловаться. Поэтому надо отобрать. Чтоб знал.

Скажи, пожалуйста, весной 1997 года, когда Боря Немцов перешел из губернаторов в вице-премьеры и Чубайс тоже перешел из администрации и т.д., тогда тебе были сделаны предложения по работе в правительстве?

Е. Г.: Нет, тогда этот вопрос не обсуждался. Борис Николаевич в разговорах уже после моей второй отставки пару-тройку раз упоминал о целесообразности моего возврата, но не конкретно. Я отвечал, что в правительстве, возглавляемом Виктором Степановичем, я вряд ли буду полезен.

А. К.: А Виктор Степанович как премьер не обсуждался?

Е. Г.: Он весной 1997 года висел на тонком волоске. Тут ключевую роль сыграл Чубайс. Толя в тот момент мог стать премьером. Но он считал, что Черномырдин во время президентской компании вел себя порядочно и поэтому подсиживать его неприлично.

А. К.: А у тебя отношения с Черномырдиным не задались с самого начала?

Е. Г.: Да нет, не могу сказать, что не задались. У меня с ним были приличные отношения в то время, когда он работал под моим началом, вполне спокойные. Он вел себя порядочно, в премьеры не лез. Был такой момент, когда стало ясно, что у меня есть серьезный шанс вылететь из кресла, и был набор людей, которые начали суетиться. А Черномырдин — нет. Он вел себя достойно.

А. К.: Вообще-то у меня опыт общения с Черномырдиным тоже скорее позитивный. Он вполне нормальный мужик.

Е. Г.: Да. Единственный момент, когда мне с ним было очень тяжело, когда и его, и меня поставили в очень сложное положение, это конец

1993-го, начало 1994 года — когда я, почти официальный его преемник на этом посту, работал его первым замом. Это никому бы не понравилось. Это было время, когда отношения между нами были напряженными.

А. К.: И когда он против тебя восстанавливал аппарат.

Е. Г.: Да, а до этого и после у меня с ним были приличные отношения.

А. К.: Но вернемся к «окончательной» отставке в конце 1995 года. Вот это ощущение, когда вдруг замолчали телефоны...

Е. Г.: Естественно, они замолчали... Это всегда чувствуешь...

А. К.: И люди не кидаются в зале, чтобы пожать руку.

Е. Г.: Интересно, что, даже если тебя не назначили на важную должность, но известно, что тебя слушают и ты влиятелен, ты приходишь на какое-то мероприятие в Кремль, вокруг тебя выстраивается толпа директоров, губернаторов и т. д., которые здороваются и говорят: «Какое счастье! Как мы вас давно не видели!» А на следующий день конъюнктура поменялась, и ты заходишь и видишь, как народ от тебя шарахается, чтобы, не дай Бог, не оказаться на расстоянии ближе семи метров... И хорошо, если бы это было один раз...

А. К.: А сколько столетий это уже продолжается!

Е. Г.: Обычно такая перемена происходит один, ну два раза в жизни. Со мной это происходило раз восемь. Это начинаешь воспринимать как веселый спектакль.

Беседа вторая. О морали и эффективности в политике

А. К.: Давай поговорим с тобой о морали и эффективности в политике. Заранее предупреждаю, что я буду тебя провоцировать, намеренно неполиткорректно обострять, короче — вести себя как прожженный журналюга.

Е. Г.: Что ж, давай, обостряй. Мораль и эффективность в политике?.. На мой взгляд, в подавляющем большинстве случаев моральные политики неэффективны.

А. К.: Я понимаю, что ты имеешь в виду. А все-таки, нет примеров высокоморальных политиков, которые тем не менее оказались эффективными? Ну, первое, что приходит в голову, — папа римский Иоанн Павел II?

Е. Г.: Да, Иоанн Павел II моральный человек. Но я не могу относиться к нему как к политику, это другая сфера. Его же не избирает народ...

А. К.: То есть политику, которого не избирает народ, быть моральным легче?

Е. Г.: Это так. Это странно, но боюсь, что соответствует истине.

А. К.: То есть моральных политиков нужно искать среди царей, диктаторов?

Е. Г.: Да, а почему нет? Я думаю, что Александр II был человеком, не лишенным нравственного начала.

А. К.: Особенно по отношению к своей первой жене.

Е. Г.: Это бывает, но не имеет отношения к его политическим качествам.

А. К.: Как сказать. Кстати говоря, очень высокоморальным человеком в личном плане был Александр III. Он воевал однажды на Балканском фронте во время так называемого освободительного похода его отца, и после этого Россия не воевала вообще. Он так наелся всей этой окопной правды...

Е. Г.: Да, скорее всего. Но при нем были прерваны реформы его отца, которые потом были продолжены лишь много лет спустя Столыпиным. И за эти годы были упущены возможности и преимущества, которые Россия могла получить, а она их не использовала.

Он был высокоморальным, но неэффективным. Это тот случай, о котором я говорил в начале. Все, что мы получили в XX веке, — революцию, гражданскую войну, сталинский геноцид — это плата за те десятилетия топтания на месте.

А. К.: Ну да, у него была так называемая «теория малых дел». То есть Александр III — это был первый политик застоя и стабильности в России.

Е. Г.: Да, совершенно точно.

А. К.: А Рузвельт?

Е. Г.: Это вопрос сложный. Я недостаточно хорошо знаю его личную историю.

А. К.: Предположим, что она безупречна.

Е.Г.: Хотелось бы так думать, потому что Рузвельт производит впечатление морального политика.

А.К.: Он был, как бы это помягче выразиться, прагматичным политиком. Одно его заигрывание с Джозефом Кеннеди, про которого говорили, что он был связан с ирландской мафией, которая всегда была связана с итальянской...

Е.Г.: Да? Я поэтому и не решаюсь сказать, что он был высокоморальным политиком. С трудом себе представляю, как устроены эффективные высокоморальные политики. Мне они не встречались.

А.К.: Да. Но я все-таки нашел кое-кого. Например, Маргарет Тэтчер?

Е.Г.: Ну что ж, интересно... Она действительно была эффективна, практически никогда не врала, пыталась проводить политику, в которую верила, пришла к власти не путем явных интриг, по крайней мере то, о чем мы можем знать... Да, согласен, Маргарет Тэтчер.

А.К.: То есть получается наоборот: по-настоящему эффективные политики — они всегда высокоморальны? Но тогда что такое эффективность? Вот от Маргарет Тэтчер нет ощущения, что она прямо такая победительница. Ну, сделала свое дело и ушла.

А вот у Рейгана есть имидж — он развалил Советский Союз. Но вот что получается: развалил-то он его в том числе и с помощью исламских фундаменталистов, «Талибана», бен Ладена, «Аль-Каиды», путем создания проблемы религиозного терроризма. И весь этот нынешний исламский ренессанс делался в 80-е, на американские деньги.

И если Советский Союз — это была империя зла, чудовищный тоталитарный режим, подчиняющий себе и другие государства, ужасная, неэффективная и угрожающая мировой экологии экономика — да, все это было, но можно было договариваться с теми же Брежневым, Андроповым. Они были готовы договариваться и потом эти договоренности соблюдали. Был какой-то диалог, и в этом мире можно было жить.

Но сейчас мы имеем, что непонятно, с кем договариваться, люди, которые принимают решения, неуловимы и прячутся, с ними невозможно разговаривать, они не держат слов, которые дают, и они по-настоящему не управляют бандами вооруженных террористов. Нападение может случиться в любой момент в метро, в гастрономе, на работе — бомба, отравляющие вещества, все что угодно.

Это хорошая замена «империи зла»? И эти люди — победители? Эти люди — эффективные политики?

Е. Г.: Тем не менее мы можем назвать Рейгана эффективным политиком. Он хотел, чтобы не было коммунистического режима, и он к этому пришел; он хотел, чтобы это было сделано скорее, и это произошло. Я знаю людей, которые его не любили, но в целом он для меня – пример эффективного политика.

А. К.: Так как все-таки, не бывает высокоморальных политиков, которые были бы эффективными?

Е. Г.: Думаю, что есть ситуации, в которых моральная политика выигрывает. Но это исключение. Извини, но я считаю себя человеком нравственным.

А. К.: Но ты же и говоришь, что в политике ты не очень...

Е. Г.: Как электоральный политик я равен абсолютному нулю.

А. К.: А хочешь, я скажу, не очень, может быть, приятную для тебя вещь: то, что ты делал в начале 90-х, – это не политика. И поэтому говорить о твоей эффективности как политика бессмысленно.

Е. Г.: Да, конечно. Просто я выполнял политические роли в особый, переломный момент и сделал то, что должен был сделать.

А. К.: Это не политика, потому что ты не стремился к власти. Потому что, если бы ты к ней стремился, ты бы, как Черномырдин, давал бы команды аппарату кого-то не согласовывать. Знал бы, что если кто-то может тебя подсидеть, то ты его без сожаления из правительства выгонишь. А ты с Черномырдиным спокойно сидел и работал. Когда было возможно получение от Ельцина полного премьерского кресла, ты этого не делал, когда можно было «нажать» на Ельцина, не «нажимал»... Ты не политик. Одна, кстати, есть претензия к правительству молодых реформаторов любого разлива, хоть первого, хоть второго, в которое мы оба входили, хоть третьего, – то, что мы никогда не стремились получить полную власть.

Е. Г.: Это правда. В правительстве молодых реформаторов было одно исключение – Боря Немцов. Он-то политик и хотел власти. На нашем фоне он смотрелся иначе. Он был другим.

А. К.: Это была большая ошибка – не стремиться к полной власти. Но я всегда отвечаю: «А Ельцин бы ее не отдал». Я эту интонацию, обстановку 1996–1997 годов чувствую лучше тебя, потому что я был там внутри. А ты уже был немножко снаружи. Тогда уже у «молодых реформаторов» не было такого влияния на Ельцина, которое было в 1991–1993 годах. Ельцин тогда уже был полностью под влиянием Тани, которая, в свою очередь, была очарована Борисом Абрамовичем и Владимиром Александровичем. А они говорили, что у нас тут этих Чубайсов вилами не перекидать и мы сейчас будем рулить.

Борис Абрамович в прямом эфире говорил, что правительство должно слушать крупный капитал, но на самом деле имел в виду только одного себя. Получалось, что «крупный капитал» — это был синоним себя любимого.

И самое поразительное, что сейчас силовики пытаются присвоить себе лавры победы над Гусинским и Березовским, в то время как тогда, когда эти два красавца гуляли по буфетам и пинком открывали двери Борису Николаевичу, они все их слушались и не боролись с ними совершенно. Как раз вот эти самые безвластные Чубайс, Кох и прочие боролись, а силовики Березе и Гусю на нас компромат таскали.

Е. Г.: Вы подняли «вооруженное восстание», и вам показали, кто хозяин в доме. Вот видишь: Гусинский и Березовский были не очень высокоморальными, но зато эффективными!

А. К.: И Ельцин нас тогда не поддержал, а более того, сделал все, что от него хотели эти орлы. И, дав им медийный ресурс, он потом стал им фактически прислуживать. И как это, по-твоему, называется? Применительно к Ельцину? «Отказ от морали во имя эффективной политики» или «во имя безопасности, личной власти и спокойной старости я готов пожертвовать кем угодно»?

Как же так случилось, что два человека, совершенно даром, без какого-либо права, без объяснения причин получили главные телевизионные каналы страны, да так, что вдруг, неожиданно, стали этой страной управлять как хотели. И это говорят про харизматичного, любой ценой цепляющегося за власть, продающего за это всех близких, даже самых кровных братьев, политика? Политика, который предал всех своих друзей и соратников для того, чтоб отдать власть Владимиру Александровичу и Борису Абрамовичу.

Вот Путину можно многое простить за то, что он этих двух архаровцев укоротил. У него этот отказ от морали во имя эффективной политики хотя бы чем-то иллюстрируется.

Е. Г.: У меня ощущение, что я знаю двух Борисов Николаевичей Ельциных. Первый прекратил свое существование 4 октября 1993 года. Я его хорошо знаю, с ним работал. Был еще один человек, который тоже называется Борис Николаевич Ельцин. Но он совсем другой.

Да чтобы Ельцин, Борис Николаевич, образца 1992 года стал слушать Березовского с Гусинским! Это даже не смешно.

А. К.: Но именно тот, «ранний» Борис Николаевич поставил рулить пиаром либеральных экономических реформ, а следовательно, и телевидением, некого Полторанина, а потом Миронова...

Е. Г.: Ну, Миронов — это было уже позже.

А. К.: А Полторанин? Хрен редьки не слаще.

Е. Г.: Полторанин, конечно, не слаще, но для Бориса Николаевича он был политически близок.

А. К.: Но он же был неэффективен. Он не организовал никакого пиара реформам! Скорее наоборот!

Е. Г.: Тогда, конечно, нет, но когда он придумывал для Ельцина текст, якобы произнесенный на пленуме... Кстати, довольно забавная история! Это пленум октября 1987 года, на котором выступал Ельцин, на котором его снимали с должности первого секретаря Московского горкома партии за то, что он противопоставил себя партии. А противопоставление выражалось в том, что он поставил вопрос о своей отставке, потому что не согласен с проводимым курсом. Он тогда произнес речь, достаточно сумбурную. В том виде, как это было произнесено, распространить ее было нельзя, она бы никого не заинтересовала. Ну, подумаешь, снимают кого-то с поста первого секретаря, человек он еще не слишком известный, потерялся бы на этом фоне.

А Полторанин тогда написал все про Раису Максимовну, про привилегии — все, что народу хотелось услышать. Так и пустили по рукам. В этом смысле для того времени он был человеком поразительно эффективным. Ельцин просто не понял, что время радикально изменилось.

Послушай, я же не говорю, что в 1991–1993 годах Борис Николаевич был идеальным человеком, который не пил и не курил (не курил, кстати, он никогда). Нет, это был сложный человек, с капризами, сложный в работе, склонный принимать неожиданные решения, никого не слушать. В наших разговорах с ним он иногда доходил до полного кипения.

Помню, на совещании, после того как отраслевики долго вешали ему лапшу на уши, он встает и говорит: «А мы сделаем вот так». Я отвечаю, что это, к сожалению, невозможно, что я не могу с этим согласиться. Когда мы выходим, он говорит: «Что вы себе позволяете, к тому же на людях!» Я отвечаю: «Хорошо, понимаю, давайте мы это сделаем. Я сейчас напишу заявление об отставке. Пусть за это отвечает кто-то другой». Вопрос удалось снять.

Я не говорю о том, что до осени 1993 года Борис Николаевич напоминал рыцаря без страха и упрека, но это был один человек, а после 1993 года — уже другой. И тогда начало происходить то, о чем ты говоришь.

А. К.: А это что — ослабление воли, старость? Или у него произошел нравственный надлом?

Е. Г.: Да, какой-то надрыв. И нравственный, и моральный, и физический.

А. К.: И вот тогда выпивка начала мешать работе?

Е. Г.: Да, даже когда я уходил в 1994-м, это не было для меня неожиданностью.

А. К.: Как ты думаешь, этот надрыв случился после путча?

Е. Г.: Да, думаю, после событий 3–4 октября 1993 года. Хотя в жизни такой процесс всегда растянут во времени.

А. К.: Из-за чеченской войны?

Е. Г.: Да нет, война — это потом уже. Понимаешь, приближенные чиновники и аппарат, они ему морочили голову. У него было ощущение безумной усталости, и на этом начали играть в стиле «Ну что вы беспокоитесь, не царское это дело! Сейчас придет такой-то, например Сосковец, и все разрулит. Было бы что-то важное. А мы с вами пока поработаем с документами».

А. К.: Я это понимаю, но тем не менее как он мог позволить уничтожить команду Чубайса и даже не дать нам защитить себя, даже самим Чубайсу, Немцову... Это же была единственная его опора! Министр внутренних дел Куликов не был его сторонником, генеральный прокурор Скуратов — тоже, все эти фээсбэшники — грош им всем цена! Особенно тем, которые остались после Коржакова и не были лично преданы Ельцину и не были ему лично обязаны. Может, после встречи с Гусинским и Березовским ему показалось, что у него появилась новая команда, более эффективная?

Е. Г.: Хуже знаю его отношение к Чубайсу в поздний период, но в то время, когда я с ними работал, когда больше встречался, в начале 90-х, он к Чубайсу относился холодно. Ко мне он относился чисто по-человечески тепло, хотя мы могли и ругаться, а к Чубайсу — отстраненно.

А.К.: Да дело тут не в тепле. Он же привлек Чубайса к предвыборной кампании 96-го года, когда земля под ногами загорелась. Когда и Коржаков, и Сосковец не придумали ничего лучше, как снова распустить парламент!

Е.Г.: Да, конечно. Лишиться Чубайса, его команды — это было очень необдуманное решение, которое дорого стоило стране, потому что дефолт — результат этого. Но я думаю, что в личностном плане он к Чубайсу относился настороженно.

А.К.: Но тем не менее он решился на это. Может быть, ему казалось тогда, что у него появился новый Чубайс?

Е.Г.: Знаешь, Ельцина ведь недаром называют непредсказуемым. Например, все были убеждены, что он никогда не сдаст Коржакова. Даже Борис Абрамович был убежден в этом. Я собственными ушами слышал, как за полгода до снятия Коржакова, Барсукова и Сосковца он говорил, что даже если Коржаков расстреляет 100 человек у Кремлевской стены, то и тогда Ельцин его не снимет.

Думаю, что решение о снятии этих троих ему действительно далось тяжело, а ведь этот вопрос был ключевым. Наверное, тогда к нему вернулось что-то из его старых бойцовских качеств, он понял, что речь идет о приобретении или потере власти, что вопрос стоит так: или он вместе с Коржаковым становится банальным диктатором, опирающимся на штыки и спецслужбы, или у него есть реальный шанс стать настоящим президентом. И когда вопрос встал так, то он наплевал на Коржакова.

А.К.: Но тогда зачем же он отказался от власти? Значит, получается так: я так люблю власть, что ради нее я продам даже человека, который мне несколько раз жизнь спас, но потом, буквально через несколько месяцев, я эту власть настолько разлюблю, что отдам ее какому-то торговцу «жигулями»?

А вот еще по поводу «сдачи». Персоналии можно перечислять бесконечно, но есть ключевая группа людей, очень разных, но сыгравших в его жизни очень большую роль. Наиболее яркий представитель одной группы — это Александр Коржаков, а представитель другой — Анатолий Чубайс. Эти две группы людей очень не ладили между собой, но они имели большое значение в жизни Ельцина. Являясь представителем одной из групп, я тем не менее понимаю, что нельзя, например, недооценивать роль Коржакова в подавлении путча 1993 года. Она была важной, позитивной и т.д. Трудно переоценить его роль и в августе 1991 года, когда он защищал Ельцина фактически своим телом.

Они были настоящие друзья, кровные братья, вместе водку пили, в теннис играли и т.д. Он его сдал. Хотя было множество способов сделать это более деликатно, не так громогласно и не так безвозвратно.

Лишить человека власти, сохранив при этом с ним нормальные дружеские отношения можно, тем более что полномочия службы безопасности президента достаточно ограничены и Ельцин сам распустил Коржакова, де-факто наделив неограниченными правами. Вернуть же его в реальность было очень несложно. Ельцин этого не сделал. Он громогласно, публично и унизительно отставил Коржакова.

Возьмем Чубайса и его команду. Он всех уволил, хотя то, что сделал Чубайс для Ельцина... Без него он не был бы второй раз президентом, здесь даже обсуждать нечего.

Есть точка зрения, что он это делал ради России, ради которой никакие жертвы не бессмысленны. А есть другая точка зрения — личная власть, и только. По крайней мере личная власть и безопасность его и его семьи — это его безусловный приоритет, и поэтому все остальные люди — мусор, которым можно пользоваться для достижения этой цели. И, кстати, последний его экзерсис с преемником идет в ту же копилку, потому что в конце концов он продал еще и дело, которое так долго делал. Какая из этих точек зрения тебе ближе?

Е.Г.: Здесь я плохой судья. Потому что в отношении меня он никогда не делал ничего дурного, на мою отставку он был пойти вынужден. В личных же отношениях он вел себя всегда предельно порядочно. Во всяком случае по отношению ко мне.

А.К.: Твое счастье, что ты был уволен в ранний период, потому что потом он стал совсем другим. Есть очень интересный эпизод у Стивена Спилберга в фильме «Мюнхен». Там израильская разведка создает специальную группу глубоко законспирированных агентов, которая должна уничтожить всех палестинских террористов, которые убили олимпийскую команду Израиля.

И они действительно их искали по миру и убивали. Сначала они очень неохотно шли на убийство. Даже есть один эпизод, когда они вычислили одного, но очень долго ждали, пока дочка уйдет из дома, чтобы не убить его вместе с ней. Но постепенно они привыкли убивать и стали убивать людей уже десятками, в том числе невинных, если они оказывались рядом.

И вот Ельцин «сдавал» людей сначала очень тяжело, а потом привык и стал делать это, уже не задумываясь.

Е. Г.: Если говорить о Борисе Николаевиче, то, конечно, он хотел власти. Вспомни, как он сразу после шунтирования, как только чуть-чуть пришел в себя, сразу же отменил указ о том, что его замещает Черномырдин.

Но тем не менее мне кажется, что у него было ощущение миссии, что он не просто занимает это место, а по праву, потому что он спасает Россию.

А. К.: Это довольно устойчивая конструкция о том, что нравственно все, что делается «для России», в том числе и безнравственные поступки.

Е. Г.: Да, такая конструкция есть. И она не противоречит сказанному выше.

А. К.: Я в последнее время много занимаюсь журналистикой, поэтому много общаюсь и с самими журналистами. Они глубоко убеждены, что у них есть какая-то своя журналистская мораль, облегченная, то есть то, что обычным людям делать нельзя, им можно, потому что они несут информацию в массы, это их миссия. И поэтому они могут залезать под кровать, в туалет, разглашать государственные тайны и т. д.

Е. Г.: Это широко распространено и среди политиков. Многие из них глубоко убеждены — то, что они делают, оправдывает любые средства. Но ты должен также и признать, что есть занятия, при которых строгое следование моральным ценностям делает тебя малоэффективным. Я плохой публичный политик. Кому нужен публичный политик, который все время говорит правду? Да, я мог ошибаться, но я никогда не говорил неправду сознательно...

А. К.: То есть эффективный политик должен врать, изворачиваться — и это безотносительно доктрины, которую он проповедует, будь то коммунизм, капитализм, свобода, рабство и т. д.?

Е. Г.: Боюсь, что да. Есть, конечно, исключения, есть ситуации настолько кризисные, что можно позволить себе быть честным политиком. Например, Черчилль говорил в обращении к английскому народу после вступления в должность: «Я не могу вам обещать ничего, кроме крови и слез». В нормальной ситуации премьер-министр, который пришел с такой программой, долго бы не продержался.

А. К.: А вот еще одна тема. Все эти реформы, которые меняли экономику и вообще страну и из социалистической делали ее капиталистической… Если они и не были эффективными, то это потому, что они не были комплексными. Ты же понимаешь, что для реформирования России недостаточно экономических реформ. Изменить Россию можно только комплексными реформами, которые, помимо экономики, затрагивают и социологию, и пиар, и политику, и этим надо заниматься. А поскольку вся наша команда была сосредоточена только на экономических преобразованиях, то эти реформы были обречены на недостаточную эффективность.

Нужно было реформировать и правоохранительные органы, и судебную систему, и национальные отношения, и административное устройство, и пропагандой заниматься, и с прессой иначе работать.

В позиции, допустим, Явлинского, который говорил: «Либо дайте мне всю власть, либо не надо никакой, потому что частью я заниматься не буду», — в этом есть своя логика, потому что он прекрасно понимал, что в результате он окажется виноват в том, что реформа недостаточно хороша. То есть, может быть, это не рисовка и не попытка уйти от ответственности, а желание сделать лучше?

Е. Г.: В этом есть своя логика. Но вопрос в том, что для тебя является приоритетом. Если политическая карьера, то нужно занимать только эту позицию. Но взгляни шире. Во-первых, ты у власти будешь не навсегда, во-вторых, даже находясь у власти, будешь уязвим, и тебе будут мешать те проблемы, которых ты не контролируешь по объективным причинам.

По сути, есть выбор: можно сделать что-то или не сделать ничего. Третьего пути — получить всю власть и бесконечно долго ее контролировать — нет. Вот и выбирай! Мы решили сделать хоть что-то. Явлинский — не делать ничего. Каждый считает, что он прав. Кто нас рассудит? Как ни банально — только время.

А. К.: Ну хорошо, даже если мы не будем говорить об МВД, Генштабе, стратегических ядерных силах и пр., но, находясь в здравом уме, можно ли считать, что ты руководил экономическим блоком реформ, если ты не управлял Центральным банком? И даже в кадровом смысле не управлял?

Е. Г.: Без рычагов влияния на Центральный банк это было трудно.

А. К.: Так почему этого-то не добились? Почему не поставили перед Ельциным такой вопрос?

Е. Г.: Так а кто утверждал тогда председателя Центрального банка? Уж не хасбулатовский ли Верховный Совет?

А. К.: Ну а потом, когда это уже зависело от Ельцина, почему каждый раз появлялся Геращенко?

Е. Г.: Почему? Кабы знать. Когда от него это стало зависеть, а именно после 1993 года, это стало главным вопросом в наших трениях. Я говорил, что если они хотят проводить эффективную экономическую политику, то нужно менять Геращенко.

А. К.: И какой ответ ты услышал?

Е. Г.: Ответ — договаривайтесь с премьером.

А. К.: Но это же не ответ! Значит, он не хотел решать этот вопрос в твою пользу? А, ну да, я и забыл. В твоей версии это был уже другой Ельцин.

Е. Г.: Конечно! Посуди сам, там был некий коллективный «я», который ему говорил: «Давайте сейчас мы будем проводить реформы, теперь-то власть есть!» Но были и другие, говорившие ему: «Борис Николаевич, народ устал от реформ, давайте немножко отдохнем от них».

А. К.: Нет логики.

Е. Г.: Почему?

А. К.: Это звучит так: «Народ устал от реформ, давайте вместо реформ немножко повоюем».

Е. Г.: А это так.

А. К.: А от войны он не устал?

Е. Г.: Конечно, нет. Это же будет маленькая победоносная война! А что может быть лучше маленькой победоносной войны?

А. К.: В стране, уставшей от экономических реформ?

Е. Г.: Конечно...

А. К.: Ты не находишь, что как-то очень лихо у нас закольцевалась тема морали и эффективности в политике?

Беседа третья. О войне

А. К.: Помню появление в правительстве Георгия Хижи. Лидера питерской директуры. Я всегда говорил, что кадры — это конек Чубайса.

Е. Г.: Да, это была его креатура. Это был как раз тот случай, когда он «угадал».

А.К.: А что Хижа там натворил, в Осетии, когда его туда Ельцин послал разбираться? Я так этого и не понял. Ведь потом пришлось ехать и разруливать эту ситуацию тебе.

Е.Г.: Он просто растерялся. Все горит, идут бои, осетины громят склады с вооружением, а он растерялся напрочь!

А.К.: А с чего там все началось? Эта история тянется еще с царских времен. Сейчас уже забыли этот конфликт, а это же было что-то чудовищное.

Е.Г.: Да-да. Этот конфликт медленно накалялся, и в какой-то момент все взорвалось. Кто-то из радикальных ингушских лидеров, я так и не разобрался, кто именно, закричал: «Вернем себе старые земли» — с оружием в руках. Там же, и в Ингушетии, и в Чечне, оружия уже к тому времени накопилось предостаточно. Ингуши пошли, разоружили некоторые части, которые стояли на территории Ингушетии, получили дополнительные бронетранспортеры.

А.К.: То есть инициаторами были все-таки ингуши?

Е.Г.: Да, конечно. Дальше осетины начали требовать, чтобы им раздали оружие. Короче, долго рассказывать, но я им оружие раздал. Фактически у меня не было другого выхода. Там вопрос был такой: армейские части, которые были дислоцированы на территории Осетии, не хотели сопротивляться осетинам, но и не готовы были сами противостоять вооруженным отрядам ингушей, которые шли на Владикавказ.

А.К.: То есть они готовы были проиграть ингушам?

Е.Г.: Нет, они не готовы были сопротивляться народу. Без сомнения, осетины могли бы взять склады с оружием силой. Поэтому я сказал, что оружие мы им дадим, но по предъявлении военного билета и после написания заявления о зачислении в состав внутренних войск. Потом, как только боевые действия прекратились, они оружие вернули.

А.К.: А что значит «боевые действия»? Вот ингуши наступают, а осетины выкопали окопы, встали на позиции, отстреливаются...

Е.Г.: Да. Были бои. Осетины занимали оборонительные позиции, ингуши наступали, мне пришлось перебрасывать части внутренних войск, армии, уже не помню, какие конкретно. Войска встали между враждующими сторонами. И им пришлось воевать с ингушами, потому что в данном случае инициаторами конфликта были ингуши. В этой связи основной и единственной на тот момент моей задачей было сделать все для того, чтобы этот конфликт остановить. Любыми путями. Чтобы дальше ничего не развивалось. Чтобы не перекинулось в Чечню и т. д.

Потом появился Руслан Аушев. Он еще не был президентом Ингушетии, просто неформальный лидер. Он прилетел, и ситуация немного успокоилась. К тому моменту ингушей уже оттеснили на границу с Осетией, потом войска вошли в Ингушетию, чтобы установить некоторое подобие порядка, и дошли до границы с Чечней.

Ситуация была очень опасной. Было не ясно, где граница между Ингушетией и Чечней, где наши войска должны остановиться. А этот вопрос надо было согласовывать с тремя сторонами: с чеченцами, ингушами и армией. И самое главное, что я там делал, — занимался урегулированием этого вопроса. Я вызвал в Назрань первого вице-премьера Чечни, согласовывал границы размежевания, то есть до каких пределов могут дойти войска, иначе вспыхнет Чечня. И потом убеждал, доказывал. Что-то не устраивает ингушей, что-то — чеченцев. Было непросто.

А. К.: А в Чечне уже тогда было такое дееспособное правительство практически независимой страны?

Е. Г.: Да. Во главе с Дудаевым. Осенью 1992 года он уже был президентом. Я, правда, с ним не разговаривал, даже по телефону. Он несколько раз посылал ко мне людей, но я считал, что это не мое дело — общаться с лидерами самопровозглашенных государств. Я себе поставил одну-единственную задачу: мне было важно во что бы то ни стало остановить конфликт.

А. К.: Следствием этого конфликта, ты же знаешь, было то, что огромное количество ингушей стали беженцами. И они не могут вернуться до сих пор.

Е. Г.: Да, когда я прилетел в Осетию, там горели уже ингушские дома.

А. К.: А вот как это происходит: наступают ингуши, осетины берут оружие и с оружием в руках защищают, как они считают, свою землю. Можно долго спорить, чья это земля, уйти далеко в историю, но, так или иначе, осетины были готовы проливать кровь за свою землю.

Но вот происходит Беслан. Ингуши напали и убили их детей, что еще более чудовищно. Никакой реакции со стороны осетин — ни военных действий, ни призывов к оружию. Не дай Бог, конечно! Но чем это объяснить? Ведь прошло уже больше двух лет. Насколько это отсутствие реакции кажущееся? Или это та самая пресловутая стабильность?

Е. Г.: Думаю, да. У них было ощущение, что, если они сами себя не защитят, этого не сделает никто. Сейчас же есть представление о том, что есть власть, пусть она и разбирается. Русский крестьянин образца 1918 года и 1928-го один и тот же человек, но в 1918-м он твердо знает, что его никто не защитит, если он сам не возьмет винтовку, а в 1928-м он уже так не думает.

А. К.: У меня еще такой вопрос: вот Грачев ведь твердо, до каждого патрона и автомата знал, сколько оружия он передал чеченцам...

Е. Г.: Во-первых, он не знал до автомата. Какими бы документами сегодня ни размахивали разные граждане, никаких войск в тот период там не было. Считалось, что там были воинские части. Это только из Кремля Горбачеву или позже Руцкому казалось, что у него там есть армия. Но это были несколько офицеров с женами и детьми, которые якобы охраняли склады с оружием.

На эти склады регулярно производились нападения, которые, разумеется, не могли отразить несколько офицеров. Нападавшие брали оттуда оружие, боеприпасы, бронетранспортеры и т. д. Ну, сидит там три человека, а приходит 500 вооруженных боевиков. И что они будут делать, эти несчастные офицеры?

После этого Дудаев поставил туда свою охрану. Она была лояльна исключительно ему. Они совместно охраняли эти склады с нашими офицерами, с тем чтобы оружие не попадало в руки вообще неизвестно кого. Реально ситуация такая: формально стоит полк, а на самом деле никакого полка нет, стоит отряд чеченцев плюс несколько офицеров, которые хорошо если успели перебросить семьи куда-то в Россию.

А. К.: Хорошо. Но тем не менее меня интересует вопрос: Грачев прекрасно знал, сколько оружия в Чечне, — и по данным военной разведки, и по впечатлениям и рассказам этих самых офицеров. Он не мог не знать, сколько примерно человек может поставить под ружье Дудаев. Уровень их боеспособности он тоже знал не понаслышке. Откуда это упорное убеждение Ельцина, что одного воздушно-десантного полка достаточно, чтобы взять Грозный? Зачем в 1994 году ему нужна была эта война?

Е. Г.: Грачев не был сторонником войны. Энтузиастами были другие люди. Ключевую роль играл заместитель председателя правительства Егоров, бывший глава Краснодарского края. Вот это самое страшное, когда на ответственное место ставят храброго, энергичного дурака. Желательно гражданского. Он действительно был готов брать на себя ответственность, принимать решения. И в ситуации, когда никто не хотел брать на себя ответственность, он кричал: «А дайте мне! Я им покажу!..» Можно вспомнить знаменитую фразу другого ключевого автора решения по Чечне, единомышленника Егорова — секретаря совета безопасности Лобова. Когда его спросили, как он оценивает возможность партизанской войны в Чечне, он сказал: «Мы ее не допустим. И вообще, партизанская война не в традиции чеченцев». Ему, наверное, казалось, что они фронтальную любят, позиционную, с окопами и колючей проволокой.

А Грачев был против. Но ему сказали: «Надо!» Ты понимаешь, как готовили генерала воздушно-десантных войск в советское время? Их учили управлению войсками, которые должны были десантироваться в тыл противника на основные коммуникационные узлы, в то время как наступают танковые армии. У них была одна-единственная задача: спуститься и продержаться 72 часа. Что будет с ними потом — неважно, что они будут делать эти 72 часа, как держаться — тоже. Занять круговую оборону и 72 часа продержаться. Все, вот тебе и тактика, и стратегия. И перед человеком с такой подготовкой ставят задачу совершенно другого уровня и сложности. И он действительно уверен, что в состоянии одним полком взять Грозный.

Кажется, как можно не сопоставить: оружие, чеченцы, которые знают территорию, хорошие солдаты, мотивация есть, а ему даже в голову не приходит, что это не просто гражданский сброд, пусть даже с винтовками, и что они способны противостоять наступающему воздушно-десантному полку.

Вот другой пример: генерал Эдуард Воробьев, первый заместитель командующего сухопутными войсками — умный, хорошо понимающий, кто и как воюет, прекрасно образованный. Будь моя воля — назначил бы его начальником Генерального штаба.

Он поехал в Чечню, потому что получил приказ возглавить операцию. Посмотрел части, понял, в каком они положении, посмотрел данные разведки и сказал, что нужно как минимум два месяца на подготовку, чтобы из этого сброда сделать армию, и тогда можно начинать.

Не в том смысле, что начинать или не начинать — это не его дело, а просто потому, что немедленно, сейчас воевать нельзя. Но начальники ему сказали: «Можно и нужно». Он написал рапорт об отказе принять на себя руководство операцией.

Грачева можно упрекать в том, как велась первая чеченская война, но не в ее начале.

А. К.: То есть окончательное решение все-таки принимали гражданские лица, причем глупые и безответственные?

Е. Г.: Да.

Беседа четвертая. О приватизации

А. К.: 90-е вызывают у меня удивительное ощущение некой бессистемности, судорожности, абсолютной разнонаправленности попыток: то год интенсивных, фантастических либеральных реформ, то потом многомесячный застой. Я помню, когда закончилась чековая приватизация, мы написали новую программу, послали ее в правительство, и потом полгода — вообще ничего. Я уже не знал, что делать: ну распустите нас, что ли.

Кстати говоря, я хотел бы поговорить с тобой о приватизации. Как ты знаешь, она содержала в себе несколько ключевых элементов: собственно приватизация за деньги, когда запускали магазины с молотка. Она шла довольно успешно и имела довольно позитивные результаты в Нижнем, Питере, в других городах...

Потом появилась чековая приватизация, сейчас мы ее обсудим более подробно. Параллельно вместе с ней шли так называемые инвестиционные корпусы — весьма спорная вещь, а потом были залоговые аукционы. И, наконец, потом опять продолжилась денежная приватизация.

С денежной вроде все понятно: кто больше заплатил, тот и победил. Инвестиционные конкурсы — тоже понятно, что это некое интеллектуальное упражнение, цель которого — заманить к себе директуру, которая тогда имела сильный политический вес, но при этом не располагала достаточными финансовыми ресурсами.

И она сразу увлеклась составлением инвестиционных программ, тем более что внутри этого механизма было заложено, что они сами пишут инвестпрограмму.

Залоговые аукционы нужны были для того, чтобы заманить олигархов. И олигархия, пришедшая в 1995 году на залоговые аукционы, всю весну 1996 года честно работала на победу Ельцина.

Чековая же приватизация тоже замышлялась как некая «приватизация для народа». Для этого народу раздавались ваучеры, что само по себе было тяжелым административным упражнением. Это только такой гений бюрократии, как Чубайс, мог провести. При полном бардаке в стране, когда уже все разваливалось, провести такое! Это было административное упражнение фантастических масштабов.

Е. Г.: Это сопоставимо только с тем, как Троцкий за несколько месяцев сформировал боеспособную Красную армию. Вообще чековая приватизация, это организационно — перепись населения и денежная реформа в одном флаконе. Плюс собственно чековые аукционы. С организационной точки зрения это беспрецедентно сложная задача.

А. К.: Но чековая приватизация своих главных целей так и не достигла. Само словосочетание «ваучерная приватизация» стало просто символом несправедливости, синонимом некой аферы, считается, что народ обманули, заморочили ему голову. Хотя, за исключением этого случая, никогда, ни до, ни после, народу ничего не давали, у него только отнимали.

Е. Г.: Неправда. Приведу тебе пример из истории России, когда ситуация была похожей. В 1918 году народу дали землю. Но уже через три года крестьяне воем выли о том, как их с этой землей обманули. Они кричали, что лучше бы ее не давали совсем.

А. К.: Но крестьянам ее не дали, они сами брали!

Е. Г.: Они брали, конечно, но с осторожностью. Но потом им сказали, что все, что они взяли, правильно. Так они воем выли к 1920 году. Писали во все инстанции, что обрезали много земли, а добавили в результате с гулькин нос, когда все поделили поровну. Потом, делили же все поровну, но у одного, например, оказалась полоса за 12 верст, и «как я ее буду обрабатывать?». Этому дали землю лучше, чем тому… Они каждый год по новой делили землю, пока наконец Советская власть не поняла, в чем дело, и не сказала: «Хватит!» И после этого был такой гвалт возмущенных писем от крестьян: «Как же так, вот в прошлый раз неправильно поделили, что, теперь так и оставить?» Масштаб ненависти по поводу земли был огромным!

А. К.: Я думаю, что основная волна ненависти была после продразверстки, потому что в это время они даже не думали, как ее поделили. Они ее даже не обрабатывали…

Е. Г.: Я сам недооценивал остроту этой проблемы, пока не стал работать с документами.

А. К.: Я это все прекрасно понимаю. Землю все равно приходилось как-то поделить, а как ни подели, все равно будет несправедливо. Но вернемся к приватизации: можно ли было решаться на такое чудовищное по сложности административное упражнение в стране, остро нуждающейся в деньгах, и устраивать бесплатную приватизацию, не получив в результате ничего, кроме ненависти от несправедливо проведенной ваучерной приватизации? Может быть, проще было проводить и дальше денежную приватизацию? Объясни, как это было: вы действительно думали, что будет ощущение справедливости?

Е. Г.: Конечно, нет. Я был категорическим противником ваучерной приватизации.

А. К.: А кто был за? Найшуль тоже категорически открещивается и говорит, что к тому моменту он уже не любил идею ваучеров.

Е. Г.: Не знаю, что он любил, а что нет, но в том варианте, когда это все запустилось, его уже не было. А вот был, например, мой друг, депутат Верховного Совета Петр Филиппов. Это он провел через Верховный Совет закон об именных приватизационных вкладах.

Но на деле проблема была не в самом Петре. Это соответствовало духу времени, народным традициям. Идея взять все и поделить — стержневая в сознании народа-богоносца. Она очень глубока.

Так или иначе, но ваучеры были предопределены принятием закона об именных приватизационных вкладах. Наше правительство к его принятию не имело ни малейшего отношения. А деваться было уже некуда.

А. К.: Если бы этого закона не было, продолжалась бы нормальная денежная приватизация и ни у кого в правительстве не родилась бы идея про ваучеры?

Е. Г.: Никогда в жизни. Но когда уже этого джинна из бутылки выпустили, было только два варианта: либо остановить процесс, но тогда бы все растащила директура, или принять этот закон, воспользоваться народной мечтой о справедливом разделе. Чем это потом обернулось, сколько нам политически стоило — понятно.

А. К.: То есть никакого идеологического наполнения со стороны правительства в ваучерной приватизации не было, это была данность, которую нужно было использовать?

Е. Г.: Абсолютно. Можно было все провалить. И тогда бы прошла спокойная «директорская приватизация»...

А. К.: А с другой стороны, почему такой вариант не принимался? Вот в Польше она прошла, и ничего.

Е. Г.: Мы очень не любили красных директоров.

А. К.: Ну, ты же знаешь, что все директора, которые что-то там украли, все равно сейчас обанкротились.

Е. Г.: Да, конечно. У меня эта мысль была. Это вариант, который можно было выбрать. По состоянию на конец осени, в ноябре мы все это обсуждали с Толей.

А. К.: Дело в том, что я отношу себя к авторам идеи инвестиционных конкурсов, которые тоже часто подвергаются критике. Но эта идея —

более или менее легализация директорской приватизации, которая была проведена в Польше т.д. И мне смешно слышать упреки со стороны адептов ваучерной приватизации в свой адрес: «Вот у вас жульничество! А мы-то взамен предложили честный способ!» Мне хочется сказать: «Ну-ка, давайте выйдем на улицу и спросим, какую из этих двух приватизаций люди считают честной?»

Е. Г.: Я бы, конечно, проводил денежную приватизацию без этих всех инвестиционных и залоговых аукционов и конкурсов...

А. К.: Залоговые, кстати, тоже были предопределены тем, что Госдума запретила проведение нормальной, денежной приватизации. Во всяком случае с крупными компаниями.

Е. Г.: Помню. К этому времени мне действительно было уже ясно, что ваучерная приватизация — плохо, директорская — тоже плохо. Это случай, когда нет хорошего решения.

А. К.: Я все-таки считаю, что директорская приватизация была бы лучше. Могу объяснить почему. Мы получили бы огромную прослойку, очень активную и влиятельную, которая была бы нашим сторонником, в отличие от ваучерной приватизации, когда мы получили огромную прослойку наших противников и никаких сторонников.

Но я помню, что идеолог чековой приватизации Дима Васильев саму идею переговоров с директурой воспринимал как «в морду плюнуть».

Е. Г.: Да, но если в этот момент мы бы остановили приватизацию, скорее всего, не смогли бы навязать директорам ничего, что бы их сколько-нибудь дисциплинировало.

А. К.: Директора бы сами все сделали, без нашего спросу.

Е. Г.: Вряд ли директора были бы нам в тот момент благодарны. Они не были за нас. Это потом, когда концепция изменилась, они приезжали и говорили: «Большое спасибо». А тогда они верили в то, что они — хозяева предприятий. И коллективы тоже были убеждены в том, что хозяевами являются директора. «Ты нам какой-то инвестиционный конкурс предлагаешь, да ну его!» Тем более что, когда директор пришел бы в Верховный Совет, ему бы сказали: «Ну конечно, ты хозяин, какие могут быть разговоры. Только денег нам на политическую борьбу с Ельциным и Гайдаром дай и все. Ну, и "для сэбэ трошки"». С ними в это время договориться было нельзя. Нужно было сначала их воспитать, чтобы они поняли, что если им дают 20% за инвестиционный конкурс, то это огромное одолжение.

А в 1991 году директора сказали бы просто, что «и так все наше». Политически мы лишь укрепили бы базу Хасбулатова.

А. К.: Это да, конечно. Но и Хасбулатов на этой основе был бы уже не тот Хасбулатов, который так явно вам противостоял.

Е. Г.: Для Хасбулатова реформы были не слишком важны. Он был человеком серьезным. Главным призом для него была полная власть в стране.

А. К.: В этом он мало отличался от Бориса Николаевича.

Е. Г.: Да. Но у него был стиль другой. Такой восточный, интрижно-аппаратный. Ельцин был как бульдозер. А тот тонкий интриган. Он рассуждал, кого пустить в загранкомандировку, а кого нет, кому дать купить машину, а кому не дать. Ты вот неправильно голосовал в прошлый раз, теперь я вычеркну тебя из этого списочка на квартиру. Я думаю, что он мерил себя по Сталину — тоже такой тихенький, незаметненький, ближайшим сподвижником вождя был в свое время... Опять же трубка...

А. К.: Несколько последних слов. Я хотел задать тебе еще массу вопросов, но: легкий прогноз на ближайшие 10–20 лет?

Е. Г.: Нынешний этап не очень симпатичен. Сколько он будет длиться, не знаю. Спрос на свободу будет расти. Если цены на энергоносители будут ниже, он будет расти быстрее; если выше, то медленнее. Раньше или позже неизбежно обострение. Борьба за построение в России демократии будет тяжелой...

А. К.: А ты чувствуешь свою вину или вину команды за то, что мы не смогли избежать такого режима, который даже непонятно как называть: это и не диктатура, и не демократия, не реставрация, а непонятно что. Скажем так, несоответствие масштаба личностей стоящим перед страной задачам?

Е. Г.: Вину не чувствую. Боль, горечь — да. Но сказать, что я знаю, как надо было сделать, чтобы этого не случилось, не могу. Что надо было сделать в реальной жизни, такой, какой она была, с реальной страной, ее политической элитой, с другими игроками, с наследием, традициями, проблемами.

А. К.: Многие из людей, которые хорошо к нам относятся, ставят нам в упрек то, что мы не заставили Ельцина принять закон о реституции и закон о запрете на профессии, то есть люстрации, не провели выборы в Думу в 1991 году.

Е. Г.: Это было невозможно.

А. К.: В силу личности Ельцина?

Е. Г.: Нет, политический расклад этого не позволял.

А. К.: А это обсуждалось?

Е. Г.: Конечно. Закон о реституции всерьез не обсуждался, запрет КПСС обсуждался, но мы проиграли это дело в Конституционном суде. Пойми, это было двоевластие. У Ельцина при всей его популярности реальная свобода маневра была очень невелика.

А. К.: Но в Восточной Европе провели все же эти законы?

Е. Г.: Ни в коем случае нельзя объединять слишком много задач. Если ты пытаешься решить три задачи одновременно, то ничего не получится вообще.

А. К.: То есть ты считаешь, что сегодняшний режим был задан с самого начала?

Е. Г.: Да, конечно. В Восточной Европе было проще. Там всегда можно было найти представителя альтернативной элиты, например из церкви, который никогда в коммунистической партии не состоял.

А. К.: Но, например, я не был коммунистом.

Е. Г.: Это правда, но таких, как ты, кто не был коммунистом и при этом был способен на важные, решительные действия, было мало.

А. К.: Я могу тебе перечислить много людей: Миша Маневич, Миша Дмитриев, Леня Лимонов...

Е. Г.: Вы все были очень молоды. Мы-то были молодыми, а вы и подавно. Вы на пять лет нас младше, а по тем временам это было много. Мы были совсем мальчишками. Мне было тридцать пять лет...

А. К.: Давай проскочим сразу несколько логических шагов, и я скажу тебе выводы, и если ты согласен, то мы на этом закончим. Правильно ли я понимаю, что нынешний режим — это плата за бескровность? Потому что если бы свобода и рынок были выбраны в результате гражданской войны, то с кагэбэшниками и коммуняками не цацкались бы?

Е. Г.: Да, верно.

А. К.: Но неизвестно, удержится ли нынешний режим в рамках бескровности.

Е. Г.: Во всяком случае эта кровь будет не на нас.

Что мы узнали

После всех наших бесед с участниками «революции Гайдара» мы сначала собирались сделать заключительную беседу между собой. Мы хотели, во-первых, еще раз обратить внимание на факты, ранее даже нам неизвестные (например, на процесс принятия решений в Беловежской Пуще) и, во-вторых, вновь поговорить о вещах наиболее для нас интересных и важных (скажем, о том, почему в России не получилось то, что получилось в Чехии или Польше). Однако в конце концов мы отказались от этой идеи. Мы и так обращались к нашим излюбленным темам чуть ли не в каждом интервью, а факты... факты не обязательно повторять. Сокращенные версии интервью печатались в журнале *Forbes*, поэтому мы предложили Эльмару Муртазаеву, первому заместителю главного редактора журнала, подвести итог. Спросить то, что, по его мнению, должен был бы спросить заинтересованный читатель. Результат перед вами.

Петр Авен

Эльмар Муртазаев (Э. М.): Послушаешь ваших респондентов, так получается, что все бились, не шли на компромиссы... А посмотришь за окно, и хочется спросить: если все так старались, то почему вокруг такая фигня? Выражаясь политкорректно, почему в России построена, как заметил в одном из ваших интервью экс-госсекретарь США Джеймс Бейкер, «несвободная рыночная экономика»?

Петр Авен (П. А.): Я не согласен, что получилась фигня. В литературоведении есть такое правило — каждого писателя надо оценивать по законам его жанра. Мы шли делать экономическую реформу, составляющие которой — либерализация, приватизация и стабилизация. Либерализация состоялась. На самом деле мы сделали экономику свободной, это получилось. Да, Бейкер прав, это не классическая свободная рыночная экономика, но она фундаментально свободнее, чем была. И точно ничем не похожа на советскую.

В 1992-м мы начали приватизацию, которую потом проводил Альфред Рейнгольдович, и предприняли серьезные усилия по макроэкономической стабилизации. С ее реализацией по ряду объективных причин получилось хуже, медленнее, чем в странах Восточной Европы, но сказать, что получилось совсем не то, — неверно. В целом задачи экономической реформы, которые мы перед собой ставили, были решены. Страна не стала такой, как нам хотелось. Но многие фундаментальные вещи, которые сейчас кажутся естественными и нормальными, в момент нашего появления в правительстве просто отсутствовали.

Мы пришли в правительство, когда в экономике были Госплан, государственное планирование, фиксированные цены, монополия государства на внешнюю торговлю, был централизованный импорт, все принадлежало государству и вообще не было частного сектора. Когда мы уходили, экономика стала совсем другой.

И еще. Несправедливо обвинять во всем Егора Гайдара, который был у власти в первый раз 14 месяцев и второй — еще месяца три.

Альфред Кох (А.К.): В последние годы я столкнулся с феноменом, который называю невежеством. Многие молодые люди в качестве аргумента в споре используют классическое «я же этого не знал». Это собеседника не извиняет, а, как раз наоборот, обвиняет. Гайдар всегда говорил, что невежество не может быть аргументом в споре. Ну не знаешь — так послушай, что тебе говорят. Или почитай — есть книги, с которыми стоило бы ознакомиться.

Фигня, говорите, получилась... А вы знаете примеры трансформации такой чудовищной экономической модели, каким был Советский Союз, во что-то более приличное? Мне говорят — ах, вот Эстония, ах Латвия, а Литва... Но у этих стран не было такой экономики, которую имели мы, — с диспропорциями, чудовищным оборонным сектором, огромной занятостью в этих оборонных секторах. С развращенной технической элитой, которая 30 или даже 50 лет занималась бог знает чем, а на самом деле просто проедала деньги, считая, что она занимается наукой. Огромное количество всевозможных НИИ, проектных институтов, где люди карандаши катали, а потом вдруг обнаружили, что они просто не востребованы на рынке.

Чем плоха эта зарегулированная советская плановая экономика? В том числе тем, что скрывает язвы, их вуалирует, как она вуалировала дефицит, а с его помощью — инфляцию. И чем среди прочего хороша рыночная экономика — она выворачивает эти язвы наружу, и они становятся видны. То, что эти язвы стали видны всем, как раз и является нашей заслугой. Мы построили экономику, которая тайное сделала явным. Мы показали, что огромная сталинская промышленность, которой мы гордились много лет, на 90% никому не нужна, в том числе и самой стране. А нам ставят в вину, что эти заводы не работают. Они работали зря! Они бессмысленно перерабатывали ресурсы.

Огромное количество человеческой энергии, труда и таланта было потрачено зря. Ни для чего. И вот наконец мы построили экономику, которая этого не делает. Так нам надо спасибо сказать! А нам говорят — а вот почему эти заводы стоят, фигня какая-то получается. Ну давайте их запустим, чтобы они и дальше сжигали ресурсы впустую...

Э. М.: Уточню, что понимается под «фигней». Когда в 1991 году вы шли в правительство, наверное, представляли себе идеальную модель — а что будет через 20 лет? Вы видели российскую экономику и страну такой, как она выглядит сейчас?

П. А.: Мы, безусловно, представляли значительно более свободную экономику, со значительно меньшей коррупцией, со значительно меньшим госсектором. Представляли страну с другими, более высокими интегрированными темпами роста за эти 20 лет. Мы надеялись, что страну ждет большой рывок, учитывая ее огромный потенциал. Этого действительно не случилось.

Как мне представляется, проблема не только в нас, но и в том, что страна оказалась больна сильнее, чем мы думали. Сами болезни оказались более тяжелыми и запущенными. Это первое. А второе — то, что проблемы страны носили не только и не столько экономический характер. Не экономику надо было перестраивать, а ментальность людей, то, что в головах.

А. К.: В чем нас действительно можно обвинить — так это в экономическом детерминизме. Мы занимались только экономикой, считали, как истинные марксисты, что если переделать экономику, то все остальное — общество, традиции, люди, выражаясь по-марксистски, надстройка — тоже быстро изменится.

П. А.: Оказалось, что поменять экономические правила не значит поменять страну. Но это не значит, что не надо было менять экономические правила.

Э. М.: Под «фигней» понимается режим с высокой степенью коррумпированности, слиянием бизнеса и власти, с большим госсектором, с зарегулированностью многих секторов экономики и т. д. То, что мы видим за окном, эта «фигня» или, если хотите, «стабильная экономика нулевых» — этот этап развития страны, на ваш взгляд, был неизбежен?

П. А.: «Все естественное разумно». Наверное, можно было избежать той степени коррупции, которая сейчас есть. Но, как мы сейчас понимаем, в ситуации, когда при советской власти коррупция была составной частью общественного поведения, когда нормой была «жизнь не по правилам», когда легко обходился любой закон, а его строгость компенсировалась необязательностью исполнения, избежать такого сценария было очень трудно.

Конечно, есть и стечение обстоятельств, и роль личности в истории. Большую роль в том, что история России пошла именно так, сыграла нараставшая болезнь Бориса Ельцина, который после 1994 года все меньше занимался реальным управлением. Но если более широко смотреть на вещи, то понятно, что невозможно было полностью избежать сращивания власти и собственности, которое является главным пороком нашей системы. Многое из того, что мы сегодня имеем, — это результат не наших экономических реформ, а значительно более долгих исторических процессов.

Э. М.: В своих интервью вы уделяете много внимания Борису Ельцину. Это дань объективному положению вещей — все-таки глава государства — или он вам лично интересен?

П. А.: И то и то. Его личность оказала существенное влияние на ход реформ. Он противоречивая и очень интересная историческая фигура. В отличие от многих наших собеседников мы с Альфредом Рейнгольдовичем совершенно его не обожествляем, видим его плюсы и минусы.

Применимо к предыдущему вопросу о том, можно ли было избежать такого уровня коррупции, который мы сегодня имеем, могу сказать, что в последние годы Ельцин не был препятствием на пути коррупции. Во многом он причина того, что вы называете словом «фигня».

А. К.: Вообще, многие из архетипов, которые сегодня эксплуатирует власть, были заложены Ельциным. Пресловутый миф о выборах 1996 года... Миф о том, что если не начать войну в Чечне, то Россия развалится. Миф о том, что, если разрешить в стране реальную демократию, к власти придут нацисты и коммунисты. Миф о том, что средства массовой информации должны мягко управляться Кремлем.

П. А.: Да, и популистские обещания коммунизма завтра — тоже ведь ельцинская технология... обещания низкой инфляции, больших зарплат, все эти «лягу на рельсы»...

А. К.: Да, и эта конструкция «президент всех россиян», предопределившая отсутствие конкретной политической силы, ответственной за власть, — это тоже наследие Ельцина.

П. А.: Вместе с тем в 1992 году именно Ельцин провел колоссальные экономические реформы, и именно он развил линию на гласность, которую начал Горбачев. Новое позиционирование России в мире — это тоже Ельцин. Он останется противоречивой фигурой, но, как мне кажется, в историю он, безусловно, войдет с положительным знаком.

Э. М.: Просматривая интервью, я удивлялся тому, «из-за каких гвоздей» были проиграны политические битвы. Тогдашний глава МИДа Андрей Козырев рассказывает, как ему и Гайдару не удалось поговорить с Бейкером о масштабной помощи новой России из-за неудачного графика поездки; Сергей Шахрай говорит, что встреча в Беловежской Пуще была в большой степени экспромтом... В какой степени стратегия страны определялась набором этих случайностей?

П. А.: Мы оба все-таки получили марксистское образование, поэтому верим в предопределенность исторических процессов. Что касается визита Бейкера в Москву зимой 1991 года, о котором рассказывал Козырев, то я не думаю, что, пройди те переговоры по-другому, мы вышли бы на какой-то иной уровень сотрудничества с Западом... Бейкер, кстати, с версией Козырева не соглашается.

А. К.: Допустим, Гайдару удалось бы поговорить с Бейкером о необходимости нового плана Маршалла. Бейкер сам позже сказал, что Запад не был готов оказать России эту помощь. Возможно, кстати, что Ельцин не стал просить помощи ровно потому, что чувствовал, что ее не получит. Сохранил лицо. Или не хотел ставить Бейкера в идиотское положение.

Э. М.: Петр Олегович высказался однажды, что команда реформаторов оказалась обманута Западом...

А. К.: Мы сами себя обманывали.

П. А.: Алик прав. Предоставь нам Запад широкомасштабную помощь, история пошла бы по-другому, я в этом уверен. С другой стороны, я теперь значительно лучше понимаю, как устроена западная элита и политика. И с высоты этого знания вижу, что надеяться на западную помощь было ошибкой. Это была наивная вера, Запад не мог оказать нам широкомасштабную помощь. Предположение, что «Запад наш друг», неплохо проанализировано в нашей беседе с Козыревым. Запад не был готов к серьезной поддержке России. Да и Россия тоже.

Наверное, если бы случайно на Западе нашелся лидер масштаба Черчилля, если бы у власти остались Буш и Бейкер, которые лучше понимали необходимость новых отношений с Россией, если бы Ельцин не начал сдавать прозападный курс в середине 90-х годов, что-то пошло бы по-другому. Мы бы столкнулись с теми же самыми проблемами, что и сейчас, но значительно легче их бы преодолевали.

Э. М.: Вы разговаривали в основном с единомышленниками, порою просто товарищами. А вы можете представить такое интервью с кем-то из политических противников или просто не союзников? Например, с первым вице-премьером Сосковцом, с которым у Чубайса была настоящая аппаратная война?

А. К. Я легко могу себе представить интервью с Сосковцом, но оно будет крайне неинтересным. Он, конечно, может много чего рассказать, но он этого не сделает. Будет говорить округлые вещи, абсолютные банальности.

П. А.: Наш выбор собеседников основан не на принципе «согласны — не согласны», а на том, верим мы им или нет. К примеру, мы могли поговорить с Полтораниным, но он постоянно лжет, сознательно или бессознательно. И таких много. Например, Юрий Скоков — мы действительно хотели взять у него интервью, но только он вряд ли стал бы говорить нам правду. Идея цикла в том ведь и состоит, что мы беседуем с друзьями и единомышленниками и они рассказывают нам то, что никому не говорят. К примеру, рассказ Чубайса — там много сенсационных фактов и оценок, и уверен, никому другому он бы этого не сказал.

А. К.: Самая главная неудача — то, что мы не успели взять интервью у Черномырдина.

П. А.: Он бы сказал много правды. У нас с ним были хорошие отношения, мы уже принципиально договорились об интервью, но не успели. Очень жаль.

Э. М.: В 1991-м в правительство пришли люди, которых можно назвать советской научной интеллигенцией, не имевшие опыта госслужбы. Сейчас многие из вас известные бизнесмены, публицисты, общественные деятели. Насколько сильно изменилась за это время ваша система ценностей?

П. А.: Мои идеалы не изменились ни на миллиметр. Я верю ровно в тех же богов, что в 1992-м. У меня изменился жизненный опыт, но идеологические установки те же. Зато изменились технологические представления о том, как можно менять страну. Я на днях нашел стенограмму дискуссий в нашем кругу, которые мы вели накануне прихода в правительство в 1991-м. Там есть любопытный момент — обсуждается возможность авторитарного проведения реформ. Сегодня я значительно меньше верю в возможность авторитарного сценария, тем более в России. Для этого нужен Пиночет, нужна элита, обладающая силой, властью и принципами. В России нет такой группы.

А. К.: У нас есть генералы, только не такие. Я учился в Чили и хорошо изучил опыт Пиночета. Я, кстати, недолго тешил себя иллюзиями, что таким будет Путин.

П. А.: И это не единственная причина. Нужен еще достаточный уровень послушания, уважения к закону — тогда у авторитарного лидера что-то получается. В стране, где не исполняется любой закон, только демократические процедуры дают шанс на изменения. В ином случае приходится винтить головы, чтобы что-то заработало, чтобы население подчинилось лидеру. А для нас это опасный путь, потому что он ведет к большой крови. К тому же авторитаризм создает массу соблазнов. Если посмотреть на зарубежную историю, то все успешные опыты авторитарных модернизаций уместятся на пальцах одной руки — Южная Корея, Сингапур — Ли Куан Ю, Пиночет, в какой-то степени Ататюрк. Зато коррупционных или кровавых сценариев — бесконечное множество.

Э. М.: Вы хорошо помните время прихода в правительство? Насколько значимы эти воспоминания?

П. А.: 1992 год — одно из самых ярких воспоминаний моей жизни. Когда мы пришли в правительство, то попали в совсем другую среду. Это был нелегкий опыт. Мы были далеко не мальчики, вполне зрелые люди, но масштаб задач и острота впечатлений, конечно же, не сравнятся ни с чем другим.

А. К.: У меня не было такого рывка, как у Петра, который из ученого превратился в министра. Я в 1990-м стал председателем райисполкома в Ленинграде. Мне тогда было 29 лет. Все, что происходило со мной позже, было частью карьеры и имело какую-то внутреннюю логику. Глава райисполкома, замначальника управления в мэрии, потом замминистра, потом министр и так постепенно до вице-премьера... Хотя, конечно, и для меня начало 90-х — это годы форсированного взросления, и воспоминания об этом времени до сих пор очень четкие и яркие. А спроси меня, чем отличался 2004-й от 2005-го, — не отвечу.

Э. М.: В ходе интервью вы сделали для себя какие-то открытия?

П. А.: Я открыл много вещей, которые не знал тогда. И еще больше подробностей, которые заставляют по-новому оценить известные мне факты. Я, например, плохо понимал, как в 1991 году формировалось правительство Гайдара. Я только теперь оценил роль, которую играл Геннадий Бурбулис. Все знают, что он делал, будучи де-факто премьер-министром осенью 1991-го и весной 1992 года, но недооценивается его роль в приходе к власти Бориса Ельцина.

Сейчас мы говорим о декабрьских митингах, об оппозиции, и в этом контексте очень интересно взглянуть на его работу. Оппозиция до тех пор не становится властью, пока в ее рядах не появляются люди, которые борются за власть как таковую, а не за идею. Бурбулис был как раз тем человеком, который технологично боролся за власть. Я помню, как он толкал нас, молодых российских министров, на захват командных высот, когда еще было союзное правительство...

Беседы с Нечаевым и Анисимовым помогли нам понять картину того, что было в России в 1991 году, оценить риски голода и хаоса в стране, понять, какого катастрофического сценария нам удалось избежать. Беседы с Козыревым и Бейкером помогли мне понять, насколько уникальной была тогдашняя попытка интегрироваться с Западом и почему она так быстро провалилась. Наши дискуссии с Чубайсом, с Лопухиным позволили оценить роль «советской» элиты, то, как много зависело от людей, от опыта и интересов различных социальных групп. Ведь разница между Россией и странами Восточной Европы заключается прежде всего в качестве элиты. За 70 лет у нас полностью сменился управляющий класс, интеллектуальная элита большей частью интегрировалась с государством, а у них за 40 лет коммунизма сохранилась «контрэлита» — духовенство, обширная антикоммунистическая интеллигенция. В беседе с Чубайсом мы обсуждали, почему мы не стали заниматься политикой. И я еще раз убедился, что это было нашей фундаментальной ошибкой.

Почему это так важно? Сейчас ведь модно ругать либералов и «либерастов». Мы, безусловно, не были частью демократического движения и пришли к власти не как антикоммунистическая оппозиция. Мы готовились работать в советском госаппарате, делать в нем карьеру. Моделью мы видели западную демократию, но строить ее пришлось нам — людям, выросшим в советской системе. Об этом мы интересно поговорили с Сергеем Шахраем.

Кстати, в интервью с министром обороны Павлом Грачевым много просто сенсаций. Он рассказывает об армии, двух переворотах, первой войне в Чечне. Колоссально интересно! Маленький факт — Грачев получал совершенно одинаковые команды в августе 1991 года и в октябре 1993-го, в одной и той же форме, с боязнью первых лиц дать письменный приказ штурмом взять один и тот же Белый дом, и в одном случае Грачев его выполнил, а в другом — нет. Признаюсь, это мне многое объяснило и про Бориса Николаевича Ельцина, и про власть вообще. Вдумайтесь: прими Грачев иное решение в 1991-м, ничего бы сейчас вообще не было! Для меня также стало откровением, что он был противником первой чеченской кампании и что решения о вводе войск принимали совсем другие люди.

А. К.: Хотел бы добавить важную для меня историю. После этих интервью для меня стало ясно как дважды два, насколько был обречен Советский Союз. История с Беловежской Пущей — тому свидетельство. Выяснилось, что встреча трех глав государств, похоронивших СССР, — абсолютный экспромт. И при этом насколько закономерным оказался этот финал! Все равно днем раньше или позже это бы случилось. И насколько никто не хотел, чтобы он сохранился, этот Советский Союз. Его разваливали все — и местные князьки, и бизнесмены, и «красные директора», и даже внутри союзного правительства были люди, которые не хотели Советского Союза.

И не менее поразительно, как быстро люди забыли, что относительно недавно они не хотели жить в СССР! Прямая аналогия с Германией в 1918 году, когда никто в стране не хотел продолжать войну, а по прошествии всего десятка лет все орали, что доблестная немецкая армия стояла у Парижа, а жиды воткнули ей нож в спину.

Э. М.: Представьте — прошло 20 лет. Смогут ли важнейшие участники написать такую же книгу о событиях «нулевых» — о Беслане, о деле ЮКОСа, о кризисе 2008-го, о президентских выборных кампаниях?

А. К.: Мы с Петром сможем, а вот участники — нет.

П. А.: Нет, разумеется. Между нами и участниками нынешних событий есть большая разница — при всех ошибках, которые мы сделали, нам мало есть что скрывать.

Заключение

Хоть мы и не считаем себя дилетантами в журналистике, с нами случилось ровно то, что и должно было случиться с людьми, лишь от случая к случаю занимающимися писательской деятельностью. Написанная нами книга сильно отличается от первоначального замысла. Когда мы договорились ее писать, наш замысел был прост: умер наш товарищ — Егор Гайдар, и мы хотели написать книгу воспоминаний о нем. Причем воспоминаний тех людей, которые его близко знали по работе, которые дружили с ним, которые могли оценить масштаб им сделанного. Однако в результате получилась книга не только и не столько о Гайдаре, сколько о 90-х вообще, о том, что представляла собой команда Гайдара и в каких условиях она осуществляла свои преобразования.

Теперь, задним числом, очевидно, что по-другому и не могло быть. Мы были слишком легкомысленны, предполагая, что нам удастся написать книгу о Егоре, не описывая тех условий, в которых ему (и нам самим) пришлось работать, не затрагивая тонкостей его отношений как внутри команды, так и с ключевыми персонажами того времени — Ельциным, Черномырдиным и другими людьми, влиявшими на ход событий.

Но в главном наш замысел все-таки реализовался: в нашей книге мало «отсебятины», а почти все — прямая речь участников событий. И даже в тех случаях, когда мы высказывали свое мнение о том или ином явлении, мы не злоупотребляли (как нам кажется) своим правом авторов, но лишь высказывали свое мнение как участники тех событий.

Наши беседы не попадают в точности под понятие «интервью». Это именно беседы, в которых у интервьюеров такие же права, как и у интервьюируемых, когда нет заранее намеченного плана и разговор течет прихотливо и извилисто, уходит в сторону, растекается во времени, но неизменно всякий раз возвращается и крутится вокруг одного человека — Егора Гайдара.

Мы навали книгу «Революция Гайдара». Мы отдаем себе отчет в том, что это название провокативно. Что в сравнении с известными шаблонными образцами этой революции не хватало брутальности, отрубленных голов, виселиц и кожаных тужурок. Она не привела к тотальной смене элит и, значит, была не полной и поэтому не может считаться завершенной.

Но, может, завершение этой революции еще впереди? Может, мы еще увидим какой-то логический финал той драмы, которая началась больше 20 лет назад? Какой это будет финал? Сие известно одному Богу...

Однако (это, видимо, уже старость) есть и другая мысль, которая все чаще посещает нас: никакого финала не будет! Его вообще — нет.

Однажды психологи, работающие в хосписах, проанализировали наиболее распространенные сожаления, которые испытывает человек перед смертью. Первое как бы обращено назад. Оглядываясь на прожитую жизнь, люди чаще всего сокрушаются о том, что они жили не той жизнью, которой они сами хотели жить, а прожили ту жизнь, которую от них хотели окружающие. Второе устремлено вперед. Люди говорят: «Хочется посмотреть, чем все это кончится».

Но все мы знаем, что «это» — не кончится никогда. Никакого финала нет и не будет. Оно (пресловутое «это») было до нас, есть при нас и будет после нас. «Это» будет всегда. Имя этому — Человеческая История. Достоянием которой уже стал и наш товарищ, Егор Гайдар.

Петр Авен, Альфред Кох

Послесловие Карла Бильдта

Швеция, имеющая многовековую историю взаимоотношений с Россией, с особым интересом наблюдала за событиями, которые повлекли за собой распад Советского Союза, становление Российской Федерации и демократические преобразования в ее социально-экономической системе.

Мы пристально следили за этими событиями, но трудно сказать, насколько верно мы понимали непрекращающуюся политическую борьбу, крайне сложное финансовое положение практически обанкротившегося государства и внутреннее маневрирование в период формирования нового государства в 1991–1993 годах.

Я не раз бывал в России, у нас сложились отличные официальные и неофициальные взаимоотношения, в основном с российскими реформаторами, которые зачастую становились близкими друзьями, и такая дружба сохраняется со многими из них и сейчас.

До сих пор нелегко осознать масштабы развернувшихся драматических событий. Несомненно, с такой же трудностью столкнулись и главы основных западных держав. Критика, раздающаяся в их адрес, во многом справедлива.

Дискуссии, которые проходили в Беловежской Пуще, и принятые решения, приведшие к распаду СССР, были, вероятно, необходимы, чтобы избежать серьезного конфликта между Россией и Украиной и обеспечить мирный раздел империи.

Группа, сплотившаяся вокруг Ельцина — Бурбулис, Гайдар, Шахрай, Козырев и другие политики, — сыграла историческую роль в этом процессе, который послужил поддержанию мира и международной стабильности.

Западные страны в то время не оказывали большого влияния на этот процесс, кроме, пожалуй, того, что они отказали Горбачеву в серьезной финансовой помощи и ускорили события. Они исходили из верного предположения, что предоставление огромных кредитов системе, которая неспособна их продуктивно использовать, бессмысленно.

Тем не менее Запад беспокоился насчет опасных последствий, которые мог бы повлечь за собой распад Советского Союза, и возражал против этого.

Наличие тысяч единиц ядерного оружия в разных частях Советского Союза, которое могло бы быть использовано в вооруженных конфликтах в агонизирующем многонациональном государстве, давало достаточно оснований для такого беспокойства.

Важным достижением российских руководителей стала организация, в том числе при посредничестве Соединенных Штатов Америки, передачи всего советского ядерного арсенала России и демонтаж его большой части. Это имело явный приоритет для большинства западных держав.

Беловежские соглашения также были важны для разрешения территориальных вопросов. До этого мы с беспокойством воспринимали заявления российских руководителей, что в случае распада Советского Союза они могли поставить под сомнение принадлежность Крыма Украине.

Решение о роспуске Советского Союза, очевидно, было для России предварительным условием для начала выполнения программы реформирования экономики. Даже сторонний наблюдатель мог понять, что достижение согласия между республиками СССР в отношении такого радикального изменения политики было неразрешимой задачей.

Осенью 1991 года Ельцин неоднократно подчеркивал, что Советский Союз должен быть сохранен, что вооруженные силы должны оставаться под централизованным контролем и что все 15 республик должны создать единое экономическое пространство. Сообщения из Москвы свидетельствовали об ожесточенных дебатах в отношении сохранения Союза, хотя в то же время Украина выражала намерение выйти из игры.

Очевидно, что Бурбулис и Гайдар, с которыми в основном мы поддерживали контакты, оказали большое влияние на решение России по этому весьма спорному вопросу. От этого решения зависела стабильность во всем евразийском регионе и, соответственно, интересы российского народа.

Как и весь мир, мы с волнением следили за быстрым политическим развитием после краха августовского путча в 1991 году. Это происходило в разгар предвыборной кампании в Швеции, по итогам которой я стал премьер-министром.

Приоритетным вопросом для нас было завоевание независимости странами Балтии.

Мы высоко оценили бесстрашную позицию Бориса Ельцина в январе 1991 года, когда он жестко возражал против советских вооруженных акций в Вильнюсе и Риге.

В ходе встреч с Ельциным мы поняли, что он храбрый и решительный руководитель, и он действительно проявил эти качества во время августовских событий. Нас не мог не порадовать тот факт, что Россия признала независимость стран Балтии.

В дальнейшем мы старались помогать в разрешении конфликтных ситуаций, возникших в связи с советской оккупацией Балтийских государств. Наиболее сложными были вопросы, связанные с выводом российских войск и военной техники, а также со статусом большого количества русскоязычного населения этих стран, оказавшегося там также вследствие политики Советского Союза.

Мы понимали политические проблемы, с которыми российское руководство столкнулось в лице недовольного русскоязычного «меньшинства» в странах Балтии, имевшего в прежние времена привилегированный статус и поддерживаемого консервативными националистическими силами в российском парламенте.

В разговорах с россиянами мы подчеркивали, насколько прибалтийские республики пострадали от тоталитарного диктаторства Советского Союза, а в разговорах с прибалтами мы добавляли: «а также русские»!

Мы понимали, что в своей правовой и политической основе стратегия, которую избрало руководство стран Балтии, здравая, но призывали его к гибкости в реализации этой стратегии. Военные проблемы были разрешены в оговоренные сроки, но для этого потребовался большой объем тяжелой работы и готовность реформаторского правительства под руководством Ельцина к сотрудничеству.

Когда Россия начала свои системные преобразования, президент Ельцин и действующий премьер-министр Гайдар обратились к Западу за финансовой помощью. Они хотели создать стабилизационный фонд в размере всего лишь $4–5 млрд для укрепления бюджета. Без такой помощи инфляция вышла бы из-под контроля, и правительство не смогло бы выжить.

За исключением гуманитарной помощи Запад не оказал никакой поддержки предстоящей рыночной реформе, демократии и, соответственно, политической стабильности России. Это стало большой ошибкой, которая определила отношение россиян к Западу.

Несмотря даже на радикальное сокращение военных расходов, которое в равной степени отвечало интересам Запада и самой России, правительство Гайдара не получило ни одного западного кредита.

Эти вопросы обсуждались группой «Большой семерки», и, пожалуй, только Великобритания высказалась за создание фонда и программу краткосрочного финансирования. США заявили, что конгресс не одобрит предоставление денег России, особенно в год выборов. Япония отказалась помогать из-за Курильских островов. Германия была поглощена воссоединением.

Министры финансов победили министров иностранных дел.

Кроме того, имел место скептицизм по поводу новых непроверенных лидеров в Москве, которые сместили популярного Горбачева. Отношение к России как к основному преемнику Советского Союза напоминало холодную войну.

Свою роль сыграло и влияние критиков в самой России, которые ратовали за более постепенное реформирование экономики. Выступая в унисон с МВФ и некоторыми западными политиками, они высказывались за сохранение экономического и валютного союза всех бывших советских республик.

Ко всему этому добавлялась неопределенность, с которой западный капитал сталкивался в связи с быстрым изменением политической ситуации в Москве. На самом деле это должно было стать аргументом в пользу, а не против поддержки российского правительства в критический период с января по апрель 1992 года. Такая поддержка могла бы создать некоторую свободу для экономического маневра.

Тот факт, что даже небольшие суммы не были предложены, ослабил правительство и усилил оппозицию. Возможность реально влиять на ход событий в России была безвозвратно утрачена.

Отношение Запада к экономическим реформам правительства Гайдара было неоднозначным. Оно формировалось на основании не только идеологических и политических предпочтений, но и информации и мнений наблюдателей внутри самой России и за ее пределами.

Я говорю, естественно, не о ярой оппозиции, реакционерах, коммунистах, сильном промышленном лобби, людях из военно-промышленного комплекса. Они имеют значение для внутренней борьбы, но, по определению, не для западного мира.

Запад прислушивался к таким экономистам, как Явлинский и Шаталин, которые предлагали иной подход. Их аргументы, порой довольно сильные, сыграли существенную роль для Запада, где некоторые известные экономисты разделяли их сомнения.

Мы же считали особенно поучительным пример Польши. Он демонстрировал иное направление.

Мы считали радикальные реформы под руководством Бальцеровича образцом для подобных преобразований. Нас не убеждали аргументы, что Россия — особая страна или что она слишком велика, чтобы следовать принципам, которые хорошо работали в такой маленькой стране, как Польша.

В то же время мы понимали, что в России сложилась более сложная ситуация: отсутствие реального опыта рыночной экономики, менталитет, сформированный за 75 лет тоталитарного коммунистического правления, централизованная и милитаризованная экономика, господствующая на всей территории бывшего Советского Союза, имперский синдром в политических и бюрократических кругах, отсутствие диаспоры, которая могла бы помочь своими знаниями, советами и ресурсами. Мы постепенно осознавали гигантский масштаб задач, стоящих перед новым руководством.

Беседуя с нашими друзьями в российском правительстве, мы начинали понимать необходимость быстрых и радикальных действий, а также тот факт, что для возможных стратегий существует лишь весьма узкий коридор.

Гайдар неоднократно говорил об отсутствии резервов для облегчения трудностей, вызванных распадом старой прогнившей системы. Невозможно начать либерализацию экономики, пока не будут осуществлены структурные реформы. Приватизацию нельзя было откладывать до появления некой идеальной модели.

Если бы правительство действовало нерешительно, политическая реакция перешла бы в контрнаступление. В начале 1992 года были все основания опасаться экономической и политической катастрофы, общего краха и даже вооруженных конфликтов.

Политика российского руководства реализовалась в условиях очень сильного социального напряжения, и мы это понимали. В принципе, можно было попробовать освобождать цены поэтапно — в связи с огромным излишком денег, «нависающим» над рынком. Мы понимали, что власти боятся народного взрыва.

Но, как ни странно, никаких крупных народных протестов не было, хотя цены мгновенно выросли на 250%. Со временем мы увидели, как дефицит уменьшился и в магазинах появились товары, которых не было годами. Формирование рыночной экономики было медленным, но верным.

Я отчетливо помню визиты в Москву, когда после преодоления страданий, вызванных крахом системы, стали заметны первые ростки нового предпринимательства и новой экономики.

Воистину поразительно, что преобразования, которые подготовили почву для таких серьезных перемен в России, были проведены командой Гайдара всего за один год.

Когда Гайдар был выведен из правительства и на его место пришел Черномырдин, мы опасались, что реформы будут повернуты вспять.

Этого не случилось, но мы с беспокойством наблюдали ожесточенные конфликты между администрацией Ельцина и российской Думой, которые привели к столкновению в октябре 1993 года, закончившемуся обстрелом Белого дома.

Главные противники, Хасбулатов и Руцкой, проявляли настолько явную демагогичность и безответственность, что поддержка администрации Ельцина с нашей стороны стала сама собой разумеющейся.

Тем не менее некоторые его действия — особенно неоднократные вооруженные интервенции в Чечню — вызывали у нас сомнения.

Парламентские выборы в декабре 1993 года, продемонстрировавшие сильную поддержку коммунистов и партии Жириновского и угрозу демократическим силам, добавили оснований для тревоги и не способствовали увеличению внешней поддержки президента и его правительства.

Они также подтвердили то, что многие на Западе и так думали о России: мол, в силу своей истории и традиций, она еще далека от того, чтобы стать функционирующей демократией.

Бедственная экономическая ситуация в первые годы реформ служила препятствием для иностранных инвестиций и кредитов, которые в ином случае могли бы создать материальную заинтересованность Запада в более тесных связях. Экономическая, военная и политическая слабость России не способствовала тому, чтобы она стала игроком на международной сцене.

Все это не позволило в полной мере оценить поистине замечательные достижения российского руководства в критические первые годы.

В своей книге «Гибель империи. Уроки для современной России», изданной в 2007 году, Егор Гайдар писал о чрезмерной зависимости России от доходов от продажи нефти, о слабой информированности правящей элиты, о недостатке конкурентоспособных идей и о неэффективности чрезмерно централизованного государства.

К сожалению, эти факторы играют свою роль и сегодня.

Несмотря на это в России достигнут значительный прогресс. Российское общество продолжает идти по пути радикальных перемен.

Недавние события показали, насколько необходимы такому образованному и прогрессивному обществу верховенство права, демократические процедуры, защита прав собственности, эффективные и честные чиновники, т. е. все то, что формирует базис западных демократий и успешных экономик.

Политический и экономический курс России будет определять, превратится ли страна в застойную ресурсную экономику, или мечта Егора Гайдара о процветающей, демократической, лидирующей великой европейской державе, которая гармонично сосуществует и сотрудничает со своими соседями, станет явью.

Это, определенно, остается и моей мечтой.

Карл Бильдт,
министр иностранных дел Швеции.
В 1991–1994 годах премьер-министр

Именной указатель

1. Головков, Алексей Леонардович (1956–2009) — экономист, в 1986–1990 годах работал в Институте экономики и прогнозирования научно-технического прогресса АН СССР, в сентябре 1990 года перешел на работу в аппарат Верховного Совета РСФСР, с ноября 1991 года по январь 1993 года — руководитель Аппарата Правительства РФ.
2. Силаев, Иван Степанович (р. 1930) — в 1985–1990 годах заместитель председателя Совета Министров СССР, председатель Совета Министров РСФСР с июня 1990 года по сентябрь 1991 года, с августа по декабрь 1991 года возглавлял Комитет по оперативному управлению народным хозяйством СССР.
3. Кулик, Геннадий Васильевич (р. 1935) — в 1989–1990 годах председатель Государственного агропромышленного комитета РСФСР, заместитель председателя Совета Министров РСФСР и министр сельского хозяйства и продовольствия РСФСР с июля 1990 года по октябрь 1991 года.
4. Павлов, Валентин Сергеевич (1937–2003) — в 1989–1991 годах министр финансов СССР, с января по август 1991 года — премьер-министр СССР, в августе 1991 года вошел в состав ГКЧП.
5. Полторанин, Михаил Никифорович (р. 1939) — в 1986–1988 годах редактор газеты «Московская правда», входил в Межрегиональную депутатскую группу, образованную в 1989 году на I съезде народных депутатов СССР, с июля 1990 года по ноябрь 1992 года — министр печати и информации, первый заместитель председателя Правительства РФ с февраля по ноябрь 1992 года.
6. Явлинский, Григорий Алексеевич (р. 1952) — экономист, в 1989–1990 годах заведующий сводным экономическим отделом аппарата Государственной комиссии Совета Министров СССР по экономической реформе, разработчик программы перехода к рыночной экономике «500 дней», с июля по ноябрь 1990 года — заместитель председателя Совета Минис-

тров РСФСР, с августа по октябрь 1991 года — заместитель председателя Комитета по оперативному управлению народным хозяйством СССР. В 1993 году создал избирательный блок «Яблоко», позже оформившийся в партию. Дважды (в 1996-м и 2000-м) участвовал в выборах Президента РФ в качестве кандидата.

7. Лобов, Олег Иванович (р. 1937) — в 1985–1987 годах председатель Свердловского облисполкома, в 1987–1989 годах и в апреле–ноябре 1991 года — заместитель председателя Совета Министров РСФСР, в сентябре–ноябре 1991 года — и. о. председателя Совета Министров РСФСР, с апреля по сентябрь 1993 года — первый заместитель председателя Правительства РФ, в 1993–1996 годах — секретарь Совета безопасности РФ.

8. Черняев, Анатолий Сергеевич (р. 1921) — в 1986–1991 годах — помощник генерального секретаря ЦК КПСС, затем президента СССР по международным делам.

9. Шахназаров, Георгий Хосроевич (1924–2001) — в 1988–1991 годах — помощник генерального секретаря ЦК КПСС, затем президента СССР, в 1990–1991 годах — председатель подкомитета конституционного законодательства Верховного Совета СССР.

10. Бовин, Александр Евгеньевич (1930–2004) — журналист-международник, в 1972–1991 годах — политический обозреватель газеты «Известия», в 1991–1997 годах — посол СССР и РФ в Израиле.

11. Черномырдин, Виктор Степанович (1938–2010) — в 1985–1989 годах — министр газовой промышленности СССР, в 1989–1992 годах — председатель правления концерна «Газпром», в мае 1992 года назначен заместителем председателя Правительства РФ по топливно-энергетическому комплексу, а в декабре 1992 года — председателем Правительства РФ (занимал этот пост до марта 1998 года). В 2001–2009 годах — посол России на Украине.

12. Илларионов, Андрей Николаевич (р. 1961) — экономист, с 1990 года работал в Лаборатории региональных экономических исследований Ленинградского финансово-экономического института, в 1992–1993 годах — первый заместитель директора Рабочего центра экономических реформ при Правительстве РФ, руководитель группы анализа и планирования при председателе Правительства РФ (1993–1994). В 2000–2005 годах — советник президента РФ по экономическим вопросам.

13. Руцкой, Александр Владимирович (р. 1947) — военный летчик, за участие в 1985–1986 годах и в 1988 году в боевых действиях в Афганистане удостоен звания Героя Советского Союза, в 1990 году избран народным депутатом РСФСР, в марте 1991 года создал фракцию «Коммунисты за демократию», с июня 1991 года по сентябрь 1993 года — вице-президент РФ. В 1996–2000 годах — губернатор Курской области.

14. Немцов, Борис Ефимович (р. 1959) — в 1990–1993 годах — народный депутат РСФСР (РФ), член фракции «Демократическая Россия». В августе

1991 года назначен представителем президента РФ по Нижегородской области, а в ноябре того же года главой областной администрации, с марта 1997 года по март 1998 года — первый заместитель председателя Правительства РФ, с апреля по август 1998 года — заместитель председателя Правительства РФ. В 1999-м участвовал в создании блока «Союз правых сил», в 2001–2004 годах был сопредседателем созданной на его основе одноименной партии.

15. Касьянов, Михаил Михайлович (р. 1957) — в 1981–1990 годах работал в Госплане РСФСР, в 1991–1993 годах в министерстве экономики РСФСР (РФ), в 1993–1995 годах в министерстве финансов. В 1995 году назначен заместителем министра финансов РФ, а в 1999 году министром, с мая 2000 года по февраль 2004 года председатель Правительства РФ.

16. Федоров, Борис Григорьевич (1958–2008) — экономист, в 1989–1990 годах — консультант Социально-экономического отдела ЦК КПСС, с июля по декабрь 1990 года — министр финансов РСФСР, в 1991–1992 годах работал в ЕБРР и Всемирном банке, с декабря 1992 года по январь 1994 года — заместитель председателя Правительства РФ (с марта 1993 года занимал еще и пост министра финансов).

17. Юмашев, Валентин Борисович (р. 1957) — в 1987–1996 годах работал в журнале «Огонек», участвовал в написании книг Бориса Ельцина, в 1996 году вошел в его предвыборный штаб, а с марта 1997 года по декабрь 1998 года возглавлял Администрацию Президента РФ.

18. Хасбулатов, Руслан Имранович (р. 1942) — в 1980–1990 годах заведующий кафедрой международных экономических отношений Московского института народного хозяйства им. Плеханова, в 1990 году был избран народным депутатом РСФСР, с июня 1990 года — первый заместитель председателя, с октября 1991 года — председатель Верховного Совета РСФСР.

19. Абалкин, Леонид Иванович (1930–2011) — экономист, в 1986–1989 годах — директор Института экономики Академии наук СССР. С июля 1989 года по декабрь 1990 года — заместитель председателя Совета Министров СССР, с мая по декабрь 1991 года — советник президента СССР.

20. Рыжков, Николай Иванович (р. 1929) — в 1985–1990 годах — председатель Совета Министров СССР, в 1991 году участвовал в выборах президента РСФСР как кандидат от Компартии РСФСР.

21. Илюшин, Виктор Васильевич (р. 1947) — в 1990–1991 годах — руководитель секретариата председателя Верховного Совета РСФСР, а затем президента РСФСР (РФ) (1991–1992), в 1992–1996 годах первый помощник Президента РФ, первый заместитель председателя Правительства РФ (1996–1997).

22. Сабуров, Евгений Федорович (1946–2009) — экономист, в 1989–1990 годах работал в Институте экономики и прогнозирования научно-технического прогресса АН СССР, с августа 1990 года по август 1991 года — заместитель министра образования РСФСР, с августа по ноябрь 1991 года — министр экономики и заместитель председателя Совета Министров РСФСР.

23. Коржаков, Александр Васильевич (р. 1950) – в 1970–1989 годах работал в 9-м Управлении КГБ, с 1985 года служил в охране первого секретаря Московского горкома КПСС Б. Ельцина. В 1990–1991 годах – начальник отдела безопасности председателя Верховного Совета РСФСР, в 1991–1996 годах – начальник Службы безопасности Президента РФ.
24. Бажов, Павел Петрович (1879–1950) – писатель и публицист, активный участник установления советской власти в Сибири и Казахстане, известен как автор «Уральских сказов», вобравших в себя фольклорные мотивы.
25. Воробьев, Андрей Иванович (р. 1928) – специалист в области онкогематологии и радиационной медицины, в 1987 году возглавил ЦНИИ гематологии и переливания крови, в 1989–1991 годах – народный депутат СССР, член Межрегиональной депутатской группы. Министр здравоохранения РСФСР и РФ (1991–1992).
26. Вольский, Аркадий Иванович (1932–2006) – в 1983–1985 годах – помощник генерального секретаря ЦК КПСС по экономике, народный депутат СССР (1989–1991), с августа по декабрь 1991 года заместитель председателя Комитета по оперативному управлению народным хозяйством СССР. В 1990 году возглавил Научно-промышленный союз СССР, преобразованный в 1992 году в Российский союз промышленников и предпринимателей.
27. Шумейко, Владимир Филиппович (р. 1945) – в 1986–1990 годах главный инженер, затем директор ПО «Краснодарский завод измерительных приборов», в 1990 году избран народным депутатом РФ, с ноября 1991 года – заместитель председателя Верховного Совета РФ. В 1992–1994 годах – первый заместитель председателя Правительства РФ, министр печати и информации РФ с октября по декабрь 1993 года.
28. Хижа, Георгий Степанович (р. 1938) – в 1988–1991 годах – гендиректор ленинградского НПО «Светлана», с сентября 1991 года – вице-мэр Санкт-Петербурга, с мая 1992 года по июнь 1993 года – заместитель председателя Правительства РФ.
29. Анталл, Йожеф (1932–1993) – премьер-министр Венгерской Республики (1990–1993).
30. Кравчук, Леонид Макарович (р. 1934) – в 1988–1990 годах – заведующий идеологическим отделом, секретарь ЦК Компартии Украины, второй секретарь ЦК КПУ, в 1990–1991 годах – председатель Верховной Рады Украины, с декабря 1991 года по июль 1994 года – президент Украины.
31. Назарбаев, Нурсултан Абишевич (р. 1940) – в 1989–1991 годах – первый секретарь ЦК Компартии Казахстана, с февраля по апрель 1990 года – председатель Верховного Совета Казахстана, в апреле 1990 года избран президентом республики на сессии Верховного Совета Казахской ССР, а в декабре 1991 года победил на всенародных выборах президента.
32. Шушкевич, Станислав Станиславович (р. 1934) – в 1986–1990 годах – проректор Белорусского государственного университета, в 1989–1991 годах –

народный депутат СССР, член Межрегиональной депутатской группы, в 1990–1991 годах — первый заместитель председателя Верховного Совета Беларуси, с сентября 1991 года по январь 1994 года — председатель Верховного Совета Беларуси.

33. Шафраник, Юрий Константинович (р. 1952) — в 1990–1991 годах — председатель Тюменского областного Совета народных депутатов, в 1991–1993 годах — глава администрации Тюменской области, с января 1993 года по август 1996 года — министр топлива и энергетики.

34. Чурилов, Лев Дмитриевич (1935–2012) — в 1989–1991 годах — первый заместитель министра, а с июня по ноябрь 1991 года — министр нефтяной и газовой промышленности СССР, в 1991–1993 годах — президент корпорации «Роснефтегаз».

35. Степашин, Сергей Вадимович (р. 1952) — в 1990–1993 годах — народный депутат РСФСР (РФ), в 1992–1993 годах — заместитель министра безопасности РФ, с сентября 1993 года по март 1994 года — первый заместитель министра безопасности (впоследствии директора Федеральной службы контрразведки), с марта 1994 года по июнь 1995 года — директор ФСК (ФСБ), председатель Правительства РФ (1999). С апреля 2000 года — председатель Счетной палаты РФ.

36. Филатов, Сергей Александрович (р. 1936) — в 1990 году избран народным депутатом РСФСР, с ноября 1991 года — первый заместитель председателя Верховного Совета РФ. С января 1993 года по январь 1996 года — руководитель Администрации Президента РФ.

37. Глазков, Григорий Юрьевич (р. 1957) — в 80-х годах — участник неформального кружка ленинградских экономистов-реформаторов, в 1991 году — вице-президент петербургского «Леонтьевского центра», в 1992–1995 годах — советник российского директора в Международном валютном фонде, региональный представитель ЕБРР в Санкт-Петербурге (1995–1997), советник российского отдела ЕБРР в Лондоне, руководитель Департамента международных финансовых организаций Министерства финансов РФ (1997–2002).

38. Ананьин, Олег Игоревич (р. 1947) — экономист, в начале 80-х годов работал вместе с Егором Гайдаром во Всесоюзном НИИ системных исследований, заместитель руководителя научного направления Института экономики РАН, профессор кафедры экономической методологии и истории НИУ-ВШЭ.

39. Васильев, Сергей Александрович (р. 1957) — в 80-х годах — участник неформального кружка ленинградских экономистов-реформаторов, в 1990–1991 годах — председатель комиссии по экономическим реформам Ленсовета, в 1991 году назначен руководителем Рабочего центра экономических реформ при Правительстве РФ, заместитель министра экономики РФ (1994–1995), статс-секретарь — заместитель министра экономики РФ (1995–1997), первый заместитель, потом заместитель руководителя Аппарата Правительства РФ (1997–1998).

40. Стругацкая, Мария Аркадьевна (р. 1955) — вторая жена Егора Гайдара, дочь известного писателя-фантаста Аркадия Стругацкого.
41. Широнин, Вячеслав Михайлович (р. 1949) — экономист, в 1980-х во время работы во ВНИИ системных исследований участвовал в работе неформального московско-ленинградского сообщества экономистов-реформаторов, в 1988–1989 годах принимал участие в создании первых в СССР фермерских хозяйств.
42. Аганбегян, Абел Гезевич (р. 1932) — экономист, в 1986–1990 годах — академик-секретарь Отделения экономики АН СССР, советник генерального секретаря ЦК КПСС М. Горбачева по вопросам экономики, ректор Академии народного хозяйства (1989–2002).
43. Шаталин, Станислав Сергеевич (1934–1997) — экономист, в 1990–1996 годах — академик-секретарь Отделения экономики АН СССР (позже РАН), в 1990 году возглавлял рабочую группу по разработке программы перехода к рыночной экономике «500 дней». С мая 1990-го по январь 1991 года член Президентского совета СССР.
44. Ясин, Евгений Григорьевич (р. 1934) — экономист, в 1989–1991 годах — заведующий отделом Госкомиссии по экономической реформе при Совете Министров СССР, в январе 1992 года назначен представителем правительства и президента в Верховном Совете РФ, глава Аналитического центра при президенте РФ (1994), в 1994–1997 годах — министр экономики РФ, министр без портфеля (1997). С октября 1998 года — научный руководитель Национального исследовательского университета «Высшая школа экономики» (НИУ ВШЭ).
45. Кадар, Янош (1912–1989) — генеральный секретарь (затем председатель) ЦК Венгерской социалистической рабочей партии (1956–1989), председатель Совета Министров Венгрии (1956–1958 и 1961–1965).
46. Ярмагаев, Юрий Владимирович (р. 1953) — в 80-х годах — участник неформального кружка ленинградских экономистов-реформаторов, в 1991–1993 годах — руководитель Научного общества «Комитет содействия экономическим реформам» при Верховном Совете РФ.
47. Дмитриев, Михаил Эгонович (р. 1961) — в 80-х годах — участник неформального кружка ленинградских экономистов-реформаторов, в 1990–1993 годах — народный депутат РСФСР (РФ), член Комиссии по экономической реформе Правительства РФ (1994–1995). Первый заместитель министра труда и социального развития РФ (1997–1998). Первый заместитель министра экономического развития и торговли РФ (2000–2004).
48. Маневич, Михаил Владиславович (1961–1997) — экономист, в 80-х годах — участник неформального кружка ленинградских экономистов-реформаторов, председатель Комитета по управлению городским имуществом (с 1994) и одновременно вице-губернатор Санкт-Петербурга (с 1996).
49. Пияшева, Лариса Ивановна (1947–2003) — экономист, публицист, в 1991–1992 годах председатель Московского городского комитета по экономической реформе.

50. Бальцерович, Лешек (р. 1947) — с сентября 1989 года по декабрь 1991 года вице-премьер и министр финансов Польши, разработчик плана перехода страны к рыночному хозяйству. В 2001–2007 годах — председатель Национального банка Польши.
51. Клаус, Вацлав (р. 1941) — с декабря 1989 года по июль 1992 года — министр финансов Чехословакии, с июля 1992 года по декабрь 1997 года — премьер-министр Чехии, с 2003 по 2013 годы — президент Чехии.
52. Сосковец, Олег Николаевич (р. 1949) — в 1991 году министр металлургии СССР, с октября 1992 года — председатель Комитета РФ по металлургии, с апреля 1993 года по июнь 1996 года — первый заместитель председателя Правительства РФ.
53. Ковалев, Сергей Адамович (р. 1930) — участник правозащитного движения в СССР и постсоветской России, в 1990 году избран народным депутатом РСФСР, в 1994–1995 годах — уполномоченный по правам человека в РФ. Один из авторов 2-й главы Конституции РФ — «Права и свободы человека и гражданина» (1993).
54. Геращенко, Виктор Владимирович (р. 1937) — финансист. Профессор, доктор экономических наук. Председатель Правления Госбанка СССР (1989–1991). Председатель Центрального банка РФ (1992–1994 и 1998–2002). Отправлен в отставку с поста председателя ЦБ после «черного вторника» (1994) — обвального падения курса рубля на биржевых торгах. Председатель правления Международного Московского Банка (1996–1998). Депутат Государственной Думы РФ от блока «Родина» (2003–2004).
55. Львин, Борис Михайлович (р. 1961) — в 80-х годах — участник неформального кружка ленинградских экономистов-реформаторов, в 1992–1993 годах — сотрудник Рабочего центра экономических реформ при Правительстве РФ. Сотрудник российской дирекции Международного валютного фонда (1993–1997) и Всемирного банка (1998).
56. Найшуль, Виталий Аркадьевич (р. 1949) — экономист, в 1981–1993 годах — старший научный сотрудник Центрального экономико-математического института (ЦЭМИ) при Госплане СССР и АН СССР (затем РАН), с 1992 года — президент Института национальной модели экономики, разработчик экономической программы кандидата в президенты РФ Александра Лебедя (1996).
57. Евстафьев, Аркадий Вячеславович (р. 1960) — в 1990–1991 годах — второй секретарь Управления информации МИД СССР, с 1991 года в пресс-службе Правительства РФ, в 1992–1995 годах — советник и пресс-секретарь первого заместителя председателя Правительства РФ А. Чубайса. Заместитель генерального директора компании ОРТ (1995–1996) — директор Информационного телевизионного агентства (ИТА), затем Дирекции информационных программ.
58. Лившиц, Александр Яковлевич (р. 1946) — заместитель руководителя Аналитического центра Администрации Президента РФ с апреля 1992 года. Член рабочей группы по оперативному аналитическому обеспечению

мероприятий по конституционной реформе (1993). Руководитель группы экспертов при президенте РФ – помощник президента по экономическим вопросам (1994–1996). Вице-премьер Правительства РФ, министр финансов РФ (1996–1997). Заместитель руководителя Администрации Президента РФ (1997–1998). Министр РФ, спецпредставитель президента РФ в «Большой восьмерке» (1999).

59. Батурин, Юрий Михайлович (р. 1949) – помощник президента РФ по правовым вопросам (1993–1994). Помощник президента РФ по национальной безопасности (1994–1996). Помощник президента РФ (1996–1998), с июля 1996 года по август 1997 года секретарь Совета обороны РФ. В 1997 году зачислен в отряд космонавтов и совершил два космических полета (в 1998-м и 2001-м).

60. Сатаров, Георгий Александрович (р. 1947) – российский политический и общественный деятель, аналитик, публицист, политолог, социолог. Президент Фонда прикладных политических исследований «ИНДЕМ» («Информатика для демократии»). Помощник президента РФ Б. Ельцина (1994–1997). Сопредседатель Всероссийского гражданского конгресса (2004–2008). Участвовал в работе «Комитета-2008: Свободный выбор».

61. Казанник, Алексей Иванович (р. 1941) – юрист, в 1989–1991 годах – народный депутат СССР, будучи избранным в 1989 году на I съезде народных депутатов СССР в Верховный Совет, уступил свое место Б. Ельцину, с октября 1993 года по апрель 1994 года – генеральный прокурор РФ.

62. Гайдар, Тимур Аркадьевич (1926–1999) – военный журналист и писатель. Контр-адмирал. Сын советского писателя Аркадия Петровича Гайдара (Голикова).

63. Владиславлев, Александр Павлович (р. 1936) – в 1990–1991 годах – председатель исполкома Научно-промышленного союза СССР, с ноября по декабрь 1991 года – первый заместитель министра внешних сношений СССР в ранге министра, в 1992–1995 годах – первый вице-президент Российского союза промышленников и предпринимателей.

64. Меликьян, Геннадий Георгиевич (р. 1947) – в 1989–1991 годах работал в Госкомиссии по экономической реформе при Совете Министров СССР. Вице-президент Международного фонда экономических и социальных реформ «Реформа» (1991–1992). Министр труда РФ (1992–1996), министр труда и социального развития РФ (1996–1997).

65. Щербаков, Владимир Иванович (р. 1949) – экономист, в 1989–1991 годах – председатель Госкомтруда СССР, с мая по ноябрь 1991 года – первый заместитель премьер-министра СССР, министр экономики и прогнозирования.

66. Матеров, Иван Сергеевич (р. 1950) – экономист, советник председателя Совета Министров РСФСР И. Силаева (1991), с мая 1992 года по март 1993 года – заместитель министра экономики РФ, с марта по июль 1993 года – первый заместитель министра экономики РФ. Первый заместитель министра внешнеэкономических связей РФ (1993–1994). Первый заместитель министра экономики РФ (1994–2000).

67. Титкин, Александр Алексеевич (1948–1999) — в 1990–1992 годах — народный депутат РСФСР, с ноября 1991 года по апрель 1992 года — министр промышленности РФ.
68. Махарадзе, Валерий Антонович (1940–2008) — главный государственный инспектор РСФСР — начальник Контрольного управления Администрации Президента РСФСР Б. Ельцина (1991–1992), с марта по декабрь 1992 года заместитель председателя Правительства РФ. Торгпред России в Канаде (1993–2004).
69. Каданников, Владимир Васильевич (р. 1941) — в 1988–1996 годах — гендиректор АвтоВАЗа, в 1989–1991 годах — народный депутат СССР, с января по август 1996 года — первый заместитель председателя Правительства РФ.
70. Рыжов, Юрий Алексеевич (р. 1930) — специалист в области аэродинамики, академик АН СССР (1987), в 1986–1992 годах ректор Московского авиационного института, в 1989–1991 годах — народный депутат СССР, член Межрегиональной депутатской группы, в 1992–1998 годах — посол РФ во Франции.
71. Зорькин, Валерий Дмитриевич (р. 1943) — судья, председатель Конституционного суда РФ (1991–1993 и с 2003).
72. Уринсон, Яков Моисеевич (р. 1944) — экономист, в 1991–1993 годах — директор Центра экономической конъюнктуры и прогнозирования при Министерстве экономики РФ, в 1993–1994 годах — директор Центра экономической конъюнктуры при Правительстве РФ, заместитель министра экономики (1994–1997), заместитель председателя Правительства РФ, министр экономики РФ (1997–1998).
73. Сысуев, Олег Николаевич (р. 1953) — в 1992–1997 годах — мэр Самары. Заместитель председателя Правительства РФ по социальным вопросам (1997–1998), с сентября 1998 года по июнь 1999 года — первый заместитель руководителя Администрации Президента РФ.
74. Салтыков, Борис Георгиевич (р. 1940) — в 1990–1991 годах — заведующий отделом Института народнохозяйственного прогнозирования АН СССР, в 1992–1993 годах — вице-премьер Правительства РФ, министр науки и технической политики РФ (1991–1996).
75. Глазьев, Сергей Юрьевич (р. 1961) — экономист, в 1986–1991 годах работал в Центральном экономико-математическом институте АН СССР, в 1991–1992 годах — первый заместитель председателя Комитета внешнеэкономических связей при МИД РФ, первый заместитель министра внешних экономических связей РФ, с декабря 1992 года по сентябрь 1993 года — министр внешних экономических связей РФ. В 2003–2004 годах — сопредседатель блока «Родина» и глава одноименной думской фракции.
76. Давыдов, Олег Дмитриевич (р. 1940) — в 1988–1991 годах — заместитель министра внешних экономических связей СССР, министр внешних экономических связей РФ (1993–1997), заместитель председателя Правительства РФ (1994–1997).

77. Серов, Валерий Михайлович (р. 1940) — в 1989–1991 годах — председатель Госстроя СССР, министр РФ по сотрудничеству с государствами — участниками СНГ (1995–1996), заместитель председателя Правительства РФ (1996–1998).
78. Бугров, Андрей Евгеньевич (р. 1952) — в 1977–1991 годах работал в МИД СССР, в 1991–1993 годах — советник президента Европейского банка реконструкции и развития, исполнительный директор от РФ в группе Всемирного банка — МБРР (1993–2002).
79. Кагаловский, Константин Григорьевич (р. 1957) — в 1989–1990 годах возглавлял Международный центр исследований экономических реформ, представитель России по взаимодействию с Международным валютным фондом и Всемирным банком (1990–1991), представитель России по взаимодействию с международными финансовыми организациями, экономический советник Правительства РФ (1992). В 1993–1994 годах — директор Международного валютного фонда от РФ.
80. Барсуков, Михаил Иванович (р. 1947) — в 1991–1992 годах — комендант Московского Кремля, в 1992–1995 годах — начальник Главного управления охраны РФ, директор Федеральной службы безопасности (1995–1996).
81. Грачев, Павел Сергеевич (1948–2012) — в 1990–1991 годах — командующий воздушно-десантными войсками СССР, с августа 1991 года по июнь 1992 года — председатель Госкомитета РФ по оборонным вопросам, министр обороны РФ (1992–1996).
82. Коль, Гельмут Йозеф Михаэль — в 1982–1998 годах — федеральный канцлер Германии.
83. Куликов, Анатолий Сергеевич (р. 1946) — с декабря 1992 года по июль 1995 года — заместитель министра внутренних дел РФ — командующий внутренними войсками МВД РФ, в 1995–1998 годах — министр внутренних дел.
84. Калмыков, Юрий Хамзатович (1934–1997) — юрист-цивилист, в 1989–1991 годах — народный депутат СССР, министр юстиции РФ (1993–1994).
85. Туманов, Владимир Александрович (1926–2011) — юрист, в 1959–1994 годах работал в Институте государства и права АН СССР (затем РАН), председатель Конституционного суда РФ (1995–1997).
86. Дубинин, Сергей Константинович (р. 1950) — экономист, в 1991 году — эксперт аппарата президента СССР в 1992–1993 годах — заместитель председателя Госкомитета РФ по экономическому сотрудничеству с государствами — членами СНГ, первый заместитель министра финансов РФ (1993–1994), председатель Центрального банка РФ (1995–1998).
87. Пансков, Владимир Георгиевич (р. 1944) — в 1987–1991 годах — первый заместитель министра финансов СССР, в 1991 году — начальник Финансово-бюджетного управления Администрации Президента СССР, первый заместитель руководителя Государственной налоговой службы РФ (1992–1994), министр финансов (1994–1996), первый заместитель министра экономики РФ (1996–1997).

88. Петраков, Николай Яковлевич (р. 1937) — экономист, в 1990–1991 годах — помощник Генерального секретаря ЦК КПСС, затем помощник Президента СССР по экономическим вопросам, с 1990 года — директор Института проблем рынка АН СССР (позднее РАН).
89. Шапошников, Евгений Иванович (р. 1942) — в 1990–1991 годах — главнокомандующий ВВС — замминистра обороны СССР, с августа 1991 года — министр обороны СССР, с февраля 1992 года по август 1993 года — главком Объединенных вооруженных сил СНГ, секретарь Совета безопасности РФ (1993).
90. Кобец, Константин Иванович (р. 1939) — в 1987–1991 годах — начальник войск связи ВС СССР, в 1990 году избран народным депутатом РСФСР, с января по август 1991 года — председатель Госкомитета РСФСР по оборонным вопросам, с августа по сентябрь 1991 года — министр обороны РСФСР.
91. Терехов, Станислав Николаевич (р. 1955) — с 1972 года в рядах Советской армии, с февраля 1992 года — председатель Союза офицеров, в сентябре–октябре 1993 года примкнул к сторонникам Съезда народных депутатов РФ и возглавил нападение на штаб Объединенных вооруженных сил СНГ.
92. Собчак, Анатолий Александрович (1937–2000) — юрист, в 1989 году избран народным депутатом СССР, в 1990–1991 годах — председатель Ленинградского городского совета народных депутатов, мэр Санкт-Петербурга (1991–1996).
93. Чешинский, Леонид Степанович (р. 1945) — в 1990–1991 годах — министр хлебопродуктов РСФСР, министр заготовок РСФСР (1991); председатель Комитета по хлебопродуктам Министерства торговли и материальных ресурсов РФ (1991–1992), в 1992 назначен президентом АО «Федеральная контрактная корпорация "Росхлебопродукт"».
94. Рахимов, Муртаза Губайдуллович (р. 1934) — в 1990–1993 годах — председатель Верховного Совета Республики Башкортостан, президент Республики Башкортостан (1993–2010).
95. Львов, Дмитрий Семенович (1930–2007) — экономист, с 1972 года работал в Центральном экономико-математическом институте АН СССР (затем РАН); академик-секретарь Отделения экономики РАН (1996–2002).
96. Памфилова, Элла Александровна (р. 1953) — с 1989 года — народный депутат СССР, министр социальной защиты населения РФ (1991–1994). С 2002 по 2004 год — глава Комиссии по правам человека при президенте РФ, в 2004–2010 годах — председатель Совета при президенте РФ по содействию развитию институтов гражданского общества и правам человека.
97. Мостовой, Петр Петрович (р. 1949) — в 80-х годах — участник неформального кружка ленинградских экономистов-реформаторов, в начале 1992 года назначен заместителем, а с октября 1992 года — первым заместителем председателя Государственного комитета РФ по управлению госимуществом (ГКИ), в 1995–1997 годах — генеральный директор Федерального управления по делам о несостоятельности (банкротстве)

при ГКИ РФ, с марта по декабрь 1997 года — руководитель Федеральной службы по делам о несостоятельности и финансовому оздоровлению.

98. Васильев, Дмитрий Валерьевич (р. 1962) — в 80-х годах — участник неформального кружка ленинградских экономистов-реформаторов, в 1990–1991 годах — начальник отдела приватизации Комитета по экономической реформе Ленгорисполкома, заместитель председателя Фонда имущества г. Санкт-Петербурга. Заместитель председателя Госкомимущества (1991–1994), заместитель председателя — исполнительный директор Федеральной комиссии по ценным бумагам и фондовому рынку при Правительстве РФ (1994–1996). Председатель Федеральной комиссии по ценным бумагам и фондовому рынку при Правительстве РФ (1996–2000).

99. Муравленко, Сергей Викторович (р. 1950) — с 1988 года — генеральный директор ПО «Юганскнефтегаз», президент и председатель совета директоров НК «ЮКОС» (1993–2003).

100. Грушевенко, Эдуард Вячеславович (1935–2002) — и. о. министра топлива и энергетики РФ с января 1992 года по январь 1993 года, с февраля по октябрь 1993 года — первый заместитель министра топлива и энергетики. Впоследствии председатель Технико-экономического совета при Минэнерго РФ, вице-президент Ассоциации малых и средних нефтегазодобывающих организаций.

101. Самусев, Александр Львович (р. 1957) — с 1982 года работал в Госплане СССР в отделе нефтяной, газовой и угольной промышленности, в 1991 году стал вице-президентом, начальником управления Московской нефтяной биржи, в 1991–1994 годах — заместитель министра топлива и энергетики РФ. Заместитель министра финансов РФ (1994–1995).

102. Михайлов, Виктор Никитович (1934–2011) — физик-ядерщик, с 1988 года — заместитель министра среднего машиностроения СССР по ядерно-оружейному комплексу, в 1992–1998 годах — министр РФ по атомной энергии, член Совета безопасности РФ. Первый заместитель министра РФ по атомной энергии (1998–1999).

103. Мазовецкий, Тадеуш (р. 1927) — один из лидеров движения «Солидарность» и первый посткоммунистический премьер-министр Польши (1989–1991).

104. Мурашев, Аркадий Николаевич (р. 1957) — инженер-теплофизик, в 1989 году избран народным депутатом СССР и вошел в состав Межрегиональной депутатской группы. Начальник ГУВД г. Москвы (1991–1992). В октябре 1993 года участвовал в создании блока «Выбор России», и стал депутатом Государственной Думы (1993–1995) по списку «Выбора России».

105. Заславский, Илья Иосифович (р. 1960) — в 1989–1991 годах — народный депутат СССР, член Межрегиональной депутатской группы, в 1990–1991 годах — председатель Октябрьского райсовета г. Москвы. Полномочный представитель мэра Москвы — директор Департамента общественных

проблем (1991–1992). Председатель Экспертного совета при мэрии Москвы (1992–1994).

106. Корабельщиков, Анатолий Иванович (р. 1945) — помощник председателя Верховного Совета РСФСР Б. Ельцина (с 1991), затем — помощник Президента РФ по связям с регионами (1991–1998).
107. Петров, Юрий Владимирович (р. 1939) — в 1985–1988 годах — первый секретарь Свердловского обкома КПСС. В 1988–1991 годах — посол в Республике Куба, с августа 1991 года по январь 1993 года — руководитель Администрации Президента РФ.
108. Фадеев, Геннадий Матвеевич (р. 1937) — в 1988–1991 годах — первый заместитель министра путей сообщения СССР, министр путей сообщения РФ (1992–1996 и 2002–2003), президент ОАО «РЖД» (2003–2005).
109. Булгак, Владимир Борисович (р. 1941) — в 1988–1990 годах — начальник Главного управления экономики эксплуатации связи Минсвязи СССР, министр по связи, информатике и космосу РСФСР (1990–1991), министр связи РФ (1991–1997). Заместитель председателя правительства РФ (1997–1999). Министр науки и технологий РФ (1998).
110. Мостовой, Павел Иванович (1931–2000) — заместитель председателя Совета Министров СССР (1989–1990). Председатель Государственного комитета СССР по материально-техническому снабжению (1989–1991).
111. Кацура, Петр Макарович (р. 1930) — в 1969–1985 годах заместитель генерального директора по экономике и планированию ПО «АвтоВАЗ», в 1985–1991 годах — работник аппарата Совета Министров СССР.
112. Ситарян, Степан Арамаисович (1930–2009) — экономист, заместитель председателя Совета Министров СССР — председатель Государственной внешнеэкономической комиссии (1989–1990), с июля по декабрь 1991 года — и. о. председателя Союзно-республиканского валютного комитета СССР.
113. Барчук, Василий Васильевич (1941) — в 1972–1991 годах работал в Министерстве финансов СССР, в 1991–1992 годах — заместитель, первый заместитель министра экономики и финансов РСФСР (РФ), с апреля 1992 года по март 1993 года — министр финансов РФ.
114. Муталибов, Аяз Ниязи оглы (Ниязович) (р. 1938) — в 1989–1990 годах — председатель Совета Министров Азербайджанской ССР, первый секретарь ЦК Компартии Азербайджана (1990–1991), с мая 1990 года по март 1992 года — президент Азербайджана.
115. Варенников, Валентин Иванович (1923–2009) — в 1989–1991 годах — главнокомандующий Сухопутными войсками — замминистра обороны СССР, член Совета обороны СССР (1989–1991). Принял активное участие в попытке отстранения от власти президента СССР М. Горбачева (1991).
116. Федоров, Святослав Николаевич (1927–2000) — офтальмолог, основатель межотраслевого научно-технического комплекса «Микрохирургия глаза» (1986), в 1989–1991 годах — народный депутат СССР, член Межрегиональной депутатской группы.

117. Алексашенко, Сергей Владимирович (р. 1959) — экономист, в 1990–1991 годах — ведущий специалист Госкомиссии по экономической реформе при Совете Министров СССР. Заместитель министра финансов РФ (1993–1995). Первый заместитель председателя правления Центрального банка РФ (1995–1998).

118. Ахромеев, Сергей Федорович (1923–1991) — в 1984–1988 годах — начальник Генштаба ВС СССР. С 1988 года — советник председателя Президиума Верховного Совета СССР (далее председателя Верховного Совета СССР, президента СССР) по вопросам обороны.

119. Фишер, Стэнли (р. 1943) — в 1988–1990 годах — главный экономист Всемирного банка, в 1994–2001 годах — первый заместитель директора-распорядителя Международного валютного фонда.

120. Громыко, Андрей Андреевич (1909–1989) — министр иностранных дел СССР (1957–1985). Председатель Президиума Верховного Совета СССР (1985–1988).

121. Хонеккер, Эрих (1912–1994) — первый (затем генеральный) секретарь СЕПГ (1971–1989) и председатель Госсовета Германской Демократической Республики (1976–1989).

122. Лукин, Владимир Петрович (р. 1937) — в 1987–1989 годах работал в аппарате МИД СССР, в 1989–1990 годах — руководитель группы анализа и прогнозирования при секретариате Верховного Совета СССР, в 1990 году избран народным депутатом РСФСР и председателем Комитета Верховного Совета РСФСР по международным делам, посол РФ в США (1992–1993).

123. Бессмертных, Александр Александрович (р. 1933) — в 1990–1991 годах — посол СССР в США, в январе—августе 1991 года — министр иностранных дел СССР.

124. Сакс, Джеффри (р. 1954) — американский экономист, с сентября 1991 года по январь 1994 года был руководителем группы экономических советников президента РФ.

125. Геншер, Ганс-Дитрих (р. 1927) — в 1974–1992 годах — федеральный министр иностранных дел, заместитель федерального канцлера Германии.

126. Примаков, Евгений Максимович (р. 1929) — в 1985–1989 годах — директор Института мировой экономики и международных отношений АН СССР, в 1989–1990 годах — председатель Совета Союза, нижней палаты Верховного Совета СССР. Руководитель Центральной службы разведки СССР (1991). Директор Службы внешней разведки РФ (1991–1996), министр иностранных дел РФ (1996–1998), председатель Правительства РФ (1998–1999). В 2001–2011 годах — президент Торгово-промышленной палаты России.

127. Лебедь, Александр Иванович (1950–2002) — в 1988–1991 годах — командующий 106-й воздушно-десантной дивизией, в 1992–1995 годах — командующий 14-й армией в Приднестровье, в 1996 году выдвинул свою кандидатуру на президентских выборах, с июня по октябрь 1996 года — секретарь Совета безопасности РФ.

128. Иванов, Игорь Сергеевич (р. 1945) — в 1989–1991 — начальник Общего секретариата МИД СССР, в 1992–1995 годах — посол РФ в Испании, в 1995–1998 годах — первый заместитель министра иностранных дел РФ, в 1998–2004 годах — министр иностранных дел.
129. Лукьянов, Анатолий Иванович (р. 1930) — юрист, специалист по конституционному праву, в 1987–1988 годах — заведующий отделом административных органов ЦК КПСС, с октября 1988 года по май 1989 года — первый заместитель председателя Президиума Верховного совета СССР, в 1989–1990 годах — первый заместитель председателя Верховного Совета СССР, с марта 1990 года по август 1991 года — председатель Верховного Совета СССР.
130. Воротников, Виталий Иванович (1926–2012) — в 1983–1988 годах — председатель Совета Министров РСФСР, член Политбюро ЦК КПСС (1983–1990), председатель Президиума Верховного Совета РСФСР (1988–1990).
131. Станкевич, Сергей Борисович (р. 1954) — историк, в 1989–1991 годах — народный депутат СССР, член Межрегиональной депутатской группы, в 1990–1992 годах — первый заместитель председателя Моссовета, советник Президента РФ по политическим вопросам (1991–1993).
132. Суханов, Лев Евгеньевич (1935–1998) — помощник председателя Комитета Верховного Совета СССР по вопросам строительства и архитектуры (1989–1990), помощник председателя Верховного Совета РСФСР (1990–1991), помощник президента РФ (1991–1997).
133. Ревенко, Григорий Иванович (1936) — в 1990–1991 годах — член президентского совета СССР. Советник президента СССР (1991). Руководитель аппарата президента СССР (1991).
134. Дементей, Николай Иванович (р. 1930) — в 1989–1990 годах — председатель Президиума Верховного Совета Белорусской ССР, с мая 1990 года по август 1991 года — председатель Верховного Совета БССР.
135. Крючков, Владимир Александрович (1924–2007) — в 1988–1991 годах — председатель КГБ СССР, член Политбюро ЦК КПСС (1989–1990). В августе 1991 года вошел в состав ГКЧП.
136. Янаев, Геннадий Иванович (1937–2010) — с июля 1990 года по январь 1991 года — секретарь ЦК КПСС и член Политбюро, с декабря 1990 года по сентябрь 1991 года — вице-президент СССР. В августе 1991 года вошел в состав ГКЧП как исполняющий обязанности Президента СССР.
137. Румянцев, Олег Германович (р. 1961) — юрист, специалист по конституционному праву, в 1990 году избран народным депутат РСФСР, в 1990–1993 годах — ответственный секретарь Конституционной комиссии Съезда народных депутатов РСФСР (РФ).
138. Алексеев, Сергей Сергеевич (р. 1924) — юрист, специалист по общей теории права и гражданскому праву, в 1989 году избран народным депутатом СССР, входил в Межрегиональную депутатскую группу, в 1989–1991 годах — председатель Комитета конституционного надзора СССР.

139. Ачалов, Владислав Алексеевич (1945–2011) — в 1990–1991 годах — заместитель министра обороны СССР. Принял активное участие в событиях сентября—октября 1993 года, будучи утвержденным Верховным Советом РФ на должность министра обороны.

140. Подколзин, Евгений Николаевич (1936–2003) — в 1991–1996 годах — командующий Воздушно-десантными войсками СССР, СНГ и РФ.

141. Баранников, Виктор Павлович (1940–1995) — в 1990–1991 годах — министр внутренних дел РСФСР, с августа по декабрь 1991 года — министр внутренних дел СССР, министр безопасности РФ (1992–1993). Принял активное участие в событиях сентября—октября 1993 года, будучи утвержденным Верховным Советом РФ на должность министра безопасности.

142. Юмашева, Татьяна Борисовна (бывшая Дьяченко, урожд. Ельцина; р. 1960) — в 1996 году участвовала в работе предвыборного штаба Б. Н. Ельцина, своего отца, советник президента РФ (1996–1999).

143. Савостьянов, Евгений Вадимович (р. 1952) — в 1990–1991 годах — помощник председателя Моссовета Гавриила Попова, с сентября 1991 года по декабрь 1994 года — начальник управления КГБ (АФБ, МБР, ФСК) по г. Москве и Московской области, с августа 1996 года по декабрь 1998 года — заместитель руководителя Администрации Президента РФ по кадровым вопросам.

144. Завгаев, Доку Гапурович (р. 1940) — в 1990–1991 годах — председатель Верховного Совета Чечено-Ингушской АССР, в 1991–1993 годах возглавлял подкомиссию Верховного Совета РФ проблемам республик Северного Кавказа, в 1993–1995 годах — завотделом в Управлении по работе с территориями Администрации Президента РФ, премьер-министр Чеченской Республики (1995–1996).

145. Ананьев, Евгений Николаевич (р. 1948) — в 1991–1992 годах — гендиректор внешнеэкономической ассоциации «ВЭАМ». Советник по экономическим вопросам гендиректора Московского авиационного производственного объединения (1992–1993). Председатель правления МАПО-Банка (1993–1997). Гендиректор государственной компании по экспорту и импорту вооружений и военной техники «Росвооружение» (1997–1998).

146. Автурханов, Умар Джунитович (р. 1946) — в 1991–1993 годах возглавлял администрацию Надтеречного района Чечни, отказывавшегося признавать власть Джохара Дудаева, в 1993 году руководил организацией вооруженных выступлений оппозиции против Дудаева в Грозном (1993). С марта по октябрь 1995 года — председатель Комитета национального согласия Чеченской Республики.

147. Ерин, Виктор Федорович (р. 1944) — в 1990–1991 годах — заместитель министра внутренних дел РСФСР, с сентября по декабрь 1991 года — заместитель министра внутренних дел СССР, с декабря 1991 года — первый заместитель министра безопасности и внутренних дел РФ, с января 1992 года по июнь 1995 года — министр внутренних дел РФ.

148. Рыбкин, Иван Петрович (р. 1946) — председатель Государственной Думы 1-го созыва (1994–1996), секретарь Совета безопасности РФ (1996–1998). Заместитель председателя Правительства РФ (1998).

149. Дунаев, Андрей Федорович (р. 1939) — с сентября 1991 года по январь 1992 года — министр внутренних дел РСФСР, с апреля 1992 года по июнь 1993 года — первый заместитель министра внутренних дел РФ. Принял активное участие в событиях сентября—октября 1993 года на стороне Верховного Совета РФ, будучи утвержденным А. Руцким и. о. министра внутренних дел.

150. Бородин, Павел Павлович (р. 1946) — в 1990 году избран народным депутатом РСФСР, в 1993 году первый заместитель начальника, а затем начальник Главного социально-производственного управления Администрации Президента РФ, с ноября 1993 года по январь 2000 года — управляющий делами президента РФ.

151. Перри, Уильям Джеймс (р. 1927) — в 1993–1994 годах — заместитель министра обороны, в 1994–1997 годах — министр обороны США.

152. Чейни, Ричард Брюс (р. 1941) — министр обороны США (1989–1993), вице-президент США (2001–2009).

153. Пауэлл, Колин Лютер (р. 1937) — советник президента США по национальной безопасности (1987–1989), председатель Объединенного комитета начальников штабов (1989–1993), в 2001–2005 годах — госсекретарь США.

154. Зленко, Анатолий Максимович (р. 1938) — министр иностранных дел Украины с июля 1990 года по август 1994 года и с октября 2000 года по сентябрь 2003 года.